新興產業 商機

2010年中國大陸地區投資環境與風險調查

台灣區電機電子工業同業公會　著

台灣區電機電子工業同業公會
2010年中國大陸地區投資環境與風險調查
編審成員名單

理　事　長：焦佑鈞

大陸經貿委員會主任委員：蔡豐賜

研 究 顧 問：許士軍

計畫主持人：呂鴻德

協同主持人：黃銘章

執 行 委 員：王美花、史芳銘、朱雲鵬、吳燦坤、
呂榮海、李永然、杜啟堯、沈尚弘、
杜紫軍、林祖嘉、洪明洲、范良棟、
凌家裕、徐鉦鑑、袁明仁、高　長、
高孔廉、張寶誠、陳文義、陳信宏、
陳德昇、曾欽照、黃志鵬、黃慶堂、
葉雲龍、詹文男、趙永全、葉裕慶、
鄭富雄、賴文平、羅懷家
（依姓氏筆劃排序）

研 究 人 員：李佩芳、李俊蕾、周昭勝、林玟馨、
柯元筑、陳弘揚、陳雅如、傅偉程

研 究 助 理：吳雅雯、林妤濃

共謀新興產業 開創兩岸新局

自2000年開始，台灣區電機電子工業同業公會秉持「立足台灣、分工兩岸、佈局全球」的策略企圖進行《TEEMA調查報告》，2008年馬政府啟開兩岸的新局，朝兩岸關係正常化發展之路邁進，然國際經貿情勢風雲詭譎，金融海嘯肆虐全球，兩岸高層此時揭櫫「攜手並進、互利合作、突破困境、共渡難關」的價值主張，並提出「兩岸合、轉逆境、渡危機」的兩岸經貿和平發展的政策。2010年上半年，兩岸經濟均交出回溫、復甦、成長的亮麗成績單。

值此《TEEMA調查報告》的未來十年，也是台灣政府提出「黃金十年」的重要時刻，亦是中國大陸規劃「騰飛十年」的關鍵年代，如何剖析兩岸合贏、掌握整合商機，實為《TEEMA調查報告》的歷史新任務，2010年《TEEMA調查報告》除賡續中國大陸城市綜合實力之「兩力兩度」調查模式外，特建構具有前瞻性、未來性的中國大陸十大經濟區發展力評估，希望藉此提供台商未來佈局中國大陸的區位參考，此外，針對中國大陸轉變經濟發展方式的政策導向，剖析「新能源、新材料、高端製造業、節能環保、新能源汽車、生物產業、新興信息產業」等七大戰略性新興產業未來商機及佈局重點區域，冀盼台商能夠在中國大陸新一輪的創新驅動政策引導下，彩繪第二曲線，進行轉型升級，以掌握未來的機會。

2010年6月29日，第五次江陳會談簽訂《兩岸經濟合作架構協議》（ECFA），開啟兩岸合贏新時代，馬英九總統特別強調「兩岸和平繁榮，已非天邊玫瑰」，蕭萬長副總統亦指出：「兩岸簽署ECFA，完全符合交易成本的精神」，施顏祥部長更清楚指出：「簽ECFA後，可將台灣發展成亞太品牌管理中心」。後ECFA時代，兩岸經貿互動將更加綿密，兩岸企業策略聯盟的契機更加彰顯，相信《TEEMA調查報告》的責任將與日俱增。

本研究得以順利完成，要感謝研究團隊的投入與專注，以及執行委員的奉獻與建言，當然，協助本調查報告問卷填答的台商朋友，真實反映當地投資環境與風險的資訊，更是居功厥偉，此外，中國大陸各城市的領導能夠本「立標竿、找差距、趕超越」的寬闊心胸，接受調查評估的排行事實，不斷的改善當地投資環境，樹立以服務台商為導向的招商政策，更讓《TEEMA調查報告》能夠從優秀到卓越，對所有參與者表示感激！

台灣區電機電子工業同業公會理事長 焦佑鈞

因應大陸新契機 調整佈局、正視新機

如果說2009年是進入新世紀以來中國大陸經濟最困難的一年，那麼2010年將是中國大陸經濟最複雜的一年。基於此論點，2009年中國大陸經濟發展的主基調是「保增長、擴內需、調結構」，最終，2009年中國大陸GDP成長率為9.1％，完成了「保八」的任務，然而，2010年中國大陸的經濟情勢面臨「內有通膨，外有匯升」的壓力，因此，2010年的經濟發展主軸揭示為「穩增長、調結構、促消費」，從經濟政策的轉變可窺見，調整經濟發展結構及引導企業轉型升級，已成為2010年開始中國大陸最重要的經濟政策核心。

回顧中國大陸改革開放三十餘載以及台商佈局中國大陸的二十餘年的歷程，早期的台商企業以廉價土地、廉價充沛勞動力、廉價原物料為主的「三廉」投資環境，已經快速變遷。許多台商正逐漸朝向廣闊的內地消費市場、廣泛的兩岸整合契機、廣博精深的文化紐帶的「三廣」佈局思維。而中國大陸政府亦提出從「中國製造」向「中國創造」轉型；從「築巢引鳳」向「騰籠換鳥」轉變；從「招商引資」到「招賢引智」轉念，顯示改革開放三十年後，中國大陸「三十立，百年路」的新策略思維已經開始啟動，面對中國大陸「調結構、擴內需」的新政，台商如何改變二十載的既定思維，即時調整策略、改變投資方向、研擬佈局行動；預應變局新契機、掌握內需新商機，或許可持續成長的動能。

2010《TEEMA調查報告》承襲上一個十年的成果，在研究團隊與公會同仁的齊心戮力下，列入評估城市終於達到100個，報告首次提出「十大經濟區域發展力」的專家評估，其中，「西三角」、「黃三角」的發展潛力得到台商與專家的高度肯定，此外，報告亦新增中國大陸未來「七大戰略性新興產業」最具發展潛力的經濟區域，深信2010《TEEMA調查報告》這兩項創舉，將能為首次佈局中國大陸的台商企業，勾勒出最佳的投資區位，也能為已在中國大陸投資的台商企業，在進行擴張、轉型、升級之際，提供完整的佈局資訊。

台灣區電機電子工業同業公會

大陸經貿委員會主任委員

迎接兩岸經貿新局 創造台灣經濟新契機

2008年下半年金融海嘯肆虐全球，由於各國紛紛採取振興經濟措施，2009年下半年起全球經濟已逐漸復甦，惟先進工業國家仍面臨高失業率之窘境，亞洲各國內需動能亦有待提振。

為減輕全球金融海嘯對我國業者之衝擊，政府已即時推出多項企業紓困措施，並積極加強對外拓銷，包括推動執行「新鄭和計畫」、「新興市場優質平價產品研發計畫」等。而本（2010）年5月12日「產業創新條例」公布並溯自1月1日起實施，且配合調降營所稅到17%，減輕企業之賦稅負擔，同時保留對企業研究發展支出的租稅優惠，則是希望透過優良投資環境的營造，幫助企業升級轉型進而佈局全球。

回顧近10年來，中國大陸經濟維持高度成長，根據國際貨幣基金（IMF）本年7月所做推估，本年全球經濟將成長4.6%，主要經濟體美國、日本分別成長3.3%與2.4%，台灣為7.7%、而中國大陸則為10.5%。中國大陸龐大的內需市場及強勁的經濟成長力道，已成為世界各國無法忽視的重要商機。

事實上，馬總統2008年5月20日就任以來，即積極推動兩岸經貿關係正常化，透過海基會與海協會的積極協商，雙方已於本年6月29日第五次「江陳會談」簽署劃時代的「海峽兩岸經濟合作架構協議」（ECFA）。該協議內容除加強雙方經貿領域之合作外，在早期收穫清單方面，我方爭取到中國大陸同意對我早期降稅的產品有539項，以去年中國大陸自台灣進口金額計算，共計138.4億美元，占自台灣進口總金額的16.1%。整體而言，簽署ECFA可使兩岸優勢互補，提升台灣之競爭力，有助產業根留台灣，進而創造更多就業機會。

本「中國大陸地區投資環境與風險調查」係台灣區電機電子工業同業公會2000年起開始執行，連續11年有系統地對大陸地區整體政經環境進行比較分析，解析大陸各地的投資環境與投資風險，已成為台商投資大陸之重要指南，在甫簽署ECFA之際，本書更有助於廠商掌握契機拓展大陸市場，在此除推薦給企業及關心兩岸經貿人士參考外，也對台灣區電機電子工業同業公會及許多專家學者多年來的努力和奉獻，致上由衷的感謝。

行政院院長

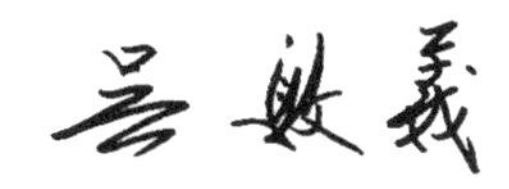

善用兩岸經濟新架構 共創雙贏經濟高峰

眾所矚目的ECFA終於在2010年6月29日完成第一階段的簽署工作，自此兩岸的經濟合作模式將展開新的一頁，2010《TEEMA調查報告》特別針對2010年此一承先啟後、關鍵性的轉折年，經過對100個城市的競爭力、投資環境、投資風險、台商推薦度、綜合實力等項目進行調查評估後，分別對台商及兩岸政府提出建言。

在兩岸經濟邁入新階段的此刻，能夠掌握對岸未來發展的方向，以及世界經濟潮流對中國大陸的影響，對於前往中國大陸投資的台商，可說是非常重要的課題，2010《TEEMA調查報告》對台商提供了相當具前瞻性及中肯的建言；其次建議我國政府成立專責機構協助佈局中國大陸內需市場、規劃及輔導台商回流、輔導台商轉型升級、建立兩岸對話及護機制、建立戰略新興產業合作機構等項，都相當值得參考；而建議大陸官方對台商權益維護及保障的部份，相信也是反映了諸多台商的心聲；至於建議兩岸政府共同打造國際形象推廣「Chaiwan」概念品牌、共推自創品牌企業進入「Interbrand」一百大排名、共推企業進入全球自主創新100強、共同打造戰略性新興產業的矽谷、共同發展軟實力感動全世界等，則是為兩岸未來經濟合作的方向描繪出美好的願景。

誠如馬總統所言，要解決國內經濟問題，簽署ECFA並非萬靈丹，但是簽了ECFA，就為兩岸的經濟合作與發展打開一條通路，使得我國的產業能夠面對東協的挑戰而無所懼。當然，我們也希望兩岸簽妥ECFA之後，與其他國家的FTA在基於兩岸互助互利的原則下，能夠順利簽署，以壯大我國外銷市場的競爭力，金平相信，一個富有、繁榮的台灣不但能強化台商在大陸的投資能量，也是亞洲地區穩定、繁榮的重要力量。

立法院院長

轉型升級 產業合作 共創雙贏

中國大陸自1979年改革開放以來已逾30載，由於開放政策積極引進外資與技術，對其經濟發展影響極大。而中國大陸為我第一大出口目的國及台商赴海外投資集中地，台商赴大陸投資，帶動台灣機械設備、原材料、零組件及半成品對大陸出口，不僅開拓台商事業版圖，也對我國的出口與經濟成長帶來貢獻。

2008年馬政府上任後，持續改善兩岸關係，已完成簽署兩岸海空運直航及經濟合作等14項協議及陸資來台共識，逐步建立兩岸人員往來及經貿正常化之環境。尤其本（2010）年6月第5次「江陳會談」簽署之「海峽兩岸經濟合作架構協議」為一新的里程，不僅提供台灣廠商公平競爭的機會，並取得領先競爭對手進入中國大陸的優勢，幫助台灣打開國際市場，迎接未來經濟發展的黃金十年。

中國大陸已從世界工廠轉為世界市場，為協助台商利用兩岸經貿開放契機進行兩岸產業分工，提升企業國際競爭力，經濟部執行「大陸台商輔導計畫」，提供廠商經營管理創新思惟及轉型升級契機，另執行「逐鹿專案計畫」，協助廠商拓展大陸內需市場，共享大陸經濟成長的潛力。

有關本年度報告主題，中國大陸未來將積極推動新材料、新能源、電動汽車、節能環保等戰略性新興產業，與台灣刻正發展之6大新興產業及4大智慧型產業甚多雷同。過去兩岸已積極進行相關產業交流，今年將邁入洽商階段，本部將續舉辦相關產業交流會議，藉由搭橋計畫，近一步落實合作意向書之簽署內容、推動兩岸產業試點計畫、共同制訂規格，提高台商產品在大陸之市場佔有率。

台灣區電機電子工業同業公會執行「中國大陸地區投資環境與風險調查」迄今已逾10年，深獲社會各界肯定，除受大陸官方重視，作為評估各地投資環境改善績效參考外，本報告見證兩岸經貿關係的發展與政策演變，更是台商評估大陸投資環境之重要風險指標。在此，我們對公會同仁及許多專家學者多年來的努力，致上由衷的感佩，並期許百尺竿頭，共創兩岸經貿發展榮景。

經濟部部長

施顏祥

後ECFA時代台商在大陸的新Roadmap

近二十年來，隨著冷戰時代結束，人類進入一個「無疆界世界」。除了包括技術、產業、組織、資訊等疆界外，其中一個最為基本且人為的乃來自政治疆界。以WTO協定而言，雖然所規範的，主要屬於經貿活動方面，但其決策卻是涉及國家主權的調整和協調。

在此潮流下，對於生活在台灣的人來說影響更為深遠的，就是在2010年6月29日，經由兩岸第五次江陳會談在重慶簽訂的ECFA協議。誠如這一協議名稱所顯示的，它只是一種「架構」，而非一種具體內容，乃是一種新的平台和格局，使得兩岸關係邁進一個新的紀元，又由於它是針對兩岸特殊關係而產生的協議，較之WTO，對於兩岸今後的發展有更切密的意義和影響。

本來，人類在經濟和生活方面所追求的最高境界，就是各種資源在量和質方面互通有無，獲得最大效用。不過此種意義下之供需配合，並非無差異地或平均地配置；以中國大陸幅員之廣大，無論在氣候、地理等自然環境上，或是在生活習俗、產業發展等人文形態上，各地區相差極其懸殊。因此對於進入大陸從事行銷或投資活動的台商而言，能否真正利用後ECFA時代所開創的機遇，有極大程度取決於它們在於地區或市場之充份瞭解及選擇。

事實上，在各種場合中，台商最常感到的問題之一，即在於有關大陸各地區之資訊與管道之欠缺。在這方面，電電公會每年都提出一項有關大陸城市與地區之評估報告。以本年度報告而言，在內容上有一突破創新：此即除了列入綜合實力排行的城市數突破一百個以外，並分別就大陸長三角、珠三角、環渤海、東北地區、中部地區、西部地區、泛北部灣、海西經濟帶、西三角、黃三角等十大經濟區域以及大陸正傾力推動的「七大戰略性新興產業」發展力，進行系統性的評估與排名，凡此，希望針對台商對大陸現況有更佳掌握。

當然，最後應強調者，由於產業不同，企業經營所採策略不同，本報告只是代表一基本參考資訊，真正的瞭解還要靠業者進行更深入的發掘與探究。

計畫研究顧問 許士軍

知術 取勢 悟道三境界

清代大儒王國維《人間詞話》言道：「古今之成大事業、大學問者，必經過三種之境界：昨夜西風凋碧樹，獨上高樓，望盡天涯路，此第一境也；衣帶漸寬終不悔，為伊消得人憔悴，此第二境也；眾裡尋他千百度，驀然回首，那人卻在，燈火闌珊處，此第三境也」。而今台商逐鹿中原二十載以及《TEEMA調查報告》十年之立言，亦可歸納為「知術、取勢、悟道」三階段。

知術者，乃知道赴中國大陸投資應該注意的事項及細節，知道如何避免投資風險，正確選擇投資的區位與城市，做好企業內部的成本控制與管理，因此，此一階段佈局中國大陸的台商，以成本為導向、以關係為依歸。取勢者，乃擅於掌握中國大陸政府宏觀環境的變遷、產業結構發展的趨勢，研擬階段性企業經營策略，以潮流為導向、以趨勢為依歸。悟道者，乃能參悟經營理念與哲學，常存感恩之心、善盡社會責任，戮力於搭建兩岸的合作心橋，秉持「心中只有義，沒有利，其利自然而生」的企業倫理新境界，以兩岸合贏為導向、以回饋桑梓為依歸。

回顧中國大陸經濟發展歷程，1953年至1970年計劃經濟時期，GDP年平均成長率為6.48%，1978年至1992年有計畫商品經濟時期為8.35%，1992年至2007年社會主義市場經濟體制時期為10.48%，尤其第三個階段這16年平均兩位數成長的磁吸效應，讓全球廠商前仆後繼。然而，隨著2008年全球金融海嘯的衝擊，不可持續的吸引外資導向及相對疲弱的出口外需導向，讓中國大陸面臨「產業轉型、創新升級」的兩大困境與「貿易摩擦、出口萎縮、匯率迫升」的三項外患，加之「地方債務、資產泡沫、通貨膨漲、城鄉差距」的四類內憂，使得中國大陸必須調整產業結構，加速企業轉型升級，而台灣往昔產業轉型升級的經驗，此時可為之借鏡與參鑒。

2010《TEEMA調查報告》為TEEMA Next 10的首份報告，在走過「知術」、「取勢」兩階段後，特揭櫫「兩岸合、贏天下」的理念，於2010《TEEMA調查報告》對兩岸政府的建言中，特別倡言：「兩岸共同打造Chaiwan國際品牌形象」、「兩岸共推企業進入全球自主創新百強之列」、「兩岸共同打造戰略性新興產業矽谷」、「兩岸共同發展文創軟實力」，深信兩岸「化之以仁，破之以智」，以謙卑之心、互信之情，共建兩岸大繁榮之平台，才能真正體現「悟道」之境界。

計畫主持人

呂鴻德

CONTENTS

目錄

新興產業覓商機

2010年中國大陸地區投資環境與風險調查

序 文

共謀新興產業　開創兩岸新局／焦佑鈞　3
因應大陸新契機　調整佈局、正視新機／蔡豐賜　4
迎接兩岸經貿新局　創造台灣經濟新契機／吳敦義　5
善用兩岸經濟新架構　共創雙贏經濟高峰／王金平　6
轉型升級　產業合作　共創雙贏／施顏祥　7
後ECFA時代台商在大陸的新Roadmap／許士軍　8
知術　取勢　悟道三境界／呂鴻德　9

第一篇　兩岸經濟互動發展新格局　12

第 1 章　2010 TEEMA Next 10 開局年　13
第 2 章　2010全球經濟復甦與中國大陸經濟展望　15
第 3 章　2010後金融危機與兩岸經貿互動新局　18
第 4 章　2010中國大陸台商轉型升級新趨勢　23

第二篇　中國大陸經濟成長新動力　36

第 5 章　2010中國大陸經濟發展主基調　37
第 6 章　2010中國大陸經濟成長三大驅動力　45
第 7 章　2010中國大陸經濟成長六大新動力　52
第 8 章　2010中國大陸跨越發展十大新挑戰　63
第 9 章　中國大陸十二五規劃政策內涵探析　75

第三篇　中國大陸城市實力新排行　82

第 10 章　2010 TEEMA 城市綜合實力評估模式　83
第 11 章　2010 TEEMA 調查樣本結構剖析　86

第 12 章　2010 TEEMA 中國大陸「城市競爭力」　94
第 13 章　2010 TEEMA 中國大陸「投資環境力」　98
第 14 章　2010 TEEMA 中國大陸「投資風險度」　119
第 15 章　2010 TEEMA 中國大陸「台商推薦度」　137
第 16 章　2010 TEEMA 中國大陸「城市綜合實力」　143
第 17 章　2010 TEEMA 單項指標10佳城市排行　188

第四篇　區域發展與新興產業展望　192

第18章　2010 TEEMA 中國大陸十大經濟區剖析　193
第19章　2010 TEEMA 中國大陸十大區域經濟發展力　214
第20章　2010 TEEMA 七大戰略性新興產業剖析　219
第21章　2010 TEEMA 新興產業與區域發展力排名　227
第22章　台商佈局中國大陸新法規環境啟示與借鑒　230

第五篇　TEEMA調查報告新評析　244

第23章　2010 TEEMA 調查報告結論彙總　245
第24章　2010 TEEMA 調查報告趨勢觀察　250
第25章　2010 TEEMA 調查報告兩岸建言　254

第六篇　中國大陸城市評比新資訊　264

第26章　2010 中國大陸城市綜合實力評估彙總表　265
第27章　2010TEEMA調查報告參考文獻　291

第一篇

兩岸經濟互動發展新格局

第 1 章	2010 TEEMA Next 10 開局年	13
第 2 章	2010全球經濟復甦與中國大陸經濟展望	15
第 3 章	2010後金融危機與兩岸經貿互動新局	18
第 4 章	2010中國大陸台商轉型升級新趨勢	23

第1章　2010 TEEMA Next 10 開局年

從2000年伊始，台灣區電機電子工業同業公會（Taiwan Electrical and Electronic Manufacturers' Association；TEEMA）以「城市競爭力」、「投資環境力」、「投資風險度」、「台商推薦度」的「兩力兩度」評估模式，探析中國大陸台商投資密集城市的投資環境與投資風險，希冀藉由此報告的「城市綜合實力」排行，提供台商佈局中國大陸，經略海峽兩岸投資之參鑑。從2000年至2009年，適值《TEEMA調查報告》已歷經十載。從2002～2009共出版發行8本《TEEMA調查報告》，除2002年的發行版未賦予其年度主題外，其餘七年度均以台商拓展中國大陸「商機」為核心，結合當年度中國大陸投資主要議題以及TEEMA年度研究主題，分別完成2003《當商機遇上風險》、2004《兩力兩度見商機》、2005《內銷內貿領商機》、2006《自主創新興商機》、2007《自創品牌贏商機》、2008《蛻變躍升謀商機》以及2009《兩岸合贏創商機》調查報告發行版。

TEEMA發行版隨著每年台灣區電機電子工業同業公會理監事大陸考察團拜訪中國大陸高層之際，由許勝雄榮譽理事長與焦佑鈞理事長將當年度調查結果彙報大陸國台辦、省台辦、省市官員，因此，得到中國大陸官方極度的重視，也成為中國大陸中央督促地方改善投資環境，提供對台商有利政策措施，協助台商轉型升級的重要依據。在中國大陸官方有此一說：「《TEEMA調查報告》的排行對各城市領導的升遷，有絕對性的參考功能」。換言之，2000年《TEEMA調查報告》開始執行之際，所設定的節省台商嘗試錯誤成本、指引台商投資佈局城市、策勵中國大陸政府重視台商心聲、提供台灣政府制訂有利於兩岸交流互動的政策，讓台商真正做到「立足台灣，分工兩岸，佈局全球」的策略企圖，應已有所成，總結《TEEMA調查報告》十載，2010年《TEEMA調查報告》是TEEMA Next 10計畫的開局報告，希望能夠「總結過去、正視現勢、前瞻未來」，引領台商掌握兩岸佈局的新契機。

一、2010 TEEMA 調查報告雙創新

TEEMA Next 10與往昔以《TEEMA調查報告》2000至2009這十年的TEEMA 10在整體調查架構規劃上，可分為：（1）不變的部份：都是以「城市競爭力」、「投資環境力」、「投資風險度」、「台商推薦度」的「兩力兩度」為衡量之模式；（2）微調的部份：有關「兩力兩度」的構面及細項評估指標為因應未來十年台商所面臨的經營問題及關切經營重心，而進行細部微調；（3）創新的部份：❶新增十大區域經濟發展力評估：TEEMA 10採用的是以城市綜合實力作為分析單位，然而，TEEMA Next 10除了在城市綜合實力以外，特別根據中國大陸長三角、珠三角、環渤海、東北地區、中部地區、西部地區、泛北部灣、海西經濟帶、西三角、黃三角等十大區域經濟發展趨勢，增加區域經濟發展力的系統性評估；❷新增戰略性新興產業最具發展區域評估：由於中國大陸面臨產業結構的調整，因此從2010年開始，中國大陸政府將戰略性新興產業列入未來國家發展之重心，在中國大陸政府所提出的「七大戰略性新興產業」中，為配合TEEMA會員廠商的產業屬性，特選定「新能源、新材料、電動汽車、節能環保與信息產業」等五大戰略性新興產業為2010《TEEMA調查報告》年度研究之主題，並於TEEMA Next 10期間，持續追蹤五大產業發展趨勢與商機。

二、2010 TEEMA 調查報告預應十二五規劃

2010年是「十一五規劃」的最後一年，也是謀劃「十二五規劃」的關鍵之年，如何應對金融危機、調整經濟結構以及進一步改善民生已成為「十二五規劃」最主要的三項課題，而依中國大陸政府所擬定的「十二五規劃」，特別提出四大戰略，分別為：（1）以農民工市民化為重點的城鎮化戰略；（2）以完善社會保障和擴大公共服務來改善民生及擴大內需戰略；（3）提升中高端產業競爭力為重點的產業轉型升級戰略；（4）促進節能減排和生態環境保護為重點的綠色發展戰略。中國大陸在產業結構調整的背景下，加強擴大內需，試圖改變過去依賴出口及資源投入為導向的產業結構，希冀以擴大內需來帶動經濟成長，並將內陸與沿海城市的收入及分配差距縮短，面對中國大陸採取「產業升級、產業換代、結構優化」的經濟主旋律，台商應積極掌握中國大陸政策之脈動，尋求轉型升級之新思維，採取新的經營理念與模式，以預應中國大陸發展情勢之改變。

第2章　2010全球經濟復甦與中國大陸經濟展望

後金融海嘯時代，各國的財政與貨幣政策逐漸發揮功效，新興經濟體受到衝擊有限，經濟成長率自2009下半年起領先歐美先進國家率先復甦，拉動全球經濟成長腳步，然而，金融海嘯餘波盪漾，居高不下的失業率，高收入國家緊縮消費，各國政府債台高築，歐元區陸續爆發債信危機，更突顯全球經濟處於不穩定的風險下，任何風吹草動都極可能導致多米諾骨牌效應（Domino Effect）撼動全球，使得世界經濟呈現極度不穩定。

一、2010 全球經濟成長率預測與評述

世界主要研究機構紛紛調整2010年全球經濟成長率預測值，茲將各機構對全球經濟成長資料整理如下：

❶ **聯合國（United Nations；UN）**：2010年5月26日聯合國發布《2010年世界經濟形勢與展望》（2010 World Economic Situation and Prospects）修正報告，原2009年12月2日預測，2010年始全球經濟將緩慢復甦，但主要經濟體近期內無法為支撐全球經濟成長，尤其是居高不下失業率，更是經濟成長緩慢的原因之依，預計美國成長2.1%，歐盟和日本速度較為緩慢。上修全球經濟成長率由2.4%調整為3%。

❷ **世界銀行（The World Bank；WB）**：2010年6月10日發布《2010年全球經濟展望》修正1月份公布的經濟預測值，將全球經濟成長率由2.7%調升為4.1%，表示全球景氣最低迷時期已過，但是全球國際資本流動減少，高失業率、產能閒置等問題，全球經濟復甦緩慢而脆弱，加上歐洲債務引爆的危機將阻礙全球經濟復甦。

❸ **國際貨幣基金（IMF）**：2010年4月21日IMF公布《全球經濟展望》（World Economic Outlook），報告指出全球經濟復甦表現超出預期，全面調升

全球經濟成長率，由一月份的3.9%上調為4.2%，但IMF亦提出警告，若各國公共債務問題持續延燒，恐將衝擊經濟復甦力道。2010年7月7日，IMF公布修正《世界經濟展望報告》指出：「將2010年全球經濟成長率上調至4.6%」。

❹ **科法斯（Coface）**：2010年5月18日於「2010年環球貿易風險論壇」表示，美國經濟復甦，新興國家蓬勃發展及帶動2010年的全球經濟成長，修正一月份公布的成長率，由2.7%上調為3%，但美國的個人消費能力能否維持仍然存疑。但西歐的經濟發展仍呈現停滯，歐洲債務重組及緊縮政策歐洲政府所推行的刺激經濟措施已逐漸失效，2010下半年經濟成長緩慢。

❺ **高盛證券（Goldman Sachs）**：2010年2月10日高盛證券表示，走出金融海嘯2010與2011將為世界經濟成長強勁的兩年，中國大陸與巴西的成長將會逐漸趨緩，但G7的成長會加速特別是英國，同時其他國家如印度成長速度亦明顯，因此將全球經濟成長率由4.4%上調為4.5%。

表2-1　研究機構預測2010年全球經濟成長率

發布預測機構		前次經濟成長率預測		最新經濟成長率預測	
		時間	成長率	時間	成長率
1	聯合國（UN）	2009/12/02	2.4%	2010/05/26	3.0%
2	世界銀行（WB）	2010/01/21	2.7%	2010/06/10	4.1%
3	國際貨幣基金（IMF）	2010/04/21	4.2%	2010/07/07	4.6%
4	科法斯（Coface）	2010/01/18	2.7%	2010/05/18	3.0%
5	高盛證券（Goldman Sachs）	2009/12/16	4.4%	2010/02/10	4.5%

資料來源：本研究整理

二、2010中國大陸經濟成長率預測與評述

儘管全球金融海嘯造成經濟大衰退，新興經濟體已嶄露頭角。世界主要研究機構紛紛調整2010年中國大陸經濟成長率預測值整理如下：

❶ **聯合國（UN）**：2010年5月26日聯合國發布《2010年世界經濟形勢與展望》（2010 World Economic Situation and Prospects）指出，各國復甦情況不平衡，新興經濟體仍為世界經濟主要的驅動力，特別是中國大陸與印度兩國，另外，亦上修中國大陸經濟成長率，由2009年12月預測的8%調為9.2%。

❷ **世界銀行（WB）**：2010年3月17日發布《中國經濟季報》中，將中國大陸經濟成長率由8.7%調升為9.5%，建議中國大陸政府，通過升息或人民幣升值，抑制通膨與防止房地產泡沫化的情況出現。2010年6月18日世界銀行發布最

新的《中國經濟季報》指出，中國大陸經濟略有放緩，但得益於外貿狀況的改善，通貨膨脹上升有限，因此仍維持原先9.5%經濟預測。

❸ **國際貨幣基金（IMF）**：2010年4月21日IMF公布《全球經濟展望》（World Economic Outlook）表示，中國大陸內需龐大強力拉動經濟成長，預估2010年經濟成長為10%，且未來經濟成長的動力，將逐漸由政府投資轉為強勁的私人消費與投資共同帶動的新模式。2010年7月8日IMF發表修正報告指出，全球經濟成長情況超乎預期，創下2007年來最快的成長速度，新興國家表現亮眼，中國大陸10.5%的成長率居全球之首。

❹ **經濟合作暨發展組織（OECD）**：2010年5月27日發表預測，調升30個成員國的經濟預測，全球貿易和亞洲經濟復甦，讓歐洲經濟加快復甦，預估歐元區經濟成長1.2%，另修正金磚四國的經濟成長率，中國大陸由2009年11月預測的10.2%上調為11.1%。

❺ **亞洲開發銀行（ADB）**：2010年4月13日發表《2010年亞洲開發展望》中，將中國大陸的經濟成長率，由原先的8.9%上調至9.6%，並預測2010年新興亞洲經濟成長率達7.5%。而2010年07月21日亞洲開發銀行發表最新預測，新興東亞經濟體都有明顯的V型復甦，上調新興亞洲整體成長率為新興亞洲整體成長率為7.9%，但中國大陸仍維持9.6%，同時呼籲亞洲各國於經濟穩定復甦之際，應開始逐步取消先前振興措施。但政策執行過程中，避免出現政策錯誤，危及經濟成長。

❻ **高盛證券（Goldman Sachs）**：2010年1月6日發布亞洲經濟研究報告，下修2010年中國大陸經濟成長，由原先的11.9%降為11.4%，報告指出2010年中國大陸內需市場拉動，仍是經濟成長的主要原因，往下微調預測值，則是因為實施防止景氣過熱的緊縮政策。而2010年7月2日由於中國大陸PMI指數連續兩個月出現下跌，且政府持續緊縮資金與調控房市等政策影響，再度將經濟成長率調降為10.1%。

表2-2　研究機構預測2010年中國大陸經濟成長率

發布預測機構		前次經濟成長率預測				最新經濟成長率預測	
		時間	成長率	時間	成長率	時間	成長率
1	聯合國（UN）	2009/12/02	8.8%	-	-	2010/05/26	9.2%
2	世界銀行（WB）	2009/11/04	8.7%	2010/03/17	9.5%	2010/06/18	9.5%
3	國際貨幣基金（IMF）	2010/01/26	10.0%	2010/04/21	10.0%	2010/07/08	10.5%
4	經濟合作暨發展組織（OECD）	2009/11/19	10.2%	-	-	2010/05/27	11.1%
5	亞洲開發銀行（ADB）	2009/12/15	8.9%	2010/04/13	9.6%	2010/07/20	9.6%
6	高盛證券（Goldman Sachs）	2009/12/16	11.9%	2010/01/06	11.4%	2010/07/02	10.1%

資料來源：本研究整理

第3章 2010後金融危機與兩岸經貿互動新局

兩岸經貿互動在2008年馬總統上任之後，開始起了積極的變化，再加上全球經貿環境變遷，更加激起「兩岸合、贏天下」的趨勢。然而，前人的努力耕耘，冀盼於2010年開花結果，為兩岸經貿互動再度展開另一番新的局面，茲將兩岸經貿互動的七大新局面剖析如後：

1. 新局一：江陳會談

1998年二次辜汪會談後，由於2000年台灣政權轉移，使得兩岸關係降至冰點，2008年隨著馬政府上台，兩岸關係出現重大轉折，透過積極溝通、建立互信對話，為兩岸交流合作寫下新的篇章，而共同追求和平、和諧與合作的目標，為兩岸經貿關係的長遠發展奠立紮實基礎。2008年5月江陳會的舉行受到全球的注目，美國媒體CNN更以「馬總統持續改善與中國大陸的關係」為標題，做大篇幅的報導，兩岸對話機制的展延更對台海和平、區域發展有重要的影響，對台灣的經濟更有積極、實質的正面助益。

❶ 第一次江陳會：1998年10月第二次辜汪會談於上海、北京會晤後，相隔9年後，於2008年6月亦在北京舉行第一次江陳會，延續、傳承歷史的意味頗為濃厚。兩岸在9年的互相猜忌後，終於以包容與互信之姿，展開協商，其象徵意義大於實質效益，兩岸新紀元也就此展開。在此次會晤中兩岸簽署了《海峽兩岸包機會談紀要》、《海峽兩岸關於中國大陸居民赴台灣旅遊協議》，此次江陳會為兩岸制度性協商機制重新建立，以及兩岸和平發展的格局，均邁出歷史性、前瞻性的步伐，亦顯示兩岸關係正進入全新的時代。

❷ 第二次江陳會：此次江陳會的議題，對台灣未來發展的重要性，更超越第一次江陳會，海基會董事長江丙坤先生與海協會會長陳雲林先生於11月4日共同簽署《海峽兩岸空運協議》、《海峽兩岸海運協議》、《海峽兩岸郵政協議》及《海峽兩岸食品安全協議》四項協議。在全球化潮流與國際政經環境快速變化

下，對台灣產生不小的助益。

❸ 第三次江陳會：第三次江陳會談於2009年4月26日在南京舉辦，並且簽署了《海峽兩岸空運補充協議》、《海峽兩岸共同打擊罪犯及司法互助協議》與《海峽兩岸金融合作協議》三項協議，並且達成初步的陸資來台投資共識。空運補充協議與金融合作協議主要是在促進兩岸經貿關係連結，強化台灣經濟與國際市場的接軌，而共同打擊罪犯及司法互助協議則是著眼於建立區域秩序，完備兩岸法制面的機制。

❹ 第四次江陳會：2009年11月22日，第四次江陳會談於台中舉行，海基會董事長江丙坤與海協會會長陳雲林簽署《兩岸標準檢測及認驗證合作協議》、《兩岸漁船船員勞務合作協議》、《兩岸農產品檢驗檢疫協議》等三項協議，就協商制度而言，海基、海協兩會輪流在兩岸舉行協商，代表雙方的「對等協商」，象徵著兩岸由「對峙」走向「對話」，是促進兩岸關係良性互動的重要指標。

❺ 第五次江陳會：2010年6月29日，第五次江陳會談於重慶舉行，海基、海協兩會簽署「海峽兩岸經濟合作架構協議」（Economic Cooperation Framework Agreement；ECFA）與「海峽兩岸智慧財產權保護合作協議」（Intellectual Property Rights；IPR）兩項協議。相較於前四次江陳會談所簽署的12個協議，ECFA與IPR協議所涉問題最多，因此，能夠簽署此兩協議象徵著兩岸累積互信協商機制成形，也為兩岸經貿往來建立交流機制，進而創造互惠雙贏，使兩岸關係和平穩定與繁榮發展。

2. 新局二：搭橋專案

為了建立兩岸產業合作平台，創造兩岸產業合作商機，行政院於2008年8月通過兩岸「搭橋專案」政策，並於2008年12月正式啟動，另外，經濟部亦於2009年5月8日成立「搭橋專案辦公室」，來專職推動兩岸產業交流合作相關業務，希冀藉由「深耕台灣、全球連結」來吸引跨國企業加入兩岸的產業合作平台，以形成多邊的產業合作型態。搭橋專案的之理念為「政府搭橋，民間上橋」，並採取「一年交流，二年洽商，三年合作」的方式，搭起兩岸產業合作模式，創造兩岸商機，共造兩岸雙贏產業。2008至2009年共舉辦11場，總共促成522家兩岸廠商洽談與130家廠商簽署合作意向書，有鑑於兩岸搭橋啟動以來，獲得良好成效，兩岸在2010年將舉辦「兩岸產業合作及交流會議」共15場次，在台灣主辦五個場次、在中國大陸舉辦十個場次。

3. 新局三：陸資入台

自80年台灣開放至中國大陸投資後，累計至2009年5月底核准投資金額超過771億美元，但由於始終未開放陸資來台投資，所以，造成兩岸經貿失衡，導致兩岸資源無法獲得有效配置與流通。有鑑於此，為促進兩岸經貿正常化，經濟部於2008年7月便開始進行「開放陸資來台投資」之規劃，除了邀集陸委會、工程會、交通部等相關機關，針對開放陸資來台投資法規及開放項目進行研議外，並在海基會與海協會的架構下，與中國大陸進行溝通，於2009年4月26日第三次江陳會談時，終與陸方達成共同推動陸資來台投資的共識。

開放陸資來台投資，是依據「先緊後寬」、「循序漸進」、「有成果再擴大」的原則進行，並採取「正面表列」的方式分階段開放。首先，第一階段開放的項目，於2009年6月29日由行政院核定，6月30日由經濟部公布《大陸地區人民來台投資許可辦法》，辦法中指出，共開放192項陸資來台投資項目，包括三大類：（1）製造業64項、（2）服務業117項、（3）公共建設11項，自此，正式宣布台灣開啟了「陸資元年」的新紀元。根據經濟部投審會（2010）統計，自2009年6月30日開放陸資來台投資至2010年6月30日屆滿一年之際，共核准58件投資案，投資金額達7,991萬美元。經濟部投審會（2010）表示：「陸資企業來台投資的審查，近一年有逐漸加溫的趨勢且以小規模投資居多，主要原因是陸資來台設立辦公室或分公司最多，但隨著ECFA簽署，往後陸資來台的經貿與投資互動將會更加密切」。

4. 新局四：陸採購團

從2009年起，對外貿易發展協會與中國大陸海貿會共同籌劃「兩岸經貿促進考察團」，邀請中國大陸組團來台進行採購活動，根據《2009年外貿協會工作年報》資料顯示，2009年辦理的採購洽談會成果，共計400家買主來台，創造採購商機149.87億美元。截至2010年6月底為止，中國大陸採購團計有：（1）搭橋採購團：依時間順序分別為：海貿一團、面板採購團、海貿二團、海貿三團、中華全國供銷採購團等五團；（2）省級採購團：依序為：廣西、吉林、四川、江蘇、河南、上海、湖北、福建、山東、浙江等十省市，其中四川與廣西於2009與2010年皆組團來台採購；（3）市級採購團：依序為：廣州市、南京市。

5. 新局五：台灣名品展

金融海嘯導致全球總需求驟減，中國大陸政府頒布「四萬億擴大內需方案」，用以促進消費提升經濟成長，針對此商機，台灣企業無不積極佈局。主管部門指示外貿協會協助台商快速切入中國大陸市場，提升台灣品牌及優質商品的知名度並在中國大陸紮根。2009年9月17至20日於南京國際博覽中心舉辦「2009

南京台灣名品交易會」，參觀人次達26.8萬人，合計新台幣252億元，商機成效卓越。有鑑於此，外貿協會於2010年度針對東莞、天津、南京、山東、重慶等五地舉辦五場名品會交易會，以擴大台灣品牌在中國大陸的知名度。

6. 新局六：兩岸直航

自2008年馬英九政府上台後，兩岸客運包機週末化以來，兩岸直航共歷經五次航點與航班調整：（1）2008年6月13日：海協會與海基會在北京簽署《海峽兩岸包機會談紀要》：2008年7月4日起，兩岸正式直航並實施週末包機，每週雙方共飛航36班；而中國大陸最初的五個航點為北京、上海浦東、廣州、廈門與南京，台灣的八個航點分別為桃園、高雄、松山、台中、馬公、花蓮、金門與台東；（2）2008年11月4日：第二次江陳會談簽署《海峽兩岸空運協議》：2008年12月15日起，週末包機調整為每週七天常態化的平日包機，每週雙方共飛航108班，航班數增加3倍；而中國大陸再增加杭州、深圳、重慶、成都、天津、福州、海口、大連、昆明、西安、青島、武漢、鄭州、長沙、瀋陽、桂林等16個航點，台灣則維持不變；（3）2009年4月26日：第三次江陳會談簽署《海峽兩岸空運補充協議》：2009年8月31日開始，兩岸包機改為定期航班，航班時刻表及票價正常化，雙方每週航班數量增加為270班，航班增加1.5倍；而中國大陸方面再增合肥、哈爾濱、南昌、濟南、寧波、貴陽六個航點；（4）2009年12月16至17日：兩岸民間航空業協會溝通工作會議：兩岸民間航空業協會在廈門進行溝通，自2010年春節期間開始，增加太原、長春、南寧和煙台四個定期航班航點；（5）2010年5月22日：兩岸航空談判：雙方每週航班數量增為370班，而中國大陸另增上海虹橋、石家莊兩個航點，使得兩岸直航的航點數台灣為8個，而中國大陸為33個。

7. 新局七：相互認證

相互認證協定（Mutual Recognition Agreement；MRA）為WTO技術性貿易障礙協定（Agreement of Technical Barriers to Trade；TBT），用以鼓勵會員國雙方達成相互承認彼此符合性評估程序結果之協定。相互認證協定簽署後，企業可以在所屬國通過產品檢驗標準，且該標準同時適用於目的國規範，不但可有效縮短商品出口檢驗時間，並降低新產品檢驗成本，避免不必要的貿易障礙，提昇貿易自由便捷程度。

8. 新局八：協助大陸台商轉型升級

針對金融海嘯及大陸沿海生產成本上升，台商面臨轉型升級壓力日益高漲，兩岸主管機關與民間團體，包括台灣區電機電子工業同業公會、生產力中心、台企聯、大陸生產力促進中心，以及大陸昆山與東莞市政府，自2009年起共同協助台商升級轉型，對台商提昇核心競爭力大有助益。

2009年12月22日第四次江陳會簽訂《海峽兩岸標準計量檢驗認證合作協議》，針對兩岸標準、計量、檢驗、驗證認證及消費品安全合作事宜，進行協商且達成協議，並自簽署之日起各自完成相關準備後生效。而2010年2月5日台灣工研院與北京國家電光源質量監督檢驗中心於北京簽署《兩岸LED照明標準檢測相互認證合作意向書》，由工研院LED照明檢測實驗室為窗口，與北京國家電光源質量監督檢驗中心，進行LED標準檢測的相互認證合作，雙方將就大功率LED模塊標準與壽命試驗方法，共同制定相互認證的標準，未來台灣廠商銷往中國大陸的LED產品，只要通過工研院的檢測，即可望獲得承認不必再重複檢驗。

2010年6月29日第五次江陳會談簽署《海峽兩岸知識產權保護合作協議》，雙方同意就平等互惠原則，加強專利、商標、著作權及植物新品種權等兩岸知識產權保護方面的交流與合作，未來台灣影音產品進入中國大陸市場無須透過現行香港IFPI認證，可由台灣自行指定之認證組織辦理認證事宜，有助於影音業者節省成本，強化文創產業在兩岸市場的競爭力。

兩岸關係冰釋後，雙方經貿往來日趨頻繁，相互認證的推行，有助於貿易活動熱絡發展，加強商業便捷度，打造良好投資環境，且雙方可共同研發與生產具有相容性且能夠互通之產品，促進產業合作與技術交流，未來更可共同攜手打造品牌，以「Chaiwan」品牌連結兩岸核心能耐，提升於全球競爭層級。

第 4 章　2010中國大陸台商轉型升級新趨勢

中國大陸自1979年開始採取一連串的優惠政策措施，試圖改善其投資環境以吸引外資至中國大陸投資，又台商在面對新台幣不斷升值、土地及工資上漲的壓力下，西進台商接踵而至，透過整合中國大陸廉價勞工、廉價土地、廉價原料的「三廉優勢」，以低成本及規模經濟的經營模式出口具有競爭力的產品，迅速發展。然而，隨著中國大陸經濟發展，其投資環境及政策驟變，除「降低出口退稅率」、「企業所得稅法」、「勞動合同法」等法規陸續頒布實施外，中國大陸政府更提高環境保護標準、限制土地取得與使用，加上全球金融海嘯造成經濟波動等因素，使台商於中國大陸倍感經營壓力。2010年6月13日，英國《金融時報》指出：「中國大陸正在喪失其作為製造業出口基地的最大優勢」；美國商業諮詢公司AlixPartners也於2010年6月15日表示：「2009年全球經濟危機期間，中國大陸最低成本零組件製造國的地位，已被印度和墨西哥超越」，顯示中國大陸三廉優勢已不復往昔，台商必須致力於轉型升級才能搭上中國大陸經濟成長的列車。本章首先探討台商於中國大陸轉型升級因素，再者，分析2010年影響台商最甚之中國大陸勞工荒之形成原因、衝擊，以及探究台商龍頭富士康加薪所產生之效應，最後提出2010年台商轉型、佈局之新趨勢。

一、2010中國大陸台商轉型升級促因剖析

回顧二十年來台商西進歷程，中國大陸利用外資政策態度由「來者不拒」轉變為「擇善而從」，意即由「招商引資」轉向「招商選資」，其環境與政策瞬息萬變使台商不得不思考轉型升級重要性及如何進行轉型升級。以下分別以中國大陸經營環境的改變，提出2010年台商轉型升級之因素。分析台商轉型升級之因素包含：過去中國大陸具備的三廉優勢，使台商依賴低成本經營模式所致的遠因、2008年在「一規、雙防、三缺、四漲、五法、六荒、七金、八變」下，中國大陸

宏觀政策的轉變所形成之中慮、以及2010年在「調結構」的主軸下，最低工資的調整、用電優惠取消與電價上漲構成直接衝擊台商的近憂以及本田罷工與富士康加薪效應所引發的急燎，顯示台商轉型升級並不僅僅著手進行，而應該以積極態度盡快完成。茲將台商轉型升級之遠因、中慮、近憂以及急燎分述如下：

❶ 遠因：勞工廉、土地廉、原料廉

由中國大陸歷經三十年的改革開放中不難看出，引進外資促進其經濟發展，可視為中國大陸發展的基本策略之一，自1979年起，中國大陸透過改善基礎建設、提供優惠的租稅及廉價的土地等方面吸引外資，促使中國大陸逐漸成為世界重要的生產基地，台商在中國大陸二十年的經營經驗中，憑藉著中國大陸勞工廉、土地廉以及原料廉等三廉優勢迅速發展，以規模經濟追求低成本營運模式，視中國大陸為生產基地，加工出口外銷至歐美國家，但也由於台商過度仰賴勞力密集的製造方式，突顯出日後在中國大陸政策法令的改變下，台商便出現轉型升級的必要性。

❷ 中慮：一規、雙防、三缺、四漲、五法、六荒、七金、八變

根據2008《TEEMA調查報告》中提出：「一規、雙防、三缺、四漲、五法、六荒、七金、八變」，顯示中國大陸宏觀政策的轉變造成其投資環境產生重大變化。「十一五規劃」的執行期間，分別以「防止經濟增長由偏快轉過熱」、「防止價格由結構性增長演變為明顯通貨膨脹」為2008年宏觀調控的重點，在中國大陸勞工、水電、土地等生產條件缺乏下，促使其「原料價格上漲」、「油電價格上漲」、「勞動工資上漲」、「租金成本上漲」等生產要素成本抬升，加上《勞動合同法》、《企業所得稅法》、《出口退稅政策》、《加工貿易政策》、《土地從嚴政策》等五法的實施，使其投資環境面臨「生態荒」、「人才荒」、「融資荒」、「治安荒」、「優惠荒」、「利潤荒」等企業經營困局，而「社會保險金」、「養老保險金」、「醫療保險金」、「工傷醫療補助金」、「勞工住屋公積金」、「失業保險金」、「生育保險制度」等規定，對台商而言更是影響甚深，在中國大陸經濟發展政策的轉移下，為台商轉型升級埋下伏筆。

❸ 近憂：調結構使台商經營成本激升

中國大陸《勞動合同法》於2008年1月1日開始實施，明訂上調各省、市、區上調最低工資標準，但2009年中國大陸為因應全球金融海嘯，考量企業營運成本的壓力，規定暫緩繼續上調最低工資標準，使之在實施上遭遇一定的阻力，成效有限。2010年以來，中國大陸成為引領世界經濟復甦的火車頭，經濟快速成長，各省、市、區紛紛調漲最低工資標準，調漲的幅度多超過12%，主要的目的便是平衡飛漲的物價與過低的工資水準，進而在「調結構」下縮短貧富差距。又為了貫徹落實國務院「關於進一步加大工作力度確保實現十一五節能排碳目標的通知」要求，以及著眼於十二五規劃初擬重點「調結構」的主軸，2010年5月12日，中國大陸發改委、電監會、能源局聯合宣布全面取消高耗能產業的用電優惠，同時，宣布自2010年6月1日起，上調部分能源密集行業的電價，每千瓦上調0.05至0.1元人民幣。由上述可知，2010年在各地方政府不斷調高最低工資標準與飛漲的電價下，台商經營壓力不言而喻，在經營成本不斷激升下，轉型升級成為台商急需重視之課題。

❹ 急燎：本田罷工、富士康加薪效應

2010年5月17日，本田汽車於佛山市南海本田汽車零組件製造公司爆發罷工，勞工因不滿薪資待遇不公，藉由罷工要求廠方提高薪資。2010年6月1日，富士康在連續發生墜樓事件後，首度宣布加薪30％，2010年6月8日，再次宣布有條件的加薪至每個月2,000元人民幣，調薪幅度近一倍。台商雲集的珠三角區域掀起前所未有的漲薪浪潮，不斷以罷工要求資方調漲薪資的情事不斷發生，甚至蔓延至長三角地區，直接衝擊過去仰賴廉價勞動力以創造出口優勢的台商。

二、2010 中國大陸造成勞工荒主因探討

豐沛且廉價的勞動力為中國大陸經濟成長主要推手，企業視之為取之不盡、用之不竭的資源，近年來出現戲劇性轉變。勞動密集產業投資重地、龐大人口與勞動力的中國大陸，於珠三角、長三角、閩東南、浙東南等地出現缺工的情形且愈演愈烈，並逐漸由沿海向內陸延伸，缺工日趨嚴重，導火線則是2008年金融海嘯，導致訂單銳減、企業裁員，大量農民工失業返鄉，但在中國大陸經濟景氣迅速回暖後，沿海與內陸地區嚴重的缺工問題也達到高峰。

依據中國大陸政府最新公佈的最低工資率調整標準，在2010《TEEMA調查報告》所評估的城市中，確定上調城市達45個城市，上海市以1,120元成為中國大陸最低薪資標準最高的城市，而深圳市、廣州市、寧波市、杭州市、溫州市以1,100元居次，以調升幅度來看，各市上調幅度均超過10％，台商密集的華南沿海，上調的幅度甚至高達20％以上，對於台商多為毛利率低的勞力密集產業而言，經營成本不斷激升，如何加速轉型升級成為台商首重的課題。茲將45個城市最低工資調漲彙整如表4所示。

表4　中國大陸45個城市最低工資調漲彙總表

地區	城市 / 省	前期起始執行日期	職工每月最低工資標準（人民幣）	最新起始執行日期	職工每月最低工資標準（人民幣）	漲幅
華南	深圳市	2008/07/01	1,000元	2010/07/01	1,100元	10.0%
	東莞市	2008/04/01	770元	2010/05/01	920元	19.5%
	廣州市	2008/04/01	860元	2010/05/01	1,100元	27.9%
	惠州市	2008/04/01	670元	2010/05/01	810元	20.9%
	中山市	2008/04/01	770元	2010/05/01	920元	19.5%
	珠海市	2008/04/01	770元	2010/05/01	920元	19.5%
	汕頭市	2008/04/01	670元	2010/05/01	810元	20.9%
	江門市	2008/04/01	670元	2010/05/01	810元	20.9%
	佛山市	2008/04/01	770元	2010/05/01	920元	19.5%
	福州市	2008/04/01	700元	2010/03/01	800元	14.3%
	廈門市	2007/08/01	750元	2010/03/01	900元	20.0%
	莆田市	2007/08/01	700元	2010/03/01	800元	14.3%
	泉州市	2007/08/01	700元	2010/03/01	800元	14.3%
	漳州市	2007/08/01	700元	2010/03/01	800元	14.3%
華東	上海市	2008/04/01	960元	2010/04/01	1,120元	16.7%
	蘇州市	2007/10/01	850元	2010/02/01	960元	12.9%
	南京市	2007/10/01	850元	2010/02/01	960元	12.9%
	無錫市	2007/10/01	850元	2010/02/01	960元	12.9%
	常州市	2007/10/01	850元	2010/02/01	960元	12.9%
	揚州市	2007/10/01	700元	2010/02/01	790元	12.9%
	鎮江市	2007/10/01	850元	2010/02/01	960元	12.9%
	南通市	2007/10/01	850元	2010/02/01	960元	12.9%
	徐州市	2007/10/01	700元	2010/02/01	790元	12.9%
	泰安市	2007/10/01	700元	2010/02/01	790元	12.9%
	淮安市	2007/10/01	700元	2010/02/01	790元	12.9%
	連雲港	2007/10/01	700元	2010/02/01	790元	12.9%
	寧波市	2008/09/01	960元	2010/04/01	1,100元	14.6%
	杭州市	2008/09/01	960元	2010/04/01	1,100元	14.6%
	溫州市	2008/09/01	960元	2010/04/01	1.100元	14.6%
	紹興市	2008/09/01	850元	2010/04/01	980元	15.3%
	嘉興市	2008/09/01	850元	2010/04/01	980元	15.3%

表4　中國大陸45個城市最低工資調漲彙總表（續）

地區	城市／省	前期起始執行日期	職工每月最低工資標準（人民幣）	最新起始執行日期	職工每月最低工資標準（人民幣）	漲幅
華北	北京市	2008/07/01	800元	2010/07/01	900元	12.5%
	天津市	2008/04/01	820元	2010/04/09	920元	12.2%
	濟南市	2008/01/01	760元	2010/05/01	920元	21.1%
	青島市	2008/01/01	760元	2010/05/01	920元	21.1%
	威海市	2008/01/01	760元	2010/05/01	920元	21.1%
	煙台市	2008/01/01	760元	2010/05/01	920元	21.1%
	泰安市	2008/01/01	620元	2010/05/01	760元	22.6%
	日照市	2008/01/01	620元	2010/05/01	760元	22.6%
	太原市	2008/10/01	720元	2010/04/01	850元	18.1%
華中	武漢市	2008/08/01	700元	2010/05/01	900元	28.6%
	宜昌市	2008/08/01	600元	2010/05/01	750元	25.0%
	襄樊市	2008/08/01	600元	2010/05/01	750元	25.0%
東北	長春市	2007/07/01	650元	2010/05/01	820元	26.2%
西南	貴陽市	2007/11/01	650元	2010/07/01	760元	16.9%

資料來源：中國大陸各市人力資源與社會保障局（2010）、本研究整理

註：各市職工每月最低工資標準資料為該市市區或該市第一類地區最低工資資料

1. 勞工荒主因探討

隨著景氣回暖，企業訂單增加，用工需求急速提升，然而先前金融危機所造成的用工缺口尚未恢復，導致舊有缺工與新增用工需求交疊，勞工荒現象愈嚴重，《商業周刊》（2010）專文指出：「中國大陸這個擁有13億人口的世界工廠，近年每逢農曆春節過後就傳出缺工，近期更是達到高點，中國大陸各地台商協會預估各地缺工數，杭州約12萬人、廈門10萬人、泉州預估超過12萬人，長三角缺工數約一成、珠三角缺工三成為普遍現象」。然而，根據中國大陸國家統計局（2010）統計顯示：「2009年中國大陸農民工總量為2.298億，較2008年增加436萬，成長幅度為1.9%。其中，外出農民工總量為1.453億，比2008年增加492萬，成長3.5%」，顯示目前勞動力資源仍然充沛，且每年農業技術進步而釋放更多農村勞動人口，但是沿海城市仍出現嚴重的勞工荒，此情況反應勞動力密集的產業已陷入瓶頸，台商企業陷入經營窘境。而勞動力供給與需求間缺口可以歸納四大崛起因素所致，分別為農村經濟的崛起、區域經濟的崛起、服務經濟的

崛起以及勞工意識的崛起，茲將各項因素分述如下：

❶ **農村經濟崛起**：中國大陸經濟高速成長，然而嚴重的城鄉差距仍為一大隱憂，由2004年開始連續七年的中央一號文件，針對農村、農業、農民「三農問題」列入待解決重點，包含統籌城鄉發展、工業反哺農業，取消農業稅以減輕農民負擔，還有耕種補貼等政策，甚至允許大型國有企業向農民租賃土地，進而產生一批單靠土地出租即可維持生活之農民，近年中國大陸的三農政策，拉近農民與勞工的收入，改善農民的生活條件與居住品質，使農村逐漸富庶不再貧窮，加上沿海地區高房價帶動物價上漲，導致農民工無法依靠現有工資維持生活，農民權衡利弊後選擇回流，留在家鄉而影響勞動供給的因素之一。

❷ **區域經濟崛起**：中國大陸政府為平衡國家發展，促進社會經濟全面協調發展，於2000年啟動「西部大開發」政策。2004年3月，中國大陸國務院總理溫家寶先生提出了「促進中部崛起」之戰略，故西部、中部各地方政府在政策、政府職能、法制環境、市場體系、基礎設施、通訊等方面積極改善，以吸引外資進入，並建立當地特色產業，為承接東部地區的勞動密集型產業的轉移創造有利條件，加上過去離鄉背井的農民工，習得經驗與技能後回家鄉創業，沿海城市逐漸失去勞動力。呈現在富裕地區勞動力外移減緩，中西部勞動力外移持續增加。據中國大陸國家統計局（2010）資料顯示：「2009年東部地區的外出農民工為9,076萬人，占全國外出農民工人數的62.5%，同比下降8.5%，然而，中部和西部的外出農民工分別增加為33.2%和35.8%，占全國整體農民工的比重，同比上升3.8%和4.8%」。

❸ **服務經濟崛起**：勞工荒主要發生在東莞以及廣東沿海地區，也是勞力密集展業聚集地，中國大陸產業由傳統產業轉向科技、服務業發展，珠三角的產業結構轉型的落後，相較之下，勞動人口選擇轉往已轉型為高附加價值之產業為主的地區，因此勞工荒也突顯出產業結構轉變之問題。中國大陸商務部部長陳德銘（2009）表示，2010年中國大陸經濟定調為「調結構、擴內需、防通膨」，調結構為調整經濟結構，由原本的加工製造轉向高附加價值、能源消耗低，廢棄物排放少，但就業機會大的服務業，表示未來中國大陸不再是世界的工廠，而是世界的市場，預計服務業將是吸納未來就業人口的主力，故在產業結構的轉變下，勞工將轉向高技術、高附加價值的產業領域發展，而非選擇傳統勞力密集型產業。

❹ **勞工意識崛起**：經濟成長生活素質提高，新世代打工意願降低，且1979年實施一胎化政策，中國大陸年出生人口總量下降，年平均落在1,600萬人，相

較於二十年前少了三分之一，新增勞動力數量逐步下降，缺工潮無法獲得改善，且在中國大陸改革開放三十年間，人民教育程度的提升，亦影響就業市場供需情況，八十、九十後新一代勞工有別於上一代勞工，進入城市工作不再背負龐大的經濟壓力，多數是增廣人生視野，對勞動環境更為敏感，因此許多人不再選擇當低廉的勞工，多選擇辦公室人員為主要的就職目標，因此勞動密集型產業招工困難加劇，珠三角、長三角等地爆發缺工潮。

2. 勞工荒衝擊效應

根據中國大陸國家統計局（2010）資料顯示：「長三角地區有44.3%的企業面臨日常開工不足，無法正常生產，而浙江省用工缺口更高達73.65萬人，其中以作業員、服務員、保全等需求最為緊迫，但應徵者寥寥無幾，更突顯招募過程困難」。人是組織中最重要的資源，更是緊緊牽繫組織營運方向，長期的缺工現象對企業造成莫大的影響，不但企業閒置產能影響獲利，為了吸引勞工而提高職工工資也使企業成本增加，且企業為解決缺工之苦，台商退而降低招工標準以招收足夠的勞工，隨之而來是對產品品質的要求下降，造成產品品質不如以往，以下茲將勞工荒所造成企業的三大衝擊分別詳述：

❶ **廠房閒置產能影響企業獲利**：以電子業為例，受到缺工的影響，上游零組件廠商產能受限，導致原物料供應不足，而中下游廠商則面臨訂單爆滿但人員不足，遲遲無法順利開工。顯示勞工荒造成企業廠房設備閒置，企業無法貿然接單，甚至無法順利完成訂單，造成企業獲利能力下降。即便訂單絡繹不絕，但由於缺工，產能無法順利開出，造成供應低於訂單。在固定支出不變，產能下降的狀況下，將嚴重影響企業的獲利程度。

❷ **基本工資上揚影響人事成本**：中國大陸勞動力豐沛，過去台商企業選擇員工為優中選優，應徵者絡繹不絕，面對近期招工不易，企業降低招募條件，且薪資大幅調升期望改善缺工情況。面對勞工荒韓資企業的工資上調幅度最大，通常將底薪調為1,200人民幣，台商企業的調幅相對較小，大多數為1,000至1,100人民幣，顯示為解決缺工問題，企業無不調漲工資因應，隨之而來的是成本上揚，無疑是企業的另一個難題。工資上漲除了是企業為了招工所採取的手段外，更是在各地方政府的政策規定下不得不調高勞工薪資的結果，中國大陸各地方政府為確保企業不致在最低工資標準落後其他地區下造成缺工，並希望使企業加速往高附加價值的產業投資發展，紛紛上調該地方職工最低標準。

❸ **放寬雇用標準影響產品品質**：勞工荒使企業在招工難的情況下降低招工條件，過去要求只招收女工，為了補足勞工缺口，便改為不設性別門檻；年齡標

準也由以前的18至25歲放寬為45歲以下；學歷要求也不如過去標準嚴格。被視為富士康最大對手廠商的偉創力，其深圳廠在缺工下除了參加各類招聘會外，也放寬招聘的條件，甚至獎勵老員工介紹同鄉進廠，種種措施無非是想解決缺工的燃眉之急。值得注意的是，企業在放寬勞工雇用標準下，影響產品品質的風險提升，勞力密集產業在此情況，瑕疵品的數量增加將會侵蝕原本毛利率低的台商獲利，故在中國大陸缺工的情況下，企業如何在降低招工條件又兼顧生產效率與品質，實為台商須審慎考量的課題。

3. 勞工荒解決之道

面對勞工荒，中國大陸各地台商會會長紛紛提出相關對勞工荒解決之道的相關評述，以期對台商缺工之問題提出有效建議，可歸納為四種模式，分別為「提高薪資及福利待遇」、「與中國大陸當地政府合作」、「採取建教合作模式」、「雇用台籍幹部」，茲分述如下：

❶ **提高薪酬及福利待遇**：2009年12月19日，惠州市台商協會會長張秋進表示：「由於缺工情形嚴重，惠州已有台商提出月薪人民幣1,800元，勢必帶動整體工資上揚」；2010年2月22日，深圳台商協會長黃明智指出：「台商必須提高工資吸引工人，而且必須提高很多，高勞力密集和廉價勞動力的台商，就很難撐下去，最後被市場淘汰」，顯示在勞工荒的背景下，提高薪酬及福利為台商在招募或留住現有員工的一項方法，但伴隨而來的是人事成本急遽上升，壓縮微薄利潤。值得深思的是，在中國大陸整體政策影響下，勞動力不足使台商未來仍可能面臨缺工問題，若只一味以加薪作為吸引勞工的方式，實非企業長久經營之計。

❷ **與中國大陸當地政府合作**：以昆山為例，昆山政府主動斥資200萬人民幣，至西北內陸學校接洽送來3、4萬勞工解決台資企業缺工問題。而廈門市則將人力資源市場的招聘信息同步傳遞至勞動力輸出地人力資源市場，協助降低了台資企業招工成本，便於外地勞動力就業。且廈門市人力資源市場已和貴州省、四川省、重慶市、湖北省、江西省部分市、區簽訂遠程視頻合作協議，並及時組織部分缺工企業到湖南、貴州、江西等地招工。

❸ **採取建教合作模式**：2010年4月24日，長沙市台商協會副會長林懷則認為：「由於中國大陸各省最低工資標準不一，且農村與城市、沿海與內陸地區存在很大差距，使得許多台商在選擇投資設廠時，已經將目標放在內陸的二、三線城市，同時與當地政府、職業學校進行建教合作，以保障勞工來源」。例如：台資企業憶聲電子在江西吉安辦學，是一所高中職校附設國中部的中等學校，至2010年已將近七年的時間，又憶聲吉安廠與其辦學學校距離近，可就近結合產學

功能，提供學生實習及畢業後就業的機會。

❹ **雇用台籍幹部**：2009年12月19日「展望2010：廣東台商人力管理與運用策略研討會」中，惠州市台商協會會長張秋進表示：「未來五至十年，中國大陸基層勞工工資將會達到每月人民幣3,000元，若加計人民幣升值幅度，換算新台幣，屆時可能工人每月工資高達新台幣2萬元，拉近與台灣工資水準的差距」。深圳市台商協會秘書長黃厚生亦指出：「中國大陸缺工情形嚴重，加上工資上揚，最近出現台籍幹部回流現象。由於台灣失業率高，且企業的平均薪資呈下跌趨勢，有些台商重啟在台招募人才行動」。故基於兩岸互動交流日益頻繁，又2008年1月1日《勞動合同法》實施後，僱用台籍與陸籍員工的成本差距日漸縮小，台商亦可考量加強回台僱用台籍員工，以提升經營績效的可行性。

三、富士康調高薪資衝擊效應分析

富士康為鴻海集團在中國大陸的代表性企業，2010年初，其深圳廠發生多起員工跳樓事件，迫使外資意識到中國大陸勞動市場的轉變。隨著經濟發展，物價上漲，在勞工工資過低的背景下，與上一代相比，新生代對工資、福利的期望高，獨立自主意識以及集體談判意識都高於上一代，低工資難以維持，繼2010年6月1日，富士康公布中國大陸地區加薪30%後，富士康於2010年6月8日再宣布深圳地區基層員工有條件加薪到2,000元人民幣，調薪幅度共高達122%。富士康大幅調薪舉動除平撫員工情緒，防止疊加效應，更希望透過加薪、完善的員工福利消弭外界對其不良的企業形象。但大幅加薪無形中也使許多效應不斷發酵，以下茲提出富士康調高薪資所產生的效應。

❶ **蝴蝶效應**：面對中國大陸員工意識抬頭，不滿工資太低，加上富士康大幅加薪的刺激，罷工問題一觸即發，2010年中國大陸的罷工浪潮可謂繼廣東佛山本田汽車廠員工罷工、停產後，2010年6月6日深圳台資電子大廠美律電子員工走上街頭，要求與富士康同薪；長三角台資企業雲集的昆山於2010年6月7日也出現台資企業書元機械公司員工要求加薪及改善工作條件的罷工事件；2010年6月7日，本田佛山豐富汽車零件廠更因為勞資問題爆發無預警罷工。罷工潮由珠三角延燒至長三角，使台資企業面臨前所未有的經營考驗，2010年6月8日深圳台商協會會長黃明智表示：「富士康的大幅調薪，對深圳台商已形成壓力，卻無可奈何」，由於罷工的背後無疑是隨之而來的漲薪潮，對於已經處於缺工環境下的台資企業更是雪上加霜，除非同意加薪，否則可能面臨員工罷工、跳槽等後續問題。

❷ **骨牌效應**：2010年6月9日，瑞士信貸首席中國經濟學家陶冬認為：「二十年來中國大陸一直扮演世界製造工廠的角色，有助於許多跨國企業降低成本和價格，但此種情形已開始改變」。中國大陸為刺激國內消費，減少對低價產品出口的依賴，並希望透過加薪迫使以出口為導向的企業轉型升級，近年來，除2009年金融海嘯因素外，中國大陸各省市政府幾乎每年上調最低工資標準，由表4-1可以看出，廣東各地最低薪資漲幅近20%，對於台資企業多聚集於中國大陸沿海而言，經營壓力不言而喻。2010年6月9日，深圳市政府正式宣布調高職工最低薪資為1,100元，可見在富士康接連發生員工自殺以及其提高薪資引發的罷工效應下，更加促使中國大陸各地方政府檢視最低工資標準是否上調，面對房價及物價不斷上漲，使來自內地的勞工生活負擔日漸加重，如何使工資符合物價水準將是各地方政府進行調整最低工資標準的重要考量。

❸ **寒蟬效應**：富士康大幅上調中國大陸員工工資，預期將掀起台資企業掀起罷工潮、加薪潮，引起銀行高度重視，著手研擬調整中國大陸台商的授信條件與計劃。由於罷工會對於企業營運會造成一定的影響，大幅調薪也近而衝擊企業獲利，在富士康引爆調薪潮後，銀行對台商和在母公司的金流供給勢必更嚴謹，即更仔細評估授信可能產生的風險。以季節性而言，季底、年中以及年終為企業融資契約到期相對密集的時刻，使銀行認為台資企業爆發調薪潮的時點相對敏感，未來銀行與企業談判貸款利率條件時，陸資薪資佔成本結構比，將納入考量，成為洽談授信條件的新重點。

❹ **位移效應**：面對富士康加薪效應不斷發酵，2010年6月8日，鴻海董事長郭台銘在股東會上指出：「面對中國大陸沿海薪資上漲壓力，鴻海計劃將部分生產移回台灣」。而中國大陸政府積極開發西部，基礎建設大幅改善及投資獎勵相關政策，成為台資企業分散長三角與珠三角未來工資大漲的風險而遷往內陸的擴廠考量要點。於中國大陸雇有3.5萬名員工的全球最大電腦鍵盤製造商群光電子，其執行副總呂進宗於2010年6月8日表示：「準備前往重慶覓地建廠」，主要目的在於因應中國大陸經濟發展所產生的缺工與漲薪的衝擊。綜上所述，不論是將生產基地轉至越南、印尼等新興國家、擴廠計畫遷回台灣或是遷至中國大陸西部，均說明在富士康加薪影響下，企業將會向外尋找更低成本的生產基地。

❺ **長鞭效應**：鴻海集團旗下手機代工公司，香港上市公司富士康國際控股（FIH）董事長陳偉良於2010年6月8日表示：「將研究中國大陸員工加薪成本轉嫁給客戶，預計一、兩個月內完成價格談判」。富士康的客戶主要是全球前五大手機廠，分別為Nokia、Motorola、Sony Ericsson、Samsung、LG，前五大客戶

佔營收比重高達九成，若富士康成功調漲電子產品代工價格，將引發同業跟進，在供應鏈的連鎖效應下，部分上漲的生產成本將會反映在產品的售價上，2010年6月9日，巴黎銀行（BNP Paribas）分析師劉安培指出：「終端客戶最終會付出更高的成本」，可見在富士康加薪效應下，將影響整個電子產業，未來電子終端產品的售價可能將出現上漲的情形。

四、2010中國大陸台商轉型與佈局新趨勢

中國大陸經營環境的轉變，使其不再是低製造成本的生產基地，不再是不要求環保、重資本家、輕勞工權益的地方，且中國大陸的勞動結構變化，台商更是不得忽視。2010年6月9日，台北經營管理研究院陳明璋院長表示：「中國大陸環境正在轉變，台商必須體認，轉型升級是必走的路」，並且指出台商應該學習蘋果Steve Jobs，不斷創新產品，才能擺脫代工的微利壓力，創造更高價值。

1. 2010中國大陸台商轉型新趨勢

過去中國大陸以低廉的生產要素吸引國際企業進駐，其源源不絕的勞動供給，與政府政策的扶持，成就令人稱羨的高經濟成長伴隨著而來的生活品質提升與物價上漲，也造成勞工生活的壓力，而教育水準的提升以及出生率的下降，勞動人口呈現下降的趨勢，中國大陸缺工問題持續蔓延，即便中國大陸各地方政府或台商以調高工資來因應，但結構性因素仍舊使缺工問題持續發酵，面對此情勢，企業紛紛採取轉型升級或是尋找更低廉成本生產地作為長久因應之道，茲將2010年中國大陸台商各轉型、佈局新趨勢分述如下：

❶ **趨勢一：製造外銷轉為內需消費**：缺工、工資上漲等諸多經營瓶頸進而使企業生產成本驟升，有鑑於避免將雞蛋放在同一個籃子裡，又根據瑞信於2010年1月13日表示：「預計至2020年，中國大陸佔全球消費的比重將由2009年的5.2%提高至23.1%，將超過美國成為全球最大的消費市場」，故轉戰內銷市場將是台商因應方式的另一項參考。以台商投資密集的東莞為例，由於東莞90%以上的台商均為中小企業，不具單獨轉戰品牌的實力，為此，東莞台協會宣布成立「大麥客」賣場，為中國大陸第一家由台商會集資的批發賣場，集眾之力打開內銷市場行銷通路，東莞台商協會會長葉春榮（2010）表示：「大麥客批發賣場預定2010年年底前開幕，三至五年內準備擴展據點至中國大陸各地」。故在中國大陸內需市場不斷成長、台商出口優勢降低雙重壓力下，著重內需市場為台商轉型升級的必要途徑之一。

❷ **趨勢二：勞力密集轉為自動生產**：在中國大陸用工荒所帶來的經營壓力，

長期且根本的因應方式為轉型升級，承接附加價值高、價錢高的訂單，或採自動化生產方式，2010年6月7日，頂新集團康師傅財務長林清棠表示，康師傅預測到未來幾年中國大陸因缺工所造成的問題，故以提早進行生產自動化，朝向降低勞動力密集的生產事業方向因應，如此一來，能有效降低生產線上勞工人數，且其多數員工是以有較高技術、能操作高精密機械的工人為主，避免因缺工而使生產停滯的情形產生。故由上述可知，以自動化降低對勞力的過度依賴，為台商進行轉型升級的重要趨勢之一。

❸ **趨勢三：向外招工轉為自育人才**：針對中國大陸用工荒，許多企業採取與學校合作，以實習方式培養人才，提升企業吸引力，還可建立企業形象，學校畢業生可順利進入企業，既可省下人力仲介費用，也可改善缺工問題，以仁寶電子而言，其計畫投資中西部專科職業學校，用意在於穩定人力資源與品質，培養基礎技術人員，解決長期缺工問題，且自行培養研發、管理人才。在廈門與蘇州設廠的友達光電，針對缺工問題，其作法為委託學校提前培養所需人才，預先透過建教合作，事前規劃因應，故所遭遇的缺工壓力相較小，故台商在中國大陸勞力成本大幅增加下，透過建教合作的方式向下扎根，成為轉型升級的趨勢之一，進而使企業人力資源不致匱乏、勞力素質得以保證，無形提升企業競爭力。

❹ **趨勢四：科學管理轉為行為管理**：1911年由科學管理之父Taylor提出：「將人的動作與時間，以最經濟的方式達成最高的生產量」。過去台資企業多為勞力密集產業，生產線需要大量的勞工，但中國大陸新成長的勞動力教育程度越來越高，職涯規劃首要選擇已不再是以動作拆解講求效率為先。中國大陸勞動力結構的變化，不僅僅影響著企業招工情況，同時也敦促企業改變對中國大陸勞工既有印象以及管理方式，2010年6月10日鴻海董事長郭台銘於股東會上表示：「要正視中國90年代後的年輕人需要，並利用年輕人的思想開放、創造力豐富的特色轉型」。又2010年6月15日中國大陸國務院總理溫家寶先生表示：「政府與社會各界都應該以像對待自己孩子般，關懷年輕勞工」，顯示在中國大陸勞工結構的變化下，台商必須建立合理的生產模式，進而改善勞資關係並吸引優秀人才，並著眼於中國大陸勞工思想的創造力，才能有效轉型升級，故預期台商將以行為管理補正過去台商強調科學管理以降視勞工為企業的一個零件，缺發對人性的關懷與重視的缺憾。

2. 2010中國大陸台商佈局新趨勢

許多台商在因應缺工問題試圖轉型升級下，除上調薪資外，亦選擇設立新的生產據點，如同2010年6月13日昆山台商協會會長孫德聰表示：「台資企業與員工的衝突，不能總是用加薪水來解決，這樣最後會雙輸，因為台商總有一天會被高人事成本壓垮，故台商只好收場把工廠遷到別的地方」，分析2010中國大陸台商佈局新趨勢以再西進、重南進、東回流三種地域轉型，找尋企業轉型升級的新契機，以下茲就三種地域轉型分述如下：

❶ **趨勢一：再西進**：鴻海集團與廣達電腦前往重慶等內陸地區設立生產地點，鴻海更積極研發無人實驗室與無人工廠。而已在中國大陸轉型升級成功之台商岳豐科技，其執行長林森福於2010年4月3日提出「加工下鄉」，即於內陸鄉下設立小單位生產單位，爾後將半成品運往原生產加工組裝再出口，以解決缺工及工資上漲的經營問題。

❷ **趨勢二：重南向**：仁寶集團選擇不同國別的新據點，重新啟動越南廠生產計劃，金仁寶集團下半年擴大全球佈局，仁寶筆電、泰金寶機上盒及外接硬碟都將擴大生產線及產能；金仁寶集團董事長許勝雄於2010年6月17日表示：「仁寶會在四川建立新的生產線據點，產能預定2011年開出；越南生產線預定第4季蓋好廠房後，2011年投產，中國大陸昆山則將擴大投資，昆山仍是仁寶最大生產基地」，顯示勞動成本不斷攀升下，重南向亦成為台商分散風險的方式之一。

❸ **趨勢三：東回流**：2010年2月25日，蕪湖台協會會長陳鑒章認為：「面對中國大陸經營成本不斷上揚，進而促使其回台經營，思考台灣所擁有產業優勢以投資新事業」。2010年6月9日，杭州台協會會長謝智通表示：「由於兩岸工資差距拉近，加上政府提供的租稅優惠、土地取得、融資獎勵等都有很好的政策，因此許多在中國大陸的台商都有意回台投資設廠，或是回台上市、上櫃，希望政府能協助解決勞工聘用問題」，顯示在經營環境丕變下，台商可能會出現回台投資的趨勢，但仍須考量台灣政府的支持力度是否足夠、相關配套措施是否完善。

第二篇

中國大陸經濟成長新動力

第 5 章　2010中國大陸經濟發展主基調　37
第 6 章　2010中國大陸經濟成長三大驅動力　45
第 7 章　2010中國大陸經濟成長六大新動力　52
第 8 章　2010中國大陸跨越發展十大新挑戰　63
第 9 章　中國大陸十二五規劃政策內涵探析　75

第5章　2010中國大陸經濟發展主基調

中國大陸每年初的「中央經濟工作會議」，主要是總結一年來的經濟工作績效、針對當前國內外經濟態勢、制定下一年宏觀經濟發展規劃與部署經濟工作。回顧2008年全球金融危機蔓延，經濟寒冬席捲全球，中國大陸為應對經濟下滑危機，中國大陸國務院於2008年11月5日頒布應對危機的一攬子計畫，透過財政政策與貨幣政策雙管齊下以阻止中國大陸經濟惡化。在金融危機的時空背景之下，2008年定調2009年的經濟基調為「保增長、擴內需、調結構」。隨後，在一連串的刺激政策之下，中國大陸經濟加速復甦，且相較於他國的經濟成長率而言，中國大陸是遙遙領先，因此，不斷吸引熱錢流入。為防止經濟過熱發展，同時解決產業結構、城鄉結構、區域結構、生產力佈局結構、技術結構、收入結構、內外貿易結構等經濟結構存在的長期失調問題，2009年12月7日落幕的中央經濟工作會議，定調2010年的工作目標為「穩增長、調結構、促消費」，並提出2010年六項主要任務：平穩增長、結構調整、務實三農、深化體改、穩定出口、保障民生。如果說2009年是進入新世紀以來中國大陸經濟最困難的一年，那麼2010年將是中國大陸經濟最複雜的一年。

中國大陸歷年召開的中央經濟工作會議承載著規劃當年度中國大陸經濟社會發展重任，並已開始持續向國際擴展。本章首先回顧2000～2009年中央經濟工作會議的政策走向，其次針對2009至2010年中央經濟基調之轉變及作法分述如後：

一、2009～2010年中國大陸經濟基調轉變探析

中國大陸中央經濟工作會議制定的經濟基調，從2008年開始便是由多字方針組成，2007年的經濟基調為「控總量、穩物價、調結構、促平衡」的12字方針，到2008年的經濟基調發生過幾次較大的轉變，從年初的「防通脹、防過熱」，轉變為年中的「保增長、控通脹」，再到2008年11月調整的「保增長、

擴內需」。在2008至2009年的一系列經濟刺激政策達到顯著成效情況下，2009年中國大陸的經濟快速回暖，但產能過剩、資產價格上漲、通貨膨脹、經濟結構失衡等問題仍存在矛盾與困難。故2009年制定2010年的經濟基調仍延續2008年的「保增長、擴內需、調結構」九字方針，並因應當前的經濟環境調整為「穩增長、調結構、促消費」。比較2009與2010兩年的經濟基調，可以將其轉變趨勢歸納為「一個維持、兩個轉變」，茲將其調整內涵分述如後：

1. 兩年皆維持「調結構」

1949年後中國大陸經濟高速增長使其經濟發展付出結構逐漸失調的代價，包括產業結構、城鄉結構、區域結構、生產力佈局結構、技術結構、收入結構、內外貿易結構等均存在失調的現象。從1996年《政府工作報告》中提出「積極推進經濟增長方式的轉變」的發展方向，就可看出中國大陸政府對於調結構之重視程度，隨後「調結構」在每年的中央經濟工作會議上皆成為熱烈討論的主題。在2009年12月6日召開的「第二屆亞洲財富論壇年會」上，中國大陸國家統計局總經濟師姚景源表示：「2009年中國大陸經濟已經出現『V』型反轉，GDP保八無懸念，2010年經濟工作重點將是調結構」。另外，從高層的活動及談話亦可看出調結構勢在必行。2010年3至5月期間，中國大陸中央高層密集到各省區進行考察調研，調研的範圍北至吉林、南達海南、東抵浙江、西赴新疆，足跡遍及東中西重要經濟帶。考察調研過程中，高層多次提及「轉變經濟增長方式」，由此可見，調整結構對中國大陸而言是極為重要且迫切的。2010年6月7日召開的「中國大陸科學院第十五次院士大會、中國大陸工程院第十次院士大會」上，中國大陸主席胡錦濤先生指出：「要深刻認識加快轉變經濟發展方式的重要性和緊迫性」。

從2009至2010年的經濟發展主基調的九字箴言來看，兩年皆有出現「調結構」，而2010年更將「調結構」往前移至首重地位。茲將中國大陸經濟發展主軸首重「調結構」的理由陳述如下：

❶ 理由一：產能過剩矛盾加劇：中國大陸在市場驅動與政府推動的雙重作用之下，產業規模迅速擴張並大量新增產能，然而，在2008年遇到全球金融危機後，產業發生產能過剩的矛盾現象明顯加劇。中國大陸發改委（2009）指出：「一攬子計劃政策成效已顯現，企業的經營困難得到緩解，但不少領域出現產能過剩與重複建設問題」。另外，一、二、三級產業發展不協調，也是造成產能過剩的主要原因之一，2009年中國大陸服務業佔GDP的比重為42.6%，依據世界銀行數據顯示，中等收入國家服務業比重為53%，高收入國家服務業比重為72.5%，低收入國家服務業比重為46.1%，由此可見，中國大陸服務業發展明顯滯後。

❷ 理由二：生產要素成本上升：隨著工業化加速發展、經濟規模迅速擴大，導致能源、資源與生產要素的供需狀況產生變化，一直以來，支撐中國大陸經濟快速發展的廉價土地、勞力、原料等合稱「三廉」的優勢已日漸趨弱。過去依靠低廉要素成本、大量消耗不可再生資源來實現經濟成長的局面越來越難以為繼。

❸ 理由三：經濟成長結構失衡：根據《2009年中國統計年鑒》經濟成長結構比重數據分析，民間消費占GDP比重從1992年的50％左右，滑落至2008年的35.32％；2008年投資占GDP比重為43.54％；出口淨值占GDP比重從2000年的2.42％上升至2008年的7.87％。其中，中國大陸的消費占GDP比重與全球前三大GDP國家相比，美國為71.01％、日本為57.81％，反觀中國大陸GDP只有35.32％來自消費，亦低於全球平均值58.78％。

❹ 理由四：居民收入差距拉大：中國大陸居民收入差距過大的主要原因之一是城鄉居民收入差距過大，中國大陸城鄉居民的收入差距已經由1978年的2.57倍擴大到2009年3.33倍。中國大陸全國總工會（2010）表示：「內地居民勞動報酬占GDP的比重從1983的56.50％下降至2005年的36.70％，這22年期間已連續下降約20％；然而，此期間的資本報酬占GDP比重上升約20％，勞動收入分配不均，已成為影響中國大陸社會和諧穩定的重要因素」。近幾年因勞動關係所引發的社會事件時有發生，導火線多是因普通職工收入水準低、福利待遇差。中國大陸居民收入在國民收入中的比重偏低；勞動報酬在初次分配中的比重亦偏低，這是中國大陸消費率持續下降與投資率持續上升的癥結所在。

❺ 理由五：區域發展不協調：從區域結構來看，東部地區發展較早且地理位置優越，因此，受惠於外資投資設廠而加速產業完備與經濟發展。相較而言，中西部地區發展滯後、城鄉和區域之間生活條件和基本公共服務差距大。2009年中國大陸東部地區與中西部地區人均GDP之比為2.2：1。區域結構不合理的問題，除了關係到內需擴大和發展空間拓展，也關係到社會和諧穩定。

而2009與2010年中國大陸經濟發展均將「調結構」作為主要經濟發展政策，其具體的策略可歸納為下列五端。

❶ 策略一：產業結構調整：中國大陸國家統計局（2009）指出：「中國大陸經濟成長主要是依靠第二產業，未來應當把經濟增長調整為一、二、三產業全面支撐經濟增長的格局，特別要發揮第三產業的作用」。2009年11月23日，首都科技界大會上，中國大陸總理溫家寶先生發表題為《讓科技引領中國可持續發展》的談話，可看出七大戰略新興產業對於中國大陸產業結構調整的重要性，七大戰略性新興產業包括：新能源、節能環保、電動汽車、新材料、新醫藥、生物

育種及資訊產業。另外，中國大陸加快產業發展方式將從「規模擴張」向「品質提升」轉變，運用高新技術提升傳統產業附加價值，並加快突破限制傳統產業轉型升級的研發、設計、標準、行銷、供應鏈、品牌等生產性服務環節。除了政策引導之外，取消出口退稅亦是必要手段，2010年6月22日，中國大陸財政部和國家稅務總局聯合下發《關於取消部分商品出口退稅的通知》，指出從7月15日開始，取消包括部分鋼材、有色金屬、建材等在內的406項產品出口退稅。這是繼2008年7月至2019年6月，國家先後第七次上調出口退稅率後，財稅部門首度改變出口退稅率政策。此次取消出口退稅的力度大、範圍廣，一次到位取消「兩高一資」產品的出口退稅。

❷ 策略二：要素結構調整：中國大陸國家統計局（2009）指出：「中國大陸經濟應該由過去的依賴物質資源投入，調整為依賴科技進步，勞動者素質提高上來」。在生產要素成本趨於上升之際，必須透過要素投入結構的轉變來因應，如提升產業的科技含量、增強自主創新的能力或開發人力資源。中國大陸近期提高各省最低工薪便是促進要素結構調整的積極策略，如2010年4月1日，上海市從每月最低工資標準960元調整為1,120元後，江蘇、浙江、廣東、福建、天津、山西、山東等14個省市陸續調整最低工資標準，調整幅度都在10％至20％之間，此舉雖然不利於原有勞動密集型產業，但對於產業要素投入結構調整是非常有利的。

❸ 策略三：需求結構調整：中國大陸國家統計局（2009）指出：「拉動經濟成長的三個趨勢力：投資、消費與出口是否能夠並駕齊驅，是2010年調整經濟結構的重點之一，中國大陸經濟成長長時間仰賴出口與投資，所以要特別發揮消費對經濟的拉動作用」。需求結構的調整著重於調整內需和外需結構，其最根本的在於擴大大陸居民消費需求。提高消費率，不僅有利於經濟結構調整，而且將創造新的經濟增長空間。

❹ 策略四：收入結構調整：收入結構調整可透過加大財政對社會保障和公共服務的支出比重、強化社保資金籌措管道，降低個人在教育、醫療、社會保障和社會福利方面的負擔比例等方式提高居民可支配所得。逐步提高居民收入在國民收入分配中的比重，提高勞動報酬在初次分配中的比重；著力提高低收入者收入，逐步提高扶貧標準和最低工資標準。中國大陸正積極推動《職工工資條例》出台，以提高勞動者收入。同時在全國範圍內試點建立工資集體協商制度，包括工資集體協商機制、工資支付保障機制和工資增長機制，此亦有利調整收入結構。

❺ 策略五：區域結構調整：為平衡城鄉發展差距、平衡資源分配不均、平衡

人口過度集中、平衡市場體制失衡以及平衡經濟增長失效，自2005年6月21日中國大陸國務院批准通過「上海浦東新區綜合配套改革試驗區」開始，至2010年5月7發布的《重慶兩江新區總體規劃》為止，共發布20個區域經濟發展方案，重點支持新區域經濟發展，並形成新的經濟增長點。

2. 從「保增長」轉變為「穩增長」

1949年後中國大陸經濟政策之總體走向取決於其GDP平均成長率，當GDP平均成長率為8％以下採取擴張政策；8％至10％採取寬鬆政策；10％至12％則採取穩健政策；而GDP平均成長率達12％以上則執行從緊政策。2009年「保增長」政策成效是效果最明顯、群眾得實惠最多的一年，除城鄉居民收入繼續增加，城鎮居民人均可支配收入和農村居民人均純收入，亦分別實際增長9.8％和8.5％；社會消費品零售總額2009年實際增長16.9％，為1986年以來增幅最高的一年。而中國大陸以「穩增長」作為政府試圖重新回歸正常經濟發展軌道的一個信號，主要考慮不穩定因素需要繼續保持宏觀政策之連續性及穩定性，以避免經濟過熱。2010年中央經濟基調將「保增長」的基調轉變為「穩增長」，一字之變體現出以下三大根本原因：

❶ 理由一：刺激方案奏效經濟恢復水準：中國大陸通過四兆人民幣經濟刺激計劃並制定十大產業振興計劃，成功使經濟持悲觀論調得到平復，「保增長」便已完成歷史任務，並正式宣告中國大陸經濟要走出危機思維。中國大陸國務院發展研究中心金融研究所副所長巴曙松（2010）提出：「金融危機後，全球金融市場已基本恢復到雷曼兄弟倒閉時的水準」，而中國大陸為世界主要經濟體之一，2010年經濟任務便不再為保增長，而是延續保增長的經濟成效，此意味著從危機思維朝向正常發展思維的決心。

❷ 理由二：計畫主導走向市場主導思維：2009年當保八已不成問題，中國大陸正積極藉財政政策和貨幣政策的配合，以保持經濟平穩較快增長且避免經濟下滑，而不過於依賴政府支援的基礎建設項目。「穩增長」為一種「市場主導」、政府維持穩定的經濟正常發展軌道，表明中國大陸政府試圖從金融危機之後的危機思維中走出來，宏觀調控措施走上經濟正常發展路徑。

❸ 理由三：重視民生朝向均衡發展思維：2009年「保增長」目標給予中國大陸自信與自豪，但卻沒有給予人民更強的幸福感，住房、醫療、教育、就業以及養老像一顆顆石頭沈在人民心中怨聲不斷，中國大陸政府面臨著更大的考驗。財經評論家邢理建（2009）於《中國評論》指出，穩增長本身蘊含兩層涵義：首先為保持中國大陸經濟已然呈現的成長態勢；其次是力求經濟上「有質量的成

長」，亦即強調保民生「以人為本的增長」以強大人民幸福感。因此中國大陸在持續穩健的增長中，藉穩增長基調之轉變促使就業、民生、社會保障等民生領域方得以紓解。

2010年中央經濟基調將保增長的基調調整為穩增長，至於如何由「保」到「穩」如何調整，政府政策是全部退出還是部分退出，目前專家學者、政府官員等各有說法。故以「穩增長」作為總量目標對應的調控政策主要為貨幣政策；以「重民生」作為結構性目標則更多依靠財政政策，分述說明如下：

❶ 策略一：實施寬鬆貨幣政策：從「穩增長」來看，「穩」字意味著宏觀調控政策的穩定性、連續性。對於總需求管理的貨幣政策來講，也就意味著2010年中國大陸政府將繼續實施適度寬鬆的貨幣政策，以保持政策的連續性和穩定性。中國大陸國務院發展研究中心（2009）表示：「中國大陸於貨幣供給要保持適度增長並使用優化貸款，特別是要加大對中小企業的貸款支持，以達經濟穩增長目標」；中國人民銀行（2010）亦提出：「2010年主要把握下列貨幣政策方向以維持總體經濟穩增長：（1）至少保持75,000億元左右的信貸投放規模；（2）不將管理通貨膨脹預期理解為壓信貸而緊縮貨幣供應，以避免因政策信號紊亂製造更多的政策焦慮」。而中國大陸銀行業監督管理委員會（2010）指出：「對於2010年的貨幣政策目標，新增信貸規模部分於6至7兆人民幣左右，廣義貨幣（M2）增長目標繼續維持17%左右的增長幅度」；另外，根據摩根士丹利（Morgan Stanley）（2009）預測，中國大陸2010年銀行新增貸款將為7至8兆人民幣。

❷ 策略二：實施積極財政政策：從「重民生」的角度來看，積極的財政政策將貫穿2010年始終，但將從2009年強調基礎建設的「鐵公機」轉向民生領域。中國國家資訊中心指出：「『穩增長』的關鍵是控制住各地政府固定資產投資專案的新開工節奏」。而從中國大陸積極財政政策（2010）具體內容來看，主要包括五個方向：（1）擴大政府公共投資，加強重點工程建設；（2）推進稅費改革，實行結構性減免稅費；（3）提高低收入群體收入，擴大社會消費需求；（4）優化財政支出結構，保障和改善民生；（5）加大財政投入，支持科技創新和節能減排。可見中國大陸欲促進之「穩增長」為一種健康的增長，以「有質量的成長」與「可持續的成長」，無論擴內需亦或調結構皆為實現穩增長的手段，亦為穩增長本身的要求。

3. 從「擴內需」轉變為「促消費」

擴大消費需求持續為中國大陸多年努力的方向，並逐漸取得明顯成效。90年代以來，中國大陸城鄉居民消費開支的年均增長速度高達7.6%，2008與2009年中國大陸社會消費品零售總額實際增幅分別為15%及17%，皆明顯高於GDP的增長速度。當然，消費增長亦存在值得關注的問題，主要為居民消費開支的年均增長慢於GDP增速，最終消費增長慢於投資增長，因而導致投資率高而消費率下降。短期原因在於，應對危機的措施使得投資增長更快；長期原因在於，收入分配政策不夠合理，工薪收入增長慢於利潤增長，居民儲蓄增長慢於政府和企業儲蓄增長，導致收入分配結構失調。而從「擴內需」到「促消費」之基調轉變可體現於下列兩大因素：

❶ **因素一：消費增長慢於投資**：中國大陸國家統計局（2010）統計顯示：「2009年1至10月，全國社會消費品零售總額同比增長15.3%，扣除價格因素，實際增長達到17.2%。與以往相比，中國大陸的居民消費和內需拉動2009年取得了巨大的進步，但需要指出的是，與30%以上的固定資產投資增速相比，消費增速仍然相對較慢，顯然消費力度仍不足於投資力度」；中國大陸商務部（2009）亦指出：「2009年汽車和家電成為拉動經濟成長亮點，農村消費增速高於城市消費增幅0.2%」，上述兩點論述皆充分說明中國大陸的消費市場潛力巨大，但消費率卻遠低於投資力度。

❷ **因素二：持續維持經濟成長**：中國大陸改革發展研究院（2009）指出：「擴大內需為中國大陸的重大策略，不僅為短期保增長的重要舉措，亦為中國大陸經濟發展方式轉變的主要任務，但擴大內需面臨的是政策和體制障礙，甚至於體制和政策安排方面尚未破題，而實現經濟發展方式從生產主導型向消費主導型轉變，便為維持經濟增長之重要任務」。另外，中國大陸國家發展和改革委員會社會發展研究所（2009）表示：「因為『保八』已經保住了，而2010年消費擴大主要靠收入增長，通過居民收入的增長擴大消費，才是持續維持經濟增長之道」。

而有關2010中國大陸經濟發展將「促消費」作為主要經濟發展政策，其具體的策略可歸納為下列四端。

❶ **策略一：刺激消費需求**：中國大陸總理溫家寶先生（2009）指出：「2010年經濟發展面臨的困難和挑戰仍然很多，為實現經濟平穩較快發展，仍然需要堅持擴大內需特別是增強消費對經濟增長的拉動作用，總的原則為促進消費的政策必須進一步加強，現行政策大部分要繼續執行」。（1）繼續實施汽車家電下鄉政策：納入汽車下鄉補貼管道的摩托車下鄉政策執行到2013年1月31日，而新的補貼政策將補貼額度從0.5萬元提高到1.8萬元，購置稅優惠力度減少2.5%；（2）繼續實施節能惠民政策：將節能與新能源汽車示範推廣試點城市由13個擴大到20個，選擇5個城市進行對私人購買節能與新能源汽車給予補貼試

點；（3）繼續實施農具補貼政策：中國大陸政府財政支出不斷加大補貼力度，資金規模由2004年的7,000萬元增加到2009年的130億元，6年增加近8倍。

❷ **策略二：提高消費能力**：收入水準是決定居民消費水準的根本因素，要提高居民的消費能力，必須提高其收入水準。中國大陸建設銀行研究部（2009）表示：「中國大陸居民消費率不僅低於發達國家，也低於發展中國家。擴大消費就要花錢提高居民收入是提高消費能力的最直接、最重要的手段」。要提高居民在國民收入初次分配中的比重，首先提高低收入群體的收入水準，具體來說包括四個方面：（1）要提高職工在企業收入分配中的話語權；（2）要適當提高「三條」保障線，即城市最低生活保障水準、農村貧困線水準和最低工資水準；（3）要充分發揮國有經濟對保障居民收入增長的作用；（4）透過各種教育、培訓手段，提高勞動者的素質、技能，把低知識水準、低技能勞動者提升到高技能的勞動崗位上，也就提升了這些勞動者的工資水準。居民收入提高，便可提高居民消費能力，並直接拉動消費需求，減少產能過剩的壓力和經濟發展對外需的依賴程度，實現良性的經濟發展循環。

❸ **策略三：增加消費誘因**：消費減稅政策，將可直接促進消費。在2009年一整年中，住房、汽車等消費減稅政策便是很好促消費例證。2009年小排量車的車輛購置稅減半徵收，大幅拉動汽車消費，使得中國大陸汽車產銷量均創下歷史新高。另外，減少奢侈品稅收亦是促進消費總量的有效措施。2010年1月6日，世界奢侈品協會發布《2009～2010全球年度報告》顯示：「截至2009年12月中國大陸奢侈品消費總額實現94億美元，在全球佔有27.5%首次直逼日本超過美國，居世界第二」，可見中國大陸奢侈品消費的市場潛力非常龐大。但因為中國大陸課徵高關稅導致在中國大陸的奢侈品價格高於境外，因此，富人會選擇至境外購買奢侈品，不僅稅收流失，還使中國大陸內需的奢侈品消費轉變成為其他國家的外需。根據美國商務部（2010）統計顯示：「2010年春節期間，中國大陸約1,000人的旅遊團前往紐約消費近600萬美元，對提振美國經濟有不小的貢獻」。由此可見，減少稅收是促進消費最直接的途徑。

❹ **策略四：優化消費環境**：讓人們更加放心地消費，也是擴大消費的一帖良藥。中國大陸發改委（2009）表示：「最害怕的是產品的安全」，近年來，中國大陸陸續發生數起食品安全的案例，轟動全球。為了優化消費環境促進消費意願，可從下列幾個方向著手：（1）重視假冒偽劣產品充斥的食品、醫藥、保健、建材等產品市場；（2）完善售後服務體系；（3）健全市場監管體系；（4）完善農村消費市場體系；（5）改善農村的生活服務性基礎設施建設。

第6章 2010中國大陸經濟成長三大驅動力

金融海嘯過後，中國大陸經濟已從谷底走向復甦再邁向擴張，2010年經濟成長主要動力也由「政府投資主導」轉向「私人與政府並舉投資」和「消費升級」的雙驅動力，貿易對GDP成長的貢獻度將由負轉正。

根據《2009年中國統計年鑑》來探析中國大陸GDP結構的變化，可發現三個脈絡：（1）自GDP快速成長的1992年迄今，民間消費占GDP比重從50%左右，滑落至35.32%；（2）投資占GDP比重持續上升，在2004年首度超越民間消費，2008年上升至43.54%；（3）出口淨值占GDP比重亦逐年上升，自2000年的2.42%上升至2008年的7.87%。由此可見，消費、投資與出口是拉動中國大陸經濟的三大重要因素，特別是金融海嘯後的救市措施，中國大陸採用寬鬆貨幣政策、鼓勵產業投資與刺激民間消費，因此，投資與消費占GDP總額的比重將進一步提高。以下將分別就民間消費、投資與進出口貿易來探討此三大驅動力如何拉動中國大陸經濟成長。

一、消費驅動

2009年中國大陸消費成長16.9%，拉動GDP成長4.6%。另外，2010年4月15日中國大陸國家統計局公布第一季經濟數據，投資和消費仍是帶動經濟成長的重要角色，分別拉動經濟增長6.9%和6.2%。中國大陸經濟成長方式的加速轉型，將為中國大陸迎來下一個黃金十年。持續落實與改革推動刺激消費政策，仍是中國大陸經濟再均衡的主軸，2010年商務部在擴內需、促消費上推出五個執行方向，包括：促進熱點消費、擴大農村消費、提升服務消費、擴大循環消費、擴大信用消費，以下茲透過政策面與環境面來探析消費如何拉動經濟成長。

表6　中國大陸經濟成長三大驅動力構成比一覽表

（億人民幣；%）

年度	民間消費（C）		投資（I）		政府支出（G）		出口淨值（X-M）		國內生產毛額（GDP）
2000	45,854.60	46.44%	34,842.80	35.28%	15,661.40	15.86%	2,390.20	2.42%	98,749.00
2001	49,213.20	45.16%	39,769.40	36.49%	17,665.10	16.21%	2,324.70	2.13%	108,972.40
2002	52,571.30	43.68%	45,565.00	37.86%	19,119.90	15.89%	3,094.10	2.57%	120,350.30
2003	56,834.40	41.67%	55,963.00	41.03%	20,615.10	15.11%	2,986.30	2.19%	136,398.80
2004	63,833.50	39.83%	69,168.40	43.15%	23,199.40	14.47%	4,079.10	2.54%	160,280.40
2005	71,217.50	37.74%	80,646.30	42.74%	26,605.20	14.10%	10,223.10	5.42%	188,692.10
2006	80,476.90	36.31%	94,402.00	42.59%	30,118.40	13.59%	16,654.00	7.51%	221,651.30
2007	93,602.90	35.58%	110,919.40	42.16%	35,190.90	13.38%	23,380.60	8.89%	263,093.80
2008	108,392.20	35.32%	133,612.30	43.54%	40,720.40	13.27%	24,134.90	7.87%	306,859.80

資料來源：《2009中國統計年鑑》、本研究整理

❶ **政策一：要落實直接拉動消費的政策，促進熱點消費**：主要圍繞汽車、家用電器來促進消費熱點，包括下列六項：（1）繼續實施家電下鄉政策，提高下鄉家電產品最高限價，完善下鄉家電產品補貼標準和辦法；（2）將汽車下鄉政策延長實施至2010年底，已納入汽車下鄉補貼管道的摩托車下鄉政策執行到2013年1月31日；（3）家電以舊換新2010年5月底試點結束後，將繼續實施，並在具有回收、分解及處理廢舊電器能力的地區推廣實施；（4）繼續實施農機具購置補貼政策，適當增加補貼金額；（5）繼續實施節能產品惠民工程，加大高效照明產品推廣力度，將節能與新能源汽車示範推廣試點城市由13個擴大到20個，並選擇5個城市進行對私人購買節能與新能源汽車給予補貼試點；（6）減徵1.6升及以下小排量乘用車車輛購置稅的政策延長至2010年底，且按7.5%徵收。汽車以舊換新補貼金額標準提高到5,000元至1.8萬元人民幣。

❷ **政策二：完善農村和農產品流通體系，擴大農村消費**：中國大陸商務部（2010）表示：「商務部於2005年開始實施的萬村千鄉市場工程，對於改善農村流通環境，保障消費安全，拉動農村消費，促進農民增收發揮積極作用，目前已建設42萬家農家店和1,467個配送中心，覆蓋65%鄉鎮和50%行政村，且農家店在2009年實現銷售額共2,375億元人民幣。為持續提高農村消費，2010年將繼續實施「萬村千鄉」計劃，預計2010年再建設10萬個農店家及1,500至2,000個配送中心」。

❸ **政策三：完善城市生活服務業體系，提升服務消費**：主要實行內容包括：（1）2010年再培訓20萬城市下崗職工和農民工從事家政服務；（2）繼續實施「早餐工程」，建設廣覆蓋、多管道、保品質的早餐供應體系；（3）加大社區標準化菜市場改造力度，集中改造一批環境整潔、佈局合理、消費安全的社區菜市場；（4）開展放心肉服務體系建設；（5）加速新型流通模式試點工作。

❹ **政策四：推進綠色低碳流通模式發展，擴大循環消費**：加強提倡綠色消費、培育綠色市場、開闢綠色通道的「三綠工程」，並大力宣導科學消費、綠色消費與文明消費。其主要作法包括：（1）積極建設再生資源回收體系；（2）建設區域性的集散市場；（3）大力發展舊貨市場；（4）支援二手車交易等。

❺ **政策五：健全金融擔保和信用保險機制，擴大信用消費**：支持中小商貿企業信用保險和融資擔保，完善機制、改進辦法，防範和分擔風險，重點擴大信用消費規模，推動信用消費發展。

二、投資驅動

中國大陸的經濟結構中，投資佔GDP比例從2000年的35%上升至2008年的

44%，可見投資在GDP的貢獻比重逐年提升。2009年中國大陸透過政府主導的投資，對於經濟成長率「保八」的目標扮演著重要角色，但也造成「國（資）進民（資）退」的現象，因此，2010年中國大陸的投資方向將由政府和國有企業主導轉向政府、國有企業、民營企業共同推動。另外，由於中國大陸一半以上的出口是由外資企業所貢獻，所以中國大陸除了鼓勵民間投資之外，更進一步引進優質外資，一方面可以促進國內產業升級轉型，亦可扭轉FDI流入不斷下滑及出口不振的局面。以下茲分析投資如何拉動中國大陸的經濟成長：

❶ 政策一：新36條政策：2010年5月13日中國大陸國務院發布《關於進一步鼓勵和促進民間投資的若干意見》（簡稱「新36條」），相較於2005年2月份中國大陸國務院出台的「36條」，內容更明確且更具可操作性。「新36條」的推出是基於下列三個背景：（1）為因應全球金融危機所實施的一攬子計劃，使國有經濟擴大內容、政府擴大投資，進而導致民間投資和民營經濟的萎縮；（2）2009年以來中國大陸在投資方面，出現「國進民退」的現象，不僅使經濟型態畸變也使經濟體制改革倒退；（3）國有經濟的壟斷和「國進民退」的出現，使民間資本四處竄流，其中一部分流進股市、樓市與匯市，另一部分流進商品市場，造成大量炒買炒賣的現象。因此，「新36條」政策提出36條鼓勵和引導民間投資的意見，鼓勵民間資本進入壟斷產業，只要不涉及國家安全、不是市場不能有效配置資源的領域，民間投資都可以進入。

❷ 政策二：戰略產業政策：2009年11月23日中國大陸總理溫家寶先生於首都科技界大會上表示：「在（1）產品要有穩定並有發展前景的市場需求、（2）要有良好的經濟技術效益、（3）能帶動一批產業的興起等三個原則之下，選出新能源、節能環保、電動汽車、新材料、新醫藥、生物育種及資訊產業等七大戰略新性新興產業，同時還提到空間、海洋和地球深部開發亦是中國大陸尚未開發的巨大寶庫」。此七大戰略性新興產業政策推出是繼《十大產業振興規劃》之後，被認為是另一個振興經濟的重大舉措。自2010年開始，中國大陸國家發改委、科技部、財政部、工信部四部委聯合制定《關於加快培育戰略性新興產業的決定》代擬稿，經過半年的意見徵求後，七個產業內容有三個變化：（1）「新醫藥」改為「高端裝備製造業」；（2）「生物育種」擴張為「生物產業」；（3）「新能源汽車」包含原「電動汽車」再增加「插電式混合動力汽車」。而戰略性新興產業規劃預計於2010年9月份出台，隨後則陸續出台各領域具體發展規劃及中央和地方的配套措施。戰略性新興產業政策必然帶動相關產業與企業投資增加與成長。

❸ **政策三：吸引外資政策**：2009年12月30日中國大陸國務院總理溫家寶先生於常務會議上指示，2010年引進外資之策略朝二個方向發展：（1）配合2010年經濟發展「調結構、促轉變」的目標，引進高端製造業、高新技術產業、現代服務業、新能源與節能環保等產業；（2）相對於過去外資至中國大陸多以建廠投資（Greenfield Investment）為主，未來將鼓勵外資以併購（Mergers and Acquisitions；M&A）方式進入中國大陸，希望利用外資帶來技術、資金和管理經驗，協助其國內企業轉型升級。另外，中國大陸採取一系列擴大內需政策，加快經濟結構調整步伐，亦為國際投資進入中國大陸提供難得的機遇。

❹ **政策四：地區結構調整**：1979年鄧小平先生提出改革開放政策後，大部分資源皆集中於沿海區域的發展，近幾年來，中國大陸為了平衡沿海與內陸、東部與西部、城鎮與鄉村的差距，陸續提出「西部大開發」、「中部崛起」和「振興老東北」等發展戰略。另外，為了透過「以點帶面」、「以大帶小」的方式加速經濟發展，自2005年6月起截至2010年5月份，中國大陸共頒布20個區域發展規劃，其中有14個規劃是在2009年之後密集頒布的。因此，中國大陸在地區結構調整政策之下，使中西部和東北地區不論是投資或經濟成長，都普遍快於東南沿海等經濟發達地區，根據中國大陸國家統計局（2010）表示：「2009年中國大陸投資持續快速增長，2009年全社會固定資產投資22兆4,846億元，比2009年成長30.1%，其中，東部地區成長23.9%，中部地區成長36.0%，西部地區成長35.0%，中西部成長的平均值比全國高出5.4%」。另外，在調結構的過程裡，中西部、北部與東北地區成為承接東部地區製造業的轉移基地，如根據重慶市經信委統計，重慶市自2007至2009年實際利用東部地區投資達1,800億人民幣。由此可見，在孔雀西飛漸成潮的趨勢下，企業升級或轉型必然帶動經濟的發展。

❺ **政策五：產業結構調整**：中國大陸的產業結構存在三個問題：（1）農業基礎薄弱；（2）工業大而不強；（3）服務業發展滯後，根據世界銀行（WB）（2010）數據顯示：「低收入國家服務業佔GDP比重為46.1%；中等收入國家為53%；高收入國家則為72.5%」，但2009年中國大陸服務業佔GDP比重僅有42.6%，由此可見中國大陸服務業發展明顯滯後。然而，中國大陸工業增加值佔GDP比重，則超過發達國家工業化時期的最高值。有鑑於此，特別延續2009年的「調結構」做為2010年中央經濟基調的三大主軸之一，其中，產業結構調整過程中，勢必帶動整體投資發展。

三、貿易驅動

2010年5月10日，野村證券（Nomura）指出：「隨著全球經濟逐步復甦以及與東協貿易的增長，預期中國大陸出口將繼續復甦，2010年增長率可達到11%」。另外，中國大陸國家統計局（2010）表示：「2010年拉動中國大陸經濟成長的三駕馬車中的進出口貿易，對中國大陸經濟肯定是一個正向的拉動力道」。2009年12月20日《中國證券報》刊載一篇題為〈出口復甦將主導2010年中國經濟〉文章指出，2010年相對於2009年，中國大陸經濟復甦將面臨階段性切換的問題，消費、民間投資與貿易需求將逐漸恢復，政府財政政策刺激需求將減少，最終形成「一減三加」的新結構，其中，出口將主導2010年中國大陸經濟發展。可見貿易驅動的力道對2010年中國大陸經濟成長佔有舉足輕重的地位，以下透過政策面與環境面來探討進出口貿易如何拉動中國大陸經濟成長：

❶ **政策一：維持出口退稅政策**：提高出口退稅率是中國大陸因應國際間複雜多變的經貿情勢，所採取的重要措施，除了增強中國大陸出口商品的競爭力之外，亦可恢復企業信心，以保持出口貿易穩定成長。中國大陸自2008年8月份以來連續七次調升出口退稅率，出口退稅的商品則涵蓋出口的大部分產品。中國大陸商務部（2009）指出：「為了促進出口穩定增長，2010年要完善穩定外需的各項政策措施，保持出口退稅政策的穩定，以鞏固貿易大國地位」。

❷ **政策二：十年貿易倍增計劃**：中國大陸商務部於2010年4月18日發布《後危機時代中國外貿發展戰略》指出：「中國大陸設立2030年要實現貿易強國的目標並提出十年貿易倍增計劃，亦即在未來十年內，商品貿易和服務貿易的總貿易額將達到5.3兆美元，比當前增加一倍」。根據報告內容指出，為實現貿易強國目標，將分成二個階段達成：（1）第一個十年即到2020年的目標是鞏固貿易大國地位，推動貿易強國進程；（2）第二個十年即到2030年實現貿易強國的目標。

❸ **政策三：中國東協經濟區域**：2010年1月1日起「中國東協自由貿易區」正式啟動後，東協已成為中國大陸第四大經貿夥伴，而中國大陸則為東協的第三大經貿夥伴，雙邊貿易額由2001年的416億美元增長到2009年2,130億美元，成長4.1倍。從整個經濟區域條件來看，中國大陸與東協共擁有19億人口、土地面積達1,400萬平方公里、GDP約6兆美元、貿易總額達4.5兆美元，是目前世界上人口最多、土地面積最大的自由貿易區，也是最具發展潛力的自由貿易區，此對於已是全球最大貿易國的中國大陸而言，仍大有加分效果。

❹ **政策四：轉向多元貿易市場**：中國大陸主要出口市場集中於歐美發達國家和日、港、澳、台等地區。然而，歐美市場受到金融海嘯衝擊使得購買力下降後，中國大陸出口遭遇到前所未有的困境，有鑑於此，中國大陸將從過去的集中貿易市場轉向多元貿易市場發展，近年來中國大陸政府協同企業積極開拓非洲、東南亞、拉美地區等新市場。2010年3月5日，中國大陸總理溫家寶先生指出：「要深化多邊經貿合作，並加強和改善與發達國家的經貿關係，深化與發展中國家的互利合作」。目前，除了已經開始運作的「中國東協自由貿易區」之外，中國大陸與印度、韓國等市場亦不斷強化其經貿往來，這些舉動皆有利於中國大陸出口市場朝向多元化發展。在現階段貿易保護主義重新抬頭、國際貿易摩擦頻傳、多邊談判進程受阻的經貿背景之下，出口市場多元化的轉向對於穩定出口貿易起了重要的作用。

四、2010年經濟成長主要動力預測

2010年中國大陸在刺激居民消費政策、擴大民間投資、吸引外資投資與貿易增長計劃上做多方面改革與加強，因此，可預期2010年中國大陸經濟依然可以維持高速成長，而其經濟成長的主要拉動力度各機構的看法不一，茲分述如下：

❶ **中國大陸科學院預測科學研究中心**：中國大陸科學院預測科學研究中心於2010年2月6日發布《2010年中國經濟預測》，預計2010年中國大陸GDP成長率將達到10%左右，其中，投資、消費和出口淨值對GDP成長的帶動分別為6.3%、4.2%和-0.5%。

❷ **中國建銀投資證券**：中投證券於2009年12月21日發布《2010年中國宏觀經濟年度報告》，其預測2010年中國大陸GDP成長率為9.2%，其中，投資成長25%、消費成長21%、出口成長15.3%、進口成長15.6%。

❸ **亞洲開發銀行（ADB）**：亞洲開發銀行於2010年4月13日發布《2010年亞洲發展展望》指出：「由於中國大陸繼續實施財政和貨幣刺激政策，2010年中國大陸GDP預計成長9.6%，其中，投資對GDP增長的貢獻度將不斷下降，而消費和出口淨值對GDP增長的貢獻度將不斷上升」。消費成長主要是由於居民收入不斷提高和消費者信心持續增強，居民消費成長率將從2009年的9%提高至12%。

第7章　2010中國大陸經濟成長六大新動力

《遠見雜誌》創辦人高希均（2009）對中國大陸經濟成長做出下列綜合性的評論：「1949年是共產主義救了中國大陸；1979年是資本主義救了中國大陸；2009年是中國大陸救了資本主義；2039年中國大陸將為七八成資本主義、二三成共產主義」，這幾句話傳神的表達中國大陸每隔30年的發展劇變。在這樣的變化下，中國大陸經濟發展同等經歷：（1）以貿易導向的「外貿經濟」；（2）以引入外資的「外資經濟」；（3）以創造話題的「活動經濟」；（4）以擴大建設的「鐵公機經濟」；（5）以轉型升級的「綠能經濟」等五個時期的演變，前四期的經濟推動使中國大陸外匯存底由「落後」步向「超前」；外商佈局由「工廠」步向「市場」；基礎建設由「落後國家」步向「開發國家」；貿易政策由「規範限制」步向「世界接軌」。中國大陸的「活動經濟」在北京奧運已成過去、上海世博展望現在、廣州奧運會綻放未來；「鐵公機經濟」在高速公路網羅五橫七縱、高速鐵路密布四橫四縱、機場散布244個點的策略方針下，將持續創造更多經貿機遇，不僅向全球展現其開展經貿的氣度，更向世人展現其蓬勃發展的氣勢。

一、「活動經濟」成長新動力

透過大型活動的次第開展，大陸一方面向世人展現大陸的新興建設成果與經濟實力，另一方面也借以進行經社改革，茲將中國大陸近期所舉辦的大型活動經濟簡述如下：

❶ 上海世博會：2010年4月30日開幕上海世博會，在場館上的投資超越180億人民幣，預計吸引超過7,500萬人次參觀，並帶動超過2,000億人民幣的商機，大抵上世博會商機將涵括四項層次：（1）直接投資商機：亦即上海世博會所投入的各項建設，包含場館、基礎建設、物流運輸等；（2）擴散服務商機：亦即

上海世博會周邊服務，包含餐飲服務、旅遊、飯店住宿、通訊服務等；（3）長三角同城效應：上海世博會將對以上海為中心的整個長三角地區產生正向的同城效應，範圍涵括南京、杭州、南通、蘇州等二線城市；（4）世博會後續商機；是指上海將藉由此次軟硬體的升級轉型，逐步發展成為國際製造中心、航運中心、貿易中心與金融中心。上海世博會在龐大人潮與鉅額投資的雙重吸引下，勢必帶來可觀的商機，再加上世博會與長三角地區的一體化進程，「後世博會」的商機仍將未完待續。

❷ **廣州亞運會**：預計在2010年的11月12日至27日舉辦的廣州亞運會，是繼北京奧運會後，中國大陸再次舉辦的世界型活動，根據廣州市政府（2007）表示：「廣州亞運預計將設立42個比賽項目，將成為亞運會史上比賽項目最多的一屆，並使用包括新建12個和改造58個共70個場館，而新場館已在2010年3月完工，投入經費預計達2,200億人民幣，參觀人次預計在40至50萬人次」，在亞運舉辦期間，大量的人潮將帶來無限商機，受惠最為明顯的將是酒店、餐飲、旅遊和零售業等四大族群，並預計可以獲得整體商機的70％左右，而媒體、網路、通訊與電腦等週邊支援性產業將可獲得另外30％的份額。

❸ **深圳世大運**：預計在2011年7月15日至16日舉辦的「深圳世界大學生運動會」，在這場盛會中，列出了24項賽事計畫（創下了大運會有史以來專案最多的記錄）和69個場館建設使用計畫，希望藉由賽事來改變城市面貌，深圳世大運在相關場館建設、城市全面規劃建設、改造以及各種直接或間接的資金投入，預計將超過800億元人民幣，並在2011年前建設完成155公里軌道交通，預計軌道工程總投資規模為700億元人民幣，在比賽期間商業贊助、門票銷售、特許經營、紀念品、商業廣告與媒體傳播計畫等，均將充斥著巨大潛在商機。

二、「高速路經濟」成長新動力

20世紀高速公路的發展使得物品運輸能力、速度與安全性具有突出的優勢，並對建立統一市場經濟體系、實現國土均衡開發、提高現代物流效率等均極為重要，因此，高速公路的興建不僅是交通現代化的重要標誌，也是國家現代化的重要標誌。在中國大陸正由部份先富，轉至全面小康的新時期下，中國大陸經濟總量將一飛沖天，而高速交通的發展態勢將帶動全人流、物資總量的提高，並對新型工業化對運輸服務效率與品質提出了更高的要求，特別是汽車化、城鎮化和現代物流的快速發展使得高速公路網的成形更顯迫切。

1. 中國大陸高速公路發展

自1988年上海至嘉定高速公路建成通車至今22年間，在國道主幹線系統的規劃下，中國大陸高速公路呈現持續、有序的發展，其中，自1998年以來，由於中國大陸積極實施財政政策與擴大公共建設，因此使高速公路得到快速發展，年均通車里程超過了4,000公里，到2009年底，中國大陸高速公路通車里程已超過6.5萬公里。中國大陸交通部部長李盛霖（2010）指出：「中國大陸高速公路總里程約6.5萬公里，位列世界第2，僅次於美國，並預計在2至3年內將超越美國，成為世界第一」，高速公路的發展，優化交通運輸結構，並提升中國大陸公路網的整體水平，且對因經濟發展所導致的交通運輸「瓶頸」發揮緩解的重要作用。

隨著新經濟的快速發展，生活品質的提高和生活方式的轉變，為滿足對交通服務越來越高的要求，與優化跨區域資源配置與管理，中國大陸交通部協同國家發改委組織展開調查、研究與論證工作，2004年12月17日中國大陸國務院通過「國家高速公路網規劃」，至此，中國大陸高速公路發展進入了一個新的歷史時期。而自2004年國家高速公路網規劃公布後，不僅使高速公路擴增速度增加，更成為中國大陸終極的高速公路骨架佈局，同時也是中國大陸公路網中最高層次的公路通道。

在中國大陸「高速公路網規劃」的總體佈局下，中國大陸高速公路採用放射線與縱橫網絡相交織的佈局模式，形成由核心城市向外放射7條高速公路、9條南北縱向線和18條東西橫向線，而中國大陸官方將這經緯交織、互通有無的高速網絡簡稱為「7918網」，而此7918網總規模約8.5萬公里，其中：主線6.8萬公里，地區環線、聯絡線等其他路線約1.7萬公里。

2. 中國大陸高速公路五大利勢

高速公路的建設和發展，除了吸引其他地區的人口、勞動力向經濟帶聚集，更密切了城市群體間的聯繫，使沿線市鎮建設與發展得以推動，並加快城鄉一體化的進程；讓人民空間得以拓展，並改變人民對思想與地域的觀念，而中國大陸高速公路網的規劃，更可編織串聯起連結神州大陸的重任，在中國大陸高速公路網的總體規劃方案上，將貫徹「東部加密、中部成網、西部連通」的佈局思維，並在建成後可使中國大陸國土織成「北京連接省會、省會串連主要地市、地市覆蓋重要縣市」的高速公路網路，而在此規劃下，將產生下列的特點與效果：

❶ 有利編織全大陸連結網：在中國大陸高速公路網的規劃方案下，將會連接全大陸的省會級城市，而這些省會城鎮人口超過50萬的大城市，以及超過20萬的中等城市，覆蓋全大陸10多億人口。並積極促使中國大陸東部、中部與西部地區上高速公路平均僅要30分鐘、1小時、2小時，顯示高速公路將有效加速社會的機

動性與效能性，此外，藉由高速公路連結中國大陸國內AAAA級著名旅遊城市，成為創造地方繁榮與旅遊商機的快速通道。

❷ 有利發展區域戰略網：為了強化高速公路對於區域協調以及社會經濟發展的促進作用，因此中國大陸高速公路網的規劃方案特別強化了環渤海、長三角、珠三角這「一環二角」之間的聯繫，除了使三大區域間有3條以上高速通道相連結外，尚特別加強與香港、澳門之間的銜接，促使東部地區率先奠定現代化基礎。而在西部地區舊工業公路路網結構上，則著重提高區域內部與對外運輸效率和能力，並以加強西部地區的長江上游經濟帶、隴海蘭新線經濟帶、南貴昆經濟區之間的快速聯繫，達到「以點串線，以線織面」的效果。

❸ 有利增進交通運輸：由於高速公路具有：（1）加快行車速度：高速公路上的行駛，能平均達到時速100公里左右，是普通公路的1至2倍；（2）降低運輸成本：由於高速公路路況開闊平整，可以節省時間、燃料，並減少對車輛損害，延長車輛使用壽命；（3）高安全性：由於高速公路的技術等級高，無混合交通干擾，安全優勢是相當明顯的。

❹ 有利拉動地方經濟：高速公路建設是一項巨額投資，最直接的影響便是對經濟的拉動效果，根據相關權威估算，每1元公路建設投資，將帶動社會總產值接近3元，並創造0.4元的國民生產總值，而每億元公路建設投資更可為公路建築業創造2,000個就業機會，同時為相關產業提供近5,000個就業機會。因此高速公路的建設，將刺激沿線地區衣食住行方面的消費，並促使當地農業、工業、餐飲業、房屋建設達到一定的推動作用，除此之外，由於施工必須分段進行，為了資金存取方便，勢必會有一部分工程款在當地的銀行內存放，而這些工程款將發揮貨幣乘數效應，除了對解決資金緊缺有極大的作用，更可增加當地信貸收入，間接促進沿線地區金融業發展。最後以長期觀點而言，高速公路的建成，必將為當地貨物運輸、人員來往帶來便利，這將促進當地經濟的發展與繁榮。

❺ 有利改善投資環境：高速公路網為城市間往來帶來方便，並加強地區間的聯繫，利用高速公路的交通優勢，除了可以強化工業園區各品項建設，調整生產力佈局，更可促進產業結構與產業內部的升級，使區域優勢得到加強，讓招商引資更具說服力與吸引力。此外，高速公路縮短產地和銷地的距離，減少了運輸費用和時間，利於人員與技術之間的交流，促進商業發展，推動市場化進程，強化城市之間的聯繫，強化了商業領域從業人員的溝通與了解。因此，透過高速公路網的打造，不僅可強化招商引資的優勢，更可促進沿線經貿發展與人才的交流合作。

三、「高鐵經濟」成長新動力

自19世紀發展火車已來，鐵路的運輸已逐步踏入社會的發展中，鐵路所蔓延的痕跡，也成為帶動經濟的利器，隨著科技不斷日新月異，鐵路發展也逐漸將定位角色由運輸貨物轉為服務人群，而1964年日本在東京奧運前所正式營運的新幹線列車，更將鐵路發展駛往快速、舒適、清潔的方向。高速鐵路的建造有下列優點：（1）縮短區域之間距離，擴大城市腹地有效創造經濟效益；（2）縮短時間上浪費，加速人流移動與知識之間的散布；（3）受天候影響較小，高速鐵路為具有專用路權之導軌系統，並結合自動行車控制之功能，相較於其他運具而言，較不受天候影響；（4）兼具低耗能與高環保，高鐵在運具能源消耗上較小汽車每公里少2.5倍，較飛機少四倍。在現今這個十倍速時代與中國大陸幅員遼闊下，高速鐵路未來將在中國大陸運輸服務上扮演更重要的角色。中國人民大學國際關係學院金燦榮（2010）教授認為：「中國大陸發展高鐵是源於強勁內部需要，通過技術手段使有限的線路發揮最大的運輸效能。這一速度的提升，對人民的生活方式，以及經濟結構都將是一個質的變化」，如果說鐵路促進了人類的文明與進步，高速鐵路則將進一步改變人們的生活方式，換言之，鐵路正在逐漸改變中國人行走與思考中國的方式。

隨著中國大陸《中長期鐵路網規劃》的實施與推進，2010年中國大陸高速鐵路已行駛的里程數已達3,300公里；到了2012年中國大陸將建成「四縱」、「四橫」總里程1.3萬公里，其中時速250公里的線路有5,000公里，時速350公里的線路有8,000公里的鐵路網，此時將形成以北京為中心到絕大部分省會城市的1小時至8小時交通圈，同時，作為現代化綜合交通樞紐的804座新客站將投入營運；到2020年，中國大陸高速鐵路網可望全部完成，鐵路營業里程將達到12萬公里以上，通車里程達到1.8公里以上，通車里程不僅是全球第一，更占全球高鐵一半以上，並將連接所有省會城市與50萬人口以上城市，覆蓋全中國大陸90％以上人口，藉時「人便其行、貨暢其流」的境地將完美執行。在這樣的發展局勢下，美國《新聞周刊》（2009）認為：「中國大陸正在進行一場『鐵路革命』，時速達350公里的高鐵讓多年來以幅員遼闊為特色的中國大陸正在『大大縮小』」，茲將「四縱」、「四橫」敘述如下：

1. 中國大陸高速鐵路「四縱」規劃

❶ 京哈高速鐵路【北京－哈爾濱】：全長約1,700公里，連接東北和關內地區，並包含秦皇島至瀋陽、瀋陽至大連支線、盤錦至營口的聯絡線，且由哈大客

運專線、京沈客運與盤營客運專線組成，設計時速為每小時350公里。

❷ 京港高速鐵路【北京－深圳】：全長約2,260公里，連接華北、華中和華南地區，且由石武客運專線、武廣客運專線、京石客運專線與廣深港客運專線組成，設計時速為每小時350公里。

❸ 京滬高速鐵路【北京－上海】：全長約1,318公里，連接環渤海和長江三角洲兩大經濟區，設計時速為每小時350公里，另連結蚌埠至 合肥支線（合蚌客運專線），設計時速為每小時300公里。

❹ 滬深高速鐵路【上海－深圳】：全長約1,600公里，連接長江、珠江三角洲和東南沿海地區，其由杭甬客運專線、甬台溫鐵路、溫福鐵路、福廈鐵路及廈深鐵路組成，其中杭甬客運專線為每小時350公里，其他線路為每小時200至250公里。

2. 中國大陸高速鐵路「四橫」規劃

❶ 青太高速鐵路【青島－太原】：全長約770公里，連接華北和華東地區，且由膠濟客運專線、石濟客運專線及石太客運專線組成，全線設計時速為每小時200至250公里。

❷ 徐蘭高速鐵路【徐州－蘭州】：全長約1,400公里，連接西北和華東地區，且由 鄭徐客運專線、鄭西客運專線、西寶客運專線、寶蘭客運專線組成，全線設計時速每小時350公里。

❸ 滬漢高速鐵路【上海－成都】：全長約2,078公里，連接西南和華東地區，上海至南京段與京滬高速鐵路京滬客運專線、滬寧城際鐵路共線；南京至成都段由 合寧鐵路、宜萬鐵路、 漢宜鐵路、遂渝鐵路、合武鐵路、渝利鐵路與 達成鐵路構成。全線除了宜萬鐵路因穿越 喀斯特地形時速僅為每小時160公里外，其餘線路的時速均在200至250公里，並已著手新建每小時350公里的成渝客運專線。

❹ 滬昆高速鐵路【上海－昆明】：全長約2,200公里，連結華東、華中和西南地區，且由滬杭客運專線、杭長客運專線、長昆客運專線組成，全線設計時速每小時350公里。

3. 中國大陸高速鐵路五大利勢

2010年3月13日，中國大陸鐵道部副部長王志國介紹中國大陸高速鐵路發展情況時表示：「高速鐵路作為現代社會的運輸方式，將對經濟社會發展提供重要的支撐和保障」，目前中國大陸在經濟快速發展的背後，是正在編織綿密縱橫的高速鐵路網，與正在實現的中國大陸經濟再一次跨越性發展。新的高鐵時代正來臨，傳統的運輸格局、傳統的經濟版圖都面臨著重新洗牌，逐漸成為顯學的「高鐵經濟」正在潛移默化著中國大陸，茲將高速鐵路的發展對中國大陸所帶的影響敘述如下：

❶ **有利打造首都經濟圈**：「四縱、四橫」將中國大陸東部、中部和中西部地區大多數城市納入規劃，在縱橫交織的網羅下，不僅打通東西南北的通道，更形成珠三角、長三角、環渤海三個城市群的軌道交通網。中國大陸首善之都北京，到了2012年更將佈局為1小時（天津、唐山、秦皇島、石家莊、張家口、承德一帶）、2小時（濟南、鄭州、太原、瀋陽一帶）、3小時（青島、南京、合肥、包頭、長春、大連一帶）、4小時（杭州、武漢、西安、哈爾濱一帶）城市圈，而中國大陸鐵道部副部長王志國（2010）更表示：「到2012年，鐵路營業里程將達到11萬公里以上，北京到全中國大陸絕大部分省會城市將形成8小時以內交通圈」，表示著未來重慶人坐火車到北京、上海購物，也將成為常態，在中心城市，發揮對周邊城市輻射作用，強化相鄰城市「同城」效應下，中國大陸首都經濟圈將成為內需市場最重要的消費同心圓。

❷ **有利打造一日生活圈**：在虹橋機場交通樞紐內的「滬寧城際高鐵」在2010年7月1日開通，與滬杭高鐵在2010年10月1日開通後，這些時速350公里以上的高速列車，將建構出長三角完善的高速鐵路網，長江三角洲22個主要城市將打造出1小時生活圈，並充分發揮同城效應，未來在滬寧城際高鐵通車後，南京至上海將從目前的2小時20分鐘，縮短至1小時；而台商集中的昆山到上海也只要10至15分鐘，預估未來的「候鳥族」在上海、昆山、蘇州將越來越多。

❸ **有利連結西部經濟區**：中國大陸西部地區因地處內陸，因此經濟開發一項較東部地區落後，尤其四川更有「蜀道難、難於上青天」的地理特徵描述，而在高速鐵路拓荒至西部後，此般千古困境情景將迎刃而解，未來成都、重慶、蘭州、四川、西安、貴陽、昆明等地彼此之間的溝通，將都壓縮至4個小時左右。在中國大陸陸續克服喀斯特地形、地震斷層帶後，一條條世人驚豔的高速鐵路將使未來中國大陸經濟發展更如虎添翼。

❹ **有利成為高鐵技術輸出國**：高鐵技術被稱為「大國技術」，過往30年來，全球走在此一技術前端的僅有法國、日本和德國，在中國大陸近年想極力轉型為科技大國情況下，其以龐大市場需求，強勢要求各國廠商轉移相關技術，並整合為自身的高速鐵路標準。中國大陸用6年時間跨越世界鐵路發達國家用30年的歷程，形成了具有完整自主知識產權的高速鐵路技術體系，舉例而言，武廣動車的「心臟」牽引電傳動系統與「神經系統」網路控制裝置等關鍵技術和核心部件，均由中國大陸自主研製，美國商務部部長駱家輝（2009）曾表示：「中國大陸

高速鐵路發展取得舉世矚目的成就，美方希望借鑒中方在高速鐵路領域的先進技術」。

❺ **有利拉抬沿線城市經濟**：高速鐵路的建造不僅拉動區域間的距離，更同時帶動沿線城市的經濟、房價與地價，舉例而言，以大閘蟹聞名遐邇的蘇州城北的相城區，就借京滬高鐵蘇州站尋址的時機，規劃建設金融、商務、住宅為一體的「高鐵新城」，此高鐵建成後距離上海20分鐘的小城，2009年6月以來房價從每平方米6,000元飆升至9,800元；而武廣高鐵線上另一個省會長沙，房市量價齊升，均價較2009年前高出1,300元，而在這之前，長沙南站所在武廣新城，在2009年10月至12月間，價格更狂漲了4成以上，在整個中國大陸都正在變成一座城之際，高鐵經濟正在為中國大陸帶來深刻的變化。

四、「機場經濟」成長新動力

中國大陸航空業經過數十年的建設和發展，機場總量規模與密度逐漸擴增，服務能力與現代化程度亦不斷增強，並大抵形成：（1）以廣州、上海、北京樞紐機場為中心；（2）大連、瀋陽、武漢、杭州、深圳、西安、重慶、昆明、成都、烏魯木齊等省會或重點城市機場為骨幹；（3）其他城市支線機場相配合的基本態勢。而在民用運輸機場體系上，共有民航運輸機場147個，全大陸機場平均密度為每10萬平方公里1.53個，根據中國大陸交通運輸部（2010）資料顯示：「目前中國大陸以北京首都、廣州白雲與上海浦東為前三大機場，北京首都機場的旅客人次更是突破6千5百萬人」，突顯中國大陸政治中心人潮來往密集的程度。

1. 中國大陸機場發展

2008年，中國大陸國務院批准《民用機場佈局規劃》，在此規劃的佈署中，至2020年全中國大陸民用機場將達244個，其中有97個為新建機場，並形成以北方、華東、中南、西南、西北五大區域機場群，在此佈局規劃下，中國大陸80％以上的縣級行政單位能夠在1.5小時或100公里以內的車程享受到航空服務，服務區域的人口占全中國大陸82％的總人口、GDP總量的96％。並促使全中國大陸中小城市、重要旅遊地區、主要開放城市等均有機場連接，交織出功能完善的樞紐、幹線、支線機場網路體系，並形成大、中、小層次清晰的機場結構，使中國大陸航空運輸國際競爭力、持續發展力、連結運輸力均有顯著增強，在與其他交通方式銜接更加緊密的情況下，將使服務範疇、範圍進一步擴大，並為建設小康社會與建構和諧社會發揮更加積極的作用。

2. 中國大陸機場三大利勢

在全球化已成為經濟核心運作模式下，空中運輸已成為執核心牛耳的地位。身為亞半球大國的中國大陸，為了接應未來全球而來的滾滾商機，除了廣佈機場、開放天空，更將機場從以往國門的角色地位，拉高層級至國家經濟與產業的發動機，茲將機場的發展對中國大陸所帶的影響敘述如下：

❶ **有利發展機場都市**：現代化機場的建設，已不再是單純搭飛機的功能，而是結合了客運、休閒、物流、商務居住功能的機場都市（Airport City）全新概念。全球化帶來跨國企業興起、跨國企業帶來跨域運輸的崛起，越來越多的商務旅客奔波於家庭、機場、工作地點之間，機場已納入其生活的一部分，如雨後春筍冒出的空中飛人代表的是無窮的新商機，並提供了消費、工作與航空產業的發展機會，舉例而言：2008年甫完工的北京首都機場第三航廈，不僅規劃了4.7萬平方公尺的商業面積，更增加了數萬人的工作機會，顯見機場的開發，對地方經濟拉動，將有相當明顯的助益。

❷ **有利發展物流都市**：史基浦機場資深空間發展規劃師Schaafsmay在2007年對21世紀機場的發展做出如下的評語：「今日的機場，就像是50年前的火車站，100年前的海港，成為全球化的新核心」，在全球產業遵循比較利益原則下，全球化垂直與水平分工，都在不同國家中執行，舉例而言，蘋果公司所推出的iPhone背面，就可以發現一行「加州設計，中國組裝」的標識碼。而根據國際空運協會（IATA）（2007）表示：「2005至2009年中國大陸將以年平均14.4%，成為全球貨運成長率最高的國家」，在此有利發展情況下，中國大陸將以機場做為轉運點，連結航空公司與物流公司，打造一級物流都市。

❸ **有利成為區域轉運中心**：目前中國大陸已有147個機場散布各地，位於各省市重要佈點的機場，更無不積極的搶攻成為區域轉運中心，因此機場擴建風潮蔓延至上海、廣州、青島、成都、昆明、寧波與天津等重要區位，其中上海將打造成為金融、航運雙中心，並定位為環渤海與長江三角洲的物流中心；而天津機場則定位為東北、華北的物流機場，並包含了保稅、物流加工區，並與日本關西、韓國仁川形成1小時航程的東北亞金三角。在全中國大陸都在瘋機場的態勢下，未來中國大陸機場的良性競爭將更趨激烈，機場經濟也將持續成為經濟亮點。

五、「綠能經濟」成長新動力

2009年12月7日，一場影響未來人類生存的會議「哥本哈根會議」在全球氣候異常下展延開來，而最受注目的中美兩國，在全球高度注目下也做了些許承諾，美國總統Obama（2009）承諾，到2020年減碳量要達17%，此目標乍看下與歐盟20％的減碳量大至相近，然則美國是以2005年排碳量為基準，而非聯合國中期目標1990年，若以1990年為基準，則美國實質減幅僅約4％，只有歐盟的五分之一；相較之下，中國大陸則較有承擔，訂定2020年的碳排放目標將為較2005年減少40％至45％，中國大陸應為全球氣候變化做出巨大努力，因此中國大陸官方將加強對節能、提高能效、潔淨煤碳、再生能源、先進核能、碳捕集利用與封存等低碳技術的研發和產業化投入，加速建設低碳特色的工業、建築和交通體系。

為了有效創造綠能經濟，2005年中國大陸通過《可再生能源法》，並於2009年通過《可再生能源法修正案》，所謂再生能源，含括：風能、太陽能、水能、生物質能、地熱能、海洋能等非化石能源，茲將數項中國大陸極力發展的綠能產業敘述如下：

❶ 太陽光電（光伏產業）：2010年中國大陸推出「金太陽工程」，並撥款人民幣200億元金太陽工程，針對每300瓩以上的太陽能系統進行併網半額、獨立七成的系統補助，並將加速294個太陽能發電示範專案，期望在二至三年內完成624MWp規模，此計劃是繼2009年3月「太陽能屋頂計畫」後的續接大型太陽光電政策，巴克萊投資銀行（Barclays）預估，「2010年中國大陸的太陽能市場需求量將成長高達300％」。

❷ 風力發電：中國大陸目前為全球第二大風力發電市場，僅次於美國，在中國大陸風力發電開發主要由國營電力公司投入，在擴大內需的中國大陸政策指引下，在2011年達成超越美國的目標應可達成。

❸ LED產業：中國大陸LED產業經過30多年發展，已初步形成完整的產業鏈。並在「半導體照明工程」辦公室的推動下，已形成深圳、上海、大連、南昌和廈門等半導體照明工程產業化基地，2010年中國大陸LED市場規模可望達1,000億美元，到了2015年照明電將超過8,000億度，此外，中國大陸在LED等節能燈具補助上，在2010年新增1.5億盞節能燈高額補貼方案，規模達新台幣650億元左右。在中國大陸實施：（1）中國大陸政府於「十一五計劃」期間對LED產業補助的10至15億人民幣；（2）亮點工程；（3）十城萬盞計劃；（4）LED下鄉等一連串的措施，將使得中國大陸LED產業越來越亮。

六、「和諧經濟」成長新動力

中國大陸自1978年改革開放以來，中國大陸產生了一系列的質變，在經濟上從「部份先富」邁向「全民小康」；在區域建設上從「沿海東部」邁向「內陸西部」；在內需消費上從「都市消費」邁向「鄉村消費」；在就業上從「人力勞動」邁向「人力資源」；在引商入陸上從「勞動密集」邁向「資本密集」，質變的背後是中國大陸對建設友好型、均衡型社會的承諾與誓言。在中國大陸一連串實施外資經濟、活動經濟、鐵公機經濟下，本研究將在此節將探究與歸納中國大陸實施這些活動的原因，茲將歸納敘述如下：

❶ **達成城鄉平衡**：鄧小平在改革開放初期提倡所謂的「部份先富」，而這部份受惠的族群便為城市居民，在城市居民佔有首動優勢下，中國大陸城鄉收入差距持續擴大，根據中國大陸農業部（2009）統計：「2008年中國大陸城鄉居民收入差距達11,100元，城鄉居收入比為3.36比1，較2007年的3.33比1高出許多，是中國大陸施行經濟改革開放政策30年以來的最高值」。為了使城鄉差距可以逐步下降，首先要做的便是使「每鄉皆有路、村村皆可達」，而要達到此目標，首先便要在路網建設上實現突破，在這樣的脈絡下，中國大陸希望藉由高速公路的快速連結力與公路的機動佈線力，形塑連接城區、覆蓋鄉村、城鄉一體的交通網絡體系。

❷ **達成區域平衡**：中國大陸改革開放30多年來，經濟保持9.8％的年均增長速度，伴隨著經濟的高速成長，區域經濟發展不平衡、不協調的矛盾也隨之產生，並呈逐步擴大之勢，尤其是東部沿海地區與其他地區的經濟發展差距越來越大，區域經濟發展差距不僅成為當前社會關注的熱點問題之一，也成為未來經濟和社會發展中的重大挑戰，為解決此問題，目前中國大陸對區域間的規劃為「西部提速、東北攻堅、東部保持、東西互動、拉動中部」，在此區域佈局規劃下，東西向的高速公路總計有18條、高速鐵路有4條而機場佈點更是廣設全境，希望藉由交通工具的全面建設，可以有效的連結東西兩區域的差距，達至區域平衡的境地。

❸ **達成人與自然的平衡**：中國大陸在經濟開初期，對外開放的角度是來者不拒，然則過度開發、破壞生態、濫用土地、汙染河川等外部汙染效應亦陸續擴大，根據《國際生活雜誌》（International Living）在2010年1月8日公布《2010全球最佳生活指數報告》指出：「在194個國家評鑑中，中國大陸名列第94名，其中在『環保』構面，僅獲得54分的評價」，此外，由美國耶魯大學、哥倫比亞大學與世界經濟論壇共同發布的「環境可持續指數」（Environmental Sustainability Index；ESI）顯示：「中國大陸在全球149個國家中，位列第105名」，因此，中國大陸為了尋求永續經營與建立跟自然和諧相處的環境，近期除了積極推行清潔能源，更發布「七大戰略性新興產業」，希望藉此打造能平衡經濟、環境、社會與科技的長青經濟。

第8章　2010中國大陸跨越發展十大新挑戰

在十二五規劃即將發布之際，本研究先探討中國大陸不得不面對的十大困境與挑戰，「難」是困境而非錯誤，是機會也是挑戰，猶如中國大陸作家二月河在其《戰國縱橫卷：潛龍勿用》（2009）一書描述：「這是混亂痛苦的年代，也是充滿機會的年代」，茲將中國大陸十大困境與挑戰關聯圖繪製如圖8所示。

一、經濟發展困境與挑戰

2008年全球爆發金融海嘯，世界經濟陷入一片泥淖，中國大陸在此時傾國之力，除了投入四萬億財政支出外，更接連下達了一連串的下鄉計畫，中國大陸在全境通力合作下，2009年經濟成長率不但順利「保八」，更以傲人的「超八」成績遐邇於世。然而，過猛的特效藥，似乎在現今出現後遺症：（1）地方政府為了支持中央擴大財政支出的政策，導致融資平台債務惡化；（2）銀行過多的借款與全球資金的湧入，造成資產泡沫的堆疊；（3）過於寬鬆的貨幣政策，造成物價、房價的抬升，通貨膨脹一時甚囂塵上。然而，在全球經貿不斷震盪下，中國大陸對於是否調升利率來抑制境內高居不下的通貨膨脹與資產泡沫，實為苦思不已，在動輒得咎情況下，中國大陸的經濟發展似乎出現瓶頸與困境。

1. 困境一：地方債務困境

在金融海嘯爆發之際，中國大陸靠著四萬億人民幣的投入，穩定經濟情勢，而其中許多支出倚靠的是地方融資平台，而所謂地方融資平台，是指地方政府發起設立的融資工具，並以地方資源和資產作為抵押，用隱性擔保的方式，向銀行借貸實現融資目的，因其增加的是政府的隱性赤字，因此並不容易被人們察覺，然而，地方融資平台在以政府所擁有的土地作質押進行融資情況下，其償還債務能力是靠綜合收費能力而非項目自身的收費，因此，可能造成地方融資平台還款能力欠缺致使銀行產生不良資產的憂慮。而在地方債權比重節節高攀，以及打壓房市造成土地價格崩跌造成政府銷售土地價格滑落情況下，地方融資平台信用風險一步步提升，對此，中國人民銀行行長周小川（2010）指出：「要合理評估和有效防範地方融資平台信用風險」，此外，中國大陸國務院發展研究中心金融所副所長巴曙松（2010）則憂心忡忡表示：「2009年地方政府的投融資平台的負債實際總規模，已經超過地方政府全年的總財政收入」。

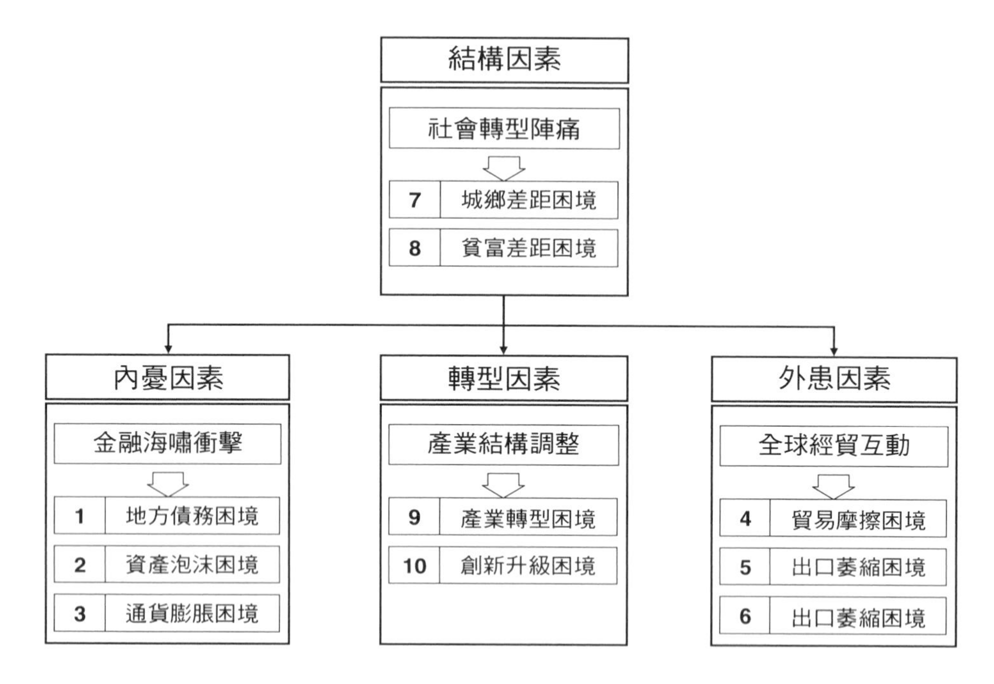

圖8　2010中國大陸十大困境與挑戰關聯圖

❶ **導致地方融資平台惡化原因**：地方融資平台並非一個新穎的概念或措施，早在十多年前就已搭建運轉，然而下列兩個因素卻是造成地方融資平台面臨困頓的原因：（1）先天的分稅制度，造成中央與地方政府事權和財權分配不均，造成地方政府發展經濟壓力大，卻得不到相應的政策支持和財力支持，地方政府面臨「小財政、大建設」的困境，只好藉由舉債來做好經濟發展；（2）2009年多個經濟刺激計劃實施，地方政府資金配套能力有限，唯有大量舉債融資，此方面可從中國大陸財政部（2010）所公布的數據看出端倪：「2007年中國大陸地方債務總額4萬億元，相當於當時地方財政收入的160.7%，其中地方融資平台負債約1萬億元；到了2009年，地方融資平台負債已高達6萬億元」，不良貸款的激增，使中國大陸中央政府將地方債務拉抬到國家級的防範危機，然而，融資的限縮政策將使資金出現斷流現象，並影響自2008年下半年，大量啟動的新專案，如果撤出對地方融資平台的支持，未來將產生一系列問題工程。

❷ **地方融資平台惡化數據**：而下列數據則更可顯示出為何眾人對此議題如此謹慎：（1）中國大陸銀監會主席劉明康（2010）表示：「至2009年末，地方政府融資平台貸款餘額為7.38萬億元，同比增長70.4%，佔一般貸款餘額的

20.4%，全年新增貸款3.05萬億元，佔全部新增一般貸款的34.5%，這離世界公認的警戒線60%已經很接近，顯示地方政府總體債務規模過高」；（2）中國大陸社科院（2010）表示：「考慮到2010、2011兩年地方政府後續貸款2萬億到3萬億元，到2011年末，地方融資平台負債恐將達到10萬億元左右」；（3）中國大陸財政部（2010）數據顯示：「2009年中國大陸土地出讓收入約為1.4兆，相當於2009年GDP規模的3%。然以2009年的土地銷售收入來償還6兆元地方融資債務的存量，需要約4至5年時間。而且，還不包括債務利息」，從上列數據可知，中國大陸地方負債金額比重過高，系統性債務風險將一觸即發；地方融資具有隱性化特徵，負面外部性將逐步顯性化；做為地方主要收入與擔保品的土地價值，已經無法平衡地方融資的債務。

❸ 地方融資平台化解方法：在中國大陸地方融資債務越演越烈情況下，中國大陸總理溫家寶先生在2010年1月將「規範地方投資融資平台，防止地方財政風險」列入宏觀政策調整的重要議事日程，並在2010年全國人民代表大會召開期間，禁止地方政府為地方融資平台貸款提供擔保，除了在政策上做防火牆外，中國大陸國務院發展研究中心（2010）認為要化解此危機可從3方面著手：（1）限定地方融資使用的標的：地方政府融資平台定位過寬、數量過多且資金分散，應制訂統一標準，將地方政府融資平台限制在基礎設施建設等領域；（2）允許地方政府發行公債：以市場化方式公開發行地方債，可擁有地方人大、中央主管部門、信用評級機構與及投資者等四重約束機制，還可增加地方財政透明度和完善基礎設施項目的效益評估體系；（3）規範商業銀行放貸行為：提高商業銀行的項目評估能力和風險控制水平，使得商業銀行在發放貸款時，是依據未來收益情況來做決策，而並非僅看有無地方政府擔保或土地抵押。

2. 困境二：資產泡沫困境

1980年代後期至1990年代初期，日本出現泡沫經濟的現象，經濟出現大倒退，此後更進入了平成大蕭條時期，而當時造成泡沫的因素在於「廣場協議」後使日圓迅速升值，為了因應日元升值後出口下降，導致日本被迫採取低利率政策，結果反而引入大量投機熱錢不斷推升股票與土地交易市場，使得泡沫不斷漲大。而目前的中國大陸面臨了相同困境，中國大陸在成為世界工廠、市場後，全球資金陸續湧入，此外，在歐洲經濟持續震盪下，相對穩健的中國大陸更成為許多投資客的避風港，加諸，2009年中國大陸國務院為讓經濟成長率能達到「保八」，設定金融機構全年新增人民幣貸款五兆元的目標，一些商業銀行為了鼓勵貸款，甚至在內部發放貸款獎金，根據中國大陸銀監會（2010）數據顯示，單是中國銀行在2009年便貸放出高達人民幣1.1兆元；而工商銀行則貸放超過2兆人民幣，四大國有銀行加其餘商業銀行所貸出的金額，在2009全年更貸出9.5兆人民幣，所貸出的額度早就遠遠高於年初所訂定的目標，在國外資金湧入、國內資金大量由金融機構透過企業和各種借貸管道匯入下的資金流動性過剩，與實體經濟缺乏投資機會下，股市與房市交易市場自然成為眾人所追逐的對象。

❶ **中國大陸資產泡沫化評述與現況**：中國大陸在市場游資過剩下，競相將目標轉移至房地產與股市之上，在人為炒作以及市場預期價格高攀之下，資產價格越攀越高，面對這種情形，2010年4月13日，於香港舉辦的「2010年亞洲發展展望」會中亞洲開發銀行（ADB）首席經濟學家李鐘和表示：「中國大陸及香港地區的資產價格已經回升到2008年金融海嘯前的水平，資產泡沫風險將擴散至亞洲區域」，紐約大學經濟學教授Roubini則認為：「中國大陸的景氣有過熱的疑慮，且有資產泡沫化的危機，意味著未來數季，中國大陸將必須啟動緊縮銀根的政策，但步調必須漸進而不能躁進」，而中國大陸招商銀行董事長秦曉（2010）表示：「中國政府在刺激經濟的過程中注入了天量的流動性，導致資產、股市和樓市泡沫化正在形成新的隱患」，顯示中國大陸如果不能及早採取措施予以遏制資產泡沫化，中國大陸經濟未來將面臨比再次出現經濟下滑更大的風險，這也就是中國大陸知名經濟學家吳敬璉（2010）指出：「流動性過剩的危害比通貨膨脹還嚴重」。

❷ **中國大陸房地產泡沫評述與現況**：根據中國大陸統計局（2010）顯示：「2009年中國大陸的住宅價格漲幅比過去10年中任何一個時期更加快速。截至2009年底，新建住宅價格較2008年同期上漲9.1%」，目前中國大陸房價與收入之比已超過15倍，上海、北京、廣州等地的房價與收入比則超過50倍以上，泡沫嚴重，已成為影響經濟全局的系統性風險，房價收入比是衡量房地產泡沫的主要指標，依照世界銀行規定，開發中國家合理的房價收入比在3到6倍之間，足以顯示中國大陸的房地產市場泡沫十分嚴重，此外，中國大陸銀河證券首席經濟學家左小蕾（2010）亦表示：「2009年中國大陸房屋月供平均上升到近80%的水平，已經超過國內安全線60%，這成為房地產最明顯的泡沫現象」。

❸ **中國大陸股市泡沫評述與現況**：香港長江實業集團主席李嘉誠在2010年5月17日的股東大會上表示：「在中國大陸股市本益比（PE）高達50至60倍之餘，泡沫跡象已逐漸明顯」，而前摩根士丹利首席分析師謝國忠（2009）亦表示：「中國大陸股市又回到泡沫化的水準，當泡沫破裂後，市場會先休息一段時間，但泡沫很快就會出現」，在股市疲憊走軟後，通常會出現兩種效應：（1）負財富效應：所謂負財富效應，是指由於金融資產價格下跌，導致金融資產持有人財富的減少，進而抑制消費增長，並弱化居民收入預期，使其縮減消費，且會

惡化企業投資、融資狀態；（2）證券資金供給匱乏：經濟發展所需的資金除了自證券市場籌募外，還可以從銀行體系融通取得，而證券市場的資金斷流，將成為追求高經濟成長的中國大陸一種不能承受之痛。

3. 困境三：通貨膨脹困境

金融海嘯時期的大規模救市政策，雖使中國大陸達成「保八」的使命，同時也成為全球的經濟救世主，然而，中國大陸全境在中央投入資金、全球熱錢湧入下，游資過多問題，慢慢堆疊而成通貨膨脹的問題，在通貨膨脹問題越演越烈下，中國大陸採取過去30年以來一貫的態度，也就是對通膨採「先治理後公開」的方式，也就是說在通膨發生並實際平息後，才會出來通膨的「成功防治」言論，因此，目前中國大陸官方雖表示2010年5月超過3％的通貨膨脹是「物價結構性上漲」，是合理的範圍，但中國大陸領導層在打擊樓價漲風；控制資產價格泡沫；壓抑農副產品等方面的作為，明顯是來控制物價的急速上漲，茲下將敘述中國大陸通貨膨脹的起因、現況與對中國大陸的影響。

❶ 中國大陸通貨膨脹現況：中國人民銀行自2010年1月18日起，已經連續三次上調人民存款準備金率0.5個百分點，就是希望可以對大量流動性資金進行調節，然而，根據中國大陸國家統計局在2010年6月11日公布同年5月的份居民消費價格（CPI）顯示：「CPI較2009年同期上漲3.1％，其中，城市上漲2.9％，農村上漲3.3％；食品價格上漲6.1％，非食品價格上漲1.6％；消費品價格上漲3.4％，服務項目價格上漲1.8％，而2010年1至5月居民消費價格較2009年同期上漲2.5％，相較於2010年4月的2.8％，5月份的CPI增加了0.3％，而生產者物價指數增幅也從6.8％，加速至7.1％」，德意志銀行大中華區首席經濟學家馬駿（2010）亦表示：「中國大陸GDP走勢未來會下降3％，但同時物價依然會繼續快速上漲，『倒掛』的經濟趨勢會讓人感覺起來像是一種經濟停滯性通貨膨脹狀況」，在通貨膨脹越演越烈之際， 中國大陸財政政策似乎還不到位，在經濟從「保八」到「超八」後所引發的隱憂，就像壓力鍋般，逐步醞釀爆發。

❷ 中國大陸通貨膨脹影響：當前中國大陸通貨膨脹的隱憂已逐漸檯面化，而中國大陸總理溫家寶先生（2010）表示：「如果發生通貨膨脹，再加上收入分配不公，足以影響社會的穩定，甚至是政權的鞏固」，此外，中國大陸東南大學張馬林教授（2010）表示：「中國大陸罷工潮的發生，並不只是富士康的加薪效應，更主要原因是在通貨膨脹壓力下，工人微薄的薪資已經造成生存上的危機」，當通貨膨脹壓力爆發之後，首當其衝的影響，就是底層勞動者的生活，當生理條件沒有被滿足時，工人自然會群起激憤，要求更好的待遇，已因應日趨攀高的物價，由此可見，通貨膨脹不但會使人民可支配所得下降，使人民購買力降

低，進而造成社會動盪，尤甚者更將影響國家政權的穩定性，使國家面臨由人民所發出的質疑與挑戰。

二、對外貿易困境與挑戰

中國大陸在倚靠外貿獲取龐大外匯存底之際，對他國巨額的出超引起入超國認為不公之感，因此人民幣升值之聲，可謂不絕於耳。2010年6月10日，美國財政部長Geithner表示：「中國大陸匯率造成的扭曲已蔓延到境外，並已阻撓全球成長恢復均衡，因此，更具彈性的人民幣將可使市場力量在長期扮演更積極的角色，並協助達成強勁、均衡且持續的全球成長」；其次，在全球經貿尚未回到正軌之際，為了保護國內產業與減少失業率的增加，貿易保護主義依舊盛行，而中國大陸更是此輪貿易障礙中的頭號標靶人物；最後，中國大陸最大出口國歐盟，在面臨債信危機衍發信心危機，並導致消費緊縮下，連帶使中國大陸在2010年4月出口順差僅達16.8億美元，同比下降達87%，在對外貿易多空交戰下，未來中國大陸的貿易前景，將是一條佈滿荊棘之路。

4. 困境四：貿易摩擦困境

全球經貿在受到金融海嘯襲擊後，各國領導者受國內壓力下，只好藉由貿易保護主義的延伸來回應做為社會公器的責任與義務，但若全球競相實施貿易保護，那麼世界貿易將因此而瓦解，以當前中國大陸佔全球出口第一的地位，以及相對各國較快的復甦速度，決定中國大陸必然會遭遇最大數量的貿易救濟，回顧2009年，共有22個國家和地區對中國大陸發起116起反傾銷、反補貼、保障措施和特保調查，直接涉及出口金額126億美元，進入2010年後，國際貿易摩擦形勢將更為嚴峻，中國大陸駐WTO代表孫振宇（2010）表示：「2010年中國大陸將面臨比2009年更多的貿易摩擦」，在「全球貿易發高燒」下，希望可以藉由道德勸說與全球經貿共生的概念下，讓此種「以鄰為壑」的自私觀念可以減弱。

❶ 中國大陸與全球摩擦現況：根據世界銀行（2010）數據顯示：「2009年世界各國一共啟動12項針對中國大陸出口商品的反傾銷調查」、「2010年第一季，全球一共新發起19項反傾銷調查，其中針對中國大陸出口商品的調查有9項，佔總數的47%，為全球最高，而這些反傾銷調查均有可能成為新的貿易禁令」。此外，還有一些國家針對中國大陸商品直接實行貿易保護措施，在2010年全球新啟動的15項貿易保護政策中，針對中國大陸商品的佔10項，比例高達67%，由此可見，中國大陸在全球貿易障礙高歌的時代，依舊成為各方的狙擊目標。

❷ 中國大陸與美國摩擦現況：雖然在中美雙方在檯面上皆反對貿易保護主義，然而，口惠而實不至，更是雙方暗自較勁的依循，舉例而言：（1）美國商

務部長駱家輝（2010）表示：「中國大陸出口到美國的產品，僅有不到5%的項目需要許可證，其他的95%的申請都是被通過的」，然而，產品項目的比例與進口價值量不是一個概念，有的項目比例雖然占很小，比如高科技產品，但價值金額卻非常大；相反，像吹風機這樣的產品項目，雖占比例大，但價值金額卻非常小；（2）2010年5月26日，中美戰略與經濟對話會議之際，雙方便承諾致力於構建更加開放的全球貿易，並反對貿易和保護主義，不過對話結束當天，美國商務部最終裁定，對從中國大陸進口的鉀磷酸鹽徵收69.5%至95.40%的反傾銷關稅以及109.11%的反補貼關稅。從此二案例可以看出，雖然中美之間有意降低貿易摩擦，但在雙方還有芥蒂與心存疑慮下，中美之間貿易戰爭似乎無法快速落幕。

5. 困境五：匯率升值困境

中國大陸自從成為世界工廠後，對外貿易額度年年攀升，根據中國大陸商務部（2010）公布數據顯示：「中國大陸2009年進出口總額為22,072.7億美元」，依照數量指標要求，預計到2020年中國大陸包括貨物貿易和服務貿易在內的總貿易額將達到5.3兆美元左右，其中，貨物貿易額約4.3兆美元，服務貿易額約1兆美元，貨物貿易出口額將達到2.4兆美元左右，居世界第一位；進口額將居世界第二位。然而，在中國大陸依賴外貿積累大量外匯存底之際，歐、美等對中國大陸大量入超的國家，紛紛要求人民幣升值，以平衡之間的貿易逆差，其次，假若中國大陸在升值時將面臨兩難的局面：（1）是否要升值？；（2）假若要升值，要用一次到位的升值方式，還是漸進式的升值方式，均值得採討。根據新聞報導，大陸人民銀行已於2010年6月18日宣稱將檢討改進人民幣對外加權計算方式，使得人民幣不再盯住美元，將有新的變化。此外，人民銀行擴大跨境貿易可以人民幣結算，以避開人民幣與外幣浮動風險。前述措施一則是人民幣波動風險無可避免，第二則是大陸同意跨境貿易可以人民幣結算，將減少企業匯兌的風險。

6. 困境六：出口萎縮困境

中國大陸對外貿易的強盛，可從24,470億美金看出脈絡，而根據WTO（2010）資料顯示：「2009年中國大陸出口占全球出口比率上升至9.9%，已超越德國的9.3%，成為世界最大出口經濟體，WTO更預估2011至2020年中國大陸出口平均每年成長14.5%，到了2040年中國大陸出口占全球出口比率達20%，為2009年兩倍」，資料均顯示中國大陸對外貿易是呈現樂觀的態度。總體而言，2010年中國大陸全年貿易還將會是順差，但只能達到約500億，甚至不到500億美元，僅相當於前幾年的四分之一，足以突顯中國大陸在對外貿易上萎縮嚴重的程度，探究中國大陸出口萎縮如此嚴重的原因在於：

❶ **歐洲信貸危機不斷加深，壓制貿易業成長**：根據中國大陸商務部（2010）

指出：「中歐建交35年來，歐盟在中國大陸整體對外經貿合作中地位穩步上升，目前歐盟連續多年為中國大陸第一大貿易夥伴、第一大出口市場、第一大技術引進來源地、第二大進口市場和累計第四大外資來源地，且2009年，中歐貿易額3,641億美元，占中國大陸全球外貿總額的16.5％」，可看出歐盟與中國大陸之間彼此依賴的深化，然而，在歐債危機導致信心危機，使得歐盟消費力大減，也讓中歐之間的商品貿易大幅減弱，致使中國大陸出口貿易產生劇烈影響。

❷ 人民幣兌歐元不斷升值，抑制出口業成長：歐元受到債信風波、失業率不斷攀升以及政府大砍經濟支出等多重利空下，幣值不斷看貶；而人民幣持續看多且有升息題材的催化下，幣值不斷看漲，一來一往下，截至2010年5月17日人民幣兌歐元已累計升值14.5％，且受助於歐元兌美元頹勢，人民幣兌歐元更是創下8.3666元的逾七年來新高，然而人民幣兌歐元的大幅升值，卻對中國大陸企業出口至歐盟的成本大幅增加，也導致了訂單大幅縮小，也成為了中國大陸對外貿易上萎縮的原因。

三、社會發展困境與挑戰

中國大陸經濟的快速成長，拉動了整體國民平均的消費、健康醫療等水準，然而，在部份先富、沿海較內陸先發展、城市較鄉村先發展等情況下，促使貧富差距越來越大，根據世界銀行在2010年6月初所發表報告指出：「中國大陸基尼係數（Gini coefficient）從30年前改革開放之初的0.28上升到2009年的0.47，並且中國大陸在財富高度集中上將超越美國」，代表著中國大陸社會利益共用機制發生嚴重斷裂的顯著信號。在整體城鄉、貧富差距過大之下，也造成中國大陸社會穩定的失衡，中國大陸總理溫家寶先生在2010年第十一屆全國人大三次會議時表示：「中國大陸不僅要發展好經濟建設，更要推進社會的公平正義，而社會公平正義，是社會穩定的基礎」，然而，在貧富差距積累數年，且無法根治其病因下，底層失落人民在倍受歧視與生活壓力下，社會的顛沛也拉開序幕。

7. 困境七：城鄉差距困境

一個地區經濟發展的起始點一定是以人流、物流與金流等三流共聚之地，此地皆為城鎮中心，城鎮中心在發展後所引發的磁吸效應，引發城鄉之間人口的快速變遷，農村人口不斷的湧至城市，以追求更高的收入以及更好的生活水準，久而久之，農村因人口嚴重外流，將衝擊農業的正常發展，此外，大量人口湧進城市，將使城市生活品質與環境安全逐漸下滑，且就區域經濟發展及整體經濟發展而言都是明顯不利的因素，即表示，城鄉差距的擴大將造成經濟發展上的失衡。古言云：「不患寡，而患不均」，比較之心，人皆有比較，過大的差距，代表著公平正義的失衡，中國大陸憑藉著農民的力量崛起，因此深之民心之所在，政權之所穩的意義，然而，面對著城市經濟巨大拉力，與農村弱勢的巨大推力，城鄉差距的問題，似乎不是一朝一夕可以解決的，茲將中國大陸領導對城鄉差距情況認知、城鄉差距現況、城鄉差距影響羅列如下：

❶ **中國大陸城鄉差距現況**：根據中國大陸農業部（2010）數據顯示：「2009年城鄉居民收入絕對差距由2008年的11,020元人民幣擴大到12,022元人民幣，2009年城鄉居民收入比由2008年的3.31：1擴大到3.33：1，且仍有4,007萬農村人口尚未脫貧」，在絕對差距持續擴大下，中國大陸城鄉差距以達改革開放30年以來差距最大的一年，中國大陸農業與農村發展學院副院長孔祥智（2010）認為：「中國大陸農民雖收入連續6年增長，2009年農民人均純收入達到5,153元人民幣，實際增長8.5%，但不容忽視的是，城鄉兩級化的事實依舊嚴重」。

❷ **中國大陸城鄉差距影響**：在城鄉差距持續擴大下，將導致下列三項城鄉之間的差異：（1）城鄉教育差距，根據中國農業大學張正河教授（2010）研究顯示：「目前城鎮高中、中專、大專、本科、研究生學歷人口的比例分別是鄉村的3.4倍、6.1倍、13.3倍、43.8倍、68.1倍」，而更需正視的問題是在九年義務教育階段，農村學生輟學、流失現象亦較嚴重；（2）城鄉醫療差距，根據中國大陸商務部（2010）表示：「目前中國大陸還有1億多的農村人口尚未納入醫療保險中」，則也造成農村在公共衛生供給短缺下，醫療價格大幅度攀升，導致農村出現了因病致貧、因病返貧的循環；（3）城鄉消費差距，根據《2009中國農村經濟綠皮書》資料顯示：「城鄉居民生活消費支出比從1978年的2.68：1擴大至2008年的3.07：1，2008年，農村居民人均生活消費支出為3,661元人民幣，而城鎮居民則為11,243元」，該報告更進一步指出，中國大陸農村居民消費水準落後城鎮居民至少十年，且城鄉居民生活消費水準差距將處於擴大狀態。

8. 困境八：貧富差距困境

中國大陸自改革開放以來，經濟情況雖大幅增進，但貧富之間差距越趨增加，在分配格局失衡，導致部分社會財富向少數人集中之餘，貧富差距正在逼近社會容忍的「紅線」，由基尼係數標誌的警戒紅線，已走到極須調整的衝突點，根據北京師範大學收入分配與貧困研究中心李實主任（2010）表示：「改革開放之初，中國大陸基尼係數在0.3左右，90年代中期達0.42，但到2010年，將達到0.48」，在越過國際公認的0.4警戒線後，貧富差距已突破合理界限，這表示了人民收入差距正在不斷擴大，根據2010年6月12日，胡潤百富在上海發布的「2010胡潤富豪消費價格指數」顯示：「2010年『胡潤富豪CPI』同比增長11.3%，同時，按照胡潤百富標準，要在中國大陸追求新貴族的生活方式，至少需要1.1億元以上」，足以顯現目前中國大陸富豪與貧民之間的差距。中國大陸清華大學魏傑教授（2010）表示：「目前中國大陸的收入分為『白黑灰血金』等五種方式」，所謂（1）白色收入，指正常的工資、福利等合法收入；（2）黑色收入，指通過貪污受賄、偷盜搶劫、欺詐販毒等違法手段獲得的非法收入；（3）灰色收入，指介於合法與非法之間的收入；（4）血色收入，指那些突破人類文明底線，以犧牲他人的生命和用鮮血榨取的收入，如黑磚窯、黑煤窯等；（5）金色收入，指利用黃金、股票、期貨等資本獲得的收入。

四、企業發展困境與挑戰

中國大陸在走過三十年改革開放的軌跡後，已到了汰弱留強、去汙留淨的轉型十字路口，中國大陸知名經濟學家吳敬璉（2010）表示：「現在中國大陸必須走一條新型的工業化道路，而避免走傳統的經濟發展道路」，新型工業化道路特點在於經濟增長是依靠效率提高與支撐，而非靠資本和資源投入增加的增長，而金融海嘯使得歐美等國需求大幅降低，致使中國大陸貿易大幅貶損，未來中國大陸行之正道，必然是「反求諸己，而自得之」，也就是透過擴大內需方式，來弭平外貿上減少的差距。然而，在人民購買力尚未完全提升，與科學知識積累尚未到位情況下，產業結構的轉型與創新升級的能力似乎面臨了困境。

9. 困境九：產業轉型困境

2008年的金融海嘯讓中國大陸當局意識到未來中國大陸金融體制將變的脆弱，傳統倚靠政府投資與出口貿易的增長方式將致使內需薄弱、儲蓄率過高、資產性產品投入過高，進而引發過於倚靠外貿、流動性氾濫、資產泡沫，甚至是通貨膨脹。因此，中國大陸在脆弱的經濟、人口紅利逐步消退以及「調結構、促轉型」逐步成為中國大陸未來發展的核心下，「中國製造」轉為「中國創造」；「出口導向」轉為「內需導向」；「勞力製程」轉為「科技研程」將成為中國大陸經濟結構的主變，中國大陸總理溫家寶先生（2010）表示：「產業轉型升級已成為極為緊迫的重大任務，因此，加快經濟結構調整，推動經濟發展方式轉變取得實質性進展，是非常重要的」，中國大陸國家主席胡錦濤先生在2010年1月14日至上海考察科研基地、產業園區時亦表示：「要加快推動經濟發展方式轉變的自覺性和緊迫感，找尋國際產業發展新方向」，在中國大陸經濟結構將全面調整下，未來中國大陸在持續深化改革開放背景下，產業結構優化升級與自主創新能力將成為轉變經濟發展的突破點，然而，中國大陸產業要朝轉型之路邁進，在中國創造、內需導向與科技研程三方面，尚面臨著數項問題：

❶ **政府過度干預阻礙中國創造**：中國大陸長久以來是採取計劃經濟，亦表在

產業轉型或科技發展上習慣靠政府主導和規劃，政府調配人力、物力、財力於特定標的物上，然而僅以簡單依靠規劃、認定等方式，對技術創新和新產品製定採取傾斜性的政策，將不利於技術創新和產業轉型，其原因在於各產業都有不同的技術路線，其中很多是有爭論的，當尚未有統一論調而政策便訂定統一標準時，將導致技術發展存在很大的市場風險。應此政府應該運用科學技術競爭，當一科學技術具有市場潛力，並在中國大陸擁有發展實力下，政府才提供相關配套措施協助其產業化，並與市場形成合力，給予良好的創新、創業環境以及提供共用性技術，以日本的「PPP」模式，即建立公共單位和私營單位的夥伴關係；與台灣工研院都是政府與市場共同合作的良好例子。

❷ 人民過度儲蓄阻礙內需經濟：中國大陸自改革開放以來，經濟結構以外貿為主，然而，在經濟模式調整為內需為主下，將出現「儲蓄率過高，消費率過低」的疑慮，2010年3月9日，匯豐銀行（HSBC）發布《匯豐保險亞洲調查報告》指出：「中國大陸消費者將每月收入的45％用於儲蓄，高於其他台灣、香港、韓國、新加坡、印度、馬來西亞等受測市場，然而，僅管中國大陸居民儲蓄率居高不下，仍有69％的受訪者表示儲蓄不夠，超過40％稱將在未來6個月內將增加儲蓄」，此外，中國大陸中央銀行在2010年3月16日所公布的2010年一季問卷調查結果顯示：「在當前物價和利率水平下，城鎮居民的消費意願回落，尤其是2009年二季度至2010年第一季度，收縮趨勢尤為明顯，其中，僅有15.3％的城鎮居民願意更多消費；43.6％選擇更多地儲蓄存款」，中國大陸在儲蓄勝於消費，買未來勝於買現在的思考模式下，要使內需市場去支撐貿易減少的缺口，似乎需從建立民眾消費信心做起。

❸ 廠商過度侵權阻礙科技創新：每項新技術都要投入大量人力、物力，因此，為促進社會持續進步並鼓勵創新並保護創新成果，知識產權是一種合法的壟斷權，這是知識產權制度的核心涵義，根據中國大陸國家知識財產局（2010）數據顯示：「從2002年開始，中國大陸已連續8年成為337調查的主要對象與最大受害國，其中調查88％涉及專利」，所謂337調查是美國在1930年實施的《關稅法》在第337節設立的一項法律條文，該條款規定，如果進口商品侵犯美國國內有效的專利權、商標權、著作權，美國國際貿易委員會便可根據美國國內企業的申請進行調查，此外，美國《時代》在2010年2月1日刊登名為〈解決中國的難題〉文章指出：「中國大陸在智慧財產權上較為被動」，因此，要想短期內改使中國大陸運用本土企業自身的技術與創新能力來達到產業的轉型，似乎要先建立在智慧財產權上的觀念與態度。

10. 困境十：創新升級困境

在進入Toffler教授所言的Wealth3.0後，世界資訊流更為快速，技術、科技創新更為迅速，廠商一味的在微笑曲線底端徘徊，僅能找到暫時安身之處，至於談長治久安與登峰造極，似乎僅有朝研發或品牌才能提高商品附加價值，尤其在中國大陸多以製造商為主情況下，積極朝上游研發著力，似乎是未來產品可以達成差異化的憑藉。中國大陸國家主席胡錦濤先生（2010）指出：「一個國家的科技競爭力決定其在國際競爭中的地位和前途，科學技術作為人類文明進步的基石和原動力的作用日益凸顯，科學技術比歷史上任何時期都更加深刻地決定著經濟發展與社會進步」，凸顯當今是科學、技術與生活融合的時代，科學正以前所未有的深度與廣度影響人類文明進程，因此，把握未來技術的本質特徵，技術創新進化的規律，將有助於科技創新的發展。然而，中國大陸當今的科技研發實力，還無法與歐、美等國家比擬，茲將敘述中國大陸在創新升級上所遇到的阻礙：

❶ 科技水平落差阻礙創新升級：中國大陸在很多核心技術上至少比國外落後兩代以上，這也是中國大陸科技界應不斷努力縮短的差距，世界經濟論壇（WEF）在《2009至2010全球競爭力報告》（The Global Competitiveness Report 2009～2010）的12項評估指標中，與科技相關的指標，中國大陸排名較低，諸如：科技成熟度僅排名第79名、高等教育及培訓指標位列第61名等，此外，報告亦指出：「中國大陸科技競爭力雖逐步提高，但仍有較大提升空間」，可看出中國大陸雖在科學技術上急起直追，但要與歐、美等在科技上已琢磨許久的大國並駕齊驅，似乎仍需時間的積累。

❷ 企業貸款困難阻礙產品升級：企業是技術創新的主體，而中小企業則是主體中的主體，因為約70％的技術創新、65％的國內發明專利和80％以上的新產品來自中小企業。根據中國大陸知名經濟學家吳敬璉（2010）指出：「中國大陸出現銀行信貸向國有大企業傾斜，中小企業發展受到擠壓的情況，而在企業工資逐漸提高的銀行風險控制意識提高的情況下擠出效應更是明顯，並從4萬億元經濟刺激計劃和10億元新增貸款主要流向了國有大企業和各級政府項目可看出脈絡」，然而，在中小企業是技術創新主體下，中小企業無法茁壯，技術創新便有落後危機，產業升級和增長模式轉型便較難實現。

❸ 技術掌控不足阻礙研發升級：中國大陸現多以製造代工為主，真正研發技術與高新技術都掌握在品牌或研發商上，在技術無法取得上，除了受制於他人外，更在利潤上所獲甚少，根據針對電子製造領域的市場研究公司iSuppli與Broadpoint AmTech訊息顯示：「iPad正以499美金的價位在全球瘋狂售賣；而16G的iPhone在美國的售價同為499美元，然而iPad和iPhone的成本均不到其售價的一半，總體利潤率超過50％」。

第 9 章　中國大陸十二五規劃政策內涵探析

中國大陸自1953年起開始以五年為一時間段落，制定中國大陸國民經濟和社會發展之中短期發展規劃，主要闡明中國大陸戰略意圖，明確政府工作重點及引導市場主體行為，為未來五年中國大陸經濟社會發展的宏偉藍圖，也是政府履行經濟調節、市場監管、社會管理和公共服務職責之重要依據，並且規定目標以及方向，除1949年至1952年為國民經濟恢復時期，1963年至1965年為中國大陸國民經濟調整時期外，時至今日已制定且實施11個五年規劃，大致上五年規劃的制定需經過約兩年的時間，此期間經過前期研究、編制起草、論證銜接、審批發布等階段，最後完成且提交全國人民大會討論審議後實行。

一、中國大陸十一五規劃回顧

現今已邁入2010年，為「十一五規劃」最後一年且接近尾聲，2006年初於國務院《政府工作報告》中所提及，「十一五規劃」的主要原則為：保持經濟平穩較快發展、加快轉變經濟增長方式、提高自主創新能力、促進城鄉區域協調發展、加強和諧社會建設和不斷深化改革開放。此外，「十一五規劃」為中國大陸全面建設小康社會之關鍵時刻，也為歷史發展之重點時程，回顧2006年至2010年「十一五規劃」成效的施行，以下為施行概況及成效。

1.「十一五規劃」主要政策方向

「十一五規劃」涵蓋確切的指導原則及政策方向，其中也包含了發展目標、方向、任務和重點，根據中國大陸「十一五規劃」中的指導原則以及個別重點策略方向於以下分述。

❶ **保持經濟平穩較快發展**：有鑑於必須擴大國內需求和消費、減少對投資的依賴、保持宏觀經濟平衡，十一五致力於要達到現代化發展目標，強調必須以科學發展觀帶領經濟社會發展整體局面，致使經濟社會發展確實進入可持續發展方

向。

❷ 加快轉變經濟增長方式：必須建設更平衡、更持久的增長方式，節約資源，保護環境，中國大陸在近年來全面落實應對國際金融危機的計劃和政策措施，國民經濟形勢總體回升，積極落實金融調控機制，完善金融監管體制，穩步發展多種所有制的金融企業等，各項金融事業取得新的進展。

❸ 提高整體自主創新能力：加強科學研究的深化以及教育程度的提高，各地地方財政必須對於科學技術、人才等投入大量資源，科技創新對產業結構調整升級即能擁有逐步增強促進的效果。

❹ 促進城鄉區域協調發展：解決農業、農民和農村的「三農」問題，促進社會主義新農村建設和城市化的健康發展，並且致力於調整縮短城鄉之間的差距，促使其邁向協調發展。

❺ 致力積極建設和諧社會：按照以人為本的要求，從解決關係人民群眾切身利益的現實問題入手，注重經濟社會協調發展、社會公平，使全體人民共用改革發展成果，更加注重民主法制建設，以保持社會安定團結。

❻ 不斷加強深化改革開放：堅持社會主義市場經濟的改革方向，並且完善現代企業制度和現代產權制度，建立反映市場供需狀況和資源稀缺程度的價格形成機制，提高資源配置效率，切實轉變政府職能，健全國家宏觀調控體系。

2.「十一五規劃」主要量化指標執行成效

「十一五規劃」執行至今進入尾聲，即將進入「十二五規劃」時期，然而在「十一五規劃」中所提出的四大類22個量化指標中，預期性指標14個、約束性指標8個，截至2009年為止，根據中國大陸國家統計局（2009）以及中國大陸國民經濟和社會發展統計公報（2009）數據顯示，中國大陸各地區針對十一五時期國家經濟社會發展主要量化指標，皆有明顯成效產生，除部分數據未有公開資訊顯示、以及部分指標未達2010年預估目標外，總體而言「十一五」執行至今成效是卓越的。

在22個主要定量指標中，國內生產總值、人均國內生產總值、全國總人口、單位工業增加值用水量降低、森林覆蓋率、城鎮基本養老保險覆蓋人數等15個指標屬於「超前完成」或「提前完成」。其中，中國大陸歷年來之五年規劃中首次提出並明確規定的八個具有法律效力的約束性指標中，五個屬於完成或已經提前完成，然而，包括單位GDP能耗、主要污染物排放等在內的三個指標卻相對進展滯後，完成率僅在63%以上，以下表9-1為中國大陸政府實現「十一五規劃」主要量化目標及成效。

表9-1　「十一五規劃」主要量化指標執行成效一覽表

類別	指　標	2005年	2009年	2010年（目標）	目標類型
經濟增長	國內生產總值（兆元）	18.2	33.3	26.1	預期性
	人均國內生產總值（元）	13,985	25,123	19,270	預期性
經濟結構	第三產業（服務業）增加值比重（%）	40.3	42.6	43.3	預期性
	服務業就業比重（%）	31.3	34.8	35.3	預期性
	研究與試驗發展經費支出占國內生產總值比重（%）	1.3	1.8	2.0	預期性
	城鎮化率（%）	43	--	47	預期性
人口資源環境	全國總人口（萬人）	130,756	133,474	136,000	約束性
	單位國內生產總值能源消耗降低（%）	--	--	〔20〕	約束性
	單位工業增加值用水量降低（%）	--	--	〔30〕	約束性
	農業灌溉用水有效利用系數	0.45	0.48	0.5	預期性
	工業固體廢物綜合利用率（%）	55.8	65	60	預期性
	耕地保有量（億公頃）	1.22	--	1.2	約束性
	主要汙染物排放總量減少（%）	--	--	〔10〕	約束性
	森林覆蓋率（%）	18.2	20.4	20.0	約束性
公共服務人民生活	國民平均受教育年限（年）	8.5	--	9	預期性
	城鎮基本養老保險覆蓋人數（億人）	1.74	2.34	2.23	約束性
	新型農村合作醫療參合率（%）	23.5	94.0	80	約束性
	五年城鎮新增就業（萬人）	--	--	〔4500〕	預期性
	五年轉移農業勞動力（萬人）	--	--	〔4500〕	預期性
	城鎮登記失業率（%）	4.2	4.3	5.0	預期性
	城鎮居民人均可支配收入（元）	10,493	17,175	13,390	預期性
	農村居民人均純收入（元）	3,255	5,153	4,150	預期性

資料來源：中國大陸國家統計局（2009）、中國大陸國民經濟和社會發展統計公報（2009）、本研究整理

註【1】：約束性指標：預期性基礎上進一步明確並強化政府責任的指標，是中央政府在公共服務和涉及公眾利益領域對地方政府和中央政府有關部門提出的工作要求。政府要通過合理配置公共資源和有效運用行政力量，確保實現。

【2】：預期性指標：國家期望的發展目標，主要依靠市場主體的自主行為實現，政府要創造良好的宏觀環境、制度環境和市場環境，並適時調整宏觀調控方向和力度，綜合運用各種政策引導社會資源配置，努力爭取實現。

【3】：[　]內的數字為2005～2009五年累計數。

二、中國大陸「十二五規劃」初探

2010年是實現「十一五」發展目標、謀劃「十二五規劃」的關鍵之年，中國大陸發改委已於2009年底，展開「十二五規劃」編制之前期研擬工作，規劃期限將從2011年至2015年，對於新規劃的施行也將針對前期規劃之執行成效，更進一步檢討及改進，期望追求全面優化及發展。

1. 中國大陸十二五規劃初擬重點

根據「十二五規劃」至目前的研擬規劃中，主要分為幾個重點方向課題，分別為：結構優化及調整、因應及預防金融危機之衝擊、改善民生生活、生態環保相關議題的重視以及提高社會建設及保障，茲分述如下：

❶ 加強結構之優化及調整：調整內外需失衡是「十二五規劃」的重點之一，「十二五規劃」之重點應該致力於將「保增長」與「調結構」相結合，由於中國大陸經濟經過2003至2007年連續五年的兩位數成長，已累積不少問題，隨著投資對GDP貢獻比例增加，人民幣1元的固定資產投資對GDP的貢獻逐年下降，依靠投資拉動經濟成長難以持續，必須調整和優化經濟結構，轉變經濟發展方式。

❷ 因應預防金融危機衝擊：擺脫世界金融危機的包袱是「十二五規劃」的必要前提，也是必須考量的重要因素之一，目前由於國際性經濟危機尚未見底，因此令「十二五規劃」的制定情形面臨一個非常特殊的時空背景，在此背景下，如何因應及應對危機成為調研中的一個關鍵課題所在。在先前中國大陸政府確定的「保增長、擴內需、調結構」方針中，政策週期較長的「調結構」將在「十二五規劃」中占到很大比重。

❸ 改善民生提升生活水準：民生議題必定是「十二五規劃」中的一大重點所在，從長遠看來理當為縮小貧富區域差距，促進社會公平正義，提高國家發展質量的保證。然而從兩三年的短期看，中國大陸提出的擴大內需方針，首先必須要極力提升百姓收入，提高富裕程度，制定完善的保障機制，才能有效提升購買力，進而促消費、擴內需。

❹ 生態環保以及低碳節能：中國大陸國家發改委將低碳經濟、循環經濟、綠色經濟發展理念和相關發展目標納入「十二五規劃」中。中國大陸科學院清華大學國情研究中心主任胡鞍鋼（2010）表示：「2011年將啟動的『十二五規劃』將以『綠色經濟』為核心，也為一個綠色經濟規劃」。此外，綠色經濟是一種新的經濟、技術和社會體系，與傳統的經濟體系比較，在生產和消費領域能夠節約能源，減少溫室氣體排放，同時還能保持經濟和社會的可持續發展。

❺ **提高社會建設保障生活：**「十二五規劃」是中國大陸經濟社會發展的重要時期，是全面建設小康社會和社會主義和諧社會的目標能否實現的關鍵時期，總體框架是以人為本為核心，消費增長、社會保障為主線，人口資源環境可持續發展為條件，體制改革為動力，協調各方面關係為途徑，以全面實現小康社會為目標，此為中國大陸相當長一段時間內的目標，為「十二五規劃」時期的目標，然而全面實現小康社會並且建構社會主義和諧社會，此為經濟社會的全面發展，不完全聚焦在經濟增長層面。

2. 中國大陸「十二五規劃」重點四戰略

中國大陸發改委（2010）指出：「中國大陸將持續把擴大內需、增強自主創新能力、促進城鄉區域協調發展、改善民生、節約資源保護環境，提升開放型經濟水準做為經濟和社會發展的重要方向」。由於「十二五」時期為重要轉折期，因此應加快重要領域和關鍵環節的改革，以及推動相應的政策調整以實施四大戰略，從而推動發展方式的實質性轉變，此四大戰略為：（1）以農民工市民化為重點的城鎮化戰略；（2）以完善社會保障和擴大公共服務來改善民生及擴大內需戰略；（3）提升中高端產業競爭力為重點的產業轉型升級戰略；（4）促進節能減排和生態環境保護為重點的綠色發展戰略，茲分述如下表9-2所示。

表9-2　中國大陸「十二五規劃」四大發展戰略重點彙總表

四大戰略	執行內容與預估成效
❶ 加強城鎮化戰略	●促進居民消費和固定資產投資增加，降低經濟增長對出口的依賴程度。 ●提高服務業比重，優化經濟結構。 ●促進人口轉移，縮小居民收入差距。
❷ 持續擴大內需戰略	●至2015年，中國大陸居民消費率可提高5%左右，居民消費站GDP比重可望超過40%。 ●2010至2015年間，每年平均可帶動居民消費增加約1.3萬億元。
❸ 產業轉型升級戰略	●根據不同產業之特性，重點聚焦於研發設計、規模經濟、精密製造、供應鏈、品牌以及行銷通路等，以形成未來全球範圍具有優勢競爭力之產業，如七大戰略性新興產業。
❹ 綠色節能發展戰略	●提出2020年單位GDP二氧化碳排放量比2005年下降40%至45%自主減排之目標，且制定相關行動規劃，必須加快環境保護之長效機制。 ●建立多元化、靈活之減排體系，包括排放權交易、聯合履約、清潔發展機制、碳稅、技術標準及管制，形成最有效率的配置資源及分配。

資料來源：中國大陸國務院發展信息中心（2010）、本研究整理。

3. 中國大陸「十二五規劃」經濟調控新方針

中國大陸在保持經濟穩定成長同時，也將持續推動多項改革政策，由於「十二五規劃」起草工作已經在2009年底開始，依目前規劃內容具備經濟調控等重大任務之相關經濟政策，可能涵蓋三個方面，總體而言以六個字總結，即「一穩、二趕、三動」，其內容將於以下敘述：

❶ **「一穩」**：是經濟要保持穩定成長，得以確保十一五規劃與十二五規劃交接期間，經濟不會大起大落。由於國際形勢變化快速，中國大陸官方一度擔心經濟過熱，但近期反而憂心經濟可能再度下滑，此也為中國大陸總理溫家寶先生在近期出訪時，提出要防止經濟二次探底的原因。

❷ **「二趕」**：是指趕指標、趕進度。十五規劃（2001至2005年）的部分指標仍未完成，例如在環保相關方面。為此，溫家寶曾為此間接向中國大陸全國人大致歉，致使中國大陸國務院已在相關會議上對有關部門施加壓力，導致中國大陸各地都在加緊完成當初所制定之目標。

❸ **「三動」**：是指重大改革必須動起來，例如收入分配改革等相關政策已被列為十二五重點項目，但薪酬監管體制與財稅體制改革等相關措施，卻不能在十二五期間落實，因此中國大陸政府極可能於2010年開始收入分配體制改革、薪酬監管體系以及財稅體制改革等，並且完整的納入十二五規劃當中。

三、中國大陸「十二五規劃」五大核心轉變

2010年是回顧「十一五規劃」且展望「十二五規劃」的一年，從中國大陸國務院關於「十二五規劃」前期調研透露的資訊看，未來五年中國大陸將開啟經濟與社會的雙重轉型，以轉變發展方式和調整經濟結構為主線，佈署中國大陸經濟社會由「外需」轉向「內需」、「國強」轉向「民富」、「高碳」轉向「低碳」、「地方」轉向「區域」、「增長」轉向「均衡」的五大轉型，有關「十一五」至「十二五」之間，其關於變化及策略方向，茲整理如下述：

❶ **「外需」轉向「內需」**：「十二五規劃」期間必須有效擴大國內需求，特別是消費需求，減少經濟增長對外部需求的過多依賴，根據中國大陸國家統計局（2009）指出：「隨著投資對GDP貢獻比例增加，人民幣1元的固定資產投資對GDP的貢獻逐年下降，近三年分別為 1.39元、1.03元、0.73元」，此也證明，依靠投資拉動經濟成長難以持續，必須調整和優化經濟結構，由外需轉向內需市場，逐步提升消費對於經濟增長的貢獻，此外，由於消費需求為最終需求，也是衡量國民生活質量的重要指標，必須不斷培育和挖掘消費特別是民生生活以及消

費力對於經濟增長的拉動作用，然而不論是擴大內需，抑或是提升消費需求貢獻率，都必須要有相對成長的現象。

❷「國強」轉向「民富」：「十二五規劃」政策的著力點轉到把提高居民收入、縮小貧富差距、富裕人民群眾作為全新思路和戰略。過去「十一五規劃」以前追求「國強」，然而，「十二五規劃」則應追求「民富」導向。經過30年的發展，中國大陸今天的經濟實力已經為解決「民富」問題提供物質基礎。

❸「高碳」轉向「低碳」：「十一五規劃」中明確制定GDP能耗降低20％左右、主要污染物排放總量減少10％這兩個節能減排之指標，因此2006年至今，中國大陸中央和各地陸續制定許多節能減排方面政策法規，以前所未有的力度淘汰高耗能、高污染企業，並將其納入地方政府和企業的考核體系。低碳概念包含節能減排以及可再生能源兩大部分，低碳經濟將成為「十二五規劃」中，中國大陸城市化的重要導向。然而，發展以低能耗、低排放為標誌的低碳經濟，實現可持續發展，正在成為世界各國的共同選擇，其中中國大陸將持續提出二氧化碳排放約束性指標，力推低碳經濟。

❹「地方」轉向「區域」：目前中國大陸各地區皆已初定「十二五規劃」期間經濟社會發展主要之思路和構想，2011年開始實施之「十二五規劃」強調雖然各地發展強調有所側重，各有不同，但必須針對各地區之重點發展各自之目標，並且要通過改革和制度創新，實現改革、發展成果讓全民分享。1978年至2008年，中國大陸GDP成長81.48倍，但同期城鎮居民人均可支配收入僅增長9.45倍、農民人均純收入僅增長5.94倍。中國大陸城鄉間、地區間、城市或鄉村不同階層間的收入分配差距及社會保障水平仍有天壤之別。中國大陸發改委主任張平要求在十一五邁向十二五之關鍵時期，重心將由地方發展轉向區域整體發展，各地應研究如何率先提高自主創新能力、如何率先引導城市群健康發展、區域重點規劃方向，以及如何率先在化解資源環境約束方面走出新路等。

❺「增長」轉向「均衡」：雖然中國大陸以轉變經濟發展方式、調整經濟結構為「十二五規劃」之核心議題，但更重要的是在「十二五規劃」期間，擴大內需將成為保持經濟長期平穩發展的重要發展方針；另外，從「九五規劃」開始，均強調「增長」的經濟發展主基調，而「十二五規劃」則將定調為「均衡」是經濟發展主基調，即區域城鄉間之均衡、貧富差距之均衡、大城市與小城鎮之均衡、公共服務之均衡等，而縮小區域差距、尋求區域協調為「十二五規劃」之目標。

第三篇

中國大陸城市實力新排行

第 10 章　2010 TEEMA 城市綜合實力評估模式　83
第 11 章　2010 TEEMA 調查樣本結構剖析　86
第 12 章　2010 TEEMA 中國大陸「城市競爭力」　94
第 13 章　2010 TEEMA 中國大陸「投資環境力」　98
第 14 章　2010 TEEMA 中國大陸「投資風險度」　119
第 15 章　2010 TEEMA 中國大陸「台商推薦度」　137
第 16 章　2010 TEEMA 中國大陸「城市綜合實力」　143
第 17 章　2010 TEEMA 單項指標10佳城市排行　188

第10章 2010 TEEMA城市綜合實力評估模式

2010《TEEMA調查報告》為使研究具有一致性和比較性，且能進行縱貫式分析（longitudinal analysis），因此延續2000至2009《TEEMA調查報告》的基礎，以：（1）城市競爭力；（2）投資環境力；（3）投資風險度；（4）台商推薦度，的「兩力兩度」模式建構最終「城市綜合實力」此一構念，茲將「兩力兩度」評估構面與指標評述如後。

一、「城市競爭力」評估構面與指標

「城市競爭力」是以各城市的基本統計資料為主軸，主要的衡量標準是參考「瑞士洛桑管理學院IMD全球競爭力報告」、「世界經濟論壇WEF競爭力報告」、「經濟學人週刊資訊中心EIU全球經商環境評估報告」、「國際透明度組織TI貪腐印象指數」、「BERI國家風險評估報告」、「國際貨幣基金IMF世界各國外匯準備報告」、「美國傳統基金會HF全球經濟自由指數調查報告」、「ATK諮詢公司全球化指標排行榜」等相關全球權威的研究報告為參考，內容主要以各城市的投資次級資料分類為：「基礎條件」（20%）、「財政條件」（10%）、「投資條件」（20%）、「經濟條件」（30%）、「就業條件」（20%）等五個構面。

二、「投資環境力」評估構面與指標

2010《TEEMA調查報告》針對「投資環境力」的評估構面及權重做了微調，將2000～2009年的「自然環境」構面修改為2010年的「地理環境」構面，而2000～2009年的「基礎建設」與「公共設施」構面則合併成為2010年的「基建環境」構面，此外2010年亦新增「創新環境」構面，因此2010《TEEMA調查報告》的「投資環境力」微調為以下七個構面：「地理環境」（10%）、「基建環境」（10%）、「社會環境」（10%）、「法制環境」（25%）、「經濟環境」（15%）、「經營環境」（20%）、「創新環境」（10%），共計有48個細項指標。有關「城市環境力」的調查構面主要參考「世界銀行中國大陸城市投資環境排行榜」、「富比士雜誌中國最佳商業城市排行榜」、「財富雜誌中國最佳商務城市排行榜」、「中國社科院中國城市競爭力報告」、「中國城市市長協會城市競爭力報告」等相關研究成果。

三、「投資風險度」評估構面與指標

城市「投資風險度」評估構面及權重，主要乃是依「社會風險」（10%）、「法制風險」（25%）、「經濟風險」（30%）、「經營風險」（35%）四個構面加以衡量，共計有30個細項指標。有關「城市風險度」的調查構面主要參考「世界銀行中國大陸城市投資環境排行榜」、「富比士雜誌中國最佳商業城市排行榜」、「財富雜誌中國最佳商務城市排行榜」、「中國社科院中國城市競爭力報告」、「中國城市市長協會城市競爭力報告」等研究。

四、「台商推薦度」評估構面與指標

「台商推薦度」主要是針對已在當地有投資設廠的台商，依其評價過去對該城市之整體投資環境和投資風險，換言之，先前台商的投資評價亦是對未來台商投資的參考。有關台商推薦度的指標2000年到2004年，此五年間都用單一的問項詢問台商，以形成台商推薦度的最後衡量指標，但是由於台商們的反應與顧及學術的嚴謹性，2005年TEEMA調查報告特別將「台商推薦度」擴大成為六項衡量指標，包括：「城市競爭力」、「城市環境力」、「投資風險度」、「城市發展潛力」、「投資效益」、「內貿與內銷市場開拓」。2006年經過與學者專家及台商協會會長之討論，最後將「台商推薦度」指標發展成為十項衡量指標，包括「城市競爭力」（10%）、「投資環境力」（10%）、「投資風險度」（10%）、「城市發展潛力」（10%）、「整體投資效益」（10%）、「國際接軌程度」（10%）、「台商權益保護」（10%）、「政府行政效率」（10%）、「內銷市場前景」（10%）、「整體生活品質」（10%）。相信藉由指標的擴充，將使調查更具有可信度。

五、「城市綜合實力」評估構念

2010《TEEMA調查報告》延續「兩力兩度」評估模式，綜合計算2009年列入評估的中國大陸城市，並依據各城市之：（1）城市競爭力；（2）投資環境力；（3）投資風險度；（4）台商推薦度等四構念所得到的台商評價計算出最終的「城市綜合實力」，此一最重要的總體評估構念，以作為台商對中國大陸城市的最終評價。TEEMA 2010對於最後「城市綜合實力」計算之權重，延用TEEMA 2005經專家學者所建構之「兩力兩度」構面權重為依據：「城市競爭力」（15%）；「投資環境力」（40%）；「投資風險度」（30%）；「台商推薦度」（15%）。依據上述四項構念之原始分數及百分位排序，乘以構念的權重，將換算結果及加權平均後，算出各項綜合指標分數，其係以0到100為百分位數加權計算，予以排序，而得到每一個城市的「城市綜合實力」分數與排名。茲將TEEMA「兩力兩度」評估模式構面與衡量指標圖示如圖10所示。

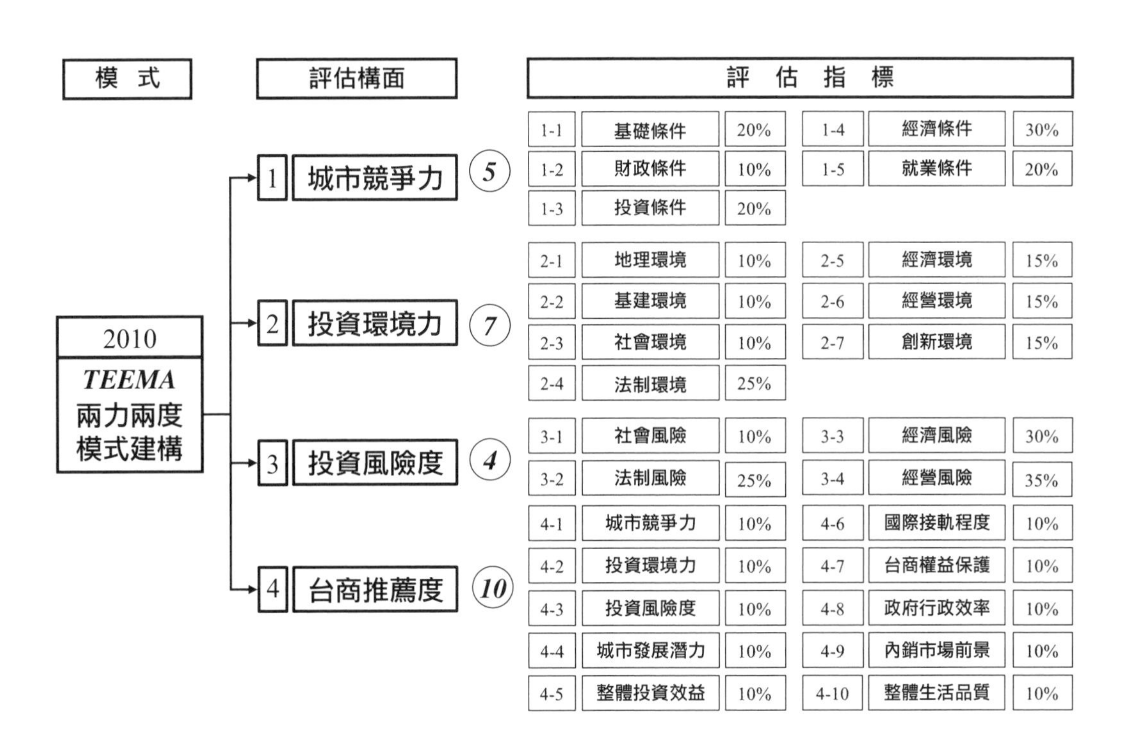

圖10　TEEMA「兩力兩度」評估模式構面與衡量指標

第11章 2010 TEEMA調查樣本結構剖析

《TEEMA調查報告》與國際研究機構如IMD、WEF及中國大陸社會科學院《中國城市競爭力報告》之差異，在於這些報告所使用的都是各個國家或各個城市的經濟性指標，換言之，是屬於次級資料（secondary data），而《TEEMA調查報告》的「兩力兩度」模式除了「城市競爭力」構面的資料是來自於次級資料的分析外，其他「投資環境力」、「投資風險度」與「台商推薦度」三大構面都是透過初級資料（primary data）獲得而來，換言之，必須藉助問卷調查與人員深入訪談的方式而得，因此調查的方式決定調查的結果。

《TEEMA調查報告》為追求信度與效度，經過十年的調查經驗，從中不斷的修正，使報告更臻於完善，亦藉由每年度的調查報告出版後，台商的回饋以及專家學者的建議，方能使本調查所使用的問卷能夠儘可能反應台商在中國大陸對每一個投資城市的真實評價，因此，完善的抽樣系統、足夠的問卷回收數、優質的問卷回收品質，是《TEEMA調查報告》自始自終所秉持的研究理念。

一、TEEMA 2010抽樣方法與樣本回收結構分析

2010《TEEMA調查報告》共計回收2,820份問卷，其中有效問卷為2,618份，較2009年2,588份問卷多，而2010年回收之無效問卷計有252份，而無效問卷又分為四類，分別為：（1）填答未完整者：48份；（2）填答有違反邏輯者：62份；（3）電腦偵測填答者有操弄填答問卷，而非依據真實情況填答者：112份；（4）未超過15份回卷門檻的城市其回卷的總數：30份。

2010年《TEEMA調查報告》將上述四類型問卷視為無效問卷處理，以利區別超過15份樣本回收數列入此次100個調查城市分析的回卷數。此外，在有效問卷中，2010年超過15份的城市數方列入統計分析，2010年TEEMA調查可茲使用進入15份以上城市數的回卷數總共有2,618份，其中經由固定樣本（panel）系統

回收的有1,216份，較2009年的1,195份多，而經由問卷郵寄、傳真、人員親訪、中國大陸台商協會協助發放填答之問卷回收數共計1,402份，有關2010列入調查評比的城市數總共有100個城市，比2009年的93個城市，成長7.53%。

二、TEEMA 2008～2010樣本回收結構分析

TEEMA 2010調查問卷實際有效回收2,618份問卷，以作為投資環境與風險的分析。表11-1係根據地區作為樣本分類之基礎，從表11-1顯示，七大經濟區域回收問卷數分別為：（1）華東地區1,088份，回卷率41.56%；（2）華南地區710份，回卷率27.12%；（3）華北地區299份，回卷率11.42%；（4）華中地區238份，回卷率9.09%；（5）西南地區174份，回卷率6.65%；（6）東北地區76份，回卷率2.90%；（7）西北地區33份，回卷率1.26%。2010年《TEEMA調查報告》所回收問卷仍是以華東地區和華南地區為主，而西北與東北地區的回卷較少。

表11-1　TEEMA 2008～ 2010調查樣本回收地區別分析

經濟區域	2008		2009		2010	
	回卷數	百分比	回卷數	百分比	回卷數	百分比
❶ 華東地區	1,165	44.60%	1,203	46.48%	1,088	41.56%
❷ 華南地區	664	25.42%	628	24.27%	710	27.12%
❸ 華北地區	293	11.22%	291	11.24%	299	11.42%
❹ 華中地區	217	8.31%	202	7.81%	238	9.09%
❺ 西南地區	157	6.01%	149	5.76%	174	6.65%
❻ 東北地區	79	3.02%	85	3.28%	76	2.90%
❼ 西北地區	37	1.42%	30	1.16%	33	1.26%
總　和	2,612	100.00%	2,588	100.00%	2,618	100.00%

二、2010 TEEMA樣本回卷台商企業未來佈局規劃分析

TEEMA 2010調查有關台商企業未來佈局規劃分析顯示，以「擴大對大陸投資生產」的比例最高，佔53.02%；其次是「台灣母公司繼續生產營運」，佔37.20%；第三則是「台灣關閉廠房僅保留業務」，佔19.25%；「結束在台灣業務」佔9.47%；而「希望回台投資」則有6.57%；而「與陸資企業合資經營」則有6.42%；而「希望回台上市融資」則有1.41%。

表11-2 2010 TEEMA報告調查受訪廠商經營現況：企業未來佈局規劃

企業未來佈局規劃	2010次數	2010	2009	2008
	N=2,618	N=2,618	N=2,588	N=2,612
❶ 擴大對大陸投資生產	1388	53.02%	52.32%	54.40%
❷ 台灣母公司繼續生產營運	974	37.20%	41.77%	37.71%
❸ 台灣關閉廠房僅保留業務	504	19.25%	13.79%	20.87%
❹ 結束在台灣業務	248	9.47%	4.02%	5.02%
❺ 希望回台投資	172	6.57%	5.80%	9.88%
❻ 與陸資企業合資經營	168	6.42%	-	-
❼ 希望回台上市融資	37	1.41%	-	-
❽ 其他	172	6.57%	7.61%	4.98%

三、2010 TEEMA台商在中國大陸經營績效分析

2010《TEEMA調查報告》針對回收的2,618份有效問卷，進行中國大陸經營績效之分析，其中2009年中國大陸事業淨利成長方面，正成長10%至50%佔大部份，比例達28.86%，而負成長50%以上比例最少僅1.05%，另外，2010大陸淨利成長預測方面，正成長10%至50%佔多數，比例達41.92%，負成長50%以上比例最少僅0.52%。

表11-3 2010 TEEMA台商在中國大陸經營績效分佈

2009大陸事業淨利成長	次數	百分比	2010大陸淨利成長預測	次數	百分比
❶ －50%以上	27	1.05%	❶ －50%以上	14	0.52%
❷ －10%至-50%	162	6.19%	❷ －10%至-50%	93	3.55%
❸ －1%至-10%	223	8.50%	❸ －1%至-10%	87	3.34%
❹ 持平	538	20.57%	❹ 持平	276	10.53%
❺ ＋1%至＋10%	670	25.60%	❺ ＋1%至＋10%	751	28.68%
❻ ＋10%至＋50%	755	28.86%	❻ ＋10%至＋50%	1,097	41.92%
❼ ＋50%至＋100%	201	7.66%	❼ ＋50%至＋100%	248	9.49%
❽ ＋100%以上	41	1.57%	❽ ＋100%以上	52	1.98%

四、2010 TEEMA台商在中國大陸發生經貿糾紛分析

2010《TEEMA調查報告》針對回收的2,618份有效問卷，進行台商經貿糾紛

案例剖析，根據表11-4顯示，共3,602件經貿糾紛案例，所謂3,602件是指在2,618份台商問卷中，其所勾選的經貿糾紛案例類型，因為本次調查問卷設計總共有12項糾紛案例類型，且此問項採取「複選題」方式，因此填答回卷者有可能在這12項糾紛案例類型全部發生，也有可能這12項都沒有發生，因此2010年《TEEMA調查報告》將根據3,602件案例作為統計的基礎。

從地區別來看，表11-4中可發現發生經貿糾紛比例在不同的地區是有明顯的差異，糾紛次數佔樣本次數比例的經濟區域依次為：（1）東北地區（215.79%）；（2）華中地區（199.58%）；（3）華北地區（196.66%）；（4）西南地區（140.23%）；（5）西北地區（130.30%）；（6）華南地區（121.13%）；（7）華東地區（112.87%）。而就區域經貿糾紛次數佔全部3,602件經貿糾紛案例，比例最高為華東地區，共有1,228件，佔34.09%，其次是華南地區的860件，佔23.88%，造成這兩個區域經貿糾紛數最多的原因乃是由於這兩個地區是台商群聚最多的地區。

表11-4　2010 TEEMA調查區域別經貿糾紛發生分佈

地區	樣本次數	糾紛次數	發生糾紛比例	佔糾紛比例	解決途徑					滿意度之比例
					司法途徑	當地政府	仲裁途徑	台商協會	私人管道	
❶ 華東	1,088	1,228	112.87%	34.09%	230	199	112	127	80	77.55%
❷ 華南	710	860	121.13%	23.88%	127	164	59	138	66	66.46%
❸ 華北	299	588	196.66%	16.32%	35	63	34	75	24	62.32%
❹ 華中	238	475	199.58%	13.19%	38	70	27	46	20	65.78%
❺ 西南	174	244	140.23%	6.77%	38	45	18	47	14	61.22%
❻ 東北	76	164	215.79%	4.55%	17	21	11	11	11	57.26%
❼ 西北	33	43	130.30%	1.19%	4	1	3	3	2	56.21%
總和	2,618	3,602	137.59%	100.00%	489	563	264	447	217	63.83%

2010《TEEMA調查報告》將12項經貿糾紛類型調查結果以及成長分析，整理如表11-5所示，前五大台商經貿糾紛類型為勞動糾紛、土地廠房、合同糾紛、債務糾紛、買賣糾紛。其中，以「勞動糾紛」所佔的糾紛比例最高，達到842案，佔23.38%；其次為「土地廠房」，達542案佔15.05%。從2009年到2010年，台商在中國大陸投資所面對的經貿糾紛類型中，成長比例最快的前五大糾紛類型，若以調整後（由於每年回卷的數值不一，為了將兩年度做比較，茲將樣本數標準化後，再進行成長百分比的計算）的成長百分比而言，12項指標有上

升的前五名分別為：（1）土地廠房（92.73%）；（2）貿易糾紛（61.76%）；（3）稅務糾紛（50.97%）；（4）醫療保健（38.17%）；（5）關務糾紛（25.43%），2010年經貿糾紛皆呈現上升的趨勢，僅三項呈現下降，下降指標依序為：（1）商標糾紛（-7.68%）；（2）買賣糾紛（-5.95%）；（3）合同糾紛（-2.28%）。

表11-5　2009～2010台商在中國大陸投資經貿糾紛成長比例分析

糾紛類型	2010（N=2,618）	2009（N=2,588）	2009調整值	調整後成長百分比	調整前成長百分比	成長排名
❶ 勞動糾紛	842	681	689	22.22%	23.64%	08
❷ 土地廠房	542	278	281	92.73%	94.96%	01
❸ 合同糾紛	346	350	354	-2.28%	-1.14%	10
❹ 債務糾務	341	270	273	24.85%	26.30%	06
❺ 買賣糾紛	313	329	333	-5.95%	-4.86%	11
❻ 稅務糾紛	281	184	186	50.97%	52.72%	03
❼ 關務糾紛	269	212	214	25.43%	26.89%	05
❽ 知識產權	190	163	165	15.23%	16.56%	09
❾ 貿易糾紛	162	99	100	61.76%	63.64%	02
❿ 醫療保健	123	88	89	38.17%	39.77%	04
⓫ 商標糾紛	113	121	122	-7.68%	-6.61%	12
⓬ 合營糾紛	80	64	65	23.57%	25.00%	07
糾紛總數	3,602	2,839	2,872	25.42%	26.88%	-

《TEEMA調查報告》為瞭解台商企業在中國大陸面對經貿糾紛問題解決的途徑及其滿意度，特別針對經貿糾紛解決途徑與經貿糾紛解決滿意度進行次數分配，其統計結果如表11-6所示，就台商在中國大陸遇到經貿糾紛問題所採取的解決途徑，所採用的比例依序為：（1）當地政府（28.43%）；（2）司法途徑（24.70%）；（3）台商協會（22.58%）；（4）仲裁（13.33%）；（5）私人管道（10.96%），顯示台商遇到經貿糾紛時，尋求當地政府協助為主要之管道。而對於糾紛處理「非常滿意」的比例依次為：（1）台商協會（35.88%）；（2）仲裁（19.80%）；（3）私人管道（15.62%）；（4）當地政府（12.07%）；（5）司法途徑（8.96%），第一名與2009年相同，顯示台商遇到經貿糾紛時，台商協會解決方式令台商較為滿意，透過當地政府或是司法途

徑則較低。

表11-6 2010 TEEMA台商經貿糾紛滿意度與解決途徑次數分配表

糾紛解決途徑	尚未解決	非常不滿意	不滿意	滿意	非常滿意	總和
❶ 司法途徑	14	65	275	92	44	489
	2.84%	13.21%	56.22%	18.77%	8.96%	24.70%
❷ 當地政府	64	67	257	107	68	563
	11.37%	11.88%	45.72%	18.96%	12.07%	28.43%
❸ 仲　　裁	17	17	61	117	52	264
	6.35%	6.45%	23.18%	44.22%	19.80%	13.33%
❹ 台商協會	16	44	92	135	160	447
	3.53%	9.87%	20.60%	30.12%	35.88%	22.58%
❺ 私人管道	20	42	37	84	34	217
	9.08%	19.26%	17.12%	38.92%	15.62%	10.96%
總　　和	130	234	723	534	358	1,980
	6.57%	11.84%	36.50%	26.99%	18.10%	100.00%

五、台商未來佈局中國大陸城市分析

2010《TEEMA調查報告》有關台商未來佈局中國大陸城市調查項目，分析結果顯示在填答者所填寫的佈局城市1,998個城市數中，昆山為企業未來佈局中國大陸或其他地區最想投資的城市，其比例為19.57%，其次依序為：上海（10.46%）、成都（7.61%）、北京（6.56%）、蘇州（5.41%）、杭州（4.90%）、廈門（4.45%）、南京（4.35%）、越南（3.75%）、重慶（3.60%）。茲將台商未來佈局中國大陸城市詳如表11-7所示。

隨著外資深化與經濟起飛，中國大陸營運成本上揚的問題逐漸受到重視，台商於中國大陸投資佈局越趨險峻，尤其是民工荒與罷工問題近期層出不窮，且中國大陸積極實施產業結構調整，使得具有勞力密集、加工貿易、中小企業、製造導向四種特質的企業，過去以「三來一補」的台資企業，將面臨嚴苛的經營環境，雖有許多地方政府積極協助台商轉型升級，然而企業為達到風險分散，仍然尋求其他海外地點進行投資，地理位置鄰近、成本相對低廉、市場具有發展潛力的東協，成為首選之地，由2008至2010《TEEMA調查報告》顯示，越南這三年中成為中國大陸台商未來佈局城市的東協國家，2008年排名第5名（6.82%）；2009年排名第6名（4.80%）；2010年排名第9名（3.75%），顯示越南已成為除了中國大陸城市外，台商未來佈局首選的據點，此外，根據2010《TEEMA調查報告》顯示，除了越南以外，今年列入台商未來考慮佈局的東亞及東南亞國家，計有印度（0.70%）、泰國（0.15%）、新加坡（0.15%）、馬來西亞（0.10%）、印尼（0.05%），南美洲國家則有巴西（0.10%）、墨西哥（0.05%）。

表11-7　2010 TEEMA調查報告受訪廠商未來佈局城市分析

排名	2010（N=1998）			2009（N=1668）			2008（N=1700）		
	佈局城市	次數	百分比	佈局城市	次數	百分比	佈局城市	次數	百分比
❶	昆　山	391	19.57%	上　海	265	15.87%	上　海	280	16.47%
❷	上　海	209	10.46%	昆　山	212	12.73%	昆　山	237	13.94%
❸	成　都	152	7.61%	杭　州	108	6.45%	北　京	128	7.53%
❹	北　京	131	6.56%	北　京	106	6.36%	杭　州	128	7.53%
❺	蘇　州	108	5.41%	蘇　州	99	5.93%	越　南	116	6.82%
❻	杭　州	98	4.90%	越　南	80	4.80%	蘇　州	84	4.94%
❼	廈　門	89	4.45%	成　都	79	4.71%	天　津	43	2.53%
❽	南　京	87	4.35%	青　島	67	4.01%	成　都	43	2.53%
❾	越　南	75	3.75%	天　津	55	3.31%	青　島	41	2.41%
❿	重　慶	72	3.60%	廈　門	38	2.27%	廈　門	40	2.35%

六、台商佈局中國大陸城市依產業別分析

《TEEMA調查報告》從2006年開始，針對目前在中國大陸投資的台商未來的佈局主要城市依產業類型進行投資城市分析，TEEMA 2010研究報告將台商投資中國大陸的產業分為三類型：（1）高科技產業；（2）傳統產業；（3）服務產業，依據表11-8統計結果顯示。

1. 就高科技產業而言：2010《TEEMA調查報告》高科技產業佈局城市前十名依序為蘇州、昆山、寧波、上海、北京、廈門、南京、深圳、天津、重慶，而2009年前十名排行順序為：蘇州、昆山、上海、北京、廈門、寧波、深圳、杭州、中山、南京。昆山名次逐年上升，昆山高新技術產業園區積極打造新興產業，金融海嘯襲擊之前，便已規劃協助台商產業轉型升級，使得昆山台商受到損害較小，另杭州與中山兩城市退出十名榜外，天津、重慶則取而代之，位於東北角的天津新區，則希望移植台商珠三角與長三角的成功經驗，打造環渤海經濟圈，重慶的崛起與西部開發密切相關，兩江新區之建構將為啟動西部開發之紐，

進而起輻射作用，帶動周邊經濟起飛。

2. 就傳統產業而言：2010《TEEMA調查報告》傳統產業佈局城市前十名依序為昆山、蘇州、杭州、武漢、無錫、天津、上海、重慶、濟南、廈門，而2009年前十名排行順序為：昆山、上海、蘇州、天津、成都、杭州、青島、武漢、廈門、無錫。2010年傳統產業台商未來佈局的城市中，除沿海城市外，仍有許多中部城市，昆山蟬連兩年榜首，與其具有產業群聚之優勢有關，且當地政府給予台商諸多協助，成為未來佈局首選之地實至名歸，而成都與青島已跌出十名榜外，取而代之的是重慶與濟南，顯示傳統產業對於成本的敏感程度較高，沿海城市的營運環境不如從前，台商轉往東北或西部發展佈局。

3. 就服務產業而言：2010《TEEMA調查報告》服務產業佈局城市前十名依序為上海、成都、蘇州、杭州、北京、廣州、青島、昆山、寧波、廈門，2009年服前十名排行順序為：上海、北京、廣州、蘇州、杭州、天津、成都、青島、廈門及深圳。2010年傳統產業台商未來佈局的城市中，上海自2008年至2010年皆為服務產業之冠軍，顯示上海服務業發展潛力眾所矚目，且國際金融中心與國際航運中心之規劃，更說明上海朝向服務型經濟之轉變，上海世界博覽會所帶來之商機亦可預期。

4. 就產業別佈局而言：2010《TEEMA調查報告》與2009年比較，高科技產業、傳統產業以及服務業之台商未來佈局的主要城市，兩年皆呈現一致的現象，高科技與傳統產業生產導向，以昆山為首選，而服務業之發展則以上海等都會型城市為主要的佈局地點。

表11-8　2010 TEEMA調查報告受訪廠商產業別佈局城市分析

高科技產業（N=791）				傳統產業（N=877）				服務產業（N=320）			
排名	城市	樣本	百分比	排名	城市	樣本	百分比	排名	城市	樣本	百分比
❶	蘇州	105	13.27%	❶	昆山	183	20.87%	❶	上海	78	24.38%
❷	昆山	102	12.90%	❷	蘇州	112	12.77%	❷	成都	43	13.44%
❸	寧波	92	11.63%	❸	杭州	88	10.03%	❸	蘇州	42	13.13%
❹	上海	90	11.38%	❹	武漢	84	9.58%	❹	杭州	40	12.50%
❺	北京	83	10.49%	❺	無錫	72	8.21%	❺	北京	32	10.00%
❻	廈門	76	9.61%	❻	天津	63	7.18%	❻	廣州	21	6.56%
❼	南京	68	8.60%	❼	上海	61	6.96%	❼	青島	19	5.94%
❽	深圳	62	7.84%	❽	重慶	51	5.82%	❽	昆山	17	5.31%
❾	天津	54	6.83%	❾	濟南	45	5.13%	❾	寧波	12	3.75%
❿	重慶	48	6.07%	❿	廈門	42	4.79%	❿	廈門	10	3.13%

第12章 2010 TEEMA中國大陸「城市競爭力」

2010《TEEMA調查報告》進行中國大陸各城市之總體競爭力分析，2010依回卷超過15份城市且是地級市、省會、副省級城市、直轄市共計66個，並依此進行總體競爭力分析，依加權分數之高低分為A至D四個等級，如表12所示。

1. **就A級競爭力城市而言**：2010年的A級競爭力城市共計14個，前五名城市分別為天津市、北京市、廣州、上海市與杭州。而從2009年的B級競爭力城市上升至A級城市的共有四個，包括武漢（B01上升至A06）、重慶市（B05上升至A09）、大連（B02上升至A11）、成都（B03上升至A12）。A級競爭力城市以沿海地區為主，而重慶與成都受惠於西三角崛起及《成渝全國統籌城鄉綜合配套改革試驗區》規劃通過後，政府大力支持發展重慶與成都，因此，此兩個城市之城市競爭力在今年度的調查中大幅躍進。

2. **就B級競爭力城市而言**：2010年的B級競爭力城市共計19個，排序前五名城市分別為寧波、長沙、西安、無錫與濟南。進一步分析此19個城市，其中，唯一從2009年的A級競爭力城市滑落至B級競爭力的城市是寧波（A09滑落至B01），而從C級競爭力城市上升至B級競爭力城市共有三個，包括合肥（C04上升至B13）、泉州（C01上升至B15）、南昌（C06上升至B19）。

3. **就C級競爭力城市而言**：2010年的C級競爭力城市共計22個，排序前五名城市分別為溫州、紹興、嘉興、南寧與太原。進一步分析此22個城市，其中，從2009年的B級競爭力城市滑落至C級競爭力的城市包括：溫州（B15滑落至C01）、紹興（B16滑落至C02）、嘉興（B20滑落至C03）；而從D級競爭力城市上升至C級競爭力城市共有四個，包括淮安（D04上升至C18）、廊坊（D02上升至C19）、贛州（D08上升至C21）、江門（D01上升至C22）。

4. **就D級競爭力城市而言**：2010年的D級競爭力城市共計11個，可能是受到金融海嘯的影響，導致處於2010年D級競爭力的11個城市皆較上一年度退步。北海連續兩年皆敬陪末座，然而，北海市於2010至2012年將促進公路、鐵路、港口和航空銜接，建成「四位一體」的區域性交通網絡，在政府的努力之下，期望在下一年度的排名能有所突破。

表12　2010 TEEMA中國大陸城市競爭力排名分析

區域	城市	❶基礎條件20%		❷財政條件10%		❸投資條件20%		❹經濟條件30%		❺就業條件20%		2010 城市競爭力			2009		排名
		評分	排名	評分	排名	評分	排名	評分	排名	評分	排名	評分	排名	等級	排名	等級	變化
華北	天津市	90.1538	07	95.6922	04	96.9230	02	92.8614	01	90.1538	06	92.87	01	A01	04	A04	3
華北	北京市	97.1281	01	98.7691	02	96.9230	02	80.5538	11	97.9486	01	92.44	02	A02	02	A02	0
華南	廣州	93.0255	05	93.8461	06	89.5384	08	87.1999	03	95.8973	04	91.24	03	A03	03	A03	0
華東	上海市	95.8973	02	99.9999	01	99.9999	01	68.7384	24	96.3076	03	89.06	04	A04	01	A01	-3
華東	杭州	82.7692	12	90.7691	07	87.6922	09	79.8153	12	92.6153	05	85.64	05	A05	07	A07	2
華中	武漢	93.0255	05	83.3845	15	86.4615	10	84.4922	08	78.2563	13	85.23	06	A06	12	B01	6
東北	瀋陽	82.3589	13	85.8461	11	95.0768	05	85.2307	07	75.3845	16	84.72	07	A07	10	A10	3
華東	蘇州	72.5128	20	59.3846	34	95.6922	04	87.1999	02	86.8717	07	83.11	08	A08	05	A05	-3
西南	重慶市	95.4871	03	95.0768	05	91.9999	07	77.1076	15	63.4871	30	82.83	09	A09	16	B05	7
華南	深圳	53.2307	37	96.9230	03	82.1538	15	86.7076	04	96.7179	02	82.13	10	A10	06	A06	-4
東北	大連	69.2307	24	87.0768	10	92.6153	06	85.7230	06	74.1538	18	81.62	11	A11	13	B02	2
西南	成都	94.2563	04	90.1538	09	86.4615	10	71.1999	21	74.9743	17	81.51	12	A12	14	B03	2
華東	南京	82.3589	13	84.6153	14	84.6153	13	77.5999	14	81.5384	11	81.44	13	A13	08	A08	-5
華北	青島	79.4871	16	85.2307	13	85.2307	12	81.0461	10	76.6153	15	81.1	14	A14	11	A11	-3
華東	寧波	67.1794	27	90.7691	07	77.8461	17	73.6615	18	84.8204	08	77.14	15	B01	09	A09	-6
華中	長沙	79.0768	18	76.6153	18	76.6153	18	78.5845	13	68.8205	23	76.14	16	B02	20	B09	4
西北	西安	88.5127	09	67.3846	26	73.5384	20	68.9846	23	77.8461	14	75.41	17	B03	23	B12	6
華東	無錫	56.5128	34	85.8461	11	84.6153	13	82.2768	09	66.3589	26	74.77	18	B04	15	B04	-3
華北	濟南	79.0768	17	71.0769	23	61.2307	31	72.4307	19	81.9486	10	73.29	19	B05	18	B07	-1
華中	鄭州	85.2307	11	80.3076	16	72.3076	23	67.5076	25	63.0769	31	72.41	20	B06	-	-	-
東北	長春	81.1281	15	66.1538	28	76.6153	18	72.4307	19	59.7948	35	71.85	21	B07	24	B13	3
華南	佛山	45.0256	47	78.4615	17	70.4615	25	86.4615	05	65.9487	27	70.07	22	B08	17	B06	-5
東北	哈爾濱	88.9230	08	72.9230	21	56.9230	34	67.2615	26	65.9487	27	69.83	23	B09	29	B18	6
華北	煙台	68.4102	25	66.1538	27	71.6922	24	74.8922	17	61.0256	33	69.31	24	B10	19	B08	-5

表12　2010 TEEMA中國大陸城市競爭力排名分析（續）

區域	城市	❶基礎條件20%		❷財政條件10%		❸投資條件20%		❹經濟條件30%		❺就業條件20%		2010 城市競爭力			2009		排名變化
		評分	排名	評分	排名	評分	排名	評分	排名	評分	排名	評分	排名	等級	排名	等級	
華東	南通	66.7692	28	63.6923	31	79.6922	16	65.5384	29	55.2820	43	66.38	25	B11	30	B19	5
華南	福州	70.0512	23	63.6923	31	60.6153	32	64.0615	30	67.1794	24	65.16	26	B12	28	B17	2
華中	合肥	63.0769	29	74.7692	20	70.4615	26	65.7846	28	55.6923	41	65.06	27	B13	36	C04	9
華南	東莞	40.1025	52	72.3076	22	73.5384	20	77.1076	15	57.7435	38	64.64	28	B14	22	B11	-6
華南	泉州	60.6153	32	58.1538	36	60.6153	32	69.9692	22	66.7692	25	64.41	29	B15	33	C01	4
華北	石家莊	85.6409	10	58.1538	35	56.9230	35	58.4000	33	52.0000	45	62.25	30	B16	32	B21	2
華南	廈門	41.3333	51	75.9999	19	67.3846	27	54.7076	38	82.3589	09	62.23	31	B17	21	B10	-10
華東	常州	46.2564	44	66.1538	28	73.5384	20	66.0307	27	58.5641	37	62.1	32	B18	25	B14	-7
華中	南昌	59.3846	33	52.0000	40	66.1538	28	62.8307	31	54.4615	44	60.05	33	B19	38	C06	5
華東	溫州	68.4102	25	68.6153	25	38.4615	51	56.9230	36	69.6410	22	59.24	34	C01	26	B15	-8
華東	紹興	46.2564	44	56.3076	37	52.6153	40	57.6615	34	81.5384	12	59.01	35	C02	27	B16	-8
華東	嘉興	37.2307	56	53.8461	39	63.6923	30	54.7076	38	71.6922	20	56.32	36	C03	31	B20	-5
西南	南寧	72.1025	21	65.5384	30	36.0000	55	53.2307	40	56.9230	39	55.53	37	C04	45	C13	8
華北	太原	61.4358	31	54.4615	38	38.4615	51	50.0307	44	74.1538	18	55.27	38	C05	34	C02	-4
西南	昆明	52.8205	39	71.0769	23	55.0769	37	48.8000	45	59.3846	36	55.2	39	C06	35	C03	-4
華東	揚州	46.6666	43	50.1538	41	65.5384	29	57.6615	34	45.8461	48	53.92	40	C07	43	C11	3
華東	徐州	71.6922	22	61.2307	33	56.3076	36	42.6461	54	46.2564	47	53.77	41	C08	41	C09	0
華北	保定	77.4358	19	48.3077	42	45.8461	44	44.8615	50	36.4102	55	50.23	42	C09	-	-	-
華北	威海	37.6410	55	46.4615	45	48.9230	43	59.1384	32	51.5897	46	50.02	43	C10	37	C05	-6
華東	鎮江	36.8205	57	36.0000	55	53.2307	39	54.9538	37	56.9230	40	49.48	44	C11	42	C10	-2
華東	泰州	48.3077	42	48.3077	42	55.0769	37	50.7692	43	37.2307	53	48.18	45	C12	47	C15	2
華南	珠海	33.1282	61	41.5384	47	42.1538	47	46.0923	47	70.8717	21	47.21	46	C13	39	C07	-7
華南	惠州	28.2051	62	40.3077	51	52.0000	41	45.8461	48	64.3076	29	46.69	47	C14	44	C12	-3

表12　2010 TEEMA中國大陸城市競爭力排名分析（續）

區域	城市	❶基礎條件20%		❷財政條件10%		❸投資條件20%		❹經濟條件30%		❺就業條件20%		2010 城市競爭力			2009		排名變化
		評分	排名	評分	排名	評分	排名	評分	排名	評分	排名	評分	排名	等級	排名	等級	
華北	泰安	53.2307	37	41.5384	47	37.2307	53	52.2461	42	42.1538	49	46.35	48	C15	48	C16	0
西南	貴陽	54.8718	35	47.6923	44	31.0769	60	38.9538	58	62.6666	32	46.18	49	C16	-	-	-
華南	中山	27.3846	63	40.9231	49	41.5384	48	52.4923	41	60.6153	34	45.75	50	C17	40	C08	-10
華東	淮安	46.2564	44	40.9231	49	44.6154	46	39.2000	56	39.2820	52	41.88	51	C18	52	D04	1
華北	廊坊	43.7948	49	37.2307	53	45.8461	44	37.4769	60	40.1025	51	40.91	52	C19	50	D02	-2
西北	蘭州	52.4102	40	30.4615	60	24.9231	64	37.4769	60	55.6923	41	40.89	53	C20	46	C14	-7
華中	贛州	61.8461	30	44.0000	46	37.2307	54	33.7846	64	29.4359	62	40.24	54	C21	56	D08	2
華南	江門	34.3590	59	33.5384	56	40.9231	49	44.6154	51	41.3333	50	40.06	55	C22	49	D01	-6
華中	宜昌	42.5641	50	31.6923	57	31.0769	59	46.8307	46	34.3590	57	38.82	56	D01	53	D05	-3
華東	連雲港	38.8718	53	37.8461	52	50.7692	42	32.0615	65	36.0000	56	38.53	57	D02	51	D03	-6
華南	漳州	38.4615	54	30.4615	58	36.0000	55	43.3846	53	37.2307	53	38.4	58	D03	54	D06	-4
西南	桂林	54.4615	36	36.6154	54	31.6923	58	35.0154	63	33.1282	60	38.02	59	D04	55	D07	-4
華中	襄樊	50.7692	41	26.1538	63	26.7692	62	44.8615	49	26.5641	63	36.89	60	D05	-	-	-
華北	日照	26.1538	64	23.6923	64	39.0769	50	44.6154	51	33.1282	60	35.43	61	D06	-	-	-
華中	九江	44.6154	48	30.4615	58	35.3846	57	31.3231	66	25.7436	64	33.59	62	D07	58	D10	-4
華南	汕頭	34.3590	60	28.0000	61	25.5385	63	38.7077	59	33.5384	59	33.1	63	D08	57	D09	-6
華中	吉安	36.4102	58	28.0000	61	31.0769	60	36.2461	62	21.6410	66	31.5	64	D09	60	D12	-4
華南	莆田	25.7436	65	21.2308	65	23.0769	65	39.2000	56	33.9487	58	30.44	65	D10	59	D11	-6
西南	北海	22.0513	66	20.0000	66	20.6154	66	39.4461	55	24.1026	65	27.19	66	D11	61	D13	-5

第13章 2010 TEEMA中國大陸「投資環境力」

2010《TEEMA調查報告》是以中國大陸投資環境力七大構面及48個指標所作的分析研究，其建構項目為：（1）3個地理環境構面指標；（2）8個基建環境構面指標；（3）5個社會環境構面指標；（4）13個法治環境構面指標；（5）經濟環境構面有6個指標；（6）經營環境構面有8個指標；（7）創新環境構面有5個指標。表13-1為針對100個調查分析城市，進行投資環境力所作之各構面以及細項指標評分。

一、2010 TEEMA中國大陸投資環境力評估指標分析

由表13-2可知，以100個為評比基準城市之2010《TEEMA調查報告》所分析之投資環境力評分為3.655，與2009年之評分3.688不相上下，然而至2006年以來，中國大陸整體的投資環境已有逐年轉為較佳的趨勢，且企業對於中國大陸的投資也開始有信心，從過去幾年的《TEEMA調查報告》中可以發現，整體而言，台商對中國大陸城市投資環境力之評分，除2008年遭受全球景氣影響略降之外，其餘均呈現正向成長。中國大陸改革開放後，由沿海經濟區開始往西部內陸開拓，企業無論是基於消費市場考量或是生產因素考量，皆受到優惠的招商條件前往設點，而台商與中國大陸的地理位置相近，且挾以語言文化的優勢，快速進入佈局拓展事業版圖，進一步帶動中國大陸經濟快速成長，加上中國大陸政府對於基礎建設與投資環境的改善不遺餘力，因此台商對於中國大陸投資環境力之評分也愈來愈高，2010年七大投資環境力構面指標評比皆呈現成長或持平的趨勢，顯示台商對於中國大陸的投資環境仍具有很高的期待與信心。

由表13-1、表13-2、表13-3的綜合分析顯示，2010《TEEMA調查報告》針對中國大陸投資環境力之七大評估構面、48項細項指標、平均觀點剖析投資環境力論述如下：

1. 地理環境構面而言：2010《TEEMA調查報告》中，由表13-2看出地理環境的評分為3.732分名列第1，與2009年評分3.677分排名第4相比高出0.055分，且排名往上提升至第一名，表示台商對於中國大陸的自然環境評價有大幅度提升，而從表13-1可知，地理環境指標當中「當地生態與地理環境符合企業發展的條件」與「當地水電、燃料等能源充沛的程度」分別為第4名與第7名，台商仍然重視中國大陸自然資源的可利用程度，另外在「當地土地取得價格的合理程度」的細項指標上，名次在2009年的調查雖然敬陪末座，但2010年卻大幅進步到29名，土地是重要的生產要素，由於土地本身具有稀有性的特徵，雖然中國大陸的幅員遼闊，分配於農用與商用終究有限，且政府執行嚴格的土地管理制度，包括土地規劃與用途管理制度、城鄉建設用地調整和總量控制制度，及進一步加強對於土地所有權制度等，政府對於工業化和城市化發展的土地管理愈趨嚴格，土地取得價格已經不如過去的低廉，尤其在沿海一帶城市或是經濟開發區，土地成本逐年上升，對於台商設廠成本產生重大的影響，土地取得價格的合理程度對台商的重要性也越來越受重視。

2. 基建環境構面而言：中國大陸自1978年改革開放以來，逐漸擴大對於國家基礎建設的投資，根據中國大陸國家統計局（2010）資料顯示：「中國大陸政府對於基礎建設的投資，累積30年對全國基礎產業和基礎設施之投資達到29.79兆人民幣，2008年底中國大陸所提出的4兆人民幣救市方案，其中有37.5%用於基礎建設」，說明中國大陸政府對於基礎設施的用心程度。2010《TEEMA調查報告》由表13-2顯示，基建環境於投資環境力構面平均觀點為3.73分名列第二，分數與2009年相當且名列前茅。而表13-1詳列的細項指標中，「當地海、陸、空交通運輸便利程度」為2006年至2010年的總排名第一，而「通訊設備、資訊設施、網路建設完善程度」的分數也逐年攀升，並且於2010年排名來到第一，顯示台商對於中國大陸的國家基礎建設滿意程度提高，而基礎建設的完備亦有助於投資與居住，使得愈來愈多的外資進駐。然而，「當地的污水、廢棄物處理設備完善程度」是基建環境構面的細項指標中，分數最落後的，早期中國大陸為發展經濟，開放許多產業進駐，近年來因為環保意識的崛起，對於所謂的「三高」產業（高汙染、高耗能、高危險）進行管制，表示中國大陸政府對於環境保護的注重。另外，「醫療、衛生、保健設施的質與量完備程度」在2009年排名較為落後，2010年有非常明顯的提升，排名由第43名提升至第15名，顯示台商對於中國大陸的醫療環境滿意度有明顯的增加。在指標「學校、教育、研究機構的質與量完備程度」（3.627分）下降12個名次，表示台商仍期望中國大陸政府於教育的投入程度仍需更加深入。

3. 社會環境構面而言：根據2010《TEEMA調查報告》表13-2顯示，以平均觀點而言，社會環境構面以3.642分排名第四，較2009年的退步一名，表13-1顯示「民眾及政府歡迎台商投資設廠態度」以3.848分名列第二，但相對的其他社會環境細項指標中，「當地的社會治安」則以3.669分名列第18，「當地民眾生活素質及文化水準程度」（3.561）、「當地社會風氣及民眾的價值觀程度」（3.567）、「當地民眾的誠信與道德觀程度」（3.565）三者而言，競爭力就顯得相當薄弱，與2009年相比名次均呈現下跌狀況，故對於台商而言，中國大陸整體的社會環境仍是有待加強。

4. 法制環境構面而言：由表13-2可得知，2010《TEEMA調查報告》中法制環境構面以3.519分位居七大構面2006至2010總排名的最末位，以分數而論，法制環境構面分數由2006年開始不斷向上攀升，且成長的幅度較其他構面為大。就排名而言，除了2006年排名第三較佳之外，其於皆落在較後段之排名，顯示中國大陸的法規政策雖已趨向完善，但是台商對於中國大陸的法制環境仍不具信心。而在法制環境構面中的13個細項指標而言，以「當地政府積極查處違劣仿冒品的力度」3.489分位居最後，而「當地政府對智慧財產權重視的態度」（3.577）以及「當地政府穩定性及透明度」（3.633）之排名在2010年都有下降之趨勢，可見中國大陸政府在智慧財產權及仿冒品的問題上仍需加強。

5. 經濟環境構面而言：根據2010《TEEMA調查報告》表13-2表示，經濟環境構面以3.704排名第三，但與2009年相比則下降兩名，說明台商對於中國大陸的整體經濟環境的評價與其他構面相比有下降的趨勢。由表13-1顯示，細項指標方面，指標中以「當地政府改善外商投資環境積極程度」（3.790）得分最高，2010年位居該構面排名第四，較2009年進步四名，表示台商企業對於中國大陸當地政府在改善投資環境有較高的滿意度。然而，此構面指標中的「金融體系完善的程度且貸款取得便利程度」（3.593）得分最低，表示台商於中國大陸融資方面有較大的困難，由於台商多數的固定資產與擔保品仍在台灣，因此在中國大陸的企業貸款有限，而且較不便利，目前兩岸已簽署金融MOU，原先在中國大陸設立辦事處銀行亦升格成為分行，相關作業希儘快開展，預期將為台商提供更便捷的融資管道。

6. 經營環境構面而言：就2010《TEEMA調查報告》中國大陸投資環境力構面平均觀點分析，經營環境構面得到3.629分，七項構面中名落第六，由表13-2中可看出，自2006年開始至2009年，中國大陸的經營環境評比逐年上升，由2006年的3.36分達到2009年的3.664分，成長9%，雖然在2010年此構面之分數有小幅度下降，且排名下降1個名次，但其經營環境仍在逐步改善當中。而在表13-1詳列本構面的八項指標當中，「當地的市場未來發展潛力優異程度」（3.735）排名較佳，此為經營環境構面中名次較前之細項指標。此外，「當地的專業及技術人才供應充裕程度」（3.529），根據2006～2009《TEEMA調查報告》顯示，「當地的專業及技術人才供應充裕程度」均位於48項細項指標後十名之列，表示台商於中國大陸經營專業的人才不足，顯示缺乏專業人才是長期以來台商的困境。然而，雖然「有利於形成上、下游產業供應鏈完整程度」此細項指標在2009年排名急速下降，但2010年即回復到第17名之水準，顯示受到金融海嘯的影響已變小，加上經濟復甦關係，對於上、下游產業供應鏈完整程度已有一定程度之提高。

7. **創新環境構面而言**：根據2010《TEEMA調查報告》顯示，中國大陸投資環境力構面平均觀點來看，創新環境構面得到3.573分，在七項構面中排名最後一位，另外根據表13-1詳列本構面的五項指標當中，可以得知「當地政府協助台商轉型升級積極程度」（3.493）、「當地政府鼓勵兩岸企業共同研發程度」（3.458）以及「政府鼓勵兩岸企業共同開拓國際市場程度」（3.413）此三項指標之排名位居48項指標之末位，可見於台商企業對於創新環境的滿意度甚低，面對此一情況，在未來中國大陸相關部門和各地政府會相繼推出一系列有利於支持台商企業轉型升級和產業轉移的政策措施，並且將認真推行且加以落實。然而，值得一提的是在創新構面中五項指標內，僅有「當地政府獎勵台商自創品牌措施的程度」此一指標從2009年至2010年排名上升了9個名次，可以發現台商企業對於中國大陸發展自創品牌的環境滿意度有所提升。

8. **就投資環境力而言**：依2010《TEEMA調查報告》顯示，針對七大投資環境力構面之評價的順序為：（1）地理環境；（2）基建環境；（3）經濟環境；（4）社會環境；（4）法制環境；（6）經營環境；（7）創新環境。在這些構面的排名當中，名列前茅的是地理環境及基建環境，可以看出台商企業對中國大陸當地發展條件的喜愛，以及對於當地政府近年對於基礎建設的投入也深表認同，此外，基礎建設也深刻影響中國大陸的發展程度及帶動經濟復甦；而在法制環境排名提升可推測，中國大陸在法規的政策與制度逐漸趨於完備，但仍有改善的空間；最後，經營環境及創新環境分別位居七大構面之最末兩位，顯示台商對於中國大陸之經營環境與創新環境仍與理想中存在差異，值得注意的是，從2006～2010《TEEMA調查報告》可發現，經營環境構面有逐年下降之趨勢。

表13-1 2010 TEEMA中國大陸投資環境力指標評分與排名分析

投資環境力評估構面與指標	2010		2009		2008		2007		2006		2006～2010	
	評分	排名	評分	排名	評分	排名	評分	排名	評分	排名	排名平均	總排名
地理-01）當地生態與地理環境符合企業發展的條件	3.790	04	3.813	06	3.600	08	3.660	07	3.550	02	5.400	05
地理-02）當地水電、燃料等能源充沛的程度	3.778	07	3.810	07	3.520	16	3.640	10	3.380	22	12.400	11
地理-03）當地土地取得價格的合理程度	3.628	29	3.409	47	3.420	34	3.560	19	3.400	16	29.000	30
基建-01）當地海、陸、空交通運輸便利程度	3.834	03	3.890	02	3.740	01	3.720	01	3.560	01	1.600	01
基建-02）通訊設備、資訊設施、網路建設完善程度	3.859	01	3.884	03	3.740	01	3.680	06	3.540	05	3.200	02
基建-03）當地的污水、廢棄物處理設備完善程度	3.622	34	3.630	33	3.440	31	3.430	39	3.320	39	35.200	37
基建-04）當地的物流、倉儲、流通相關商業設施	3.748	10	3.757	13	3.610	06	3.590	15	3.490	06	10.000	09
基建-05）醫療、衛生、保健設施的質與量完備程度	3.715	15	3.571	43	3.490	23	3.480	32	3.310	40	30.600	32
基建-06）學校、教育、研究機構的質與量完備程度	3.627	31	3.691	19	3.610	06	3.580	17	3.360	30	20.600	18
基建-07）當地的企業運作商務環境完備程度	3.703	16	3.727	14	3.600	08	3.590	15	3.430	11	12.800	12
基建-08）未來總體發展及建設規劃完善程度	3.731	13	3.819	04	3.600	08	3.690	05	3.540	03	6.600	06
社會-01）當地的社會治安	3.669	18	3.777	10	3.480	24	3.550	20	3.380	22	18.800	16
社會-02）當地民眾生活素質及文化水準程度	3.561	43	3.625	35	3.430	32	3.410	43	3.290	43	39.200	41
社會-03）當地社會風氣及民眾的價值觀程度	3.567	41	3.594	40	3.350	42	3.370	46	3.300	42	42.200	42
社會-04）當地民眾的誠信與道德觀程度	3.565	42	3.594	40	3.330	43	3.380	45	3.280	44	42.800	43
社會-05）民眾及政府歡迎台商投資態度	3.848	02	3.896	01	3.600	08	3.710	03	3.540	03	3.400	03
法制-01）行政命令與國家法令的一致性程度	3.752	09	3.600	39	3.600	08	3.600	13	3.410	15	16.800	14
法制-02）當地的政策優惠條件	3.735	11	3.724	15	3.470	25	3.540	23	3.420	12	17.200	15
法制-03）政府與執法機構秉持公正執法態度	3.669	18	3.665	26	3.450	28	3.440	37	3.390	20	25.800	25
法制-04）當地解決糾紛的管道完善程度	3.628	29	3.609	38	3.400	37	3.440	37	3.340	35	35.200	37
法制-05）當地的工商管理、稅務機關行政效率	3.637	26	3.662	28	3.460	27	3.490	31	3.370	25	27.400	27
法制-06）當地的海關行政效率	3.623	32	3.671	22	3.510	18	3.530	25	3.390	20	23.400	21
法制-07）勞工、工安、消防、衛生行政效率	3.602	37	3.646	32	3.400	37	3.470	35	3.360	30	34.200	35
法制-08）當地的官員操守清廉程度	3.623	32	3.450	46	3.450	28	3.420	41	3.370	25	34.400	36

表13-1 2010 TEEMA中國大陸投資環境力指標評分與排名分析（續）

投資環境力評估構面與指標	2010		2009		2008		2007		2006		2006～2010	
	評分	排名	評分	排名	評分	排名	評分	排名	評分	排名	排名平均	總排名
法制-09）當地的地方政府對台商投資承諾實現程度	3.716	14	3.722	16	3.500	19	3.550	20	3.440	10	15.800	13
法制-10）當地環保法規規定適切且合理程度	3.658	22	3.664	27	3.470	25	3.510	28	3.400	16	23.600	22
法制-11）當地政府政策穩定性及透明度	3.633	27	3.670	25	3.430	32	3.480	32	3.370	25	28.200	28
法制-12）當地政府對智慧財產權重視的態度	3.577	39	3.617	37	3.380	40	3.420	41	3.340	35	38.400	39
法制-13）當地政府積極查處違劣仿冒品的力度	3.489	46	3.519	45	3.300	47	3.340	47	-	-	46.250	46
經濟-01）當地的商業及經濟發展相較於一般水平	3.753	08	3.766	12	3.620	04	3.600	13	3.420	12	9.800	08
經濟-02）金融體系完善的程度且貸款取得便利程度	3.593	38	3.623	36	3.360	41	3.430	39	3.310	40	38.800	40
經濟-03）當地的資金匯兌及利潤匯出便利程度	3.645	25	3.648	31	3.410	36	3.470	35	3.330	37	32.800	33
經濟-04）當地經濟環境促使台商經營獲利程度	3.656	23	3.675	20	3.450	28	3.530	25	3.380	22	23.600	22
經濟-05）該城市未來具有經濟發展潛力的程度	3.789	06	3.815	05	3.620	04	3.710	03	3.470	07	5.000	04
經濟-06）當地政府改善外商投資環境積極程度	3.790	04	3.804	08	3.580	13	3.660	07	3.450	08	8.000	07
經營-01）當地的基層勞力供應充裕程度	3.575	40	3.693	18	3.400	37	3.620	11	3.330	37	28.600	29
經營-02）當地的專業及技術人才供應充裕程度	3.529	44	3.586	42	3.310	45	3.400	44	3.220	45	44.000	44
經營-03）環境適合台商發展內貿、內銷市場的程度	3.662	21	3.712	17	3.500	19	3.480	32	3.370	25	22.800	20
經營-04）台商企業在當地之勞資關係和諧程度	3.631	28	3.671	22	3.310	45	3.550	20	3.400	16	26.200	26
經營-05）經營成本、廠房與相關設施成本合理程度	3.615	35	3.627	34	3.330	43	3.540	23	3.350	32	33.400	34
經營-06）有利於形成上、下游產業供應鏈完整程度	3.675	17	3.560	44	3.560	14	3.580	17	3.400	16	21.600	19
經營-07）當地的市場未來發展潛力優異程度	3.735	11	3.790	09	3.500	19	3.650	09	3.450	08	11.200	10
經營-08）同業、同行間公平且正當競爭的環境條件	3.606	36	3.674	21	3.420	34	3.510	28	3.350	32	30.200	31
創新-01）當地台商享受政府自主創新獎勵的程度	3.654	24	3.671	22	3.520	16	3.510	28	3.350	32	24.400	24
創新-02）當地政府獎勵台商自創品牌措施的程度	3.664	20	3.660	29	3.500	19	3.610	12	-	-	20.000	17
創新-03）當地政府協助台商轉型升級積極程度	3.493	45	-	-	-	-	-	-	-	-	45.000	45
創新-04）當地政府鼓勵兩岸企業共同研發程度	3.458	47	-	-	-	-	-	-	-	-	47.000	47
創新-05）政府鼓勵兩岸企業共同開拓國際市場程度	3.413	48	-	-	-	-	-	-	-	-	48.000	48

表13-2　2010 TEEMA中國大陸投資環境力構面平均觀點評分與排名

投資環境力評估構面	2010		2009		2008		2007		2006		2006～2010	
	評分	排名	評分	排名	評分	排名	評分	排名	評分	排名	評分	排名
❶ 地理環境	3.732	1	3.677	4	3.510	3	3.620	1	3.450	1	3.598	2
❷ 基建環境	3.730	2	3.729	1	3.595	1	3.585	3	3.440	2	3.616	1
❸ 社會環境	3.642	4	3.697	3	3.440	5	3.550	4	3.360	5	3.538	5
❹ 法制環境	3.642	4	3.632	6	3.450	4	3.480	6	3.390	3	3.519	7
❺ 經濟環境	3.704	3	3.729	1	3.540	2	3.590	2	3.390	3	3.591	3
❻ 經營環境	3.629	6	3.664	5	3.440	5	3.550	4	3.360	5	3.529	6
❼ 創新環境	3.573	7	-	-	-	-	-	-	-	-	3.573	4
平均值	3.655		3.688		3.496		3.563		3.398		3.566	

二、2009～2010 TEEMA中國大陸投資環境力比較分析

表13-3為2009～2010《TEEMA調查報告》中國大陸投資環境力之比較，此外，2010《TEEMA調查報告》針對中國大陸投資環境力之七大構面進行分析，其分析結果以及排名變化如表13-4所示；此外，由表13-3及表13-4可歸納下列之評述：

1. **就48項評估指標而言**：針對2010《TEEMA調查報告》在投資環境力的48項評估指標評價結果，其中有39項指標呈現下降的趨勢，其中包括：地理環境2項、基建環境7項、社會環境5項、法治環境8項、經濟環境6項、經營環境7項、創新環境1項；另外，有9項指標比2009年評價高，其中包括：地理環境1項、基建環境1項、法治環境5項、經營環境1項、創新環境1項。

2. **就48項評估指標差異分析而言**：2010《TEEMA調查報告》表13-3與2009年的評估指標進行差異分析後，發現大多數指標均呈現下降趨勢，其中下降最多的為經營環境構面中的「當地的基層勞力供應充裕程度」由2009年分數3.693下降至2010年3.575，其下降幅度為所有指標之首，分析其原因可能由於沿海勞動密集型產業近年不斷向內陸轉移，使民工需求增加，過去民工單向流往城市的格局不復存在，出現雙向流動情形，在中國大陸內陸經濟發展日趨活躍的情況下，加上人口結構的改變以及新一代勞工思維的變化，沿海城市即出現基層勞力供應不足的情況；其次下降最多的為社會環境中的「當地的社會治安」及基建環境中的「未來總體發展及建設規劃完善程度」，2010年《TEEMA調查報告》中48項評估指標中，有多達39項指標呈現下降的狀態；然而在48項指標中，仍然有9項

指標較2009年成長，其中上升最多為地理環境構面的「當地土地取得價格的合理程度」，由2009年的3.409分增加到2010年的3.628分，提高0.219分，再來是法治環境構面中的「當地的官員操守清廉程度」與「行政命令與國家法令的一致性程度」。

3. 就48項評估指標進步比例分析：根據表13-4顯示，以2010年48項細項評比的指標為基數，指標數上升的比例為18.75%，與2009年評估指標的91.49%相比，很明顯可以發現，多數指標有非常大幅度的下滑，其原因為2008年底之金融海嘯襲捲而來進而影響全國各大經濟體，雖至今日已漸漸面臨經濟復甦，但對於台商企業而言，金融海嘯仍具有其潛在的影響，甚至影響至整個投資環境，而中國大陸在防範此影響擴散的同時，將持續進行其國內經貿的轉變與改革，因此，中國大陸在整體投資環境相較於以往是較不佳的。

4. 就7項評估構面而言：依據2010《TEEMA調查報告》表13-4中可看出2009年與2010年的差異，在七項投資環境力評估構面中，有三項構面呈現成長的趨勢，其中以地理環境成長最多，由2009年的3.677分增加到2010年的3.732分，提高0.055分，此構面中的「當地土地取得價格的合理程度」指標為48個細項指標中成長幅度最大的一個；其次為法治環境構面的評比，由2009年的3.632分提高至2010年的3.642分，細項指標內有五項上升、八項下降；第三名為基建環境構面的評比，由2009年的3.729分提高至2010年的3.73分，只提高0.001，總體而言在基建環境方面的評價和2009年是不相上下的；然而在此七大構面中，社會環境構面位居於最末位，由2009年的3.697分下降至2010年3.642分，其中細項指標五個均呈現下降，顯示對於台商而言，中國大陸社會環境仍有待加強。

表13-3 2009～2010 TEEMA投資環境力差異與排名變化分析

投資環境力評估構面與指標	2010評分	2009評分	2009～2010差異分析	差異變化排名		
				▲	▼	新增
地理-01）當地生態與地理環境符合企業發展的條件	3.790	3.813	-0.023	-	26	-
地理-02）當地水電、燃料等能源充沛的程度	3.778	3.810	-0.032	-	17	-
地理-03）當地土地取得價格的合理程度	3.628	3.409	0.219	01	-	-
基建-01）當地海、陸、空交通運輸便利程度	3.834	3.890	-0.056	-	08	-
基建-02）通訊設備、資訊設施、網路建設完善程度	3.859	3.884	-0.025	-	23	-
基建-03）當地的污水、廢棄物處理設備完善程度	3.622	3.630	-0.008	-	33	-
基建-04）當地的物流、倉儲、流通相關商業設施	3.748	3.757	-0.009	-	32	-
基建-05）當地醫療、衛生、保健設施的質與量完備程度	3.715	3.571	0.144	04	-	-
基建-06）當地的學校、教育、研究機構的質與量完備程度	3.627	3.691	-0.064	-	05	-
基建-07）當地的企業運作商務環境完備程度	3.703	3.727	-0.024	-	25	-
基建-08）未來總體發展及建設規劃完善程度	3.731	3.819	-0.088	-	03	-
社會-01）當地的社會治安	3.669	3.777	-0.108	-	02	-
社會-02）當地民眾生活素質及文化水準程度	3.561	3.625	-0.064	-	05	-
社會-03）當地社會風氣及民眾的價值觀程度	3.567	3.594	-0.027	-	21	-
社會-04）當地民眾的誠信與道德觀程度	3.565	3.594	-0.029	-	20	-
社會-05）民眾及政府歡迎台商投資態度	3.848	3.896	-0.048	-	11	-
法制-01）行政命令與國家法令的一致性程度	3.752	3.600	0.152	03	-	-
法制-02）當地的政策優惠條件	3.735	3.724	0.011	07	-	-
法制-03）政府與執法機構秉持公正執法態度	3.669	3.665	0.004	08	-	-
法制-04）當地解決糾紛的管道完善程度	3.628	3.609	0.019	06	-	-
法制-05）當地的工商管理、稅務機關行政效率	3.637	3.662	-0.025	-	23	-
法制-06）當地的海關行政效率	3.623	3.671	-0.048	-	11	-
法制-07）勞工、工安、消防、衛生行政效率	3.602	3.646	-0.044	-	13	-
法制-08）當地的官員操守清廉程度	3.623	3.45	0.173	02	-	-
法制-09）當地的地方政府對台商投資承諾實現程度	3.716	3.722	-0.006	-	34	-

表13-3　2009～2010 TEEMA投資環境力差異與排名變化分析（續）

投資環境力評估構面與指標	2010 評分	2009 評分	2009～2010 差異分析	差異變化排名		
				▲	▼	新增
法制-11）當地政府政策穩定性及透明度	3.633	3.67	-0.037	-	16	-
法制-12）當地政府對智慧財產權重視的態度	3.577	3.617	-0.040	-	14	-
法制-13）當地政府積極查處違劣仿冒品的力度	3.489	3.519	-0.030	-	18	-
經濟-01）當地的商業及經濟發展相較於一般水平	3.753	3.766	-0.013	-	30	-
經濟-02）金融體系完善的程度且貸款取得便利程度	3.593	3.623	-0.030	-	18	-
經濟-03）當地的資金匯兌及利潤匯出便利程度	3.645	3.648	-0.003	-	36	-
經濟-04）當地經濟環境促使台商經營獲利程度	3.656	3.675	-0.019	-	27	-
經濟-05）該城市未來具有經濟發展潛力的程度	3.789	3.815	-0.026	-	22	-
經濟-06）當地政府改善外商投資環境積極程度	3.790	3.804	-0.014	-	29	-
經營-01）當地的基層勞力供應充裕程度	3.575	3.693	-0.118	-	01	-
經營-02）當地的專業及技術人才供應充裕程度	3.529	3.586	-0.057	-	07	-
經營-03）環境適合台商發展內貿、內銷市場的程度	3.662	3.712	-0.050	-	10	-
經營-04）台商企業在當地之勞資關係和諧程度	3.631	3.671	-0.040	-	14	-
經營-05）經營成本、廠房與相關設施成本合理程度	3.615	3.627	-0.012	-	31	-
經營-06）有利於形成上、下游產業供應鏈完整程度	3.675	3.56	0.115	05	-	-
經營-07）當地的市場未來發展潛力優異程度	3.735	3.79	-0.055	-	09	-
經營-08）同業、同行間公平且正當競爭的環境條件	3.606	3.674	-0.068	-	04	-
創新-01）當地台商享受政府自主創新獎勵的程度	3.654	3.671	-0.017	-	28	-
創新-02）當地政府獎勵台商自創品牌措施的程度	3.664	3.66	0.004	08	-	-
創新-03）當地政府協助台商轉型升級積極程度	3.493	-	-	-	-	-
創新-04）當地政府鼓勵兩岸企業共同研發程度	3.458	-	-	-	-	-
創新-05）當地政府鼓勵兩岸企業共同開拓國際市場程度	3.413	-	-	-	-	-

表13-4　2009～2010 TEEMA投資環境力細項指標變化排名分析

投資環境力構面	2010評分	2009評分	2009～2010差異分析	名次	評估指標升降			
					指標數	▲	▼	—
❶ 地理環境	3.732	3.677	0.055	❶	3	1	2	0
❷ 基建環境	3.730	3.729	0.001	❷	8	1	7	0
❸ 社會環境	3.642	3.697	-0.055	❸	5	0	5	0
❹ 法制環境	3.642	3.632	0.010	❹	13	5	8	0
❺ 經濟環境	3.704	3.729	-0.025	❺	6	0	6	0
❻ 經營環境	3.629	3.664	-0.035	❻	8	1	7	0
❼ 創新環境	3.573	-	-	-	5	1	1	0
投資環境力平均值	3.655	3.688	-0.023	-	48	9	36	0
百分比					100.00%	18.75%	75.00%	0.00%

表13-5為2010《TEEMA調查報告》有關投資環境力的評估結果，投資環境力名列前10佳的評估指標，分別為：（1）通訊設備、資訊設施、網路建設完善程度；（2）民眾及政府歡迎台商投資態度；（3）當地海、陸、空交通運輸便利程度；（4）當地生態與地理環境符合企業發展的條件；（5）當地政府改善外商投資環境積極程度；（6）該城市未來具有經濟發展潛力的程度；（7）當地水電、燃料等能源充沛程度；（8）當地的商業及經濟發展相較於一般水平；（9）行政命令與國家法令的一致性程度；（10）當地的物流、倉儲、流通相關商業設施，其中法制環境的「行政命令與國家法令的一致性程度」評估指標上升最多，顯示地方政府與國家行政命力日趨相符。

表13-5　2010 TEEMA投資環境力排名10大最優指標

投資環境力排名10大最優指標	2010		2009	
	評分	排名	評分	排名
基建-02 ）通訊設備、資訊設施、網路建設完善程度	3.859	01	3.884	03
社會-05 ）民眾及政府歡迎台商投資態度	3.848	02	3.896	01
基建-01 ）當地海、陸、空交通運輸便利程度	3.834	03	3.890	02
地理-01 ）當地生態與地理環境符合企業發展的條件	3.790	04	3.813	06
經濟-06 ）當地政府改善外商投資環境積極程度	3.790	04	3.804	08
經濟-05 ）該城市未來具有經濟發展潛力的程度	3.789	06	3.815	05
地理-02 ）當地水電、燃料等能源充沛的程度	3.778	07	3.810	07
經濟-01 ）當地的商業及經濟發展相較於一般水平	3.753	08	3.766	12
法制-01 ）行政命令與國家法令的一致性程度	3.752	09	3.600	39
基建-04 ）當地的物流、倉儲、流通相關商業設施	3.748	10	3.757	13

表13-6為2010《TEEMA調查報告》，針對投資環境力48項細項指標排名最劣的10項指標加以剖析，其分別為：（1）政府鼓勵兩岸企業共同開拓國際市場程度；（2）當地政府鼓勵兩岸企業共同研發程度；（3）當地政府積極查處違劣仿冒品的力度；（4）當地政府協助台商轉型升級積極程度；（5）當地的專業及技術人才供應充裕程度；（6）當地民眾生活素質及文化水準程度；（7）當地民眾的誠信與道德觀程度；（8）當地社會風氣及民眾的價值觀程度；（9）當地的基層勞力供應充裕程度；（10）當地政府對智慧財產權重視的態度。由上述可知投資環境力名列前10大劣勢的評估指標主要為創新環境、社會環境、經營環境與法治環境四大方面，特別是2010年新增之三項評出創新環境指標「政府鼓勵兩岸企業共同開拓國際市場程度」、「當地政府鼓勵兩岸企業共同研發程度」、「當地政府協助台商轉型升級積極程度」，由此可見中國大陸對於創新環境仍有很大的努力空間，此外，雖然中國大陸法規已漸有改善，且政策執行力具有效率，但是政府的政策更動與政府清廉程度，皆影響台商的投資，因此中國大陸的法規政策仍需要一段時間才能趨於穩定。

表13-6　2010 TEEMA投資環境力排名10大劣勢指標

投資環境力排名10大劣勢指標	2010		2009	
	評分	排名	評分	排名
創新-05）政府鼓勵兩岸企業共同開拓國際市場程度	3.413	01	-	-
創新-04）當地政府鼓勵兩岸企業共同研發程度	3.458	02	-	-
法制-13）當地政府積極查處違劣仿冒品的力度	3.489	03	3.519	03
創新-03）當地政府協助台商轉型升級積極程度	3.493	04	-	-
經營-02）當地的專業及技術人才供應充裕程度	3.529	05	3.586	06
社會-02）當地民眾生活素質及文化水準程度	3.561	06	3.625	13
社會-04）當地民眾的誠信與道德觀程度	3.565	07	3.594	07
社會-03）當地社會風氣及民眾的價值觀程度	3.567	08	3.594	07
經營-01）當地的基層勞力供應充裕程度	3.575	09	3.693	29
法制-12）當地政府對智慧財產權重視的態度	3.577	10	3.617	11

2010《TEEMA調查報告》針對2010年投資環境力調查指標與2009年之指標分析，表13-7所示為上升最多之指標，其中上升幅度最高指標依序為：（1）當地土地取得價格的合理程度（上升0.219分）；（2）當地的官員操守清廉程度（上升0.173分）；（3）行政命令與國家法令的一致性程度（上升0.152分）；（4）當地的醫療、衛生、保健設施的質與量完備程度（上升0.144分）；（5）

有利於形成上、下游產業供應鏈完整程度（上升0.115分）；（6）當地解決糾紛的管道完善程度（上升0.019分）；（7）當地的政策優惠條件（上升0.011分）；（8）政府與執法機構秉持公正執法態度與當地政府獎勵台商自創品牌措施的程度（上升0.004分）。

表13-7　2009～2010 TEEMA投資環境力指標上升前10排名

投資環境力評分上升幅度前10指標	2009～2010 評分上升	2009～2010 上升排名
地理-03 ）當地土地取得價格的合理程度	0.219	01
法制-08 ）當地的官員操守清廉程度	0.173	02
法制-01 ）行政命令與國家法令的一致性程度	0.152	03
基建-05 ）當地的醫療、衛生、保健設施的質與量完備程度	0.144	04
經營-06 ）有利於形成上、下游產業供應鏈完整程度	0.115	05
法制-04 ）當地解決糾紛的管道完善程度	0.019	06
法制-02 ）當地的政策優惠條件	0.011	07
法制-03 ）政府與執法機構秉持公正執法態度	0.004	08
創新-02 ）當地政府獎勵台商自創品牌措施的程度	0.004	08

2010《TEEMA調查報告》針對2010年與2009年投資環境力調查指標之差異分析，評估指標下降幅度對多前10個指標整理如表13-8所示，下降指標的前十大依序為：（1）當地的基層勞力供應充裕程度（下降0.118分）；（2）當地的社會治安（下降0.108分）；（3）未來總體發展及建設規劃完善程度（下降0.088分）；（4）同業、同行間公平且正當競爭的環境條件（下降0.068分）；（5）當地的學校、教育、研究機構的質與量完備程度；（6）當地民眾生活素質及文化水準程度（下降0.064分）；（7）當地的專業及技術人才供應充裕程度（下降0.057分）；（8）當地海、陸、空交通運輸便利程度（下降0.056分）；（9）當地的市場未來發展潛力優異程度（下降0.055分）；（10）環境適合台商發展內貿、內銷市場的程度（下降0.050分）。

表13-8　2009～2010 TEEMA投資環境力指標下降前10排名

投資環境力評分下降幅度前10指標	2009～2010 評分下降	2009～2010 下降排名
經營-01）當地的基層勞力供應充裕程度	-0.118	01
社會-01）當地的社會治安	-0.108	02
基建-08）未來總體發展及建設規劃完善程度	-0.088	03
經營-08）同業、同行間公平且正當競爭的環境條件	-0.068	04
基建-06）當地的學校、教育、研究機構的質與量完備程度	-0.064	05
社會-02）當地民眾生活素質及文化水準程度	-0.064	05
經營-02）當地的專業及技術人才供應充裕程度	-0.057	07
基建-01）當地海、陸、空交通運輸便利程度	-0.056	08
經營-07）當地的市場未來發展潛力優異程度	-0.055	09
經營-03）環境適合台商發展內貿、內銷市場的程度	-0.050	10

三、2010 TEEMA中國大陸城市投資環境力分析

2010《TEEMA調查報告》將針對100個列入評比的城市進行投資環境力分析，其結果如表13-9所示，並針對依照地理環境、基建環境、社會環境、法制環境、經濟環境、經營環境、創新環境等七大構面，各城市的構面排名整理如表13-10所示，有關投資環境力之重要內涵評述如下：

1. 就投資環境力10佳城市而言：2010《TEEMA調查報告》顯示投資環境力排名前10名城市依序為：（1）蘇州昆山；（2）上海市區；（3）南昌；（4）南京江寧；（5）天津濱海；（6）重慶；（7）上海閔行；（8）寧波市區；（9）揚州；（10）蘇州工業區。2010年投資環境力城市變化較小，與2009年同列前10佳城市包括：蘇州昆山、南昌、南京江寧、天津濱海區、上海閔行、寧波市區、蘇州工業區等七個城市。進一步分析來看，蘇州昆山的投資環境力名次逐年上升，地理環境與基建環境兩者獲得較高之分數，與其地方政府提供台商優良投資環境息息相關，然而創新環境僅居第六名，顯示昆山若必須維持長久競爭力，對於創新環境營造須多努力，然而值得一提為協助台商轉型升級，成立輔導小組與委員會提供多項協助，因此，蘇州昆山榮登冠軍寶座實至名歸。而西部大開發的重點城市重慶，大幅度躍昇為第六名，未來發展潛力不容小覷，重慶兩江新區為中國大陸國務院欽點第三個，也是內陸地區唯一的國家級新區，更是中國大陸三項政策重點扶持的新區，其政策將比照浦東新區、濱海新區，冀望其可能為帶動內陸經濟發展之引擎。

2. 就投資環境力10劣城市而言：由2010《TEEMA調查報告》顯示，投資環境力排名前10劣的城市依序為：（1）蘭州；（2）哈爾濱；（3）長春；（4）太原；（5）宜昌；（6）深圳龍崗；（7）深圳寶安；（8）貴陽；（9）瀋陽；（10）北海；與2009年同十名列為前10劣的城市有，蘭州、哈爾濱、長春、太原、深圳龍崗、深圳寶安等六大城市，其中蘭州已經連續兩年名列投資環境力的最後一個名次，該城市投資環境力七大評估構面皆敬陪末座，探究主因，西北部地區地廣人稀，多以農業為主要經濟活動，鄉鎮規模不如沿海地區，無法帶動商業活動快速發展，且過去台商多投資側重沿海地區，進而帶動地區之發展，相較之下，中西部城市投資環境較為滯後，期望於西部開發規劃政策支持之下，加強該城市的各項建設，以吸引外資前往加速開發當地。深圳2010年仍有兩大城市位居前10劣城市，曾為台商積極投資的首選地，然而，中國大陸整體環境的變遷，企業面臨轉型升級壓力，特別在工資調整與土地緊缺的因素影響下，使得台商經營成本上漲，因此對深圳的投資環境評價仍不高。

表13-9 2010 TEEMA中國大陸城市投資環境力排名分析

排名	城市	省市自治區	地區	❶地理環境		❷基建環境		❸社會環境		❹法制環境		❺經濟環境		❻經營環境		❼創新環境		投資環境力	
				評分	排名	評分	排名	評分	排名	評分	排名	評分	排名	評分	排名	評分	排名	評分	加權分數
01	蘇州昆山	江蘇省	華東	4.510	01	4.426	01	4.420	02	4.386	02	4.381	02	4.335	03	3.982	06	4.337	98.440
02	上海市區	上海市	華東	4.116	16	4.420	02	4.487	01	4.488	01	4.449	01	4.391	01	4.327	01	4.400	98.390
03	南昌	江西省	華中	4.382	02	4.261	07	4.318	03	4.256	03	4.299	04	4.343	02	3.985	04	4.254	97.540
04	南京江寧	江蘇省	華東	4.241	07	4.286	06	4.262	04	4.224	04	4.347	03	4.259	04	3.965	07	4.221	96.190
05	天津濱海	天津市	華北	4.309	05	4.344	03	4.234	05	4.218	05	4.221	07	4.258	05	3.829	18	4.190	93.941
06	重慶	重慶市	西南	4.149	11	4.155	12	4.095	10	4.142	06	4.172	09	4.106	08	3.832	17	4.092	91.091
07	上海閔行	上海市	華東	4.036	21	4.140	14	4.103	08	4.121	09	4.143	11	4.098	09	3.923	08	4.083	90.241
08	寧波市區	浙江省	華東	4.375	03	4.305	04	4.108	07	4.084	12	4.223	06	4.073	11	3.725	28	4.103	89.841
09	揚州	江蘇省	華東	4.125	14	4.079	18	4.033	19	4.125	08	4.181	08	4.141	07	3.833	16	4.078	89.241
10	蘇州工業區	江蘇省	華東	4.087	18	4.167	10	4.100	09	4.121	10	4.167	10	4.051	12	3.823	20	4.072	88.491
11	杭州蕭山	浙江省	華東	4.285	06	4.292	05	4.117	06	4.128	07	4.257	05	3.964	17	3.592	45	4.073	87.491
12	青島	山東省	華北	4.117	15	4.112	16	4.063	14	4.109	11	4.068	14	4.075	10	3.619	41	4.021	83.992
13	廈門島外	福建省	華南	4.168	10	4.059	20	3.964	26	3.967	18	4.113	13	3.982	15	3.750	25	3.988	82.942
14	大連	遼寧省	東北	4.127	13	4.006	24	3.924	29	3.956	22	4.137	12	4.012	14	3.676	31	3.968	80.342
15	南京市區	江蘇省	華東	3.786	49	3.942	32	3.950	27	4.041	13	4.012	22	3.942	21	3.906	09	3.957	79.142
16	蘇州市區	江蘇省	華東	4.188	09	4.165	11	4.056	15	3.954	23	4.052	15	3.926	22	3.531	52	3.956	78.392
17	煙台	山東省	華北	4.059	19	3.883	38	4.082	11	3.842	37	4.020	20	3.904	24	4.012	03	3.953	77.892
18	廈門島內	福建省	華南	4.138	12	4.151	13	4.034	18	3.947	24	4.034	17	3.892	27	3.600	42	3.948	77.792
19	淮安	江蘇省	華東	3.941	34	3.730	54	3.888	34	4.021	14	3.971	24	3.914	23	3.982	05	3.941	77.492
20	日照	山東省	華北	4.356	04	4.125	15	3.893	32	3.918	28	3.856	38	3.900	25	3.840	14	3.956	77.342
21	無錫江陰	江蘇省	華東	3.991	26	4.047	21	4.043	16	3.902	31	4.021	19	3.892	29	3.827	19	3.945	76.892
22	成都	四川省	西南	4.022	23	3.975	27	3.964	25	3.956	21	3.944	26	3.950	19	3.671	32	3.920	76.692
23	寧波北侖	浙江省	華東	4.095	17	3.952	30	3.767	45	3.946	25	3.958	25	3.964	16	3.792	21	3.925	76.242
24	無錫市區	江蘇省	華東	3.960	29	4.032	23	4.000	20	3.855	36	4.051	16	3.947	20	3.766	23	3.928	75.942
25	北京亦庄	北京市	華北	3.987	27	4.043	22	3.992	21	3.944	26	4.019	21	4.048	13	3.592	44	3.937	75.792

表13-9　2010 TEEMA中國大陸城市投資環境力排名分析（續）

排名	城市	省市自治區	地區	❶ 地理環境		❷ 基建環境		❸ 社會環境		❹ 法制環境		❺經濟環境		❻ 經營環境		❼ 創新環境		投資環境力	
				評分	排名	評分	排名	評分	排名	評分	排名	評分	排名	評分	排名	評分	排名	評分	加權分數
26	鎮江	江蘇省	華東	4.226	08	4.064	19	4.067	13	3.961	20	3.910	33	3.739	39	3.626	39	3.917	75.342
27	濟南	山東省	華北	3.640	64	3.950	31	3.848	40	3.972	17	3.987	23	4.155	06	3.752	24	3.921	75.292
28	杭州市區	浙江省	華東	3.947	31	4.225	08	3.856	39	3.840	38	4.033	18	3.840	33	3.906	10	3.930	74.543
29	威海	山東省	華北	4.021	24	3.961	28	3.813	43	3.918	27	3.823	40	3.867	30	3.888	11	3.896	72.593
30	徐州	江蘇省	華東	3.855	43	3.786	47	3.915	31	3.997	15	3.885	36	3.962	18	3.685	30	3.884	72.543
31	蘇州吳江	江蘇省	華東	4.026	22	3.923	35	4.039	17	3.906	30	3.899	35	3.791	37	3.745	27	3.891	71.243
32	南通	江蘇省	華東	4.000	25	3.918	36	3.968	24	3.775	42	3.940	27	3.865	31	3.656	37	3.851	67.743
33	蘇州太倉	江蘇省	華東	3.893	40	3.825	43	3.878	36	3.868	35	3.940	27	3.860	32	3.661	34	3.846	66.393
34	上海浦東	上海市	華東	4.038	20	4.188	09	3.891	33	3.888	33	3.923	32	3.892	28	3.384	75	3.863	66.293
35	蘇州新區	江蘇省	華東	3.938	35	4.004	25	3.857	38	3.779	41	3.859	37	3.797	36	3.692	29	3.827	65.643
36	泰安	山東省	華北	3.979	28	3.720	56	4.075	12	3.981	16	3.708	53	3.695	47	3.588	47	3.821	65.344
37	廊坊	河北省	華北	3.927	38	3.942	33	3.484	67	3.816	39	3.798	45	3.711	43	4.032	02	3.820	63.944
38	蘇州張家港	江蘇省	華東	3.826	46	3.957	29	3.757	47	3.890	32	3.935	31	3.734	40	3.600	42	3.817	63.844
39	連雲港	江蘇省	華東	3.942	33	3.761	49	3.878	35	3.963	19	3.768	47	3.710	44	3.565	50	3.805	63.394
40	合肥	安徽省	華中	3.908	39	3.742	52	3.845	41	3.916	29	3.655	60	3.822	34	3.776	22	3.817	63.144
41	保定	河北省	華北	3.800	47	3.940	34	3.973	23	3.877	34	3.611	64	3.900	25	3.587	48	3.805	61.544
42	廣州天河	廣東省	華南	3.858	42	3.843	42	3.598	59	3.719	47	3.826	39	3.714	42	3.875	12	3.772	60.994
43	常州	江蘇省	華東	3.952	30	3.887	37	3.924	28	3.642	52	3.937	30	3.701	45	3.354	79	3.736	55.395
44	寧波奉化	浙江省	華東	3.783	50	3.848	41	3.870	37	3.779	40	3.818	41	3.696	46	3.426	68	3.736	54.945
45	上海松江	上海市	華東	3.467	81	3.990	26	3.730	49	3.762	45	3.901	34	3.719	41	3.530	53	3.732	54.795
46	嘉興市區	浙江省	華東	3.850	44	3.854	40	3.979	22	3.764	44	3.817	42	3.640	52	3.401	71	3.738	54.645
47	泰州	江蘇省	華東	3.650	63	3.706	57	3.760	46	3.769	43	3.817	43	3.744	38	3.530	53	3.717	53.545
48	杭州餘杭	浙江省	華東	3.759	53	4.097	17	3.709	52	3.665	49	3.759	48	3.542	61	3.467	64	3.688	50.595
49	寧波慈溪	浙江省	華東	3.571	72	3.875	39	3.495	65	3.751	46	3.937	29	3.625	53	3.476	62	3.688	50.295
50	石家莊	河北省	華北	3.771	51	3.816	44	3.375	78	3.519	68	3.750	49	3.648	50	3.838	15	3.661	49.595

表13-9　2010 TEEMA中國大陸城市投資環境力排名分析（續）

排名	城市	省市自治區	地區	❶地理環境		❷基建環境		❸社會環境		❹法制環境		❺經濟環境		❻經營環境		❼創新環境		投資環境力	
				評分	排名	評分	排名	評分	排名	評分	排名	評分	排名	評分	排名	評分	排名	評分	加權分數
51	嘉興嘉善	浙江省	華東	3.833	45	3.689	59	3.670	53	3.535	64	3.770	46	3.676	48	3.569	49	3.655	47.845
52	無錫宜興	江蘇省	華東	3.947	32	3.770	48	3.608	57	3.603	58	3.727	51	3.605	54	3.432	67	3.648	46.995
53	武漢漢陽	湖北省	華中	3.517	78	3.613	69	3.310	82	3.615	55	3.817	43	3.800	35	3.590	46	3.629	45.745
54	東莞市區	廣東省	華南	3.681	59	3.721	55	3.366	79	3.565	61	3.649	62	3.511	67	3.861	13	3.621	45.146
55	北京市區	北京市	華北	3.680	60	3.814	45	3.920	30	3.658	50	3.700	54	3.558	59	3.144	92	3.616	44.096
56	鄭　州	河南省	華中	3.632	65	3.645	64	3.504	64	3.632	54	3.588	68	3.480	71	3.747	26	3.608	43.446
57	上海嘉定	上海市	華東	3.710	55	3.761	50	3.609	56	3.355	82	3.746	50	3.576	58	3.657	36	3.593	42.796
58	武漢武昌	湖北省	華中	3.667	62	3.549	75	3.430	74	3.542	63	3.700	54	3.644	51	3.620	40	3.595	42.396
59	東莞長安	廣東省	華南	3.702	58	3.741	53	3.464	70	3.492	74	3.665	58	3.540	62	3.643	38	3.591	40.696
59	寧波餘姚	浙江省	華東	3.348	85	3.637	67	3.478	68	3.615	56	3.671	57	3.478	72	3.670	33	3.573	40.696
61	紹　興	浙江省	華東	3.719	54	3.640	65	3.421	75	3.530	65	3.631	63	3.584	56	3.544	51	3.574	39.846
62	武漢漢口	湖北省	華中	3.937	36	3.790	46	3.489	66	3.516	70	3.476	80	3.417	80	3.657	35	3.583	39.446
63	中　山	廣東省	華南	3.860	41	3.758	51	3.568	62	3.517	69	3.572	70	3.544	60	3.435	66	3.581	38.946
64	南　寧	廣　西	西南	3.679	61	3.575	73	3.720	50	3.645	51	3.589	66	3.531	63	3.347	80	3.579	38.496
65	泉　州	福建省	華南	3.613	69	3.640	66	3.628	55	3.552	62	3.709	52	3.425	76	3.494	60	3.571	38.296
66	桂　林	廣　西	西南	3.706	56	3.684	62	3.471	69	3.638	53	3.588	67	3.456	75	3.435	65	3.567	37.996
67	溫　州	浙江省	華東	3.630	66	3.537	76	3.778	44	3.678	48	3.657	59	3.491	70	3.144	91	3.558	37.396
68	福州市區	福建省	華南	3.770	52	3.685	61	3.822	42	3.520	67	3.519	76	3.418	79	3.510	57	3.575	36.946
69	漳　州	福建省	華南	3.615	68	3.517	78	3.592	60	3.593	59	3.654	61	3.589	55	3.279	85	3.549	35.497
70	九　江	江西省	華中	3.490	79	3.504	79	3.635	54	3.611	57	3.696	56	3.522	65	3.341	81	3.550	35.247
71	蘇州常熟	江蘇省	華東	3.580	71	3.556	74	3.730	48	3.569	60	3.587	69	3.418	78	3.408	69	3.541	34.297
72	珠　海	廣東省	華南	3.798	48	3.666	63	3.576	61	3.497	72	3.557	72	3.504	68	3.276	87	3.529	31.747
73	福州馬尾	福建省	華南	3.565	74	3.524	77	3.607	58	3.493	73	3.558	71	3.528	64	3.403	70	3.516	31.097
74	襄　樊	湖北省	華中	3.569	73	3.492	80	3.718	51	3.525	66	3.363	86	3.581	57	3.306	83	3.496	30.197
75	東莞虎門	廣東省	華南	3.623	67	3.613	70	3.415	76	3.475	75	3.473	82	3.354	82	3.529	55	3.487	28.097

表13-9　2010 TEEMA中國大陸城市投資環境力排名分析（續）

排名	城市	省市自治區	地區	❶ 地理環境		❷ 基建環境		❸ 社會環境		❹ 法制環境		❺ 經濟環境		❻ 經營環境		❼ 創新環境		投資環境力	
				評分	排名	評分	排名	評分	排名	評分	排名	評分	排名	評分	排名	評分	排名	評分	加權分數
76	汕頭	廣東省	華南	3.549	76	3.414	84	3.518	63	3.498	71	3.593	65	3.408	81	3.389	74	3.481	27.947
77	昆明	雲南省	西南	3.704	57	3.685	60	3.447	73	3.308	84	3.500	78	3.419	77	3.389	73	3.457	26.797
78	廣州市區	廣東省	華南	3.462	82	3.628	68	3.264	84	3.442	78	3.555	74	3.472	74	3.475	63	3.471	26.447
79	東莞石碣	廣東省	華南	3.583	70	3.583	72	3.217	86	3.402	80	3.351	88	3.495	69	3.519	56	3.444	26.247
80	佛山	廣東省	華南	3.551	75	3.594	71	3.352	80	3.411	79	3.529	75	3.511	66	3.357	78	3.462	25.797
81	莆田	福建省	華南	3.483	80	3.456	81	3.410	77	3.460	76	3.517	77	3.325	84	3.500	59	3.451	25.198
82	贛州	江西省	華中	3.933	37	3.696	58	3.292	83	3.195	87	3.474	81	3.260	89	3.375	76	3.407	24.548
83	吉安	江西省	華中	3.263	90	3.209	93	3.179	89	3.269	85	3.395	84	3.656	49	3.505	58	3.366	23.898
84	西安	陝西省	西北	3.533	77	3.361	85	3.453	72	3.395	81	3.556	73	3.475	73	3.373	77	3.444	23.898
85	長沙	湖南省	華中	3.375	84	3.355	86	3.200	88	3.442	77	3.479	79	3.344	83	3.488	61	3.400	22.498
86	天津市區	天津市	華北	3.321	87	3.452	82	3.462	71	3.323	83	3.378	85	3.268	87	3.279	86	3.343	17.548
87	惠州	廣東省	華南	3.312	88	3.227	91	3.216	87	3.168	88	3.333	89	3.274	86	3.389	72	3.267	15.349
88	深圳市區	廣東省	華南	3.342	86	3.427	83	3.241	85	3.201	86	3.256	91	3.315	85	3.267	88	3.277	14.499
89	東莞厚街	廣東省	華南	3.126	93	3.246	90	3.034	91	3.021	92	3.356	87	3.263	88	3.317	82	3.186	12.049
90	江門	廣東省	華南	3.453	83	3.213	92	3.344	81	3.145	90	3.140	93	3.120	91	3.168	90	3.201	11.799
91	北海	廣西	西南	3.196	92	3.193	94	3.082	90	3.149	89	3.284	90	3.118	92	3.306	84	3.191	11.249
92	瀋陽	遼寧省	東北	3.303	89	3.284	89	3.000	93	3.119	91	3.424	83	3.244	90	3.100	93	3.204	11.249
93	貴陽	貴州省	西南	3.250	91	3.089	95	2.833	94	2.986	93	2.972	97	2.953	95	3.250	89	3.040	7.599
94	深圳寶安	廣東省	華南	3.081	94	3.329	87	2.819	96	2.901	95	3.024	94	3.003	94	2.834	98	2.977	6.649
95	深圳龍崗	廣東省	華南	2.943	96	3.305	88	2.600	97	2.782	97	3.161	92	3.032	93	2.871	96	2.940	6.499
96	宜昌	湖北省	華中	2.759	98	2.917	96	3.033	92	2.974	94	3.009	96	2.903	96	2.933	94	2.941	5.999
97	太原	山西省	華北	3.000	95	2.866	97	2.825	95	2.876	96	3.021	95	2.813	97	2.900	95	2.898	5.250
98	長春	吉林省	東北	2.667	99	2.698	98	2.547	98	2.621	98	2.700	98	2.558	98	2.840	97	2.661	3.050
99	哈爾濱	黑龍江	東北	2.759	97	2.463	99	2.444	99	2.504	99	2.315	99	2.494	99	2.760	99	2.528	2.200
100	蘭州	甘肅省	西北	2.222	100	2.262	100	2.378	100	2.244	100	2.120	100	2.167	100	2.622	100	2.283	1.000

表13-10 2010 TEEMA中國大陸城市投資環境力七大構面前10城市排名

排名	地理環境	基建環境	社會環境	法制環境	經濟環境	經營環境	創新環境
❶	蘇州昆山	蘇州昆山	上海市區	上海市區	上海市區	上海市區	上海市區
❷	南　昌	上海市區	蘇州昆山	蘇州昆山	蘇州昆山	南　昌	廊　坊
❸	寧波市區	天津濱海	南　昌	南　昌	南京江寧	蘇州昆山	煙　台
❹	日　照	寧波市區	南京江寧	南京江寧	南　昌	南京江寧	南　昌
❺	天津濱海	杭州蕭山	天津濱海	天津濱海	杭州蕭山	天津濱海	淮　安
❻	杭州蕭山	南京江寧	杭州蕭山	重　慶	寧波市區	濟　南	蘇州昆山
❻	南京江寧	南　昌	寧波市區	杭州蕭山	天津濱海	揚　州	南京江寧
❼	鎮　江	杭州市區	上海閔行	揚　州	揚　州	重　慶	上海閔行
❽	蘇州市區	上海浦東	蘇州工業區	上海閔行	重　慶	上海閔行	南京市區
❾	廈門島外	蘇州工業區	重　慶	蘇州工業區	蘇州工業區	青　島	杭州市區

四、2010 TEEMA中國大陸區域投資環境力分析

2010《TEEMA調查報告》將針對中國大陸之七大經濟區域進行投資環境力排名的分析，根據表13-11所示，2010年投資環境力評估綜合排名依次為：（1）華東地區；（2）華北地區；（3）華中地區；（4）西南地區；（5）華南地區；（6）東北地區；（7）西北地區。其中華東地區與華北地區於投資環境力七大構面表現均相當出色，華中地區於社會環境構面評價較低，西南地區於經營環境與創新環境兩構面表現較弱，華南地區除基建環境表現較佳之外，其於六大構面仍有待加強，東北地區與西北地區的投資環境力七大構面表現則略遜一籌。

表13-11 2010 TEEMA中國大陸區域投資環境力排名分析

環境力構面	華南	華東	華北	華中	東北	西南	西北
❶ 地理環境	3.577	3.927	3.855	3.619	3.214	3.672	2.878
❷ 基建環境	3.580	3.960	3.855	3.564	3.113	3.622	2.812
❸ 社會環境	3.420	3.900	3.789	3.496	2.979	3.516	2.916
❹ 法制環境	3.425	3.876	3.784	3.541	3.050	3.546	2.819
❺ 經濟環境	3.528	3.949	3.783	3.579	3.144	3.579	2.838
❻ 經營環境	3.444	3.831	3.771	3.564	3.077	3.505	2.821
❼ 創新環境	3.423	3.661	3.635	3.527	3.094	3.461	2.998
環境力評分	3.473	3.864	3.774	3.554	3.090	3.549	2.864
環境力排名	5	1	2	3	6	4	7

2006～2010《TEEMA調查報告》五年七大經濟區域投資環境力的排名變遷之整理如表13-12所示，中國大陸七大經濟區域近五年排名變化，僅華中地區、西南地區、華南地區、東北地區四者略有變動，西南地區自2007年起投資環境力排名有上升之現象，特別是中國大陸政府平衡東西部發展，將發展重點轉向內陸，相較之下，華南地區則呈現下滑之情況，早期台商多佈局華南地區，近年因經營成本增加，台商遂有轉移投資之趨勢。而華東地區開始朝向服務業轉型發展，輔以大型港口之建設與發展，連續蟬連區域投資環境力排名之首位，西北地區則受限於天然條件的限制，加上外資投資腳步較慢，短期內無法看出其效益。

表13-12　2006～2010 TEEMA中國大陸區域投資環境力排名變化分析

地　　區	2010		2009		2008		2007		2006		2006～2010	
	評分	排名	評分	排名	評分	排名	評分	排名	評分	排名	總分	排名
❶ 華東地區	3.864	1	3.976	1	3.860	1	3.690	1	3.650	1	5	1
❷ 華北地區	3.774	2	3.768	2	3.810	2	3.680	2	3.630	2	10	2
❸ 華中地區	3.554	3	3.567	4	3.240	3	3.250	5	3.320	3	18	3
❹ 西南地區	3.549	4	3.737	3	3.120	4	3.400	3	2.830	6	20	4
❺ 華南地區	3.473	5	3.307	5	3.080	5	3.290	4	3.080	4	23	5
❻ 東北地區	3.090	6	3.304	6	3.060	6	3.200	6	2.920	5	29	6
❼ 西北地區	2.864	7	2.656	7	2.300	7	2.760	7	2.570	7	35	7

第14章 2010 TEEMA中國大陸「投資風險度」

2010《TEEMA調查報告》投資風險度四大構面之指標有：（1）社會風險有三指標；（2）法制風險構面有八項指標；（3）經濟風險構面有七項指標；（4）經營風險構面有12項指標，總計有30題。

一、2010 TEEMA中國大陸投資風險度評估指標分析

2010《TEEMA調查報告》列入評估的100個城市，對其進行投資風險度調查，有關各指標及構面的評分結果，如表14-1所示。根據表14-2顯示，100個接受評比城市中，投資風險度的平均分數為2.256，與2009《TEEMA調查報告》分數相同，顯示2010年中國大陸整體投資風險度與2009年並無太大差異，進一步分析來看，2006至2008年，投資風險度的平均分數逐年攀升，但由2009、2010年評分顯示，整體投資風險已有降低的狀況。從表14-2、表14-3及表14-4顯示，不論從「平均觀點」或是「整體觀點」評估投資風險度，2010年四大投資風險度的指標分數均呈現上升的趨勢，顯示台商對於投資風險現況之評價下降的趨勢，以下分別探討TEEMA 2010年投資風險度30項指標、四大評估構面、平均觀點剖析投資風險度、整體觀點剖析投資風險度：

1. **就社會風險構面而言**：由表14-2顯示，2010年《TEEMA調查報告》之評價分數為2.279，相較於2009年的評分提升0.060分，2008年至2010年三年間，此項構面的排名變化極大，原本名列第三，2009年上升為四構面表現最好，爾後2010年一落千丈跌至第四，顯示中國大陸的社會風險情況不甚穩定，三年變化狀況極大，且社會風險構面內的三項指標分數均上升，顯示整體社會風險每況愈下。由表14-3顯示，台商給與負面評價前三項指標排名為：（1）「當地人身財產安全受到威脅的風險」（2.240）；（2）「當地發生員工抗議、抗爭事件頻繁的風險」（2.291）；（3）「當地發生勞資或經貿糾紛不易排解的風

險」（2.307），其中又以當地人身財產安全受到威脅的風險分數落差最大，也是社會風險構面分數提高最多的指標，較2009年提高0.079分，根據海基會資料（2010）顯示，自1991累積至2010年5月底，台商經貿糾紛案件共3,655件，其中人身安全類所占比例約52.62%，共2,106件，財產法益類則占42.38%，共1,549件，顯示台商於中國大陸投資，社會風險之警戒須再提升，避免發生不必要之問題。

2. 就法制風險構面而言：由表14-2顯示，2010年《TEEMA調查報告》之評價為2.207分，相較於2009年的評分減少0.105分，也是投資風險四構面表現最好的構面，法制風險構面包含8個指標，風險最高的三項指標分別為：（1）「當地政府行政命令經常變動的風險（2.251）」；（2）「與當地政府協商過程難以掌控的風險（2.226）」；（3）「官員對法令、合同、規範執行不一致的風險（2.213）」，值得注意的是「當地政府行政命令經常變動的風險」，長久以來皆為台商評價最低的指標，2009年位於是投資風險度30個細項指標，排名最後的指標，顯示中國大陸存有朝令夕改的法制風險，而指標表現最好的前三項為：（1）「當地常以刑事方式處理經濟案件的風險（2.166）」；（2）「當地政府以不當方式要求台商回饋的風險（2.182）」；（3）「政府調解、仲裁糾紛對台商不公平程度風險（2.205）」，其中多與政府處理相關，顯示中國大陸政府對於要求回饋、調節糾紛等方面控管較佳，法制風險分數逐年下降，這與中國大陸地方政府積極服務台商相關，為加速台商佈局各經濟區，中國大陸政府保障台商權益，對於法制的控管更加嚴謹，並提供許多服務，如福建省泉州市惠安縣司法局與部分台商企業簽訂公證法律顧問協定，指派公證員、律師、法律服務人員擔任企業常年法律顧問；在台商投資區成立法律援助服務站點，方便投資區企業和務工人員申請法律援助和諮詢，促進兩岸交流提供優質高效的法律服務，並提供台企優質法律服務，因此台商對於法制風險的評價轉好。

3. 就經濟風險構面而言：2010《TEEMA調查報告》經濟風險構面排名第2，整體構面評價分數為2.265分，相較於2008年2.229分提高0.036，顯示經濟風險存有上升的疑慮，經濟風險構面包含七項指標，風險最高的前三項為：（1）「台商藉由當地銀行體系籌措與取得資金困難（2.320）」；（2）「當地外匯嚴格管制及利潤匯出不易的風險（2.287）」；（3）「當地政府收費、攤派、罰款項目繁多的風險（2.282）」，特別是「台商藉由當地銀行體系籌措與取得資金困難」的細項指標均敬陪末座，且2010年分數亦較2009年來得高，顯示台商對於當地銀行資金取得評價較低。表現最佳的前三明細項分別為：（1）「當地政府對台商優惠政策無法兌現的風險（2.225）」；（2）「當地政府保護主義濃厚影響企業獲利的風險（2.230）」；（3）「台商企業在當地發生經貿糾紛頻繁的風險（2.241）」，由於台商受限於政策法令規範，在中國大陸銀行取得資金不易，另由表現較佳的指標分析可知，中國大陸地方政府給予台商諸多協助與照顧，特別是優惠政策的兌現，顯示其重視對於外資的允諾，才能夠引進更多外資的進駐。

4. **就經營風險構面而言**：由表14-2顯示，2010《TEEMA調查報告》的評價為2.273分，為四大構面中的第三位與2009年名次相同，且由2006至2010年數據可觀察出經營風險構面排名日漸上升，顯示台商對此構面重視度提升且評價轉好。如表14-3顯示，經營風險構面包括12個細項指標，表現較好的前五項指標為：（1）「當地政府干預台商企業經營運作的風險（2.164）」；（2）「當地台商因經貿、稅務糾紛被羈押的風險（2.194）」；（3）「當地物流、運輸、通路狀況不易掌握的風險（2.203）」；（4）「貨物通關時，受當地海關行政阻擾的風險（2.214）」；（5）「當地配套廠商供應不穩定的風險（2.217）」，特別是「當地政府干預台商企業經營運作的風險」指標，自2006年始逐漸往上攀升至第一名，表示此風險極小，台商給予評價較高，也表示地方政府較不會干預台商企業的經營運作，而在「當地配套廠商供應不穩定的風險」指標中，為第四個風險得分減少的指標，較2009年減少0.253分。另外，表現較差的三個指標為：（1）「政府對內資與台資企業不公平待遇（2.447）」；（2）「員工缺乏忠誠度造成人員流動率頻繁的風險（2.354）」；（3）「當地適任人才及員工招募不易的風險（2.345）」，此三項指標也是整個投資風險度最後三名指標，與過去三年調查相比，情況相同，顯示台商聘用員工所遭遇的問題為經營風險最困難的部分，特別是在流動率與適任人才招募的問題，因此，建立起雙方互動與了解平台，以及管理者跨文化管理是迫切需要的。

5. **就整體投資風險度而言**：根據表14-2顯示，2010《TEEMA調查報告》投資風險度整體評價與2009年同為2.256分，而2008年起至現在，投資風險構面整體分數呈現下降趨勢，顯示中國大陸的投資風險正逐漸改善，台商評價上升，但四構面的排名出現落差，2010年構面排名為：（1）法制風險（2.207）；（2）經濟風險（2.265）；（3）經營風險（2.273）；（4）社會風險（2.279），其中社會風險由2009年的第一名跌落至第四名，根據海基會資料（2010）顯示，2009年全年經貿糾紛案件高達796件，較2008年多了254件貿易糾紛案件，也是歷年最高的一年，因此台商於中國大陸投資，除面對企業的投資風險之外，仍須注意自身的風險。

6. **就投資風險度歷年排名變化而言**：表14-1為2010《TEEMA調查報告》針對2005至2009投資風險度評估指標進行排名比較分析，觀察2000年至2010年，經營構面中的「當地企業信用不佳欠債追索不易的風險」與「當地適任人才及員工招募不易的風險」兩細項指標，2006～2010排名均在風險較高前十名，加上「政府對內資與台資企業不公平待遇」、「員工缺乏忠誠度造成人員流動率頻繁的風險」、「員工道德操守造成台商企業營運損失的風險」，名列投資風險程度前五大的風險，顯示台商於中國大陸經營，對於員工任用與企業信用仍存有大的疑慮，而社會風險的「當地發生員工抗議、抗爭事件頻繁的風險」與「當地發生勞資或經貿糾紛不易排解的風險」則逐年呈現攀升的狀況，2009與2010則已經達前十名，顯示當地勞工意識崛起，且近民工荒、罷工事件時有所聞，因此，企業給予的評價較低。「當地常以刑事方式處理經濟案件的風險」，五年內均維持在風險較低前十名的細項指標，此外「當地物流、運輸、通路狀況不易掌握的風險」、「當地政府以不當方式要求台商回饋的風險」、「當地政府干預台商企業經營運作的風險」、「當地人身財產安全受到威脅的風險」則是2006年至2010年排名前五名風險低的細項指標。

表14-1　2006～2010 TEEMA中國大陸投資風險度指標評分與排名分析

投資風險度評估構面與指標	2010		2009		2008		2007		2006		2006～2010	
	評分	排名	評分	排名	評分	排名	評分	排名	評分	排名	排名平均	總排名
社會-01）當地發生員工抗議、抗爭事件頻繁的風險	2.291	23	2.255	19	2.720	27	2.490	12	2.460	07	17.600	19
社會-02）當地發生勞資或經貿糾紛不易排解的風險	2.307	25	2.254	18	2.670	24	2.460	08	2.480	13	17.600	19
社會-03）當地人身財產安全受到威脅的風險	2.240	15	2.161	06	2.520	07	2.420	03	2.440	03	6.800	05
法制-01）當地政府行政命令經常變動的風險	2.251	18	2.663	31	2.600	16	2.520	18	2.510	22	21.000	24
法制-02）違反對台商合法取得土地使用權承諾風險	2.205	07	2.52	29	2.480	04	2.410	02	2.430	02	8.800	06
法制-03）官員對法令、合同、規範執行不一致的風險	2.213	09	2.181	10	2.540	10	2.450	06	2.480	13	9.600	07
法制-04）與當地政府協商過程難以掌控的風險	2.226	13	2.52	29	2.520	07	2.490	12	2.480	13	14.800	13
法制-05）政府調解、仲裁糾紛對台商不公平程度風險	2.205	06	2.17	09	2.540	10	2.480	10	2.490	18	10.600	09
法制-06）機構無法有效執行司法及仲裁結果的風險	2.210	08	2.187	11	2.530	09	2.520	18	2.440	03	9.800	08
法制-07）當地政府以不當方式要求台商回饋的風險	2.182	03	2.13	03	2.510	06	2.500	15	2.450	05	6.400	03
法制-08）當地常以刑事方式處理經濟案件的風險	2.166	02	2.121	02	2.480	04	2.470	09	2.460	07	4.800	01
經濟-01）當地外匯嚴格管制及利潤匯出不易的風險	2.287	22	2.287	21	2.660	23	2.690	30	2.500	19	23.000	25
經濟-02）當地的地方稅賦政策變動頻繁的風險	2.270	19	2.256	20	2.540	10	2.500	15	2.610	28	18.400	21
經濟-03）台商藉由當地銀行體系籌措與取得資金困難	2.320	27	2.288	22	2.670	24	2.550	23	2.460	07	20.600	23
經濟-04）當地政府對台商優惠政策無法兌現的風險	2.225	12	2.164	07	2.540	10	2.480	10	2.510	22	12.200	11

表14-1　2006～2010 TEEMA中國大陸投資風險度指標評分與排名分析（續）

投資風險度評估構面與指標	2010		2009		2008		2007		2006		2006～2010	
	評分	排名	評分	排名	評分	排名	評分	排名	評分	排名	排名平均	總排名
經濟-06）當地政府保護主義濃厚影響企業獲利的風險	2.230	14	2.192	12	2.630	20	2.520	18	2.510	22	17.200	17
經濟-07）當地政府收費、攤派、罰款項目繁多的風險	2.282	21	2.213	16	2.610	18	2.570	24	2.500	19	19.600	22
經營-01）當地水電、燃氣、能源供應不穩定的風險	2.242	17	2.199	13	2.690	26	2.590	26	2.450	05	17.400	18
經營-02）當地物流、運輸、通路狀況不易掌握的風險	2.203	05	2.147	04	2.440	02	2.390	01	2.500	19	6.200	02
經營-03）當地配套廠商供應不穩定的風險	2.217	11	2.47	28	2.470	03	2.490	12	2.520	26	16.000	15
經營-04）當地企業信用不佳欠債追索不易的風險	2.314	26	2.296	24	2.750	28	2.660	28	2.640	30	27.200	26
經營-05）員工道德操守造成台商企業營運損失的風險	2.303	24	2.299	25	2.890	31	2.830	31	2.610	28	27.800	28
經營-06）當地適任人才及員工招募不易的風險	2.345	28	2.294	23	2.780	29	2.610	27	2.650	31	27.600	27
經營-07）員工缺乏忠誠度造成人員流動率頻繁的風險	2.354	29	2.348	26	2.820	30	2.680	29	2.540	27	28.200	29
經營-08）當地經營企業維持人際網絡成本過高的風險	2.281	20	2.245	17	2.650	21	2.570	24	2.410	01	16.600	16
經營-09）當地政府干預台商企業經營運作的風險	2.164	01	2.091	01	2.610	18	2.420	03	2.470	10	6.600	04
經營-10）當地台商因經貿、稅務糾紛被羈押的風險	2.194	04	2.166	08	2.590	15	2.520	18	2.480	13	11.600	10
經營-11）貨物通關時，受當地海關行政阻擾的風險	2.214	10	2.158	05	2.580	14	2.530	22	2.510	22	14.600	12
經營-12）政府對內資與台資企業不公平待遇	2.447	30	-	-	-	-	-	-	-	-	30.000	30

表14-2　2010 TEEMA中國大陸投資風險度構面平均觀點評分與排名

投資風險度評估構面	2010		2009		2008		2007		2006		2006～2010	
	評分	排名	評分	排名	評分	排名	評分	排名	評分	排名	評分	排名
❶ 社會風險	2.279	4	2.219	1	2.640	3	2.460	1	2.460	1	2.412	2
❷ 法制風險	2.207	1	2.312	4	2.530	1	2.480	2	2.470	2	2.400	1
❸ 經濟風險	2.265	2	2.229	2	2.610	2	2.550	3	2.520	3	2.435	3
❹ 經營風險	2.273	3	2.262	3	2.640	3	2.560	4	2.520	3	2.451	4
平均值	2.256		2.256		2.600		2.530		2.500		2.424	

二、2009～2010TEEMA中國大陸投資風險度比較分析

2010《TEEMA調查報告》之2009～2010中國大陸投資風險度比較分析結果，如表14-2所顯示，2009年的問卷對投資風險透過30項評估指標，探討TEEMA 2009～2010中國大陸投資風險度四大構面，並對四大構面進行差異分析，其結果以及排名變化如表14-3所示。

1. 就30項評估指標而言：2010《TEEMA調查報告》在投資風險度的30項評估指標排名中，共有四項指標較2009年進步，佔30項指標中的13.33%，指標為「當地政府行政命令經常變動的風險」、「違反對台商合法取得土地使用權承諾風險」、「與當地政府協商過程難以掌控的風險」、「當地配套廠商供應不穩定的風險」，而當地外匯嚴格管制及利潤匯出不易的風險」則與2009年持平，其餘的25個風險指標皆呈現上升的狀況，表示台商投資風險有增加的潛在憂慮。

2. 就30項評估指標差異分析而言：從表14-3可知，評估指標與2009年進行差異分析，分數下降評估指標為法制風險構面「當地政府行政命令經常變動的風險」、「違反對台商合法取得土地使用權承諾風險」、「與當地政府協商過程難以掌控的風險」、經營風險構面的「當地配套廠商供應不穩定的風險」，而社會風險構面的「當地人身財產安全受到威脅的風險」上升最多，顯示中國大陸2010年的政府法制環境趨向穩定，但是社會風險出現惡化的現象。

3. 就10項最優指標排名變化分析而言：根據表14-1顯示，2010《TEEMA調查報告》投資風險度排名前三名與2009年前三名相同，顯示中國大陸對於台商經營自由具有一定水準，且法制風險逐漸下降，另前十名中最值得重視為排名第七，法制風險構面的「違反對台商合法取得土地使用權承諾風險」，比2009年排名29名大幅度提升，顯示中國大陸政府承諾給予台商土地使用權不會輕易更動，更表示對台商的重視程度上升。

4. 就10項最劣指標排名變化分析而言：根據表14-1顯示，2010《TEEMA調查報告》排名最後的指標為「政府對內資與台資企業不公平待遇」，此為2010年新增之評估指標，近年來中國大陸政府挹注大量資源扶植陸資企業，相較而言，台商企業獲得支持較少，第25名社會風險構面「當地發生勞資或經貿糾紛不易排解的風險」，排名下降7個名次，而「員工缺乏忠誠度造成人員流動率頻繁的風險（2.354）」與「當地適任人才及員工招募不易的風險」則為第二與第三劣之指標，更呼應出近期的缺工狀況，也突顯員工招聘與任用的困境。

5. 就四項評估構面而言：2010《TEEMA調查報告》年在四項投資風險度評估構面排名為：（1）法制風險；（2）經濟風險；（3）經營風險；（4）社會風險，相較於2009年社會風險構面與法制風險構面名次對調，而整體風險分數全面呈現風險上升趨勢，年度投資風險度提高0.001分，其中又以社會風險提高0.060分為最多。

表14-3　2009～2010 TEEMA投資風險度差異與排名變化分析

投資風險度評估構面與指標	2010評分	2009評分	2009～2010差異分析	排名		
				▲	▼	—
社會-01）當地發生員工抗議、抗爭事件頻繁的風險	2.291	2.255	0.036	14	-	-
社會-02）當地發生勞資或經貿糾紛不易排解的風險	2.307	2.254	0.053	07	-	-
社會-03）當地人身財產安全受到威脅的風險	2.240	2.161	0.079	01	-	-
法制-01）當地政府行政命令經常變動的風險	2.251	2.663	-0.412	-	01	-
法制-02）違反對台商合法取得土地使用權承諾風險	2.205	2.520	-0.315	-	02	-
法制-03）官員對法令、合同、規範執行不一致的風險	2.213	2.181	0.032	17	-	-
法制-04）與當地政府協商過程難以掌控的風險	2.226	2.520	-0.294	-	03	-
法制-05）政府調解、仲裁糾紛對台商不公平程度風險	2.205	2.170	0.035	16	-	-
法制-06）機構無法有效執行司法及仲裁結果的風險	2.210	2.187	0.023	20	-	-
法制-07）當地政府以不當方式要求台商回饋的風險	2.182	2.130	0.052	08	-	-
法制-08）當地常以刑事方式處理經濟案件的風險	2.166	2.121	0.045	10	-	-
經濟-01）當地外匯嚴格管制及利潤匯出不易的風險	2.287	2.287	0.000	-	-	01
經濟-02）當地的地方稅賦政策變動頻繁的風險	2.270	2.256	0.014	22	-	-
經濟-03）台商藉由當地銀行體系籌措與取得資金困難	2.320	2.288	0.032	17	-	-
經濟-04）當地政府對台商優惠政策無法兌現的風險	2.225	2.164	0.061	04	-	-
經濟-05）台商企業在當地發生經貿糾紛頻繁的風險	2.241	2.200	0.041	12	-	-
經濟-06）當地政府保護主義濃厚影響企業獲利的風險	2.230	2.192	0.038	13	-	-
經濟-07）當地政府收費、攤派、罰款項目繁多的風險	2.282	2.213	0.069	03	-	-
經營-01）當地水電、燃氣、能源供應不穩定的風險	2.242	2.199	0.043	11	-	-

表14-3　2009～2010 TEEMA投資風險度差異與排名變化分析（續）

投資風險度評估構面與指標	2010評分	2009評分	2009～2010差異分析	排名		
				▲	▼	—
經營-03）當地配套廠商供應不穩定的風險	2.217	2.470	-0.253	-	04	-
經營-04）當地企業信用不佳欠債追索不易的風險	2.314	2.296	0.018	21	-	-
經營-05）員工道德操守造成台商企業營運損失的風險	2.303	2.299	0.004	24	-	-
經營-06）當地適任人才及員工招募不易的風險	2.345	2.294	0.051	09	-	-
經營-07）員工缺乏忠誠度造成人員流動率頻繁的風險	2.354	2.348	0.006	23	-	-
經營-08）當地經營企業維持人際網絡成本過高的風險	2.281	2.245	0.036	14	-	-
經營-09）當地政府干預台商企業經營運作的風險	2.164	2.091	0.073	02	-	-
經營-10）當地台商因經貿、稅務糾紛被羈押的風險	2.194	2.166	0.028	19	-	-
經營-11）貨物通關時，受當地海關行政阻擾的風險	2.214	2.158	0.056	05	-	-
經營-12）政府對內資與台資企業不公平待遇	2.447	-	-	-	-	-

表14-4　2009～2010 TEEMA投資風險度細項指標變化排名分析

投資風險度構面	2010評分	2009評分	2009～2010差異分析	名次	細項指標			
					指標數	▲	▼	—
❶ 社會風險	2.279	2.219	0.060	4	3	3	0	0
❷ 法制風險	2.207	2.312	-0.105	1	8	5	3	0
❸ 經濟風險	2.265	2.229	0.036	3	7	6	0	1
❹ 經營風險	2.273	2.262	0.011	2	12	10	1	0
投資風險度平均	2.256	2.255	0.001	-	30	24	4	1
百分比					100.00%	80.00%	13.33%	3.33%

表14-5為2010 TEEMA投資風險度的前10佳指標分別為：（1）當地政府干預台商企業經營運作的風險；（2）當地常以刑事方式處理經濟案件的風險；（3）當地政府以不當方式要求台商回饋的風險；（4）當地台商因經貿、稅務糾紛被羈押的風險；（5）當地物流、運輸、通路狀況不易掌握的風險；（6）政府調解、仲裁糾紛對台商不公平程度風險；（7）違反對台商合法取得土地使用權承諾風險；（8）機構無法有效執行司法及仲裁結果的風險；（9）官員對法令、合同、規範執行不一致的風險；（10）貨物通關時，受當地海關行政阻擾的風險。表14-5統計分析結果，2009、2010連續兩年都名列投資風險度最優的10大指標有八項，分別為「當地政府干預台商企業經營運作的風險」「當地常以刑事方式處理經濟案件的風險」、「當地政府以不當方式要求台商回饋的風險」、「當地

台商因經貿、稅務糾紛被羈押的風險」、「當地物流、運輸、通路狀況不易掌握的風險」、「政府調解、仲裁糾紛對台商不公平程度風險」、「官員對法令、合同、規範執行不一致的風險」、「貨物通關時，受當地海關行政阻擾的風險」。

表14-5 2010 TEEMA投資風險度排名10大最優指標

投資風險度排名10大最優指標	2010		2009	
	評分	排名	評分	排名
經營-09）當地政府干預台商企業經營運作的風險	2.164	01	2.091	01
法制-08）當地常以刑事方式處理經濟案件的風險	2.166	02	2.121	02
法制-07）當地政府以不當方式要求台商回饋的風險	2.182	03	2.130	03
經營-10）當地台商因經貿、稅務糾紛被羈押的風險	2.194	04	2.166	08
經營-02）當地物流、運輸、通路狀況不易掌握的風險	2.203	05	2.147	04
法制-05）政府調解、仲裁糾紛對台商不公平程度風險	2.205	06	2.170	09
法制-02）違反對台商合法取得土地使用權承諾風險	2.205	07	2.520	29
法制-06）機構無法有效執行司法及仲裁結果的風險	2.210	08	2.187	11
法制-03）官員對法令、合同、規範執行不一致的風險	2.213	09	2.181	10
經營-11）貨物通關時，受當地海關行政阻擾的風險	2.214	10	2.158	05

資料來源：本研究整理

2010 TEEMA投資風險度的前10劣指標評估結果及該指標2009年的排名與分數，如表14-6所示，分別為：（1）政府對內資與台資企業不公平待遇；（2）員工缺乏忠誠度造成人員流動率頻繁的風險；（3）當地適任人才及員工招募不易的風險；（4）台商藉由當地銀行體系籌措與取得資金困難；（5）當地企業信用不佳欠債追索不易的風險；（6）當地發生勞資或經貿糾紛不易排解的風險；（7）員工道德操守造成台商企業營運損失的風險；（8）當地發生員工抗議、抗爭事件頻繁的風險；（9）當地外匯嚴格管制及利潤匯出不易的風險；（10）當地政府收費、攤派、罰款項目繁多的風險。2009、2010連續兩年都名列投資風險度最劣的10大指標有六項，分別為「員工缺乏忠誠度造成人員流動率頻繁的風險」、「當地適任人才及員工招募不易的風險」、「台商藉由當地銀行體系籌措與取得資金困難」、「當地企業信用不佳欠債追索不易的風險」、「員工道德操守造成台商企業營運損失的風險」、「當地外匯嚴格管制及利潤匯出不易的風險」。

表14-6　2010 TEEMA投資風險度排名10大劣勢指標

投資風險度排名10大劣勢指標	2010		2009	
	評分	排名	評分	排名
經營-12）政府對內資與台資企業不公平待遇	2.447	01	-	-
經營-07）員工缺乏忠誠度造成人員流動率頻繁的風險	2.354	02	2.348	05
經營-06）當地適任人才及員工招募不易的風險	2.345	03	2.294	08
經濟-03）台商藉由當地銀行體系籌措與取得資金困難	2.320	04	2.288	09
經營-04）當地企業信用不佳欠債追索不易的風險	2.314	05	2.296	07
社會-02）當地發生勞資或經貿糾紛不易排解的風險	2.307	06	2.254	13
經營-05）員工道德操守造成台商企業營運損失的風險	2.303	07	2.299	06
社會-01）當地發生員工抗議、抗爭事件頻繁的風險	2.291	08	2.255	12
經濟-01）當地外匯嚴格管制及利潤匯出不易的風險	2.287	09	2.287	10
經濟-07）當地政府收費、攤派、罰款項目繁多的風險	2.282	10	2.213	15

2010《TEEMA調查報告》針對2010投資風險度調查指標與2010進行差異分析，列出幅度增加最多的前10項指標，並整理如表14-7所示。風險幅度增加最多的前10項指標依序分別為：（1）當地人身財產安全受到威脅的風險（增加0.079分）；（2）當地政府干預台商企業經營運作的風險（增加0.073分）；（3）當地政府收費、攤派、罰款項目繁多的風險（增加0.069分）；（4）當地政府對台商優惠政策無法兌現的風險（增加0.061分）；（5）貨物通關時，受當地海關行政阻擾的風險（增加0.056分）；（6）當地物流、運輸、通路狀況不易掌握的風險（增加0.056分）；（7）當地發生勞資或經貿糾紛不易排解的風險（增加0.053分）；（8）當地政府以不當方式要求台商回饋的風險（增加0.052分）；（9）當地適任人才及員工招募不易的風險（增加0.051分）；（10）當地常以刑事方式處理經濟案件的風險（增加0.045分）。

表14-7　2009～2010 TEEMA投資風險度指標變化前10劣排名

投資風險度細項指標	2009～2010 差異分數	風險上升 前10名
社會-03）當地人身財產安全受到威脅的風險	+0.079	01
經營-09）當地政府干預台商企業經營運作的風險	+0.073	02
經濟-07）當地政府收費、攤派、罰款項目繁多的風險	+0.069	03
經濟-04）當地政府對台商優惠政策無法兌現的風險	+0.061	04
經營-11）貨物通關時，受當地海關行政阻擾的風險	+0.056	05
經營-02）當地物流、運輸、通路狀況不易掌握的風險	+0.056	05
社會-02）當地發生勞資或經貿糾紛不易排解的風險	+0.053	07
法制-07）當地政府以不當方式要求台商回饋的風險	+0.052	08
經營-06）當地適任人才及員工招募不易的風險	+0.051	09
法制-08）當地常以刑事方式處理經濟案件的風險	+0.045	10

三、2010 TEEMA中國大陸城市投資風險度分析

表14-8為2010《TEEMA調查報告》所列入評估的100個城市進行投資風險調查之統計排名，並針對四大投資風險構面城市排名，整理如表14-9 所示，有關投資風險度之總結評論如下：

1. 就投資風險度10佳城市而言：依據2010《TEEMA調查報告》顯示投資風險度排名前10名的城市依序為：（1）蘇州昆山；（2）上海閔行；（3）天津濱海；（4）南京江寧；（5）杭州蕭山；（6）青島；（7）南昌；（8）蘇州工業區；（9）廈門島外；（10）蘇州市區；其中2010與2009同時名列投資風險度前10佳的城市為蘇州昆山、上海閔行、南京江寧、青島、南昌、蘇州工業區、廈門島外等七個評估城市，顯示城市風險排名變化不大，特別是江蘇省的重點城市，皆位居極佳之位置，蘇州昆山連續兩年蟬聯投資風險度最佳城市冠軍。上海閔行由2009年的第9名向上攀升至第二，且投資風險度四大構面，均有良好之表現。天津濱海更是由原本的14名，大幅躍升名列第三，然而根據投資風險度四構面分析而言，社會風險構面排名第12較不理想，其餘三大構面皆有良好表現。

2. 就投資風險度10劣城市而言：依據2010《TEEMA調查報告》顯示投資風險度排名前10劣的城市依序為：（1）蘭州；（2）哈爾濱；（3）宜昌；（4）長春；（5）深圳龍岡；（6）北海；（7）貴陽；（8）深圳寶安；（9）太原；（10）江門，2010與2009同時名列投資風險度前10劣的城市為蘭州、哈爾濱、宜昌、長春、深圳龍岡、太原等六城市，上述城市多為非一級城市，台商投資較少，其中蘭州連續名列投資風險度最劣之城市，可望在中國大陸西部大開發政策引導之下，位於甘肅省的蘭州市能有效改善投資環境。

表14-8 2010 TEEMA中國大陸城市投資風險度排名分析

排名	城市	省市自治區	地區	❶ 社會風險		❷ 法制風險		❸ 經濟風險		❹ 經營風險		投資風險度	
				評分	排名	評分	排名	評分	排名	評分	排名	評分	加權分數
01	蘇州昆山	江蘇省	華東	1.741	01	1.599	01	1.718	01	1.759	02	1.705	99.640
02	上海閔行	上海市	華東	1.762	03	1.746	03	1.759	03	1.789	05	1.766	97.290
03	天津濱海	天津市	華北	1.886	12	1.746	04	1.783	05	1.768	03	1.779	96.240
04	南京江寧	江蘇省	華東	1.789	05	1.803	08	1.762	04	1.773	04	1.779	95.890
05	杭州蕭山	浙江省	華東	1.833	09	1.697	02	1.720	02	1.979	12	1.816	94.791
06	青　　島	山東省	華北	1.760	02	1.805	09	1.798	06	1.811	06	1.801	94.641
07	南　　昌	江西省	華中	1.794	06	1.842	10	1.864	10	1.745	01	1.810	94.541
08	蘇州工業區	江蘇省	華東	1.825	08	1.792	07	1.799	07	1.869	08	1.825	93.541
09	廈門島外	福建省	華南	1.774	04	1.771	06	1.842	09	1.872	09	1.828	93.241
10	蘇州市區	江蘇省	華東	1.823	07	1.750	05	1.835	08	2.005	15	1.872	91.391
11	威　　海	山東省	華北	1.854	10	1.883	12	1.884	12	1.859	07	1.872	90.941
12	濟　　南	山東省	華北	2.040	25	1.865	11	1.874	11	1.984	13	1.927	87.891
13	南京市區	江蘇省	華東	1.940	16	1.946	23	2.015	20	1.920	10	1.957	84.142
14	成　　都	四川省	西南	1.932	15	1.952	26	1.981	16	1.992	14	1.972	83.292
15	無錫江陰	江蘇省	華東	1.883	11	1.919	18	1.988	17	2.029	24	1.975	81.892
16	徐　　州	江蘇省	華東	2.077	30	1.889	13	1.945	14	2.032	26	1.975	81.442
17	蘇州新區	江蘇省	華東	2.043	26	1.900	16	2.027	22	2.019	21	1.994	80.442
18	淮　　安	江蘇省	華東	2.157	40	1.992	29	2.000	19	1.978	11	2.006	80.192
19	重　　慶	重慶市	西南	1.921	14	1.960	27	2.038	24	2.018	20	2.000	78.642
20	寧波北侖	浙江省	華東	2.125	36	1.943	22	1.964	15	2.044	28	2.003	77.592
21	廈門島內	福建省	華南	1.920	13	1.940	21	2.051	28	2.055	29	2.011	75.892
22	大　　連	遼寧省	東北	2.048	27	1.899	15	2.061	30	2.056	31	2.017	74.693
23	北京亦庄	北京市	華北	2.103	33	2.067	44	2.044	25	2.011	17	2.044	73.243
24	煙　　台	山東省	華北	2.275	61	1.993	30	2.059	29	2.010	16	2.047	73.093
25	鎮　　江	江蘇省	華東	1.944	17	1.948	24	2.113	41	2.028	23	2.025	72.943

表14-8　2010 TEEMA中國大陸城市投資風險度排名分析（續）

排名	城市	省市自治區	地區	❶社會風險		❷法制風險		❸經濟風險		❹經營風險		投資風險度	
				評分	排名	評分	排名	評分	排名	評分	排名	評分	加權分數
26	揚州	江蘇省	華東	2.014	22	2.010	33	2.048	26	2.080	34	2.046	70.843
27	南通	江蘇省	華東	2.053	28	1.975	28	2.029	23	2.117	39	2.048	70.643
28	連雲港	江蘇省	華東	2.261	59	1.951	25	1.907	13	2.127	41	2.030	70.593
29	杭州市區	浙江省	華東	2.240	53	1.934	19	2.154	51	2.013	18	2.058	69.343
30	日照	山東省	華北	1.956	18	1.892	14	2.200	57	2.039	27	2.042	69.143
31	寧波慈溪	浙江省	華東	2.127	37	1.917	17	2.048	26	2.147	47	2.058	68.793
32	泰安	山東省	華北	2.104	34	2.086	45	1.990	18	2.125	40	2.073	66.943
33	無錫宜興	江蘇省	華東	1.960	19	2.135	53	2.086	35	2.030	25	2.066	66.593
34	北京市區	北京市	華北	2.000	20	2.165	57	2.101	39	2.016	19	2.077	66.393
35	蘇州吳江	江蘇省	華東	2.131	38	2.044	39	2.064	32	2.075	33	2.070	66.293
36	無錫市區	江蘇省	華東	2.173	42	2.125	50	2.090	36	2.022	22	2.083	65.793
37	寧波市區	浙江省	華東	2.194	43	2.031	37	2.018	21	2.142	46	2.082	65.044
38	上海浦東	上海市	華東	2.032	23	2.018	35	2.136	45	2.086	36	2.078	63.844
39	常州	江蘇省	華東	2.159	41	2.006	32	2.178	53	2.055	30	2.090	62.494
40	廊坊	河北省	華北	2.368	71	1.934	20	2.128	43	2.127	42	2.103	61.294
41	上海市區	上海市	華東	2.087	31	2.163	56	2.082	34	2.109	38	2.112	60.394
42	蘇州太倉	江蘇省	華東	2.122	35	2.109	48	2.124	42	2.097	37	2.111	59.944
43	合肥	安徽省	華中	2.227	51	2.035	38	2.079	33	2.224	55	2.133	57.244
44	嘉興市區	浙江省	華東	2.039	24	2.004	31	2.128	44	2.259	59	2.134	56.994
45	杭州餘杭	浙江省	華東	2.222	49	2.098	47	2.208	59	2.074	32	2.135	55.445
46	上海嘉定	上海市	華東	2.145	39	2.130	51	2.093	37	2.168	51	2.134	55.395
47	福州市區	福建省	華南	2.214	46	2.136	54	2.197	55	2.085	35	2.144	54.145
48	蘇州張家港	江蘇省	華東	2.246	56	2.054	42	2.143	47	2.156	49	2.136	53.645
49	保定	河北省	華北	2.378	72	2.051	41	2.152	50	2.128	43	2.141	53.495
50	嘉興嘉善	浙江省	華東	2.222	49	2.131	52	2.109	40	2.178	52	2.150	52.895

表14-8　2010 TEEMA中國大陸城市投資風險度排名分析（續）

排名	城市	省市自治區	地區	❶社會風險		❷法制風險		❸經濟風險		❹經營風險		投資風險度	
				評分	排名	評分	排名	評分	排名	評分	排名	評分	加權分數
51	寧波奉化	浙江省	華東	2.076	29	2.011	34	2.138	46	2.312	68	2.161	51.995
52	廣州天河	廣東省	華南	2.431	76	2.218	64	2.095	38	2.153	48	2.180	49.195
53	泰　州	江蘇省	華東	2.217	47	2.113	49	2.171	52	2.233	56	2.183	48.845
54	桂　林	廣　西	西南	2.255	58	2.022	36	2.151	49	2.294	66	2.179	48.395
55	武漢漢口	湖北省	華中	2.333	69	2.060	43	2.184	54	2.223	54	2.181	48.245
56	鄭　州	河南省	華中	2.246	55	2.171	58	2.246	61	2.132	44	2.187	47.295
57	武漢武昌	湖北省	華中	2.217	47	2.256	72	2.064	31	2.271	63	2.200	46.945
58	武漢漢陽	湖北省	華中	2.233	52	2.219	65	2.200	57	2.138	45	2.186	46.695
59	上海松江	上海市	華東	2.000	20	2.050	40	2.281	67	2.279	64	2.194	46.495
60	東莞虎門	廣東省	華南	2.309	67	2.185	60	2.149	48	2.260	60	2.213	43.896
61	汕　頭	廣東省	華南	2.280	62	2.176	59	2.197	56	2.236	57	2.214	43.296
62	紹　興	浙江省	華東	2.439	78	2.154	55	2.218	60	2.186	53	2.213	42.896
63	石家莊	河北省	華北	2.396	74	2.234	68	2.250	63	2.156	50	2.228	40.196
64	寧波餘姚	浙江省	華東	2.246	56	2.087	46	2.255	65	2.413	77	2.267	37.446
65	泉　州	福建省	華南	2.297	64	2.210	61	2.343	69	2.268	62	2.279	36.946
66	珠　海	廣東省	華南	2.202	44	2.223	67	2.303	68	2.279	65	2.265	36.696
67	蘇州常熟	江蘇省	華東	2.261	59	2.212	62	2.248	62	2.349	72	2.276	35.796
68	漳　州	福建省	華南	2.321	68	2.237	69	2.363	71	2.239	58	2.284	35.347
69	佛　山	廣東省	華南	2.333	70	2.212	62	2.255	64	2.339	70	2.281	34.797
70	福州馬尾	福建省	華南	2.303	66	2.239	70	2.370	73	2.307	67	2.308	31.547
71	天津市區	天津市	華北	2.205	45	2.221	66	2.365	72	2.442	78	2.340	31.097
72	溫　州	浙江省	華東	2.098	32	2.522	83	2.277	66	2.413	76	2.368	30.647
73	昆　明	雲南省	西南	2.426	75	2.313	74	2.500	80	2.265	61	2.364	29.647
74	東莞石碣	廣東省	華南	2.243	54	2.346	75	2.421	76	2.346	71	2.358	29.197
75	中　山	廣東省	華南	2.484	80	2.242	71	2.350	70	2.405	75	2.356	27.997

表14-8 2010 TEEMA中國大陸城市投資風險度排名分析（續）

排名	城市	省市自治區	地區	❶社會風險		❷法制風險		❸經濟風險		❹經營風險		投資風險度	
				評分	排名	評分	排名	評分	排名	評分	排名	評分	加權分數
76	東莞長安	廣東省	華南	2.500	83	2.304	73	2.403	75	2.313	69	2.356	27.797
77	南寧	廣西	西南	2.289	63	2.396	77	2.392	74	2.358	73	2.371	27.697
78	九江	江西省	華中	2.490	81	2.404	78	2.513	81	2.377	74	2.436	23.198
79	惠州	廣東省	華南	2.383	73	2.437	79	2.461	77	2.538	80	2.474	22.848
80	長沙	湖南省	華中	2.542	85	2.383	76	2.473	78	2.552	82	2.485	21.398
81	東莞厚街	廣東省	華南	2.494	82	2.461	81	2.475	79	2.480	79	2.475	21.198
82	瀋陽	遼寧省	東北	2.303	65	2.460	80	2.578	85	2.652	87	2.547	18.548
83	西安	陝西省	西北	2.600	87	2.625	88	2.518	82	2.539	81	2.560	17.348
84	贛州	江西省	華中	2.436	77	2.615	87	2.593	86	2.611	84	2.589	16.348
85	廣州市區	廣東省	華南	2.611	88	2.573	85	2.577	84	2.646	86	2.604	15.649
86	莆田	福建省	華南	2.517	84	2.569	84	2.550	83	2.700	89	2.604	15.549
87	東莞市區	廣東省	華南	2.671	89	2.492	82	2.619	89	2.625	85	2.595	15.149
88	吉安	江西省	華中	2.544	86	2.649	89	2.602	88	2.594	83	2.605	14.699
89	深圳市區	廣東省	華南	2.752	90	2.580	86	2.597	87	2.691	88	2.641	13.599
90	襄樊	湖北省	華中	2.451	79	2.684	91	2.807	91	2.821	92	2.745	10.849
91	江門	廣東省	華南	2.787	91	2.662	90	2.629	90	2.763	91	2.700	10.549
92	太原	山西省	華北	3.042	95	2.742	92	3.071	95	2.755	90	2.875	8.499
93	深圳寶安	廣東省	華南	2.926	93	2.823	93	2.882	93	2.862	93	2.864	7.999
94	貴陽	貴州省	西南	2.875	92	2.841	94	2.810	92	2.912	94	2.860	7.799
95	北海	廣西	西南	3.118	97	2.846	95	2.958	94	2.936	95	2.938	6.099
96	深圳龍崗	廣東省	華南	3.083	96	2.942	96	3.168	96	2.940	96	3.023	5.000
97	長春	吉林省	東北	3.022	94	3.233	98	3.267	97	3.178	97	3.203	4.050
98	宜昌	湖北省	華中	3.370	98	3.167	97	3.389	98	3.218	98	3.272	3.250
99	哈爾濱	黑龍江	東北	3.583	99	3.531	99	3.688	100	3.550	99	3.590	1.700
100	蘭州	甘肅省	西北	3.778	100	3.583	100	3.675	99	3.671	100	3.661	1.300

表14-9 2010 TEEMA中國大陸城市投資風險度四大構面前10城市排名

排名	社會風險	法制風險	經濟風險	經營風險
❶	蘇州昆山	蘇州昆山	蘇州昆山	南　昌
❷	青　島	杭州蕭山	杭州蕭山	蘇州昆山
❸	上海閔行	上海閔行	上海閔行	天津濱海
❹	廈門島外	天津濱海	南京江寧	南京江寧
❺	南京江寧	蘇州市區	天津濱海	上海閔行
❻	南　昌	廈門島外	青　島	青　島
❼	蘇州市區	蘇州工業區	蘇州工業區	威　海
❽	蘇州工業區	南京江寧	蘇州市區	蘇州工業區
❾	杭州蕭山	青　島	廈門島外	廈門島外
❿	威　海	南　昌	南　昌	南京市區

四、2010 TEEMA中國大陸區域投資風險度分析

2010《TEEMA調查報告》針對中國大陸七大經濟區域進行投資風險度排行分析，根據表14-10所示，2010年投資風險度評估綜合排名依次為：（1）華東地區；（2）華北地區；（3）華南地區；（4）西南地區；（5）華中地區；（6）東北地區；（7）西北地區。

表14-10 2010 TEEMA中國大陸區域投資風險度排名分析

風險度構面	華東地區	華北地區	華南地區	西南地區	華中地區	東北地區	西北地區
❶ 社會風險	2.071	2.169	2.428	2.402	2.407	2.739	3.189
❷ 法制風險	1.998	2.049	2.347	2.333	2.374	2.781	3.104
❸ 經濟風險	2.049	2.121	2.404	2.404	2.418	2.898	3.096
❹ 經營風險	2.088	2.088	2.409	2.396	2.409	2.859	3.105
風險度評分	2.052	2.107	2.397	2.384	2.402	2.819	3.124
風險度排名	1	2	3	4	5	6	7

資料來源：本研究整理

華東地區表現極為良好，已連續三年蟬聯冠軍，顯示長三角仍為台商對風險評價較佳之區域，華北地區則是第三年排名第二，而西北地區自2006年起，中國大陸區域風險度連續五年敬陪末座，值得注意的是，華南地區由第六名向上攀升至第三名，探討其主因仍為海西特區的規劃，預計建設成為兩岸三通之樞紐，台商對其評價較高，華南地區一掃過去落後的陰霾，位居2010《TEEMA調查報

告》投資風險度排名上升最多之區域，西南地區則略降一名，但是由於西部開發規劃，投資環境與基礎建設仍在完備當中，台商給予投資風險仍給予較佳評比。

表14-11　2006～2010 TEEMA中國大陸區域投資風險度排名變化分析

地　區	2010		2009		2008		2007		2006		2006～2010	
	評分	排名	評分	排名	評分	排名	評分	排名	評分	排名	總分	排名
❶ 華東地區	2.052	1	1.924	1	2.130	1	2.490	2	2.200	1	5	1
❷ 華北地區	2.107	2	2.174	2	2.260	2	2.320	1	2.390	2	7	2
❸ 華南地區	2.397	3	2.597	6	2.930	4	2.940	6	2.730	4	19	5
❹ 西南地區	2.384	4	2.238	3	3.060	5	2.620	3	2.960	5	15	3
❺ 華中地區	2.402	5	2.484	4	2.820	3	2.730	4	2.480	3	16	4
❻ 東北地區	2.819	6	2.567	5	3.150	6	2.760	5	3.070	6	22	6
❼ 西北地區	3.124	7	3.203	7	3.920	7	3.110	7	3.520	7	28	7

資料來源：本研究整理

第15章 2010 TEEMA中國大陸「台商推薦度」

2010《TEEMA調查報告》延續城市競爭力和投資環境力的「兩力」以及投資風險度和台商推薦度的「兩度」評估模式，調查台商觀點的中國大陸城市競爭力，其中，有關「台商推薦度」衡量構面之主要研究目的，是針對已赴中國大陸投資的台灣企業母公司做調查，以在該城市投資台商的觀點與經驗，評價其過去對該城市之整體投資環境和投資風險的優劣程度，提供給正籌劃赴中國大陸投資的台商企業做為投資決策的參考依據。有關台商推薦度的指標在2005年《TEEMA調查報告》中，為反映更多方面的台商實際經商經驗，因此，特別將「台商推薦度」擴大成為6項衡量指標：（1）城市競爭力；（2）城市環境力；（3）投資風險度；（4）城市發展潛力；（5）投資效益；（6）內貿與內銷市場開拓。2006年《TEEMA調查報告》經過與學者、專家及台商協會會長討論，為了使衡量指標更加周延，因而將「台商推薦度」指標再延伸擴展成為10項衡量指標系統，包括：（1）城市競爭力；（2）投資環境力；（3）投資風險度；（4）城市發展潛力；（5）城市投資效益；（6）國際接軌程度；（7）台商權益保護；（8）政府行政效率；（9）內銷市場前景；（10）整體生活品質。2010《TEEMA調查報告》為了完整呈現各項重要指標的變化趨勢，並保留10項指標的比較基準，故仍舊依循上述10項衡量指標進行中國大陸100個城市的台商推薦度排名。

依據2010《TEEMA調查報告》對已在中國大陸投資的2,618位台商調查結果顯示，2010年台商推薦度與細項指標的城市排名順序，如表15所示，相關分析結果之重要內涵分述如下：

1. 就推薦度前10佳城市而言：2010《TEEMA調查報告》之結果顯示，在台商推薦度構面上，名列前10佳的城市依序是：（1）蘇州昆山；（2）南昌；（3）重慶；（4）無錫江陰；（5）蘇州工業區；（6）南京江寧；（7）成都；（8）寧波市區；（9）揚州；（10）天津濱海。2009及2010兩年皆列入台商推薦度前10名的城市，有蘇州昆山、南昌、重慶、無錫江陰、蘇州工業區、成都、揚州等七個城市。其中，蘇州昆山自2008年晉升至第一名後，連續三年於調查城市之中穩坐龍頭，探究其原因在於，昆山政府為協助台商升級轉型，提供台商轉型升級所需的資金，設立擔保貸款機制，並推出鼓勵轉型升級的講座，協助台商轉型升級，使許多台商受益匪淺，此外，昆山政府執行政策誠信度高，誠信兌現亦相當到位，皆獲得廣大台商的讚許。由上述分析可知，各城市必須長期落實其親商理念，如投資環境的優化、投資風險的降低、法律制度的完善、國際接軌程度的強化以及台商投資權益的保障等，以持續獲得台商高度支持與評價。

2. 就推薦度前10劣城市而言：2010《TEEMA調查報告》之結果顯示，在台商推薦度構面上，名列前10劣的城市依序是：（1）蘭州；（2）哈爾濱；（3）長春；（4）宜昌；（5）太原；（6）貴陽；（7）江門；（8）深圳龍崗；（9）北海；（10）深圳寶安。在2009至2010年連續落在台商推薦度前10劣的城市包括：蘭州、哈爾濱、長春、太原、江門、深圳龍崗以及深圳寶安等七個城市。其中連續兩年皆敬陪末座的城市為蘭州與哈爾濱，探究其可能原因是舊有缺失尚未改善或其改善力道不足，諸如：❶ 地理位置不佳；❷ 專業人才缺乏；❸ 經濟基礎落後；❹ 金融市場尚未健全等。雖然，偏遠地區的發展較為緩慢，但是各地方政府皆傾心為台灣營造更佳的投資環境而努力，如2010年2月20日召開的2010年專案建設提速年動員大會，發出建設大提速動員令：「北躍、南拓、中興、強縣」的發展戰略，預計2010年度投資900億元人民幣以上，並實施560個大項目以促進哈爾濱社會經濟達成「好發展、快發展、大發展」的目標。2010年6月2日蘭州市委常委、統戰部部長段英茹帶領市委統戰部、蘭州市台辦等負責人前往台資企業調研，並強調要大力完善台商的投資環境，吸引更多台資企業至蘭州投資。

3. 就台商推薦度10項指標分析而言：2010《TEEMA調查報告》在台商推薦度的10項細項指標中，蘇州昆山除在整體台商推薦度指標名列第一外，其國際接軌程度（4.437）以及整體生活品質（4.533）等2項細項指標亦是100個列入評估城市中的榜首，關鍵成功因素在於積極培養國際化人才，如引進留學回國人員、實施海外培訓等，此外亦利用其地緣優勢，大力實施開放帶動戰略，引進先進技術，實現由農業轉工商業城市的跨越式發展。南昌更是追隨著昆山的發展腳步，充分利用友善的環境資源、區位優勢和生產要素成本方面等各項特點，積極打造生產基地，配合現有的產業為招商基礎，極力拉進外來企業與本土經濟和文化的相互融合發展，為台商「北移西進」提供了保障，使其在城市競爭力（4.588）、投資環境力（4.676）、投資風險度（4.706）、台商權益保護（4.515）、政府行政效率（4.515）以及內銷市場前景（4.576）這六項細項指標上成為100個列入評估城市中的榜首。

表15　2010 TEEMA中國大陸城市台商推薦度細項指標排名分析

排名	城市	省市	地區	❶競爭力	❷環境力	❸風險度	❹發展潛力	❺投資效益	❻國際接軌	❼權益保護	❽行政效率	❾內銷市場	❿生活品質	台商推薦度	
01	蘇州昆山	江蘇省	華東	4.449	4.559	4.471	4.529	4.500	4.437	4.481	4.504	4.489	4.533	4.495	98.588
02	南昌	江西省	華中	4.588	4.676	4.706	4.455	4.424	4.212	4.515	4.515	4.576	4.455	4.512	97.629
03	重慶	重慶市	西南	4.342	4.474	4.553	4.579	4.579	4.395	4.447	4.421	4.447	4.447	4.468	97.298
04	無錫江陰	江蘇省	華東	4.432	4.378	4.351	4.541	4.378	4.432	4.432	4.351	4.514	4.486	4.430	96.175
05	蘇州工業區	江蘇省	華東	4.524	4.524	4.524	4.405	4.381	4.286	4.405	4.357	4.310	4.381	4.410	94.976
06	南京江寧	江蘇省	華東	4.286	4.250	4.357	4.357	4.321	4.241	4.345	4.448	4.345	4.345	4.330	90.914
07	成都	四川省	西南	4.318	4.409	4.318	4.295	4.273	4.093	4.250	4.250	4.295	4.250	4.275	88.696
08	寧波市區	浙江省	華東	4.333	4.417	4.042	4.500	4.333	4.250	4.250	4.208	4.208	4.333	4.288	88.356
09	揚州	江蘇省	華東	4.250	4.292	4.292	4.250	4.250	4.167	4.333	4.417	4.333	4.250	4.283	87.608
10	天津濱海	天津市	華北	4.200	4.171	4.171	4.364	4.343	4.286	4.400	4.303	4.242	4.171	4.265	87.027
11	青島	山東省	華北	4.355	4.323	4.419	4.267	4.167	4.167	4.133	4.100	4.200	4.267	4.240	84.690
12	蘇州新區	江蘇省	華東	4.281	4.313	4.250	4.281	4.156	4.063	4.219	4.219	4.250	4.250	4.228	84.487
13	石家莊	河北省	華北	4.250	4.375	4.188	4.313	4.188	4.313	4.250	4.000	4.125	3.875	4.188	84.392
14	上海閔行	上海市	華東	4.259	4.296	4.148	4.222	4.185	4.321	4.179	4.179	4.179	4.107	4.208	82.480
15	杭州蕭山	浙江省	華東	4.333	4.125	4.292	4.333	4.042	4.292	4.125	4.167	4.208	4.208	4.213	82.419
16	南通	江蘇省	華東	4.240	4.320	4.360	4.440	4.280	3.962	4.115	4.115	4.038	4.038	4.191	81.840
17	寧波北侖	浙江省	華東	3.875	4.292	4.292	4.292	4.292	4.000	4.208	4.083	4.000	4.167	4.150	81.444
18	廈門島外	福建省	華南	4.308	4.154	4.154	4.154	4.038	4.280	4.240	4.200	4.280	4.160	4.197	80.724
19	日照	山東省	華北	4.000	4.400	4.267	4.067	4.200	4.000	4.200	4.200	4.133	4.067	4.153	79.993
20	廈門島內	福建省	華南	4.069	4.103	4.103	4.393	4.107	4.321	4.143	4.250	4.214	4.214	4.192	79.799
21	杭州市區	浙江省	華東	4.200	4.200	4.160	4.240	4.240	3.920	4.200	4.280	4.080	4.120	4.164	79.733
22	廊坊	河北省	華北	3.789	4.105	4.158	4.158	4.211	4.105	4.474	4.474	4.105	4.105	4.168	78.232
23	鎮江	江蘇省	華東	4.250	4.208	4.167	4.250	4.167	4.000	4.083	4.125	4.167	4.083	4.150	77.911
24	蘇州張家港	江蘇省	華東	4.048	4.333	4.238	4.182	4.045	4.000	4.136	4.136	3.955	4.000	4.107	76.602
25	泰安	山東省	華北	3.875	4.125	4.188	4.188	4.188	3.875	4.375	4.500	4.000	3.750	4.106	75.874
26	蘇州太倉	江蘇省	華東	4.125	4.292	4.333	3.958	4.125	4.083	4.125	4.125	3.917	3.958	4.104	75.011

表15　2010 TEEMA中國大陸城市台商推薦度細項指標排名分析（續）

排名	城　　市	省市	地區	❶競爭力	❷環境力	❸風險度	❹發展潛力	❺投資效益	❻國際接軌	❼權益保護	❽行政效率	❾內銷市場	❿生活品質	台商推薦度	
27	蘇州市區	江蘇省	華東	4.281	4.313	4.250	4.125	4.000	3.969	3.969	4.000	4.000	4.063	4.097	74.339
28	淮　安	江蘇省	華東	3.853	4.147	4.206	4.235	4.176	3.941	4.147	4.147	4.118	3.941	4.091	74.245
29	無錫市區	江蘇省	華東	4.000	4.037	4.111	4.111	4.148	4.185	4.148	4.111	4.000	4.148	4.100	73.270
30	徐　州	江蘇省	華東	3.923	4.269	3.962	4.269	4.154	3.808	4.192	4.077	4.269	4.000	4.092	73.062
31	寧波奉化	浙江省	華東	3.826	4.087	4.043	4.217	4.043	4.136	4.174	4.130	4.136	4.130	4.092	72.725
32	寧波慈溪	浙江省	華東	3.810	3.905	4.143	4.300	4.150	3.950	4.200	4.250	4.200	4.100	4.101	72.717
33	保　定	河北省	華北	3.933	4.067	4.133	4.067	4.200	4.133	4.067	4.200	4.200	3.933	4.093	72.556
34	濟　南	山東省	華北	3.680	4.040	4.160	4.160	4.120	4.000	4.200	4.200	4.160	4.200	4.092	72.415
35	蘇州吳江	江蘇省	華東	4.176	4.118	4.080	4.157	4.059	3.880	4.160	4.160	3.960	4.160	4.091	72.352
36	威　海	山東省	華北	3.750	4.000	4.063	4.125	4.313	4.000	4.188	4.125	4.125	4.250	4.094	72.305
37	合　肥	安徽省	華中	4.045	4.182	4.136	4.136	3.909	3.818	4.227	4.045	4.091	3.955	4.055	70.997
38	北京亦庄	北京市	華北	4.000	4.038	4.077	4.154	4.231	3.923	3.962	4.000	4.077	4.115	4.058	70.398
39	南京市區	江蘇省	華東	3.857	3.929	4.071	4.071	3.893	4.214	4.143	4.250	4.143	4.286	4.086	69.635
40	煙　台	山東省	華北	3.706	4.235	4.235	4.176	4.000	3.824	4.118	3.941	4.176	4.188	4.060	69.507
41	武漢漢口	湖北省	華中	3.857	4.048	4.190	3.905	4.000	3.905	4.190	4.333	4.048	4.000	4.048	68.961
42	北京市區	北京市	華北	4.080	4.080	4.280	3.840	3.880	4.042	4.000	4.160	4.120	3.875	4.036	68.203
43	上海浦東	上海市	華東	4.143	4.000	3.762	4.182	3.773	4.227	4.000	4.045	4.000	4.182	4.031	66.266
44	大　連	遼寧省	東北	3.714	4.095	4.048	4.000	4.000	3.905	4.190	3.905	3.905	3.952	3.971	64.469
45	連雲港	江蘇省	華東	3.957	3.957	3.783	4.087	4.000	3.696	4.130	4.043	3.957	3.913	3.952	61.447
46	嘉興市區	浙江省	華東	3.895	4.105	3.947	4.053	3.947	3.474	4.000	3.895	4.000	4.053	3.937	60.581
47	上海松江	上海市	華東	3.950	3.950	4.000	4.150	3.800	3.750	3.650	3.900	3.950	4.100	3.920	57.914
48	常　州	江蘇省	華東	3.905	4.000	3.952	3.952	3.952	3.810	3.900	3.667	3.800	3.857	3.880	57.165
49	上海市區	上海市	華東	3.783	3.957	3.955	3.870	3.826	4.043	3.913	3.864	3.783	3.783	3.877	56.127
50	廣州天河	廣東省	華南	3.833	3.875	3.875	3.833	3.875	3.917	3.958	3.917	3.917	3.792	3.879	54.828
51	瀋　陽	遼寧省	東北	3.636	3.773	3.727	3.864	3.955	3.955	4.091	4.000	4.091	4.045	3.914	54.237
52	上海嘉定	上海市	華東	3.739	3.783	3.826	3.870	3.826	4.130	3.957	4.043	3.957	3.696	3.883	54.151
53	泉　州	福建省	華南	3.792	3.958	3.833	3.957	3.739	3.818	4.000	3.773	3.773	3.818	3.846	53.592

表15　2010 TEEMA中國大陸城市台商推薦度細項指標排名分析（續）

排名	城市	省市	地區	❶競爭力	❷環境力	❸風險度	❹發展潛力	❺投資效益	❻國際接軌	❼權益保護	❽行政效率	❾內銷市場	❿生活品質	台商推薦度	
54	武漢武昌	湖北省	華中	3.750	4.050	4.000	3.850	3.950	3.900	3.600	3.700	3.800	3.700	3.830	53.076
55	桂　林	廣　西	西南	3.824	4.000	4.000	3.941	3.765	3.882	3.647	3.824	3.765	3.706	3.835	52.944
56	鄭　州	河南省	華中	3.474	3.842	4.000	3.947	4.158	3.474	3.947	4.053	3.789	3.842	3.853	52.772
57	泰　州	江蘇省	華東	3.700	3.900	3.950	4.000	3.850	3.550	3.900	3.850	3.850	4.000	3.855	52.648
58	嘉興嘉善	浙江省	華東	3.591	3.955	3.773	4.000	3.955	3.810	3.864	3.864	3.905	3.818	3.853	52.293
59	武漢漢陽	湖北省	華中	3.550	3.950	3.850	3.850	3.850	3.700	4.100	3.900	4.000	3.800	3.855	52.044
60	珠　海	廣東省	華南	3.938	3.875	3.813	3.781	3.844	3.813	3.903	3.594	3.625	3.879	3.806	50.859
59	武漢漢陽	湖北省	華中	3.550	3.950	3.850	3.850	3.850	3.700	4.100	3.900	4.000	3.800	3.855	52.044
60	珠　海	廣東省	華南	3.938	3.875	3.813	3.781	3.844	3.813	3.903	3.594	3.625	3.879	3.806	50.859
61	杭州餘杭	浙江省	華東	3.824	3.941	3.765	3.941	4.000	3.647	3.765	3.765	3.647	3.765	3.806	50.099
62	蘇州常熟	江蘇省	華東	3.870	3.826	3.913	4.043	3.652	3.565	3.826	3.870	3.739	3.783	3.809	49.872
63	天津市區	天津市	華北	3.846	3.692	3.846	3.923	3.846	3.769	3.885	3.731	3.731	3.769	3.804	49.430
64	紹　興	浙江省	華東	3.722	3.889	3.778	3.667	3.833	3.444	4.167	3.833	3.667	3.833	3.783	48.065
65	漳　州	福建省	華南	3.800	4.000	3.880	3.840	3.800	3.480	3.600	3.720	3.760	3.720	3.760	47.083
66	昆　明	雲南省	西南	3.412	3.882	3.941	3.471	3.824	3.882	3.941	4.000	3.706	3.765	3.782	46.867
67	西　安	陝西省	西北	3.733	3.800	3.867	3.933	3.733	3.467	3.933	3.733	4.000	3.467	3.767	45.759
68	寧波餘姚	浙江省	華東	3.870	3.696	3.652	3.957	3.783	3.783	3.652	3.652	3.391	3.696	3.713	44.689
69	南　寧	廣　西	西南	3.667	3.733	3.600	4.000	3.667	3.667	3.800	3.800	3.800	3.667	3.740	43.218
70	福州市區	福建省	華南	3.652	3.652	3.739	3.826	3.783	3.750	3.917	3.708	3.542	3.667	3.724	42.695
71	東莞虎門	廣東省	華南	3.592	3.694	3.776	3.776	3.735	3.563	3.729	3.792	3.750	3.625	3.703	40.388
72	莆　田	福建省	華南	3.700	3.789	3.737	3.750	3.650	3.684	3.842	3.737	3.526	3.526	3.694	40.201
73	福州馬尾	福建省	華南	3.591	3.818	3.818	3.727	3.682	3.500	3.773	3.682	3.545	3.636	3.677	39.668
74	深圳市區	廣東省	華南	3.821	3.436	3.667	3.632	3.658	3.684	3.526	3.921	3.921	3.553	3.682	39.069
75	汕　頭	廣東省	華南	3.636	3.758	3.758	3.735	3.618	3.676	3.647	3.618	3.735	3.794	3.698	38.919
76	贛　州	江西省	華中	3.769	3.769	3.769	3.818	3.636	3.455	3.727	3.727	3.455	3.455	3.658	38.439
77	襄　樊	湖北省	華中	3.235	3.824	3.941	3.412	3.765	3.647	3.471	3.412	3.706	3.706	3.612	36.983
78	東莞市區	廣東省	華南	3.638	3.511	3.553	3.702	3.729	3.396	3.745	3.830	3.681	3.468	3.625	34.935

表15　2010 TEEMA中國大陸城市台商推薦度細項指標排名分析（續）

排名	城市	省市	地區	❶競爭力	❷環境力	❸風險度	❹發展潛力	❺投資效益	❻國際接軌	❼權益保護	❽行政效率	❾內銷市場	❿生活品質	台商推薦度	
79	佛山	廣東省	華南	3.652	3.565	3.565	3.696	3.565	3.652	3.565	3.522	3.696	3.609	3.609	34.328
80	九江	江西省	華中	3.529	3.824	3.882	3.588	3.706	3.353	3.588	3.412	3.588	3.412	3.588	33.951
81	東莞石碣	廣東省	華南	3.532	3.574	3.617	3.543	3.543	3.532	3.660	3.702	3.681	3.617	3.600	33.816
82	東莞厚街	廣東省	華南	3.448	3.552	3.517	3.724	3.483	3.690	3.828	3.552	3.655	3.448	3.590	33.544
83	東莞長安	廣東省	華南	3.593	3.556	3.481	3.704	3.630	3.370	3.704	3.778	3.593	3.630	3.604	33.409
84	吉安	江西省	華中	3.526	3.579	3.579	3.526	3.737	3.474	3.632	3.632	3.526	3.579	3.579	32.729
85	中山	廣東省	華南	3.548	3.645	3.613	3.613	3.516	3.387	3.710	3.581	3.452	3.742	3.581	32.569
86	無錫宜興	江蘇省	華東	3.542	3.750	3.750	3.542	3.440	3.250	3.667	3.696	3.583	3.609	3.583	32.552
87	長沙	湖南省	華中	3.500	3.563	3.563	3.625	3.500	3.438	3.688	3.563	3.625	3.625	3.569	31.574
88	溫州	浙江省	華東	3.471	3.529	3.529	3.889	3.667	3.111	3.500	3.111	3.500	3.556	3.486	29.265
89	廣州市區	廣東省	華南	3.360	3.400	3.480	3.600	3.480	3.417	3.500	3.583	3.708	3.500	3.503	27.825
90	惠州	廣東省	華南	3.381	3.429	3.381	3.500	3.364	3.409	3.409	3.455	3.182	3.273	3.378	23.013
91	深圳寶安	廣東省	華南	3.171	3.100	3.150	3.225	3.100	3.359	3.205	3.128	3.487	3.075	3.200	19.876
92	北海	廣西	西南	2.941	3.059	3.118	3.176	3.176	2.941	3.412	3.471	3.118	3.176	3.159	19.371
93	深圳龍崗	廣東省	華南	3.071	2.966	2.893	3.000	3.000	3.357	3.107	3.143	3.143	3.071	3.075	16.703
94	江門	廣東省	華南	3.000	3.348	3.348	3.043	3.130	2.739	3.000	2.913	3.130	3.000	3.065	16.020
95	貴陽	貴州省	西南	2.870	3.174	2.913	3.130	3.217	2.955	2.909	3.000	2.909	2.727	2.980	13.702
96	太原	山西省	華北	2.750	2.875	2.938	3.063	3.250	2.500	2.938	2.938	2.938	3.000	2.919	13.623
97	宜昌	湖北省	華中	2.889	2.889	3.000	3.118	2.941	2.688	2.688	2.813	2.813	2.688	2.852	11.184
98	長春	吉林省	東北	2.667	2.933	3.000	2.800	2.933	2.467	2.800	2.533	2.733	2.667	2.753	8.665
99	哈爾濱	黑龍江	東北	2.125	2.438	2.313	2.500	2.563	2.625	2.250	2.063	2.250	2.375	2.350	2.088
100	蘭州	甘肅省	西北	2.278	2.556	2.444	2.333	2.389	2.556	2.333	2.000	2.167	2.389	2.344	1.664
平均				3.735	3.849	3.841	3.866	3.818	3.718	3.842	3.813	3.794	3.773	3.842	56.458

註：【1】問卷評分轉換：「非常同意＝5分」、「同意＝4分」、「沒意見＝3分」、「不同意＝2分」、「非常不同意＝1分」

【2】台商推薦度＝【城市競爭力×10%】＋【投資環境力×10%】＋【投資風險度×10%】＋【城市發展潛力×10%】＋【整體投資效益×10%】+【國際接軌程度×10%】＋【台商權益保護×10%】＋【政府行政效率×10%】＋【內銷市場前景×10%】＋【整體生活品質×10%】

【3】台商推薦度評分越高，代表台商對該城市願意推薦給下一個來投資的台商之意願強度越高，換言之，也代表這個城市的台商推薦程度越高。

第 16 章 2010 TEEMA 中國大陸「城市綜合實力」

2010《TEEMA調查報告》計算方式仍然是延續過去TEEMA調查報告所使用的「兩力兩度」模式，即為：（1）城市競爭力；（2）投資環境力；（3）投資風險度；（4）台商推薦度等四個構念，依據100個城市於此四個構念所獲得之原始分數，依其原始分數的高低排列順序後，透過百分位數轉換來計算其加權分數，除城市競爭力是以20.00到99.99為百分位數加權計算之外，其他三個構念皆是以1.00到99.99為百分位數加權計算，再個別乘以構念的權重後，將四個構念之分數加總並予以排名，最後將得到每一個城市的「城市綜合實力」綜合評分與排名。關於「兩力兩度」構面權重的分配，分別為：（1）城市競爭力（15%）；（2）投資環境力（40%）；（3）投資風險度（30%）；（4）台商推薦度（15%）。

一、2010 TEEMA中國大陸城市綜合實力排名

2010《TEEMA調查報告》城市綜合實力排名如表16-1所示，以25分為一級距，將「城市綜合實力」依分數級距轉換成「城市推薦等級」，並沿用過去TEEMA的推薦等級劃分為四大推薦等級，分別為：（1）75分以上城市為【A】級城市，稱之為「極力推薦」城市；（2）50分到75分（含）城市為【B】級城市，歸屬於「值得推薦」等級城市；（3）25分到50分（含）之城市為【C】級城市，歸類為「勉予推薦」等級城市；（4）25分（含）以下之城市則為【D】級城市，則劃歸於「暫不推薦」等級城市。有關2010《TEEMA調查報告》列入調查評估的100個城市，其【A】、【B】、【C】、【D】四個推薦等級的城市亦如表16-1所示。

2010《TEEMA調查報告》中國大陸「城市綜合實力」評估結果顯示，中國大陸2010年「城市綜合實力」前十佳的城市依序為：（1）蘇州昆山；（2）

天津濱海；（3）南京江寧；（4）南昌；（5）上海閔行；（6）蘇州工業區；（7）杭州蕭山；（8）重慶；（9）青島；（10）廈門島外。而2010年「城市綜合實力」排名最後的前十名分別為：（1）蘭州；（2）宜昌；（3）哈爾濱；（4）北海；（5）貴陽；（6）長春；（7）太原；（8）江門；（9）深圳龍崗；（10）深圳寶安。

1980年代後期中國大陸實行改革開放政策，於沿海興建特區招商引資，資本的挹注與政府環境的改善，完備沿海城市的各項建設與規劃，相較之下內陸城市發展腳步較為緩慢，然而，政府的政策、景氣的循環以及環境的變遷，都影響一個城市的興衰，過去發展良好之特區城市亦有退步的狀況，曾經默默無名的城市，憑藉其特有之優勢亦可一躍而起，有鑑於此，2010《TEEMA調查報告》將針對昆山、上海、重慶、南通、東莞等五個城市排名上升加以深入探究，以瞭解該城市所具備之優勢。

1. **昆山**：位居中國大陸重要的長三角經濟區，近年來為台商投資中國大陸的主要重點城市，尤其近幾年來由於昆山不斷轉變經濟發展方式，致使經濟效益不斷提高，2009年整年昆山市之地區生產總值（GDP）達到1,750億人民幣，且財政收入360億人民幣，其中，地方一般預算收入156億人民幣，持續高居於中國大陸各縣市之首，可見昆山擁有強勁的城市競爭力。另外，根據2010《TEEMA調查報告》顯示，蘇州昆山市連續兩年名列城市綜合實力排行榜第一名之寶座，每年昆山市在台商之投資環境評比都名列前矛，其主要理由為：

❶ **理由一：政府高度服務意識**：昆山市政府對於台商有一系列的輔助措施及政策，回顧2008至2009年，雖然金融海嘯襲擊全球，但在昆山市政府奉行「親商、安商、富商」的理念下，積極與當地投資者維持良好關係，過去即曾頒布《關於推進台資企業轉型升級的若干政策》及設立「昆山市台資企業轉型升級引導基金」等相關因應措施，使投資者能夠即時獲得幫助，減少衝擊並快速的渡過危機，另外，昆山擁有海納百川的包容心態、無微不至的服務態度、認真踏實的務實精神全力協助外資企業，昆山市台商協會會長戚道阜（2009）表示：「面對外資企業時政府及相關單位的一條龍服務、企業建設中的全方位服務、投資後續的經常性服務，正是昆山吸引外資的力量所在」。

❷ **理由二：眾多台商集散地**：目前當地實際的台商數已多達3,364家在此投資，且常駐昆山的台籍人士就已超過10萬人，每平方公里就有2.75家台資企業，顯示昆山市毫無疑問是長三角東部城市中的台商重鎮。且由於眾多的台商及其家屬，更構成一個超出平均水準的高消費人群，直接促進昆山零售、餐飲及服務業

的發展；另外，由台灣人直接投資經營的餐飲、零售及服務業，也間接提升相關行業的水平，對於城市發展有顯著影響。然而，台商在過去10年內，對昆山的投資總額就超過150億美元，在2009年台商對昆山的稅收貢獻更超過20億美元，這也成為帶動昆山經濟成長的關鍵動力，更顯示出兩岸經濟合作的蓬勃生機和巨大潛力。

❸ **理由三：得天獨厚地理優勢**：位於蘇州「東大門」的昆山市，位居地理要塞、便捷交通條件和完善生活設施，地處於江蘇省東南部且緊鄰上海市，周圍圍繞許多重點城市，且在交通環境上則是許多鐵路及地鐵之交會站，為重要運輸交通樞紐所在，交通建設日趨便利，另外，由於昆山鄰近上海，成為支持上海之後勤中心且形成密切的關係，營運成本相較於上海也較具優勢，例如土地價格或人事成本等因素。

❹ **理由四：大力推舉自主創新**：昆山市對於經濟技術開發區的投入不遺餘力，積極且大規模培訓人才，全面提高人才條件素質，以適應經濟社會發展的需要，且由於昆山市立足於現有良好之基礎和條件，為台商所聚集之科技重鎮，長期以來保持技術、經濟快速發展的良好態勢，在創新環境上更呈現快速的成長，也因大力推舉自主創新，加快了經濟轉型升級。

❺ **理由五：具強大投資吸引力**：目前全球有65個國家和地區的投資者在昆山，至2010年至少創辦約5,000個項目，總投資金額超過400億美元，可見昆山對於國際外資企業的強大吸引力。其中，世界500強跨國公司的投資項目即有61個，此也帶動昆山進一步成為國際資本投入之高密度地區、外商投資產出之高報酬地區，以及經濟發展之高增長地區，並且成為經濟高度國際化的開放型城市，對於長三角、珠三角開放型經濟發展水平間接而言也提高許多。

2. **上海**：上海市為全中國大陸最大的經濟中心和貿易港口，另外也是最大的綜合性工業城市、科技中心、貿易中心、金融和資訊中心，上海地處長江三角洲前沿，交通便利，腹地廣闊，地理位置優越，為一個地理位置優渥的江海港口。根據2010《TEEMA調查報告》中國大陸城市綜合實力推薦等級中，上海總是位居前幾名，深受台商所喜愛及重視，其主要理由為：

❶ **理由一：投資吸引力領先全球**：根據普華甬道與紐約合作組織在2010年4月所發表的研究報告《機遇之都》中所顯示，中國大陸城市外資吸引力在全球居於領先地位，在全球21個主要城市中，上海和北京在吸引外資方面走在所有城市的前列，由於中國大陸的崛起及廣大的市場潛力對於跨國企業投資者有強大的吸引力，因此成為吸引外商直接投資最多的城市，不管是在新建項目的數量還是外

商投資總額都位居第一。

❷ **理由二：提供豐富優惠政策**：2010年4月中國大陸上海市市長韓正於來訪台灣期間即表示，上海政府將推出許多優惠措施以鼓勵雙方企業投資台灣或上海，且隨訪企業中已經有12家跟台灣業者簽訂協議，其投資總額達到六千萬美金，可見台灣與上海之關係密切，另外，各產業均歡迎台商進駐投資，也提出許多優惠政策及配套措施，例如上海農產品交易中心即表示鼓勵台商進駐，經營具有台灣原產地標誌的農產品，進駐之台灣企業更可以享有3年免收攤位費用的優惠。

❸ **理由三：完善的基建環境與政策**：驅動未來的經濟實力奠基於完善的基礎、法治環境與政策，上海市於2010年目標全力籌辦好世博會、引進高新技術產業化、南匯與浦東的整合、虹橋商務中心區建設、引進迪士尼項目，以及上海國際金融、貿易和航運中心的建設等，均可看出上海對於環境改革及創新有強大的企圖心，且由於一個好的法治環境，將為經濟發展起到護航的作用，因此上海積極建設清明廉政的法治環境，擁有完善之環境與政策為其一大優勢。

❹ **理由四：獨特的地理區位優勢**：得天獨厚的優越地理條件是上海崛起的先天稟賦，上海的地理因素將上海的文化經脈內外串連，且上海擁有其經濟之領導地位，也須歸功於先天之地理優勢，中國大陸經濟發展重要區域長江三角洲即以上海市為中心，往年來均為各方所關注之首要地點，可見關鍵性的地理條件因素對於上海市的重要性所在。

❺ **理由五：產業結構轉型調整**：上海市從古至今是中國大陸的傳統商業、金融和文化中心，也是對外貿易的重要樞紐，然而其產業經濟結構至今為止已產生明顯變化，由於歷經2008年至2009年金融海嘯的衝擊，上海經濟、投資結構皆呈現重大突破與變化，轉向以技術、品牌及產業鏈整合帶動提升傳統優勢產業，並且藉由抓住高新技術產業化機會，加快推動結構調整步伐；另外，根據上海交通大學於2010年6月14日所發布之《長三角22城市服務經濟指數》顯示，上海在綜合指數上表現亮眼，名列第一，這一系列指數含城市服務經濟規模、結構、效率、潛力等四大分類指數，可以看出上海在發展第三產業上的成效及佳績，更對於產業結構轉型調整有推波助瀾的功效，也為不可忽視之重點優勢所在。

3. **重慶**：根據2010《TEEMA調查報告》中國大陸城市綜合實力推薦等級中，2006至2010重慶首度進入極力推薦之排行，重慶市為中國大陸四個直轄市之一，也是唯一的西部內陸直轄市，作為中國大陸西部大開發的重點城市，其投入資源與工業發展程度皆為西部首屈一指的城市。另外，在區域規劃發展方面，重慶市除了隸屬於西三角經濟區，再加上中國大陸國務院於2010年5月7日批覆《重慶兩江新區總體規劃》，更使重慶在未來總體規劃發展上的前景令人期待與關注，其主要理由為：

❶ **理由一：行政效能佳的地方政府**：重慶市政府對外招商引資的態度積極，利用外資形成「多渠道、寬領域、全方位」，2008年引進惠普（HP）投資，帶動了相關廠商的進駐，如鴻海、廣達、IBM、微軟等。重慶市府亦積極推動四大改革增加重慶活力、動力，其改革包含金融改革、推動國有企業、民營企業、微型企業發展、解決農民工進城問題、抑制高房價等。另外，重慶市府提倡「唱紅打黑」政策，「紅」指追求紅色GDP，「黑」指打擊黑勢力，以達富民、公平、公正為市民與企業創造良好的居住、投資環境，重慶市府的行政效率與作為直接的使重慶獲得全面性的發展。

❷ **理由二：位居地理樞紐**：重慶市位於中國大陸的中心樞紐，且為中國大陸西部大開發的重點城市，對於企業若欲開發中國大陸中西部地區，重慶市通常被認為首選之地。另外重慶市鄰近四川、湖北、湖南、貴州、陝西等五省，因便利的交通形成便捷的一小時經濟圈，進而擴大了重慶的腹地，優越的地理位置加上區域經濟規劃發展的出台，重慶未來前景發展可期。

❸ **理由三：便捷的交通網絡**：近年中國大陸積極發展高速鐵路，滬漢高速鐵路是上海到成都間的高速鐵路時速高達每小時350公里，大大的縮短了往返各城市間的時間成本，其經過城市有上海、南京、合肥、武漢、宜昌、利川、重慶、綏寧、成都。而重慶市除了高速鐵路外，尚有襄渝鐵路、成渝鐵路、渝懷鐵路、遂渝鐵路、川黔鐵路等五條鐵路匯集經過，使重慶成為中國大陸官方核定的八大鐵路樞紐之一。重慶除現有的高速公路外還積極興建其他高速公路；在水運方面重慶運用長江河道運輸，在三峽大壩完工後，萬噸的船隻皆可駛入重慶港；在空運交通方面，重慶江北國際機場、重慶萬州五橋機場更完整了重慶交通網路的拼圖。

❹ **理由四：龐大的內需消費市場**：據中國大陸國家統計局（2009）指出：重慶市人口為3,144萬人，隨著重慶市政府近年積極建設開發下，重慶市市長黃奇帆（2010）於政府工作報告時宣佈重慶2009年人均GDP達到3,355美元，在全面建設小康社會的進程又跨出關鍵一步。因此，在重慶的人口數量與人民所得增加的背景下，其內需消費市場產值也可望逐年攀升。

❺ **理由五：具備十足的發展潛力**：重慶市除了現有的西永微電子產業園區、建僑工業園區、珞璜工業園區、雙橋工業園區、重慶化工園區、空港工業園區

等，重慶市府欲積極開發兩江新區，未來將實施100個重大產業項目，積極打造萬億工業基地。2008年底重慶獲國務院批准設立首個內陸保稅港區成為第一個「水港加空港」雙功能疊加的保稅港區，重慶市政府對於發展產業園區的重視下，加上便捷的交通、內陸唯一保稅港區、廣大的內需市場等因素驅動下，未來重慶深具發展潛力。

4. **南通**：根據2010《TEEMA調查報告》中國大陸城市綜合實力推薦等級中，南通連續2年進入值得推薦之排行，江蘇南通市為中國大陸近代工業發源地之一，為中國大陸首批對外開放的沿海城市之一。南通位於沿海經濟帶與長江經濟帶所形成的T型交會點，長江三角洲的洲頭城市一國際都市上海，另一個就是長江北岸的南通，被譽為「北上海」。而近2年受台商肯定為值得推薦的主要理由為：

❶ **理由一：戰略性的區位**：南通市水、路、空的半島型城市，其交通建設發達且便利，並融入上海一小時都市圈之中，南通市欲與上海、蘇州構築成為長三角中的「金三角」，成為長三角核心城市群之一。南通依江鄰海是天然的資源地理優勢，在166公里長的長江沿岸線上已建設萬噸級碼頭38座，至2010年底南通江海港口吞吐量將突破2億噸，南通將成為上海航運中心北方的重要組合港和長三角北翼的現代物流中心。

❷ **理由二：豐富的淡水和土地資源**：南通市政府指稱南通江水資源豐富度指標為長三角城市中名列第一，其江水流量加上降雨量豐富，使工業用水不虞匱乏，具有降低生產成本的優勢。在土地資源方面，南通為中國大陸後備土地資源最為豐富的地區之一，擁有海岸帶面積達1.32萬平方公里，沿江沿海土地供應量充足，土地成本與鄰近地區而言相對較低，為大型工業或其他產業用地留下了廣闊的發展空間。

❸ **理由三：無虞匱乏的電力供應**：南通為江蘇省的電力供應基地，根據「十一五」規劃南通市府預估至2010年底，火力發電裝機容量將達1,000萬千瓦以上、風力發電將達100萬仟瓦以上、天然氣發電（LNG）達240萬千瓦以上，使南通成為江蘇最大的電力能源基地，對於廠商用電形成一種優良的後盾與條件。

❹ **理由四：優質的投資開發區**：南通作為首批對外開放的城市之一，全市已建成以國家級南通經濟技術開發區為首的各類經濟開發區，且開發區間發展出各具特色、優勢互補的開放群體，可以廣泛的接納不同規模、層級的產業移轉，已成功吸引外資企業達2,000多家。南通市開發區共可分為三種等級，分別為國家

級開發區、省級開發區、市級工業園區等三類，國家開發區基礎設施建構完善，適合鄰港產業與高新技術產業發展進駐；省級開發區位居沿海、沿江製造產業帶上區位優勢明顯，並享有江蘇省沿江開發戰略的優惠政策，區內基礎設施完備、服務體系完整，適合各類產業進駐發展；市級工業園區主要發展為特色產業集聚地，南通重點特色工業園交通便利、設施完善，可承接眾多中小型企業投資進駐。

❺ 理由五：優質的綜合投資環境：南通基礎設施完善且交通便利發達，而南通基礎教育與各級各類職業教育皆在中國大陸名列前矛，勞動素質優良。在人居環境方面，社會穩定、生活富裕為長江下游地區最適合居住的城市之一，為南通綜合投資環境加分。在政務環境方面，南通市府努力將南通打造為較大的區域範圍內政策最寬、商務成本最低的投資創業樂園，並全面建置「軟環境」，全力達成「江蘇省最佳辦事環境」的目標，為投資者提供便捷、高效、優質的服務環境，南通在2009年的城市競爭力排行中的「政府服務質量」在中國大陸50個最具競爭力城市排名中連續2年名列首位，其政務環境對企業綜合投資環境上增添了重要的加分效果。

5. **東莞**：中國大陸華南因區位關係，所以成為台商第一波西進投資之地，而地處廣州與深圳之間；沿海與陸地交互之東莞，使得許多重工業與傳統製造業逐漸往東莞靠攏，根據工業總會（2009）表示：「東莞向來有所謂八大支柱產業，分別為電子資訊、電氣機械、紡織服裝、傢俱、玩具、造紙及紙製品、食品飲料、化工製品等」，然而，自2008年中國大陸政府為抑制過熱的經濟而實施經貿新措施所造成的出口衰退，以及同年9月全球金融海嘯，使東莞經濟成長率急速滑落，外資企業受到很大的衝擊，因此，以外貿為導向的東莞開啟了其轉型的步伐，經過政府努力後，東莞市市委常委、常務副市長冷曉明在2010年2月27日表示：「2009年東莞市實現生產總值3,760億元，比2008年增長5.3%；市財政一般預算收入231億元，增長10.5%；高新技術產業產值2,341億元，占到工業總產值的三分之一；三大產業的比例由2008年的0.3：52.8：46.9，改變為0.3：47.8：51.9」，凸顯東莞轉型腳步是踏實且穩健的，茲將描述五點理由突顯東莞投資環境的優點：

❶ 理由一：科技轉型政策，提升企業發展力：東莞的「三來一補」產業是眾所周知，然而，在中國大陸逐步調整其產業結構後，生產要素價格逐步攀升，東莞的未來，不能再以三廉企業為生存依靠，因此，東莞開始依靠科技創新，突圍經濟發展轉變方式，2006年東莞啟動「科技東莞工程」，其財政每年為科技

投入10億元，以扶持科技創新，而在面臨金融海嘯危機時，東莞市政府更推出了「六個十億元」扶持計畫，包含：（1）10億元科技東莞工程專項資金；（2）10億元融資支持計畫；（3）10億元創業東莞工程專項資金；（4）10億元轉型升級專項資金；（5）10億元減免費用行動；（6）10億元進出口企業台賬周轉資金，該計劃推動金融機構為1,430家科技企業發放貸款548億元人民幣，促進了東莞經濟發展的轉變。

❷ **理由二：保稅物流中心，拉昇企業競爭力**：2009年12月30日，東莞保稅物流中心歷經10個月工期，通過了由中國大陸海關總署、財政部、稅務總局和外匯局組成的聯合驗收組的驗收，從此虎門港正式成為東莞首個擁有國家級特殊政策的園區，也意味著以後東莞企業「出口轉內銷」足不出莞就能實現，預計每年可為東莞企業節約成本10億元。此外，保稅物流中心的「進區退稅」政策優勢，可減少企業退稅資金壓力；而「分送集報」、「區港聯動」的通關模式，可提高企業物流運作效率，降低貨物報關及通關成本，在東莞保稅物流中心的國際配送、轉口服務、轉口貿易、簡單加工、增值服務等帶給企業在成本和時間節約情況下，將使企業更具競爭力與行動力。

❸ **理由三：直接換發台胞證，抬升台商移動力**：自2010年5月25日起，台灣居民在中國大陸期間因證件遺失、損毀或有效期屆滿、簽注頁即將用完等申請補換發台胞證事宜，皆可至廣東省公安機關簽發5年有效台胞證，東莞台商協會秘書長趙維南（2010）則表示：「目前，常住廣東的台灣人有20多萬，其中在東莞的台商大概有10萬人，台企6,000餘家。然而，以往在補發、換發台胞證時，都必須要跑到香港、澳門、上海、廈門等定點城市，對台商來說實在是不方便」，在未來廣東可以直接換發台胞證後，將替來往中國大陸的台商創造更加便捷的環境，提供更加優質的服務，而對台商佈點眾多的東莞，也將是一大利多。

❹ **理由四：七大檢驗實驗室，晉升貨物流動力**：2010年3月22日東莞市政府宣布投入人民幣1.1億元建立「七大檢測實驗室」，其中包含：（1）國家級消費品安全檢測重點實驗室；（2）國家級電器附件安全檢測重點實驗室；（3）國家級食品接觸材料檢測重點實驗室等三個國字型大小檢驗室。在七大檢測實驗室建成後，商品檢驗週期將由現今的2至3週縮短至1週，將可大幅降低由於以往實驗室場地、儀器設備、檢測人員等資源嚴重不足，導致很多檢驗檢疫業務送至廣州、深圳、香港等地的檢測機構進行，導致費用高、耗時長，影響企業進出口業務的問題，在未來七大實驗室建成後，不但可以促進外向型經濟保持平穩的發展，也可應對國際貿易中技術性壁壘的需要。

❺ 理由五：珠三角一體化，齊升區域發展力：珠江三角洲在經過多年的發展後，已逐步發展成為擁有全國最大的港口群；出口貿易的重要基地和集散地，並集中了五大港口和五大機場，而中國大陸交通大動脈的「五縱七橫」有三縱（京廣、京九、京珠）經過珠三角區域，根據中投顧問（2010）所發表的《2010～2015年珠三角地區物流業投資分析及前景預測報告》中揭露：「大珠江三角每年生成航空貨運量500萬至600萬噸，2010年將達到1,000萬噸，2020年將達2,000萬噸，往後的亞太地區樞紐港將在中國大陸南部地區，未來的珠三角不僅是製造業基地，亦將是亞太地區的貨物集散地」，在此區域積極發展下，未來廣東勢必扮演舉足輕重的角色，連帶也帶動東莞市整體產業與技術上的發展。

此外，為瞭解TEEMA 2006至2010年中國大陸城市綜合實力排行及台商推薦投資等級之變化，2010《TEEMA調查報告》將2006至2010年之結果整理如表16-2所示。可觀察【A】、【B】、【C】、【D】四等級分布城市數，2010年列入【A】級的城市佔受評的100個城市之24.00%，列入【B】級的城市數比例最多達34.00%，【C】級的城市亦佔30.00%，而列入【D】級的城市所占比例最小有12.00%。其中【B】級城市上升幅度最大，由2009年的29.03%上升至34.00%，而【D】級城市的比例則由15.05%下降為12.00%。整體而言，城市比例數變動幅度不大，顯示台商偏好趨近一致，【A】等級之城市多數仍為沿海地區城市，由於開放招商引資的腳步較早，投資環境發展相對較為成熟，加上交通建設完備，雖然近年成本逐漸有上揚之趨勢，但就綜合實力而言仍屬優等。而重慶市則為首度進入極力推薦之行列，顯示中國大陸西部開發政策發酵，2010《TEEMA調查報告》針對中國大陸城市進行調查排行，冀望提供台商佈局之參考資訊。

2010《TEEMA調查報告》將其城市綜合實力推薦等級與該城市所屬之七大經濟區域分布比較，並整理如表16-3所示，中國大陸七大經濟區域名列2010台商「極力推薦」城市排名依序為（1）華東地區14個（14%）；（2）華北地區4個（4%）；（3）華南地區、西南地區各2個（2%）；（5）華中地區、東北地區各1個（1%）；西北地區2010年仍然無城市進入，可見華東地區優良的投資環境，仍為台商所公認且推薦的。

表16-1　2010 TEEMA中國大陸城市綜合實力排名分析

排名	城　市	省　市	區域	城市競爭力		投資環境力			投資風險度			台商推薦度			城市綜合實力		
				加權評分	排名	加權評分	百分位	排名	加權評分	百分位	排名	加權評分	百分位	排名	綜合評分	排名	等級
01	蘇州昆山	江蘇省	華東	83.114	08	4.337	98.440	01	1.705	99.640	01	4.495	98.588	01	96.523	A01	極力推薦
02	天津濱海	天津市	華北	92.874	01	4.190	93.941	05	1.779	96.240	03	4.265	87.027	10	93.433	A02	
03	南京江寧	江蘇省	華東	81.444	13	4.221	96.190	04	1.779	95.890	04	4.330	90.914	06	93.097	A03	
04	南　昌	江西省	華中	60.049	33	4.254	97.540	03	1.810	94.541	07	4.512	97.629	02	91.030	A04	
05	上海閔行	上海市	華東	89.062	04	4.083	90.241	07	1.766	97.290	02	4.208	82.480	14	91.015	A05	
06	蘇州工業區	江蘇省	華東	83.114	08	4.072	88.491	10	1.825	93.541	08	4.410	94.976	05	90.172	A06	
07	杭州蕭山	浙江省	華東	85.637	05	4.073	87.491	11	1.816	94.791	05	4.213	82.419	15	88.642	A07	
08	重　慶	重慶市	西南	82.835	09	4.092	91.091	06	2.000	78.642	19	4.468	97.298	03	87.049	A08	
09	青　島	山東省	華北	81.104	14	4.021	83.992	12	1.801	94.641	06	4.240	84.690	11	86.858	A09	
10	廈門島外	福建省	華南	62.228	31	3.988	82.942	13	1.828	93.241	09	4.197	80.724	18	82.592	A10	
11	蘇州市區	江蘇省	華東	83.114	08	3.956	78.392	16	1.872	91.391	10	4.097	74.339	27	82.392	A11	
12	成　都	四川省	西南	81.514	12	3.920	76.692	22	1.972	83.292	14	4.275	88.696	07	81.196	A12	
13	無錫江陰	江蘇省	華東	74.765	18	3.945	76.892	21	1.975	81.892	15	4.430	96.175	04	80.965	A13	
14	寧波市區	浙江省	華東	77.145	15	4.103	89.841	08	2.082	65.044	37	4.288	88.356	08	80.275	A14	
15	南京市區	江蘇省	華東	81.444	13	3.957	79.142	15	1.957	84.142	13	4.086	69.635	39	79.561	A15	
16	上海市區	上海市	華東	89.062	04	4.400	98.390	02	2.112	60.394	41	3.877	56.127	49	79.253	A16	
17	濟　南	山東省	華北	73.288	19	3.921	75.292	27	1.927	87.891	12	4.092	72.415	34	78.340	A17	
18	揚　州	江蘇	華東	53.924	40	4.078	89.241	09	2.046	70.843	26	4.283	87.608	09	78.179	A18	
19	寧波北侖	浙江省	華東	77.145	15	3.925	76.242	23	2.003	77.592	20	4.150	81.444	17	77.563	A19	
20	北京亦庄	北京市	華北	92.443	02	3.937	75.792	25	2.044	73.243	23	4.058	70.398	38	76.716	A20	
21	大　連	遼寧省	東北	81.625	11	3.968	80.342	14	2.017	74.693	22	3.971	64.469	44	76.459	A21	
22	蘇州新區	江蘇省	華東	83.114	08	3.827	65.643	35	1.994	80.442	17	4.228	84.487	12	75.530	A22	
23	杭州市區	浙江省	華東	85.637	05	3.930	74.543	28	2.058	69.343	29	4.164	79.733	21	75.425	A23	
24	廈門島內	福建省	華南	62.228	31	3.948	77.792	18	2.011	75.892	21	4.192	79.799	20	75.189	A24	

表16-1 2010 TEEMA中國大陸城市綜合實力排名分析（續）

排名	城市	省市	區域	城市競爭力		投資環境力			投資風險度			台商推薦度			城市綜合實力		
				加權評分	排名	加權評分	百分位	排名	加權評分	百分位	排名	加權評分	百分位	排名	綜合評分	排名	等級
25	威　海	山東省	華北	50.018	43	3.896	72.593	29	1.872	90.941	11	4.094	72.305	36	74.668	B01	值得推薦
26	煙　台	山東省	華北	69.309	24	3.953	77.892	17	2.047	73.093	24	4.060	69.507	40	73.907	B02	
27	徐　州	江蘇省	華東	53.768	41	3.884	72.543	30	1.975	81.442	16	4.092	73.062	30	72.474	B03	
28	淮　安	江蘇省	華東	41.883	51	3.941	77.492	19	2.006	80.192	18	4.091	74.245	28	72.474	B04	
29	無錫市區	江蘇省	華東	74.765	18	3.928	75.942	24	2.083	65.793	36	4.100	73.270	29	72.320	B05	
30	蘇州吳江	江蘇省	華東	83.114	08	3.891	71.243	31	2.070	66.293	35	4.091	72.352	35	71.705	B06	
31	鎮　江	江蘇省	華東	49.481	44	3.917	75.342	26	2.025	72.943	25	4.150	77.911	23	71.129	B07	
32	南　通	江蘇省	華東	66.379	25	3.851	67.743	32	2.048	70.643	27	4.191	81.840	16	70.523	B08	
33	日　照	山東省	華北	35.426	61	3.956	77.342	20	2.042	69.143	30	4.153	79.993	19	68.993	B09	
34	上海浦東	上海市	華東	89.062	04	3.863	66.293	34	2.078	63.844	38	4.031	66.266	43	68.970	B10	
35	蘇州太倉	江蘇省	華東	83.114	08	3.846	66.393	33	2.111	59.944	42	4.104	75.011	26	68.259	B11	
36	蘇州張家港	江蘇省	華東	83.114	08	3.817	63.844	38	2.136	53.645	48	4.107	76.602	24	65.588	B12	
37	泰　安	山東省	華北	46.351	48	3.821	65.344	36	2.073	66.943	32	4.106	75.874	25	64.554	B13	
38	寧波慈溪	浙江省	華東	77.145	15	3.688	50.295	49	2.058	68.793	31	4.101	72.717	32	63.235	B14	
39	合　肥	安徽省	華中	65.058	27	3.817	63.144	40	2.133	57.244	43	4.055	70.997	37	62.839	B15	
40	廊　坊	河北省	華北	40.915	52	3.820	63.944	37	2.103	61.294	40	4.168	78.232	22	61.838	B16	
41	北京市區	北京市	華北	92.443	02	3.616	44.096	55	2.077	66.393	34	4.036	68.203	42	61.653	B17	
42	連雲港	江蘇省	華東	38.531	57	3.805	63.394	39	2.030	70.593	28	3.952	61.447	45	61.532	B18	
43	廣州天河	廣東省	華南	91.237	03	3.772	60.994	42	2.180	49.195	52	3.879	54.828	50	61.066	B19	
44	寧波奉化	浙江省	華東	77.145	15	3.736	54.945	44	2.161	51.995	51	4.092	72.725	31	60.057	B20	
45	保　定	河北省	華北	50.228	42	3.805	61.544	41	2.141	53.495	49	4.093	72.556	33	59.084	B21	
46	常　州	江蘇省	華東	62.096	32	3.736	55.395	43	2.090	62.494	39	3.880	57.165	48	58.795	B22	
47	上海松江	上海市	華東	89.062	04	3.732	54.795	45	2.194	46.495	59	3.920	57.914	47	57.913	B23	
48	杭州餘杭	浙江省	華東	85.637	05	3.688	50.595	48	2.135	55.445	45	3.806	50.099	61	57.232	B24	
49	嘉興市區	浙江省	華東	56.320	36	3.738	54.645	46	2.134	56.994	44	3.937	60.581	46	56.491	B25	
50	上海嘉定	上海市	華東	89.062	04	3.593	42.796	57	2.134	55.395	46	3.883	54.151	52	55.219	B26	

表16-1 2010 TEEMA中國大陸城市綜合實力排名分析（續）

排名	城市	省市	區域	城市競爭力		投資環境力			投資風險度			台商推薦度			城市綜合實力		
				加權評分	排名	加權評分	百分位	排名	加權評分	百分位	排名	加權評分	百分位	排名	綜合評分	排名	等級
51	無錫宜興	江蘇省	華東	74.765	18	3.648	46.995	52	2.066	66.593	33	3.583	32.552	86	54.874	B27	值得推薦
52	石家莊	河北省	華北	62.248	30	3.661	49.595	50	2.228	40.196	63	4.188	84.392	13	53.893	B28	
53	武漢漢口	湖北省	華中	85.235	06	3.583	39.446	62	2.181	48.245	55	4.048	68.961	41	53.381	B29	
54	武漢漢陽	湖北省	華中	85.235	06	3.629	45.745	53	2.186	46.695	58	3.855	52.044	59	52.899	B30	
55	武漢武昌	湖北省	華中	85.235	06	3.595	42.396	58	2.200	46.945	57	3.830	53.076	54	51.789	B31	
56	嘉興嘉善	浙江省	華東	56.320	36	3.655	47.845	51	2.150	52.895	50	3.853	52.293	58	51.298	B32	
57	泰州	江蘇省	華東	48.185	45	3.717	53.545	47	2.183	48.845	53	3.855	52.648	57	51.196	B33	
58	鄭州	河南省	華中	72.406	20	3.608	43.446	56	2.187	47.295	56	3.853	52.772	56	50.344	B34	
59	福州市區	福建省	華南	65.157	26	3.575	36.946	68	2.144	54.145	47	3.724	42.695	70	47.200	C01	勉予推薦
60	寧波餘姚	浙江省	華東	77.145	15	3.573	40.696	59	2.267	37.446	64	3.713	44.689	68	45.787	C02	
61	紹興	浙江省	華東	59.011	35	3.574	39.846	61	2.213	42.896	62	3.783	48.065	64	44.869	C03	
62	蘇州常熟	江蘇省	華東	83.114	08	3.541	34.297	71	2.276	35.796	67	3.809	49.872	62	44.406	C04	
63	泉州	福建省	華南	64.406	29	3.571	38.296	65	2.279	36.946	65	3.846	53.592	53	44.102	C05	
64	桂林	廣西	西南	38.023	59	3.567	37.996	66	2.179	48.395	54	3.835	52.944	55	43.362	C06	
65	東莞虎門	廣東省	華南	64.640	28	3.487	28.097	75	2.213	43.896	60	3.703	40.388	71	40.162	C07	
66	東莞長安	廣東省	華南	64.640	28	3.591	40.696	59	2.356	27.797	76	3.604	33.409	83	39.325	C08	
67	南寧	廣西	西南	55.528	37	3.579	38.496	64	2.371	27.697	77	3.740	43.218	69	38.520	C09	
68	珠海	廣東省	華南	47.212	46	3.529	31.747	72	2.265	36.696	66	3.806	50.859	60	38.418	C10	
69	天津市區	天津市	華北	92.874	01	3.343	17.548	86	2.340	31.097	71	3.804	49.430	63	37.694	C11	
70	福州馬尾	福建省	華南	65.157	26	3.516	31.097	73	2.308	31.547	70	3.677	39.668	73	37.627	C12	
71	漳州	福建省	華南	38.400	58	3.549	35.497	69	2.284	35.347	68	3.760	47.083	65	37.625	C13	
72	東莞市區	廣東省	華南	64.640	28	3.621	45.146	54	2.595	15.149	87	3.625	34.935	78	37.539	C14	
73	溫州	浙江省	華東	59.241	34	3.558	37.396	67	2.368	30.647	72	3.486	29.265	88	37.429	C15	
74	佛山	廣東省	華南	70.072	22	3.462	25.797	80	2.281	34.797	69	3.609	34.328	79	36.418	C16	
75	中山	廣東省	華南	45.748	50	3.581	38.946	63	2.356	27.997	75	3.581	32.569	85	35.725	C17	
76	汕頭	廣東省	華南	33.099	63	3.481	27.947	76	2.214	43.296	61	3.698	38.919	75	34.970	C18	

表16-1 2010 TEEMA中國大陸城市綜合實力排名分析（續）

排名	城　市	省 市	區域	城市競爭力		投資環境力			投資風險度			台商推薦度			城市綜合實力		
				加權評分	排名	加權評分	百分位	排名	加權評分	百分位	排名	加權評分	百分位	排名	綜合評分	排名	等級
77	昆　明	雲南省	西南	55.204	39	3.457	26.797	77	2.364	29.647	73	3.782	46.867	66	34.924	C19	勉予推薦
78	東莞石碣	廣東省	華南	64.640	28	3.444	26.247	79	2.358	29.197	74	3.600	33.816	81	34.027	C20	
79	廣州市區	廣東省	華南	91.237	03	3.471	26.447	78	2.604	15.649	85	3.503	27.825	89	33.133	C21	
80	西　安	陝西省	西北	75.413	17	3.444	23.898	84	2.560	17.348	83	3.767	45.759	67	32.939	C22	
81	長　沙	湖南省	華中	76.139	16	3.400	22.498	85	2.485	21.398	80	3.569	31.574	87	31.575	C23	
82	九　江	江西省	華中	33.592	62	3.550	35.247	70	2.436	23.198	78	3.588	33.951	80	31.189	C24	
83	瀋　陽	遼寧省	東北	84.718	07	3.204	11.249	92	2.547	18.548	82	3.914	54.237	51	30.907	C25	
84	深圳市區	廣東省	華南	82.125	10	3.277	14.499	88	2.641	13.599	89	3.682	39.069	74	28.058	C26	
85	贛　州	江西省	華中	40.238	54	3.407	24.548	82	2.589	16.348	84	3.658	38.439	76	26.525	C27	
86	襄　樊	湖北省	華中	36.894	60	3.496	30.197	74	2.745	10.849	90	3.612	36.983	77	26.415	C28	
87	東莞厚街	廣東省	華南	64.640	28	3.186	12.049	89	2.475	21.198	81	3.590	33.544	82	25.907	C29	
88	莆　田	福建省	華南	30.437	65	3.451	25.198	81	2.604	15.549	86	3.694	40.201	72	25.339	C30	
89	吉　安	江西省	華中	31.499	64	3.366	23.898	83	2.605	14.699	88	3.579	32.729	84	23.603	D01	暫不推薦
90	惠　州	廣東省	華南	46.687	47	3.267	15.349	87	2.474	22.848	79	3.378	23.013	90	23.449	D02	
91	深圳寶安	廣東省	華南	82.125	10	2.977	6.649	94	2.864	7.999	93	3.200	19.876	91	20.360	D03	
92	深圳龍崗	廣東省	華南	82.125	10	2.940	6.499	95	3.023	5.000	96	3.075	16.703	93	18.924	D04	
93	江　門	廣東省	華南	40.062	55	3.201	11.799	90	2.700	10.549	91	3.065	16.020	94	16.296	D05	
94	太　原	山西省	華北	55.266	38	2.898	5.250	97	2.875	8.499	92	2.919	13.623	96	14.983	D06	
95	長　春	吉林省	東北	71.852	21	2.661	3.050	98	3.203	4.050	97	2.753	8.665	98	14.512	D07	
96	貴　陽	貴州省	西南	46.178	49	3.040	7.599	93	2.860	7.799	94	2.980	13.702	95	14.362	D08	
97	北　海	廣 西	西南	27.188	66	3.191	11.249	91	2.938	6.099	95	3.159	19.371	92	13.313	D09	
98	哈爾濱	黑龍江	東北	69.830	23	2.528	2.200	99	3.590	1.700	99	2.350	2.088	99	12.178	D10	
99	宜　昌	湖北省	華中	38.818	56	2.941	5.999	96	3.272	3.250	98	2.852	11.184	97	10.875	D11	
100	蘭　州	甘肅省	西北	40.894	53	2.283	1.000	100	3.661	1.300	100	2.344	1.664	100	7.174	D12	

資料來源：本研究整理

表16-2　2006～2010 TEEMA中國大陸城市綜合實力推薦等級彙總表

年度	2010		2009		2008		2007		2006	
【A】極力推薦	蘇州昆山、 南京江寧、 上海閔行、 杭州蕭山、 青　島、 蘇州市區、 無錫江陰、 南京市區、 濟　南、 寧波北侖、 大　連、 杭州市區、	天津濱海、 南　昌、 蘇州工業區、 重　慶、 廈門島外、 成　都、 寧波市區、 上海市區、 揚　州、 北京亦庄、 蘇州新區、 廈門島內。	蘇州昆山、 蘇州工業區、 寧波北侖、 杭州蕭山、 北京亦莊、 成　都、 杭州市區、 寧波市區、 揚　州、 蘇州新區、 無錫市區、	南京江寧、 天津濱海、 上海閔行、 南　昌、 無錫江陰、 廈門島外、 蘇州市區、 大　連、 青　島、 廈門島內、 鎮　江。	蘇州工業區、 天津濱海區、 無錫江陰、 南京江寧、 成　都、 無錫市區、 南京市區、 寧波北侖、 蘇州市區、 北京亦莊、 威　海、 杭州市區。	蘇州昆山、 蘇州新區、 杭州蕭山、 揚　州、 南　昌、 上海閔行、 大　連、 廊　坊、 無錫宜興、 煙　台、 青　島、	蘇州工業區、 杭州蕭山、 天津濱海區、 蘇州新區、 成　都、 青　島、 廊　坊、 大　連、 威　海、 北京亦莊、 寧波市區。	蘇州昆山、 無錫江陰、 寧波北侖區、 上海閔行、 南京江寧、 南　昌、 蘇州市區、 杭州市區、 無錫宜興、 揚　州、	蘇州工業區、 蘇州昆山、 無錫江陰、 天津濱海區、 揚　州、 蘇州新區、 廈門島外、 濟　南、 南　昌、 大　連、	寧波北侖區、 杭州市區、 蘇州市區、 南京市區、 北京亦莊、 上海閔行、 上海浦東、 成　都、 杭州蕭山、 廣州天河。
比率	24/100（24.00%）		22/93（23.66%）		23/90（25.55%）		21/88（23.86%）		20/80（25.00%）	
【B】值得推薦	威　海、 徐　州、 無錫市區、 鎮　江、 日　照、 蘇州太倉、 泰　安、 合　肥、 北京市區、 廣州天河、 保　定、 上海松江、 嘉興市區、 無錫宜興、 武漢漢口、 武漢武昌、 泰　州、	煙　台、 淮　安、 蘇州吳江、 南　通、 上海浦東、 蘇州張家港、 寧波慈溪、 廊　坊、 連雲港、 寧波奉化、 常　州、 杭州餘杭、 上海嘉定、 石家莊、 武漢漢陽、 嘉興嘉善、 鄭　州。	重　慶、 常　州、 無錫宜興、 連雲港、 濟　南、 上海浦東、 徐　州、 泰　州、 嘉　興、 合　肥、 泰　安、 廣州天河、 蘇州吳江、 紹　興。	蘇州張家港、 廊　坊、 煙　台、 淮　安、 上海市區、 寧波奉化、 南京市區、 南　通、 蘇州太倉、 威　海、 寧波慈溪、 蘇州常熟、 福州市區、	蘇州太倉、 鎮　江、 蘇州張家港、 濟　南、 蘇州吳江、 廈門島內、 寧波市區、 寧波餘姚、 上海市區、 天津市區、 常　州、 紹　興、 上海嘉定。	寧波奉化、 徐　州、 廈門島外、 上海松江、 泰　安、 淮　安、 蘇州常熟、 中　山、 嘉　興、 溫　州、 珠　海、 上海浦東、	廣州天河、 天津市區、 寧波餘姚、 無錫市區、 徐　州、 蘇州張家港、 桂　林、 常　州、 紹　興、 泉　州、 蘇州太倉、 上海嘉定、 重　慶、 蘇州常熟。	南京市區、 濟　南、 廈門島外、 廈門島內、 煙　台、 嘉　興、 昆　明、 中　山、 莆　田、 寧波奉化、 上海松江、 上海浦東、 上海市區、	青　島、 汕　頭、 廊　坊、 常　州、 天津市區、 煙　台、 無錫宜興、 珠　海、 廣州市區、 寧波餘姚、 上海市區、 泰　州、 蘇州太倉、 武漢漢口、	蘇州常熟、 泉　州、 威　海、 寧波市區、 嘉　興、 廈門島內、 上海其他、 南京江寧、 北京市區、 武漢武昌、 寧波奉化、 蘇州張家港、 中　山、 上海松江。
比率	34/100（34.00%）		27/93（29.03%）		25/90（27.78%）		27/88（30.68%）		28/80（35.00%）	

表16-2　2006～2010 TEEMA中國大陸城市綜合實力推薦等級彙總表（續）

年度	2010		2009		2008		2007		2006	
【C】勉予推薦	福州市區、 紹興、 泉州、 東莞虎門、 南寧、 天津市區、 漳州、 溫州、 中山、 昆明、 廣州市區、 長沙、 瀋陽、 贛州、 東莞厚街、	寧波餘姚、 蘇州常熟、 桂林、 東莞長安、 珠海、 福州馬尾、 東莞市區、 佛山、 汕頭、 東莞石碣、 西安、 九江、 深圳市區、 襄樊、 莆田。	莆田、 天津市區、 珠海、 南寧、 瀋陽、 泉州、 北京市區、 福州馬尾、 上海嘉定、 桂林、 吉安、 漳州、 武漢武昌、 武漢漢口、 西安、	九江、 寧波餘姚、 中山、 上海松江、 昆明、 佛山、 汕頭、 溫州、 贛州、 廣州市區、 武漢漢陽、 東莞長安、 長沙、 石家莊、 東莞市區、	佛山、 廣州天河、 瀋陽、 武漢武昌、 吉安、 武漢漢陽、 重慶、 福州馬尾、 泉州、 長沙、 武漢漢口、 石家莊、 莆田。	合肥、 北京市區、 南通、 江門、 昆明、 九江、 福州市區、 深圳寶安、 深圳市區、 廣州市區、 南寧、 太原、	長沙、 蘇州吳江、 珠海、 石家莊、 武漢漢口、 武漢漢陽、 福州馬尾、 溫州、 深圳寶安、 泰州、 深圳市區、 南通、 河源、	漳州、 佛山、 北京市區、 江門、 武漢武昌、 東莞虎門、 長春、 福州市區、 鎮江、 廣州市區、 合肥、 鄭州、 汕頭。	江門、 重慶市區、 昆明、 無錫市區、 蘇州吳江、 石家莊、 長沙、 瀋陽、 桂林、 東莞虎門、 西安、	上海嘉定、 福州馬尾、 福州市區、 徐州、 漳州、 合肥、 武漢漢陽、 深圳龍崗、 深圳寶安、 哈爾濱、 深圳其他。
比率	30/100（30.00%）		30/93（32.26%）		25/90（27.78%）		26/88（29.55%）		22/80（27.50%）	
【D】暫不推薦	吉安、 深圳寶安、 江門、 長春、 北海、 宜昌、	惠州、 深圳龍崗、 太原、 貴陽、 哈爾濱、 蘭州。	深圳市區、 惠州、 江門、 東莞石碣、 太原、 宜昌、 哈爾濱、	深圳寶安、 深圳龍崗、 東莞虎門、 東莞厚街、 北海、 長春、 蘭州、	深圳龍崗、 汕頭、 桂林、 東莞石碣、 長春、 西安、 泰州、 蘭州、 北海。	東莞市區、 東莞虎門、 東莞厚街、 漳州、 惠州、 東莞長安、 哈爾濱、 宜昌、	東莞厚街、 瀋陽、 東莞市區、 嶽陽、 南寧、 東莞長安、 蘭州、	東莞石碣、 宜昌、 深圳龍崗、 哈爾濱、 西安、 惠州、 北海。	深圳市區、 南通、 東莞市區、 東莞厚街、 東莞其他、	東莞石碣、 惠州、 東莞長安、 東莞清溪、 東莞樟木頭。
比率	12/100（12.00%）		14/93（15.05%）		17/90（18.89）		14/88（15.91%）		10/80（12.50%）	

資料來源：本研究整理

表16-3　2002～2010 TEEMA中國大陸七大經濟區域之城市推薦等級百分比彙總表

地區	❶華南地區				❷華東地區				❸華中地區				❹華北地區				❺西南地區				❻西北地區				❼東北地區			
推薦等級／年度	A 極力推薦	B 值得推薦	C 勉予推薦	D 暫不推薦	A 極力推薦	B 值得推薦	C 勉予推薦	D 暫不推薦	A 極力推薦	B 值得推薦	C 勉予推薦	D 暫不推薦	A 極力推薦	B 值得推薦	C 勉予推薦	D 暫不推薦	A 極力推薦	B 值得推薦	C 勉予推薦	D 暫不推薦	A 極力推薦	B 值得推薦	C 勉予推薦	D 暫不推薦	A 極力推薦	B 值得推薦	C 勉予推薦	D 暫不推薦
2010	2	1	16	4	14	20	4	0	1	5	4	2	4	8	1	1	2	0	3	2	0	0	1	1	1	0	1	2
	2%	1%	16%	4%	14%	20%	4%	0%	1%	5%	4%	2%	4%	8%	1%	1%	2%	0%	3%	2%	0%	0%	1%	1%	1%	0%	1%	2%
2009	2	2	11	8	14	18	4	0	1	1	7	1	3	5	3	1	1	1	3	1	0	0	1	1	1	0	1	2
	2%	2%	12%	9%	15%	19%	4%	0%	1%	1%	8%	1%	3%	5%	3%	1%	1%	1%	3%	1%	0%	0%	1%	1%	1%	0%	1%	2%
2008	0	4	10	9	14	18	1	1	1	0	7	1	6	3	3	0	1	0	3	2	0	0	0	2	1	0	1	2
	0%	4%	11%	10%	16%	20%	1%	1%	1%	0%	8%	1%	7%	3%	3%	0%	1%	0%	3%	2%	0%	0%	0%	2%	1%	0%	1%	2%
2007	0	6	12	6	13	15	5	0	1	0	6	2	5	3	2	0	1	3	0	2	0	0	0	2	1	0	1	2
	0%	7%	14%	7%	15%	17%	6%	0%	1%	0%	7%	2%	6%	3%	2%	0%	1%	3%	0%	2%	0%	0%	0%	2%	1%	0%	1%	2%
2006	2	8	10	0	12	16	3	0	1	2	3	0	3	6	1	5	1	2	1	0	0	0	1	0	1	0	2	0
	3%	8%	10%	11%	15%	18%	5%	1%	1%	3%	4%	0%	4%	8%	1%	0%	1%	0%	4%	0%	0%	0%	1%	0%	1%	0%	3%	0%
2005	2	8	7	7	10	13	5	0	1	5	3	0	4	2	1	0	1	2	2	1	0	0	0	0	0	0	1	0
	3%	11%	9%	9%	13%	18%	7%	0%	1%	7%	4%	0%	5%	3%	1%	0%	1%	3%	3%	1%	0%	0%	0%	0%	0%	0%	1%	0%
2004	1	7	11	6	7	14	3	1	1	1	1	0	4	1	2	0	1	1	3	0	0	0	0	0	0	0	0	0
	2%	10%	16%	9%	10%	21%	5%	2%	2%	2%	2%	0%	5%	2%	3%	0%	2%	2%	5%	0%	0%	0%	0%	0%	0%	0%	0%	0%
2003	0	10	6	6	7	10	2	2	0	2	0	0	1	3	0	0	1	1	1	0	0	0	0	0	1	1	0	0
	0%	19%	11%	11%	13%	19%	3%	3%	0%	3%	0%	0%	2%	6%	0%	0%	2%	2%	2%	0%	0%	0%	0%	0%	2%	2%	0%	0%
2002	0	6	8	3	7	6	4	0	0	2	1	1	1	2	2	1	0	2	2	1	0	0	0	0	0	2	0	0
	0%	12%	15%	6%	13%	12%	8%	0%	0%	4%	2%	2%	2%	4%	4%	2%	0%	4%	4%	2%	0%	0%	0%	0%	0%	4%	0%	0%

表16-4　2000～2010 TEEMA中國大陸推薦城市排名變化

排名	城　市	省 市	區域	2010	2009	2008	2007	2006	2005	2004	2003	2002	2001	2000
01	蘇州昆山	江蘇省	華東	A01	A01	A02	A02	A03	A03	A08	B14	A04	A02	—
02	天津濱海	天津市	華北	A02	A04	A03	A05	A07	A07	A07	B24	B08	B05	B21
03	南京江寧	江蘇省	華東	A03	A02	A07	A10	B16	B04	B02	B23	B15	B17	B14
04	南　昌	江西省	華中	A04	A08	A10	A12	A17	A10	A11	—	D05	B31	—
05	上海閔行	上海市	華東	A05	A06	A12	A08	A12	A02	A01	B08	B06	B14	B13
06	蘇州工業區	江蘇省	華東	A06	A03	A01	A01	A01	A18	B01	—	—	A01	A01
07	杭州蕭山	浙江省	華東	A07	A07	A06	A03	A18	A02	A01	A01	A07	B21	A07
08	重　慶	重慶市	西南	A08	B01	C13	B25	C03	B11	B14	B16	C17	B19	—
09	青　島	山東省	華北	A09	A18	A22	A11	B01	A12	A14	A02	A08	B12	B09
10	廈門島外	福建省	華南	A10	A12	B06	B06	A13	A16	B19	B03	B10	B10	B07
11	蘇州市區	江蘇省	華東	A11	A14	A19	A14	A06	A18	B01	A07	A01	A01	A01
12	成　都	四川省	西南	A12	A11	A09	A09	A16	A04	A03	A08	B07	B13	B05
13	無錫江陰	江蘇省	華東	A13	A10	A05	A04	A05	A05	A06	A03	A02	A06	B17
14	寧波市區	浙江省	華東	A14	A15	B13	A21	B08	A13	B04	A05	A03	A05	A03
15	南京市區	江蘇省	華東	A15	B14	A13	B02	A08	A15	B02	B23	B15	B17	B14
16	上海市區	上海市	華東	A16	B10	B17	B26	B21	B01	B16	A04	B06	B14	B13
17	濟　南	山東省	華北	A17	B09	B07	B04	A15	A11	A13	B15	C04	B25	—
18	揚　州	江蘇省	華東	A18	A17	A08	A20	A09	A09	A04	A10	A06	B07	B03
19	寧波北侖	浙江省	華東	A19	A05	A15	A06	A02	A13	B04	—	—	—	—
20	北京亦庄	北京市	華北	A20	A09	A17	A19	A10	B20	C04	B19	C02	B20	B06
21	大　連	遼寧省	東北	A21	A16	A14	A15	A19	A14	A10	A06	B09	B22	B04
22	蘇州新區	江蘇省	華東	A22	A19	A04	A07	A11	A18	B01	—	—	A01	A01
23	杭州市區	浙江省	華東	A23	A13	A23	A16	A04	B10	C02	A09	A05	B16	B10
24	廈門島內	福建省	華南	A24	A20	B11	B08	B12	A16	B19	B03	B10	B10	B07

表16-4　2000～2010 TEEMA中國大陸推薦城市排名變化（續）

排名	城　市	省 市	區域	2010	2009	2008	2007	2006	2005	2004	2003	2002	2001	2000
25	威　海	山東省	華北	B01	B20	A21	A17	B06	—	—	—	—	—	—
26	煙　台	山東省	華北	B02	B06	A20	B10	B11	C14	—	—	—	—	—
27	徐　州	江蘇省	華東	B03	B13	B04	B09	C08	A06	A05	—	—	—	—
28	淮　安	江蘇省	華東	B04	B08	B12	—	—	—	—	—	—	—	—
29	無錫市區	江蘇省	華東	B05	A21	A11	B07	C07	B05	C01	A03	A02	A06	B17
30	蘇州吳江	江蘇省	華東	B06	B25	B09	C03	C09	C03	B22	B25	B03	A03	A05
31	鎮　江	江蘇省	華東	B07	A22	B03	C18	—	—	—	C04	C05	B18	—
32	南　通	江蘇省	華東	B08	B16	C06	C23	D03	B19	B13	—	—	—	—
33	日　照	山東省	華北	B09	—	—	—	—	—	—	—	—	—	—
34	上海浦東	上海市	華東	B10	B11	B24	B24	A14	A08	B12	B07	B05	B14	B13
35	蘇州太倉	江蘇省	華東	B11	B18	B01	B21	B25	C05	B03	—	—	A01	A01
36	蘇州張家港	江蘇省	華東	B12	B02	B05	B11	B24	C04	—	—	—	A01	A01
37	泰　安	山東省	華北	B13	B21	B10	—	—	—	—	—	—	B11	—
38	寧波慈溪	浙江省	華東	B14	B22	—	—	—	—	—	—	—	—	A03
39	合　肥	安徽省	華中	B15	B19	C02	C22	C12	B09	—	—	—	—	—
40	廊　坊	河北省	華北	B16	B04	A16	A13	B05	—	—	—	—	—	—
41	北京市區	北京市	華北	B17	C13	C04	C06	B18	B02	B17	B19	C02	B20	B06
42	連雲港	江蘇省	華東	B18	B07	—	—	—	—	—	—	—	—	—
43	廣州天河	廣東省	華南	B19	B23	C03	B01	A20	C10	C11	—	C12	B28	B11
44	寧波奉化	浙江省	華東	B20	B12	B02	B20	B22	B14	B20	B01	B01	B26	A06
45	保　定	河北省	華北	B21	—	—	—	—	—	—	—	—	—	—
46	常　州	江蘇省	華東	B22	B03	B21	B15	B07	B17	B10	B11	C08	B06	B22
47	上海松江	上海市	華東	B23	C08	B08	B22	B28	B03	B09	B05	B06	B14	B13

表16-4　2000～2010 TEEMA中國大陸推薦城市排名變化（續）

排名	城　市	省　市	區域	2010	2009	2008	2007	2006	2005	2004	2003	2002	2001	2000
48	杭州餘杭	浙江省	華東	B24	—	—	—	—	—	—	—	—	—	—
49	嘉興市區	浙江省	華東	B25	B17	B18	B12	B10	B07	A09	—	—	—	—
50	上海嘉定	上海市	華東	B26	C17	B25	B23	C02	B25	C07	B18	B06	B14	A02
51	無錫宜興	江蘇省	華東	B27	B05	A18	A18	B13	—	—	A03	A02	A06	B17
52	石家莊	河北省	華北	B28	C28	C23	C07	C11	—	—	—	B17	B35	—
53	武漢漢口	湖北省	華中	B29	C27	C21	C09	B27	B22	B23	—	C01	B09	B12
54	武漢漢陽	湖北省	華中	B30	C22	C11	C11	C14	B27	B23	—	C01	B09	B12
55	武漢武昌	湖北省	華中	B31	C25	C07	C10	B20	B13	B23	B21	C01	B09	B12
56	嘉興嘉善	浙江省	華東	B32	B17	B18	B12	B10	B07	A09	—	—	—	—
57	泰　州	江蘇省	華東	B33	B15	D13	C19	B23	C06	D07	D08	—	—	—
58	鄭　州	河南省	華中	B34	—	—	C24	—	—	—	B12	B11	B04	—
59	福州市區	福建省	華南	C01	B26	C14	C16	C06	C07	C16	B09	C06	B01	C01
60	寧波餘姚	浙江省	華東	C02	C04	B15	B05	B19	B23	B08	C09	C07	A04	A04
61	紹　興	浙江省	華東	C03	B27	B23	B17	—	—	B06	—	—	—	—
62	蘇州常熟	江蘇省	華東	C04	B24	B14	B27	B02	B30	—	—	—	—	—
63	泉　州	福建省	華南	C05	C11	C17	B19	B04	B06	D05	D02	D03	—	—
64	桂　林	廣　西	西南	C06	C19	D05	B13	C17	C12	C03	—	B16	B29	—
65	東莞虎門	廣東省	華南	C07	D06	D04	C12	C19	D04	D03	C06	D04	C03	B18
66	東莞長安	廣東省	華南	C08	C24	D12	D11	D06	C17	C18		D04	C03	B18
67	南　寧	廣　西	西南	C09	C07	C22	D09	—	—	C08	C03	D01	B30	—
68	珠　海	廣東省	華南	C10	C05	B22	C05	B15	B29	B07	B06	B20	B24	B15
69	天津市區	天津市	華北	C11	C03	B19	B03	B09	A07	A07	B24	B08	B05	B21
70	福州馬尾	福建省	華南	C12	C15	C15	C13	C04	B24	—	B09	B01	B01	C01
71	漳　州	福建省	華南	C13	C23	D08	C02	C10	—	B05	B13	B14	—	—

表16-4 2000～2010 TEEMA中國大陸推薦城市排名變化（續）

排名	城　市	省 市	區域	2010	2009	2008	2007	2006	2005	2004	2003	2002	2001	2000
72	東莞市區	廣東省	華南	C14	C30	D02	D05	D05	D05	D02	D05	D04	C03	B18
73	溫　州	浙江省	華東	C15	C16	B20	C15	—	—	—	D04	C10	B15	—
74	佛　山	廣東省	華南	C16	C12	C01	C04	—	—	C14	D01	C03	—	B02
75	中　山	廣東省	華南	C17	C06	B16	B16	B26	B18	B18	B01	B02	B08	B23
76	汕　頭	廣東省	華南	C18	C14	D03	C26	B03	A17	A12	B02	B18	C01	C01
77	昆　明	雲南省	西南	C19	C10	C10	B14	C05	C16	C10	—	C09	B27	—
78	東莞石碣	廣東省	華南	C20	D07	D07	D02	D02	C15	C09	D03	D04	C03	B18
79	廣州市區	廣東省	華南	C21	C20	C20	C20	B17	C10	C11	B26	C12	B28	B11
80	西　安	陝西省	西北	C22	C29	D11	D10	C21	B08	—	—	D04	B32	C03
81	長　沙	湖南省	華中	C23	C26	C19	C01	C13	B21	C15		B13	B33	—
82	九　江	江西省	華中	C24	C02	C12	—	—	—	—	—	—	—	—
83	瀋　陽	遼寧省	東北	C25	C09	C05	D03	C15	C01	—	B17	B19	—	B16
84	深圳市區	廣東省	華南	C26	D01	C18	C21	D01	C09	C20	C01	C14	B23	B20
85	贛　州	江西省	華中	C27	C18	—	—	—	—	—	—	—	—	—
86	襄　樊	湖北省	華中	C28	—	—	—	—	—	—	—	—	—	—
87	東莞厚街	廣東省	華南	C28	D08	D06	D01	D07	B28	B21	C12	D04	C03	B18
88	莆　田	福建省	華南	C30	C01	C25	B18	—	B12	B11	C07	D06	—	—
89	吉　安	江西省	華中	D01	C21	C09	—	—	—	—	—	—	—	—
90	惠　州	廣東省	華南	D02	D03	D10	D12	D04	D01	D01	B20	B12	B03	B19
91	深圳寶安	廣東省	華南	D03	D02	C16	C17	C18	D03	C06	C05	—	B23	B20
92	深圳龍崗	廣東省	華南	D04	D04	D01	D06	C16	D02	C05	B27	C13	B23	B20
93	江　門	廣東省	華南	D05	D05	C08	C08	C01	B15	B15	—	—	—	—
94	太　原	山西省	華北	D06	D09	C24	—	—	—	—	—	—	—	—
95	長　春	吉林省	東北	D07	D12	D09	C14	—	—	—	—	—	—	—

表16-4　2000～2010 TEEMA中國大陸推薦城市排名變化（續）

排名	城　市	省 市	區域	2010	2009	2008	2007	2006	2005	2004	2003	2002	2001	2000
96	貴　陽	貴州省	西南	D08	—	—	—	—	—	—	—	—	—	—
97	北　海	廣 西	西南	D09	D10	D17	D14	—	D08	—	—	—	—	—
98	哈爾濱	黑龍江省	東北	D10	D13	D14	D08	C20	—	—	—	—	—	D02
99	宜　昌	湖北省	華中	D11	D11	D16	D04	—	—	—	—	—	—	—
100	蘭　州	甘肅省	西北	D12	D14	D15	D13	—	—	—	—	—	—	—

註：【1】由於2005年「廣州市區」於2006、2007、2008、2009、2010年細分為「廣州天河」與「廣州市區」，因此2006、2007、2008、2009、2010「廣州天河」與「廣州市區」對比的城市是2005的「廣州市區」。

【2】由於2005年「北京其他」於2006重新命名為「北京亦莊」，因此2006、2007、2008、2009、2010「北京亦莊」對比的城市是2005的「北京其他」。

【3】由於2005年「天津」於2006、2007、2008、2009、2010年細分為「天津市區」與「天津濱海區」，因此2006、2007、2008、2009、2010「天津市區」與「天津濱海區」對比的城市是2005的「天津」。

【4】由於2005年「廈門」於2006細分為「廈門島內」與「廈門島外」，因此2006、2007、2008、2009、2010年「廈門島內」與「廈門島外」對比的城市是2005的「廈門」。

【5】由於2005年「蘇州市區」於2006年細分為「蘇州市區」、「蘇州新區」與「蘇州工業區」，因此2006、2007、2008、2009、2010「蘇州市區」、「蘇州新區」與「蘇州工業區」對比的城市是2005的「蘇州市區」。

【6】由於2005年「寧波市區」於2006年細分為「寧波市區」與「寧波北侖區」，因此2006、2007、2008、2009、2010「寧波市區」與「寧波北侖區」對比的城市是2005的「寧波市區」。

【7】由於2003年「南京」於2004年細分為「南京市區」與「南京江寧」，因此2004、2005、2006、2007、2008、2009、2010「南京市區」與「南京江寧」對比的城市是2003的「南京」。

【8】由於2003年「無錫」於2004年細分為「無錫市區」、「無錫江陰」、「無錫宜興」，因此2004、2005、2006、2007、2008、2009、2010「無錫市區」、「無錫江陰」、「無錫宜興」對比的城市是2003的「無錫」。

【9】由於2009年「嘉興」於2010年細分為「嘉興市區」與「嘉興嘉善」，因此2010「嘉興市區」與「嘉興嘉善」對比城市是2009的「嘉興」。

二、2010 TEEMA 產業別城市綜合實力排行

城市發展歷程與方向的差異，各城市有其適合之產業條件，2010《TEEMA調查報告》將產業分為高科技產業、傳統產業與服務產業等三類型，並依照產業別分析城市綜合實力排行，並列出各產業的前十佳城市整理如表16-5所示，其中，高科技產業前三名分別為：（1）蘇州昆山；（2）天津濱海；（3）南京江寧；昆山高新區1992年批准設立後，逐漸形成「可再生能源產業」、「精密機械產業」、「光電產業」三大特色產業群聚，2010年5月由江蘇省商務廳公布「2009年度江蘇省開發區建設發展」，昆山高新區綜合實力排名連續三年蟬聯冠軍。天津濱海逐步發展為環渤海地區的經濟中心，對於經認定的高技術企業，給予15%的所得稅優惠，成為台商投資重點之一。南京江寧1997年列為國家級高新技術產業開發區，已發展成為江蘇對外開放的示範區、利用外資集散區與高新技術產業密集區。

傳統產業方面，前三名分別為：（1）蘇州昆山；（2）杭州蕭山；（3）南昌；昆山地處長江三角洲，也是中國大陸台商密度最高的地區，昆山經濟技術開發區，為國家級的開發區，區內約有65%的台資企業透過產業發展帶動城市建設，蘇州昆山名列高科技產業與傳統產業冠軍之原因不言而喻，然而其服務業之發展為位居第六，也代表著昆山積極轉型發展服務產業，其努力的腳步仍須加速。杭州蕭山擁有良好的交通區位條件，工業發展深具優勢，紡織業表現特別突出，依照《蕭山紡織工業可持續發展規劃》建設紡織生產流通基地、化纖製造基地、新型纖維與原料研發創新平台以及紡織材料行銷中心。南昌地處長三角和珠三角的中心點，位置具備承接東西、溝通南北的絕佳優勢，且人力成本較沿海城市低廉，2010年1月12日中國大陸國務院頒布《促進中部地區崛起規劃》，加速其發展，加上鄱陽湖生態經濟區建設，帶動核心城市南昌之崛起。

服務產業方面，前三名分別為：（1）上海市區；（2）蘇州市區；（3）南京市區，上海為五大國家中心城市之一，2009年4月起推動上海兩中心建設任務，打造出國際的金融、航運中心，更有利促進服務外包之發展。蘇州重視服務業發展，期望服務業帶動城市轉型升級，根據蘇州統計局（2010）資料顯示，2009年服務業地區生產總值增加14.5%，目前正加緊制定服務業、文化產業跨越發展計畫之腳步，打造現代服務業經濟大城。南京市區文化底蘊深厚、旅遊資源豐富，根據南京統計局（2010）資料顯示，2009年服務業生產總值增加13.5%，商貿、金融保險、旅遊、物流、房地產等五大行業為南京服務業的增長引擎，且

帶動周邊城市服務業的擴張，服務業未來發展仍有極大之潛力。

表16-5　2010 TEEMA產業別城市綜合實力排行前十佳

❶高科技產業（N=978）			❷傳統產業（N=1,051）			❸服務產業（N=247）		
排名	城　市	評價	排名	城　市	評價	排名	城　市	評價
❶	蘇州昆山	93.615	❶	蘇州昆山	93.960	❶	上海市區	90.811
❷	天津濱海	90.941	❷	杭州蕭山	93.248	❷	蘇州市區	90.739
❸	南京江寧	90.414	❸	南　昌	92.035	❸	南京市區	90.080
❹	蘇州工業區	86.753	❹	蘇州工業區	89.128	❹	青　島	87.724
❺	上海閔行	85.948	❺	天津濱海	87.480	❺	成　都	87.331
❻	無錫宜興	85.519	❻	寧波北侖	87.352	❻	蘇州昆山	86.980
❼	廈門島外	82.868	❼	重　慶	87.114	❼	大　連	86.299
❽	杭州蕭山	82.263	❽	廈門島外	86.985	❽	無錫市區	85.001
❾	北京亦庄	81.980	❾	蘇州張家港	86.284	❾	杭州市區	84.262
❿	淮　安	79.983	❿	上海閔行	84.766	❿	廣州天河	82.233

資料來源：本研究整理

三、2010 TEEMA 25個省市自治區城市綜合實力

2010《TEEMA調查報告》根據中國大陸省市自治區城市綜合實力排名，並整理如表16-6所示，排名前五名分別為重慶市（87.049）、四川省（81.196）、山東省（74.553）、江蘇省（71.985）、上海市（70.474），其中重慶市、四川省、山東省、江蘇省等四省市與2009年同列前五大，其中名列第一為重慶市，其北部區域將是未來的兩江新區，為中國大陸為一個內陸國家級新區，是中西部面積最大的開發新區，更是中國大陸區域經濟發展重要的一個核心引擎，重慶北部新區目前形成公路、鐵路、水運、航空的立體交通網絡，而區內重慶保稅港區為中國大陸第一個內陸保稅港區，其採取「水港結合空港」的運輸模式，是一區雙功能的內陸保稅港區，未來將全力發展汽車摩托車產業集群、智能化儀器儀表產業集群、電子信息產業集群、現代服務業集群、生物醫藥產業集群、房地產等六大產業集群。

上海市取代天津市，成為2010《TEEMA調查報告》省市自治區城市綜合實力第五名，其表現最佳的構面為城市競爭力，於調查25個省市中名列第三，而其絕佳的地理優勢為其與生俱來的條件，基礎建設不斷完備，使得上海發展成樞紐

型、功能性、網路化的沿海城市，更肩負著「面向全世界、服務全中國、輻射長三角」的重要使命，更是中國大陸於此打造兩中心的主因，特別是上海世界博覽會的舉辦，更拉動上海的城市機能與國際對接一步到位。

四、2009～2010 TEEMA 城市推薦等級變遷分析

依據《TEEMA調查報告》2010與2009城市綜合實力以及城市綜合實力推薦等級綜合比較結果顯示，由圖16-1至圖16-4可發現下列重要的訊息：

1. 2010調查評估城市的區域劃分：2010《TEEMA調查報告》城市劃分如下：（1）「蘇州市」：分成蘇州工業區、蘇州新區、蘇州市區、蘇州吳江、蘇州昆山、蘇州張家港、蘇州常熟、蘇州太倉八區；（2）「上海市」：分成上海市區、上海閔行、上海嘉定、上海松江、上海浦東五區；（3）「東莞市」：分成東莞市區、東莞厚街、東莞石碣、東莞虎門、東莞長安五區；（4）「寧波市」：分成寧波市區、寧波北侖、寧波餘姚、寧波奉化、寧波慈溪五區；（5）「深圳市」：分成深圳市區、深圳寶安、深圳龍崗三區；（6）「無錫市」：分成無錫市區、無錫宜興、無錫江陰三區；（7）「武漢市」：分成武漢武昌、武漢漢口、武漢漢陽三區；（8）「杭州市」：分成杭州市區、杭州蕭山、杭州餘杭三區；（9）「福州市」：分成福州市區、福州馬尾兩區；（10）「廈門市」：分成廈門島內、廈門島外兩區；（11）「南京市」：分成南京市區、南京江寧兩區；（12）「北京市」：分成北京市區、北京亦莊兩區；（13）「天津市」：分成天津市區、天津濱海區兩區；（14）「嘉興市」：分為「嘉興市區」與「嘉興嘉善」。

2. 2009～2010調查評估城市的投資環境變動：2010年列入《TEEMA調查報告》分析城市但2009年未列入評比者，計有七個城市，分別為：（1）日照；（2）保定；（3）杭州餘杭；（4）嘉興嘉善；（5）鄭州；（6）襄樊；（7）貴陽，可發現以往新增城市大多是屬於華東城市，但2010年隨著區域經濟發展，華中、華北城市亦逐漸受到台商矚目。

3. 2009～2010城市綜合實力推薦的投資環境變動：依據2009至2010《TEEMA調查報告》兩年度同時列入【A】級「極力推薦」等級的城市共有20個，佔2010年【A】級城市的83.33%，高於2009年調查的81.81%，而列入【B】級「值得推薦」的城市共有20個，佔2010年【B】級城市的58.82%，高於2009年的51.85%，顯示【A】級、【B】級其穩定度都超過半數。兩年度列入【C】級「勉予推薦」的城市有23個，佔2010年【C】級城市76.67%，最後，

表16-6　2010 TEEMA 25省市自治區城市綜合實力排行

排名	省 市	列入評比城市數	❶ 城市競爭力		❷ 投資環境力		❸ 投資風險度		❹ 台商推薦度		綜合城市實力
			評分	排名	評分	排名	評分	排名	評分	排名	評分
01	重慶市	1	82.835	05	91.091	01	78.642	03	97.298	01	87.049
02	四川省	1	81.514	06	76.692	02	83.292	01	88.696	02	81.196
03	山東省	6	59.249	17	75.409	03	80.442	02	75.797	04	74.553
04	江蘇省	21	69.826	13	71.267	04	73.000	04	74.033	05	71.985
05	上海市	5	89.062	03	70.503	05	64.684	06	63.388	10	70.474
06	北京市	2	92.443	02	59.944	07	69.818	05	69.300	07	69.185
07	天津市	2	92.874	01	55.744	10	63.669	07	68.228	08	65.564
08	安徽省	1	65.058	15	63.144	06	57.244	09	70.997	06	62.839
09	浙江省	12	72.794	09	58.698	08	58.657	08	63.532	09	61.525
10	河北省	3	51.130	21	58.361	09	51.662	10	78.393	03	58.271
11	遼寧省	2	83.171	04	45.795	13	46.620	13	59.353	11	53.683
12	河南省	1	72.406	10	43.446	14	47.295	12	52.772	13	50.344
13	福建省	7	55.430	18	46.824	12	48.952	11	54.823	12	49.953
14	江西省	4	41.345	23	46.883	11	36.234	14	51.751	14	43.588
15	湖北省	5	66.283	14	31.497	15	31.967	15	43.599	17	38.671
16	雲南省	1	55.204	20	26.797	17	29.647	16	46.867	15	34.924
17	陝西省	1	75.413	08	23.898	19	17.348	20	45.759	16	32.939
18	廣東省	16	64.683	16	26.182	18	25.304	18	33.131	19	32.736
19	廣 西	3	40.246	25	29.247	16	27.397	17	38.511	18	31.732
20	湖南省	1	76.139	07	22.498	20	21.398	19	31.574	20	31.575
21	山西省	1	55.266	19	5.250	22	8.499	21	13.623	22	14.983
22	吉林省	1	71.852	11	3.050	23	4.050	23	8.665	23	14.512
23	貴州省	1	46.178	22	7.599	21	7.799	22	13.702	21	14.362
24	黑龍江	1	69.830	12	2.200	24	1.700	24	2.088	24	12.178
25	甘肅省	1	40.894	24	1.000	25	1.300	25	1.664	25	7.174

兩年度均列入【D】級「暫不推薦」的城市共有10個，佔2010年【D】級城市83.33%。

4. 2009～2010【A】級「極力推薦」城市投資環境變動：2009至2010《TEEMA調查報告》同時列入【A】級「極力推薦」的城市分別是：(1)蘇州昆山(A01)；(2)天津濱海(A02)；(3)南京江寧(A03)；(4)南昌(A04)；(5)上海閔行(A05)；(6)蘇州工業區(A06)；(7)杭州蕭山(A07)；(8)青島(A09)；(9)廈門島外(A10)；(10)蘇州市區(A11)；(11)成都(A12)；(12)無錫江陰(A13)；(13)寧波市區(A14)；(14)揚州(A18)；(15)寧波北侖(A19)；(16)北京亦庄(A20)；(17)大連(A21)：(18)蘇州新區(A22)；(19)杭州市區(A23)；(20)廈門島內(A24)，而2009年是【A】級「極力推薦」城市但2010年下降至【B】級「值得推薦」等級者有：(1)無錫市區(A21→B05)；(2)鎮江(A22→B07)。

5. 2010新進入【A】級「極力推薦」的城市：2010《TEEMA調查報告》首度或再度進入【A】級「極力推薦」城市排行榜的有4個城市，分別為：(1)重慶(B01→A08)；(2)南京市區(B14→A15)；(3)上海市區(B10→A16)；(4)濟南(B09→A17)，這些城市在2009年皆屬於【B】級「值得推薦」等級，但2010年均躋身【A】級「極力推薦」之列，其中重慶是繼上海浦東、天津濱海後，成為中國大陸第三個國家級新區，顯示重慶兩江新區掛牌成立也代表著中國大西部開發啟動，確定重慶成為大西部發展的重要核心城市，也為台商轉進中國大西部提供無窮商機，上海市區則因上海世博會帶來龐大的市場需求，使得許多台商紛紛進駐投資，而濟南則因中國大陸近年來水、電、油等資源短缺，加上勞動成本提升與優惠政策紛紛到期，使得台商思考由南方向北方梯度轉移。然而，山東連接華東、華北兩大經濟區，基礎產業實力雄厚，加上對外開放與投資環境不斷改善，使得濟南受到台商關注。

6. 2009～2010【D】級「暫不推薦」城市投資環境變動：2009至2010《TEEMA調查報告》研究結果顯示，兩年度均列入【D】級「暫不推薦」的城市共有10個，分別為：(1)惠州(D02)；(2)深圳寶安(D03)；(3)深圳龍崗(D04)；(4)江門(D05)；(5)太原(D06)；(6)長春(D07)；(7)北海(D09)；(8)哈爾濱(D10)；(9)宜昌(D11)；(10)蘭州(D12)。值得注意的是，2009《TEEMA調查報告》列入【D】級「暫不推薦」的東莞虎門、東莞石碣、東莞厚街，在2010《TEEMA調查報告》

均列入「C」級「勉予推薦」等級之列，2009年金融海嘯加上中國大陸一系列宏觀調控政策，東莞市政府積極協助台商轉型升級，成立東莞市「轉型升級聯合服務機構」，並提出六個十億元的科技專項基金，支援當地企業發展。2010年6月24日，東莞市市長李毓全指出：「東莞提出不少政策力爭轉型升級，具體政策有36個，包括「東莞市推進加工貿易轉型升級工作方案」等，力求在未來5至10年之內，實現加工貿易企業產品結構升級、企業結構升級、產業結構升級和市場結構升級」，東莞市副市長江淩亦：「今年東莞將繼續執行去年的幫扶政策，並用更大精力，幫扶台商企業渡過後危機時代」，廣東省和東莞市政府的支援和幫助，協助台資企業渡過金融危機、外銷轉內銷的扶持，是使得此次東莞城市在綜合實力排名提升的主要原因。

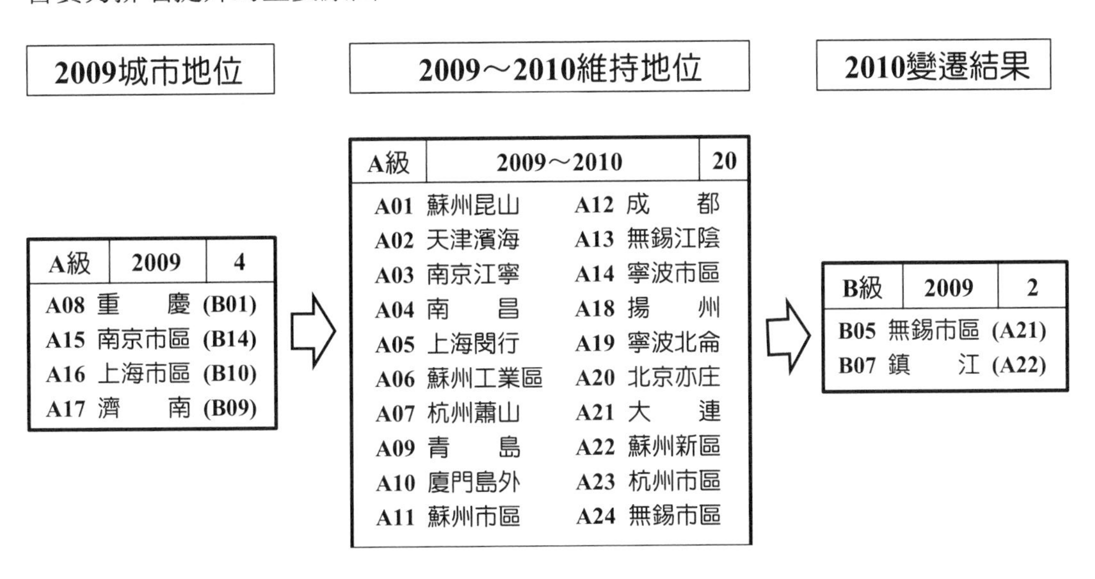

圖16-1　2009～2010 TEEMA「極力推薦」等級城市變遷圖

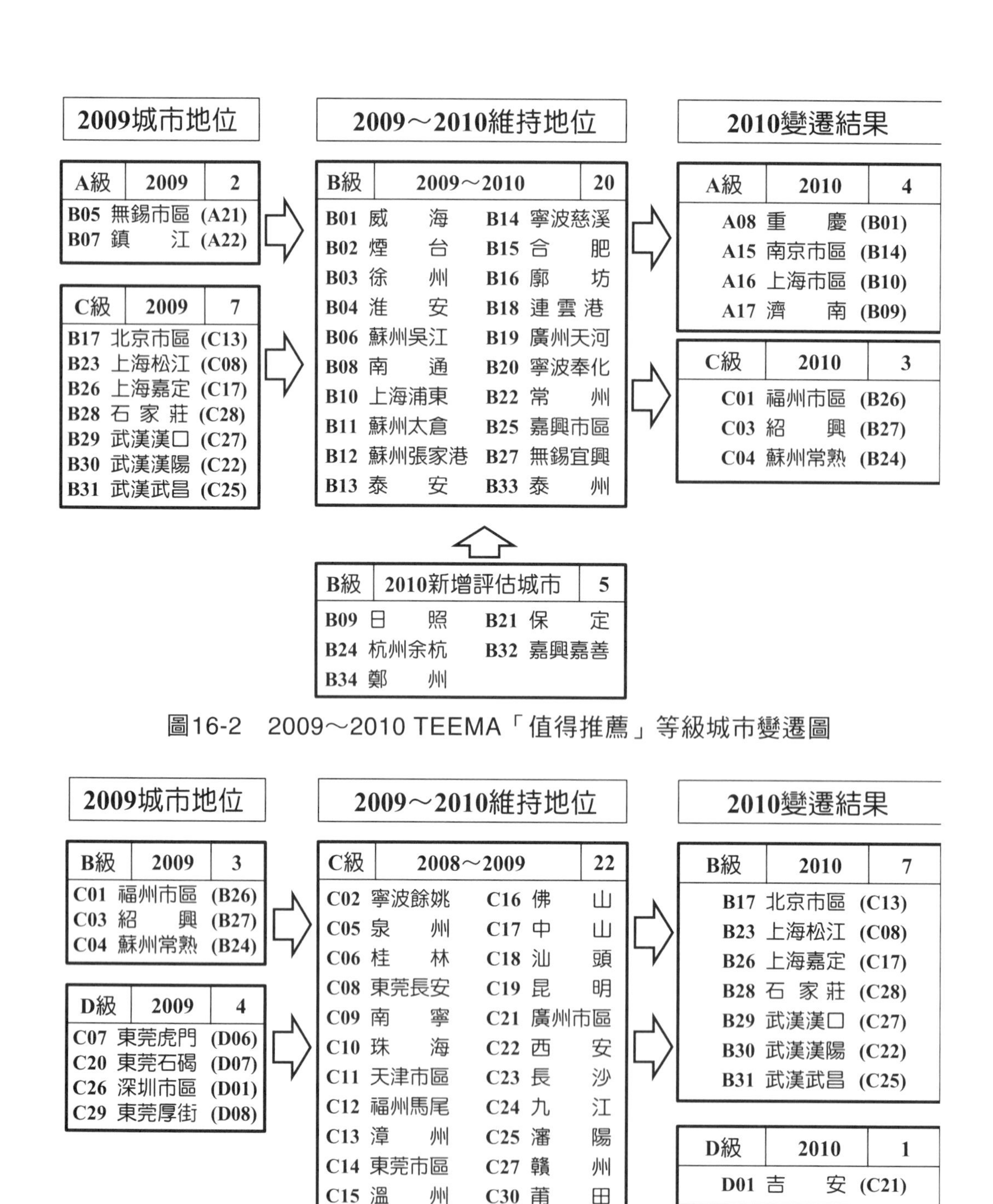

圖16-2　2009～2010 TEEMA「值得推薦」等級城市變遷圖

2009城市地位

B級	2009	3
C01 福州市區 (B26)		
C03 紹興 (B27)		
C04 蘇州常熟 (B24)		

D級	2009	4
C07 東莞虎門 (D06)		
C20 東莞石碣 (D07)		
C26 深圳市區 (D01)		
C29 東莞厚街 (D08)		

2009～2010維持地位

C級	2008～2009	22
C02 寧波餘姚	C16 佛山	
C05 泉州	C17 中山	
C06 桂林	C18 汕頭	
C08 東莞長安	C19 昆明	
C09 南寧	C21 廣州市區	
C10 珠海	C22 西安	
C11 天津市區	C23 長沙	
C12 福州馬尾	C24 九江	
C13 漳州	C25 瀋陽	
C14 東莞市區	C27 贛州	
C15 溫州	C30 莆田	

C級	2010新增評估城市	1
C28 襄樊		

2010變遷結果

B級	2010	7
B17 北京市區 (C13)		
B23 上海松江 (C08)		
B26 上海嘉定 (C17)		
B28 石家莊 (C28)		
B29 武漢漢口 (C27)		
B30 武漢漢陽 (C22)		
B31 武漢武昌 (C25)		

D級	2010	1
D01 吉安 (C21)		

圖16-3　2009～2010 TEEMA「勉予推薦」等級城市變遷圖

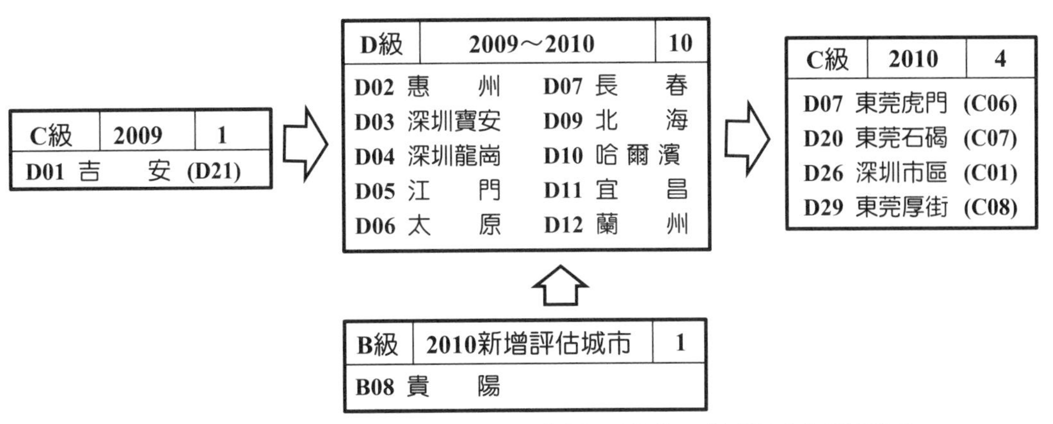

圖16-4　2009～2010 TEEMA「暫不推薦」等級城市變遷圖

五、2010 TEEMA中國大陸十大經濟區城市綜合實力排名

根據2010《TEEMA調查報告》研究分析的100個城市之城市綜合實力分數，經過歸納後將十個經濟區域各別所涵蓋的城市之二力二度加權分數平均之後，得到各經濟區域的區域綜合實力排名，如圖16-16所示。

由圖16-16顯示，整體而言，在經過加權後的「長三角經濟區」依然是目前中國大陸十大經濟區域中的綜合實力最優的，加權分數為85.997，其中在投資環境力、投資風險度皆排名第二，城市競爭力、台商推薦度則皆排名第三。而由圖16-6可知，在長三角共有39個城市納入評比，其中14個城市列入極為推薦的A級評比，排名前五名的城市分別有蘇州昆山、南京江寧、上海閔行、蘇州工業區與杭州蕭山。杭州蕭山主要歸功於，其在轉型升級與產業鏈招商等策略有效執行上；而上海閔行區則一向是台滬經貿往來的活躍區，在松山機場與虹橋機場直航後，「兩岸雙城一日生活圈」更提升該地的活躍度；至於蘇州昆山與南京江寧長久以來都是台商投資的重點部位，整體投資環境力也極為完善。

根據圖16-16可知，加權後的「西三角經濟區」在中國大陸十大經濟區域中的綜合實力排名第二，加權分數為85.980，其中在城市競爭力與台商推薦度上均排名第一，而投資環境力則排名第三。而由圖16-7可知，在西三角經濟區3個城市中，重慶與成都均列入極為推薦的A級評比，且其城市綜合實力分別達87.049與81.196分，主要原因在於重慶除了是中國大陸三大重工業基地之一外，其挾大中華心臟地帶的優越位置、經濟成長的連年攀升與龐大內需市場，都是吸引外資積極盡的投資熱點，也使得其未來發展倍受關注。成都在中國大陸2009年西部大開發計劃後，已成為了經貿、交通與資訊樞紐，且在成都目前全力打造成為軟實力的核心載體之際，成都將在西部經濟發展引擎。

根據圖16-16可知，經過加權後的「黃三角經濟區」在中國大陸十大經濟區域中的綜合實力排名第三，加權分數為85.852，其中在投資環境力與投資風險度上均排名第一，而台商推薦度則排名第三。根據中國大陸國務院所頒布的《黃河三角洲高效生態經濟區發展規劃》，僅煙台列入規劃範圍，因此2010《TEEMA調查報告》將黃三角規劃範圍擴大至山東省全省，形成「大黃三角」之概念，由圖16-8可知，在黃三角共有6個城市納入評比，其中青島與濟南列入極為推薦的A級評比，青島在中國大陸「國字號」的加持下，開發區一一建立，目前青島同時擁有青島經濟技術開發區、青島西海岸出口加工區、青島新技術產業開發試驗區、青島前灣保稅港區等諸多國家級政策功能區域，其為中國大陸政策功能優勢最為集中的區域之一，也是開放型經濟發展程度最高、綜合經濟實力最強、區域環境最優的國家級開發區之一，而濟南近幾年則在高新技術區、軟體產業園區等經濟開發區逐步成熟下，其城市競爭力也隨之日漸茁壯。

根據圖16-16可知，經過加權後的「環渤海經濟區」在中國大陸十大經濟區域中的綜合實力排名第四，加權分數為82.618，其中在投資風險度上排名第三，而城市競爭力、投資環境力與台商推薦度則均排名第四。而由圖16-9可知，在環渤海共有16個城市納入評比，其中天津濱海、青島、濟南、北京亦庄與大連等五個城市是列入極為推薦的A級評比。天津濱海自從其新區開發以來，其依托京津冀、服務環渤海、輻射東北亞下，已成為中國大陸北方對外開放的門戶，而高水平的現代製造業、研發轉化基地與航運、和國際物流中心，使得該地固定資產投資更為迅速與繁榮；北京亦庄則擁有北京惟一的國家級經濟技術開發區，並已成為全國最大的移動通信產業基地，北京最大的電子信息產業基地與醫藥之谷，其競爭實力不容輕忽；而東北大連在2009年中國大陸國務院推出老東北振興計劃後，其城市競爭力日漸高升。

根據圖16-16可知，經過加權後的「海西經濟帶」在中國大陸十大經濟區域中的綜合實力排名第五，加權分數為74.600，其中在投資環境力、投資風險度上與台商推薦度上均排名第五，而在城市競爭力上排名第九。而由圖16-10可知，在海西經濟帶共有10個城市納入評比，其中廈門島外、廈門島內等兩個城市是列入極為推薦的A級評比，其餘八個城市均列為C級評比的勉予推薦。廈門島外、廈門島內自古便是中國大陸東南與外通商的重要渡口之一，也是中國大陸較早開發的經濟區域之一，因此其政策配套與基礎建設均相當完善，加之，與台灣距離的貼近，更成為台商西進時的跳板，致使其經濟實力不容小覷，而其他地區雖然評比稍微落後，但在海西經濟帶的區域帶動下，相信是未來吸引更多台商的題材與利多。

根據圖16-16可知，經過加權後的「中部地區」在中國大陸十大經濟區域中的綜合實力排名第六，加權分數為71.887，其中在投資環境力、投資風險度上與台商推薦度上均排名第六，而在城市競爭力上排名第七。而由圖16-11可知，在中部地區共有13個城市納入評比，其中南昌是列入極為推薦的A級評比；而合肥、武漢漢口、武漢漢陽、武漢武昌與鄭州則羅列為值得推薦的B級評比；長沙、九江、贛州、襄樊則列為勉予推薦的C級評比；而吉安、太原與宜昌則暫不推薦。南昌可在中部地區城為一枝獨秀的原因，除了地理位置優越（相鄰長、珠三角洲），其成本最低、回報最快、效率最高與信譽最好等四項最讓商人青睞，也讓南昌整體競爭力、招商力大幅提升。

根據圖16-16可知，經過加權後的「珠三角經濟區」在中國大陸十大經濟區域中的綜合實力排名第七，加權分數為70.060，其中在城市競爭力上排名第五，投資風險排名第七，而投資環境力與台商推薦度上排名第九。而由圖16-12可知，在珠三角經濟區共有16個城市納入評比，其中廣州天河是列入值得推薦的B級評比；東莞虎門、東莞長安、珠海、東莞市區、佛山、中山、汕頭、東莞石碣、廣州市區、深圳市區、東莞厚街，列為勉予推薦的C級評比；而惠州、深圳寶安、深圳龍崗、江門，則暫不推薦。珠三角主要是以傳統產業為佈局之要點，然而在中國大陸自2008年實施勞動合同法，與一系列打擊二高一資的政策下，使競爭力有所下降。

根據圖16-16可知，經過加權後的「西部地區」在中國大陸十大經濟區域中的綜合實力排名第八，加權分數為68.090，其中在台商推薦度上排名第七，城市競爭力、投資環境力排名第八，而投資風險度排名第九。而由圖16-13可知，在西部地區共有9個城市納入評比，其中重慶與成都是列入極為推薦的A級評比；桂林、南寧、昆明、西安，列為勉予推薦的C級評比；貴陽、北海與蘭州則暫不推薦，雖然西部在目前競爭力仍不及沿海地區，然而在西部開發三階段的佈局下：（1）2001-2010年奠定基礎時期：重點為調整結構，做好基礎建設，建立和完善市場體制；（2）2010-2030年加速發展時期：實施經濟產業化、市場化、生態化和專業區域佈局升級；（3）2031-2050年全面現代化時期，提高西部人民生產生活水平，全面縮小經濟差距，在三階段陸續到位後，未來西部前景勢必可期。

根據圖16-16可知，經過加權後的「泛北部灣」在中國大陸十大經濟區域中綜合實力排名第九，加權分數為66.374，其中在投資環境力排名第七，投資風險度、台商推薦度排名第八，而城市競爭力則排名第十。而由圖16-14可知，在泛北部灣共有3個城市納入評比，其中桂林、南寧列為勉予推薦的C級評比；北海則暫不推薦，泛北部灣地區雖發展時段較晚，然而在中國大陸十加一題材發揮下，泛北部灣經濟合作區，合作牽涉面廣，吸引輻射力強，未來將越來越備受矚目。

根據圖16-16可知，經過加權後的「東北地區」在中國大陸十大經濟區域中的綜合實力排名敬陪末座，加權分數為62.297，其中在城市競爭力排名第二，投資環境力、投資風險度與台商推薦度均排名第十。而由圖16-15可知，在東北地區共有4個城市納入評比，其中大連列入極為推薦的A級評比；瀋陽列入勉予推薦的C級評比；長春、哈爾濱則暫不推薦。大連位於遼東半島南端，西北瀕臨渤海，東南面向黃海，因此而有「京津門戶」之稱，而在第十個五年規劃期間大連已被定位為區域性國際航運中心、商貿中心、金融中心、旅遊中心、資訊中心，更造就其於東北之競爭優勢。

有關圖16-6至圖16-16區域經濟綜合實力排名示意圖，說明如下：（1）第一欄位為2010《TEEMA調查報告》列入該區域經濟之評比城市排名；（2）第二欄位為列入評比城市名稱；（3）第三欄位為該城市在2010《TEEMA調查報告》之城市綜合實力；（4）第四欄位為2009～2010《TEEMA調查報告》推薦等級之變化；（5）第五欄位為2009～2010《TEEMA調查報告》排名之變化。

圖16-5　TEEMA 2010經濟區城市綜合實力排名示意圖

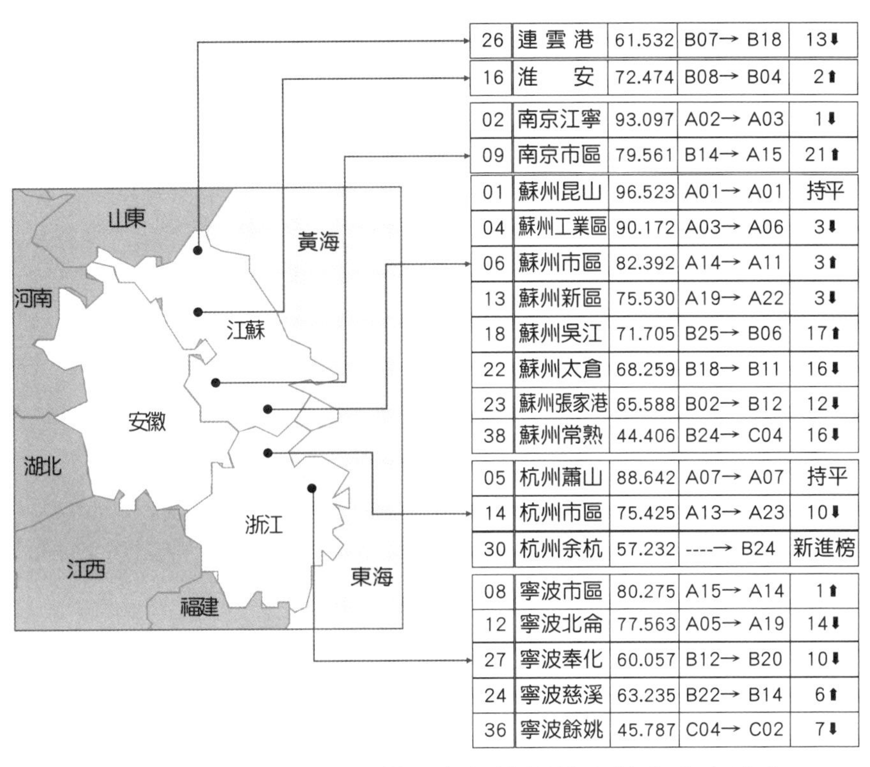

圖16-6　TEEMA 2010長三角經濟區城市綜合實力排名

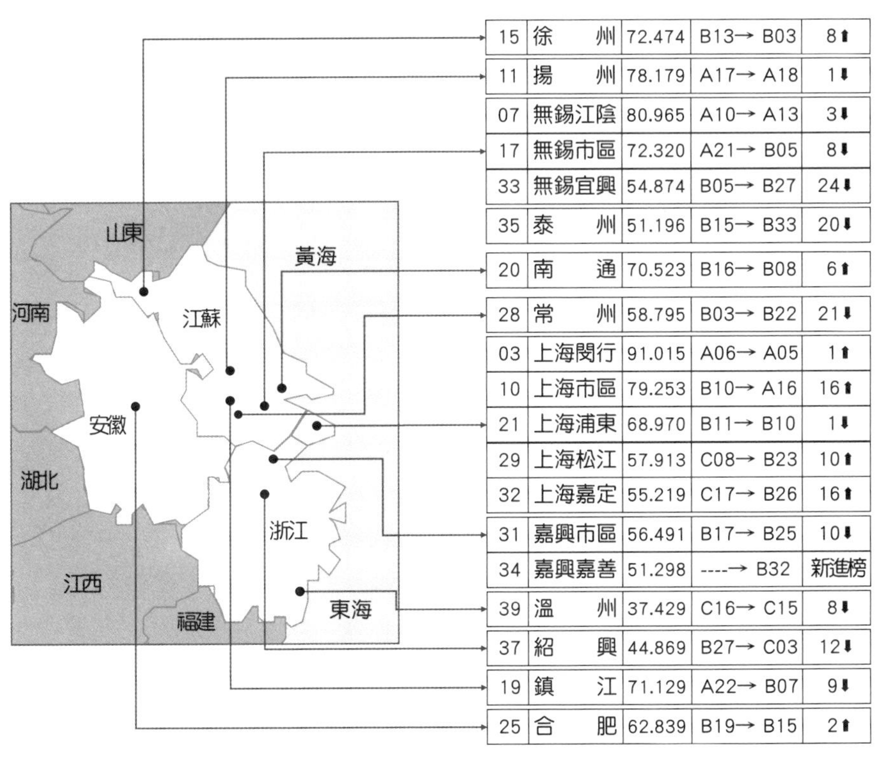

圖16-6　TEEMA 2010西三角經濟區城市綜合實力排名（續）

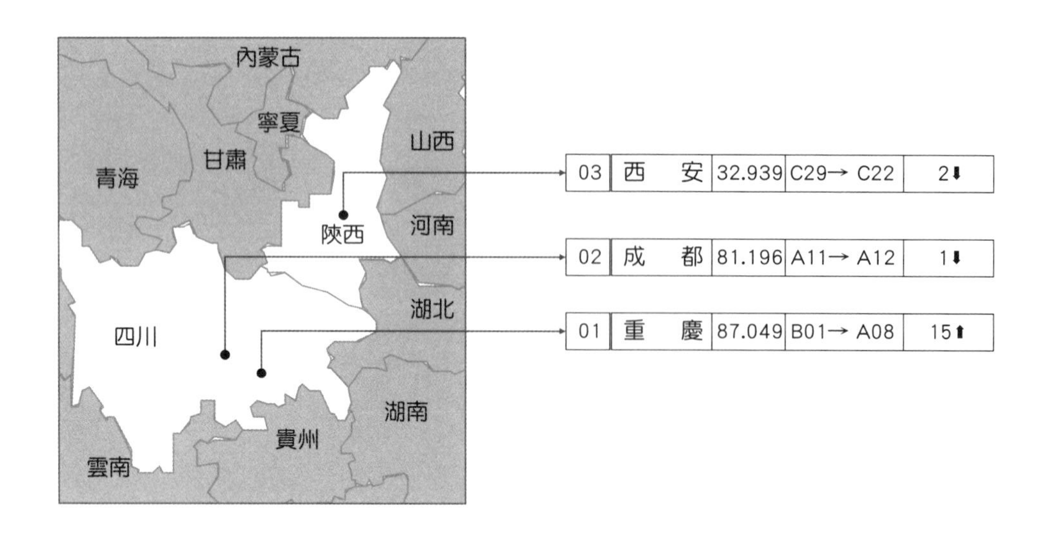

圖16-7　TEEMA 2010西三角經濟區城市綜合實力排名

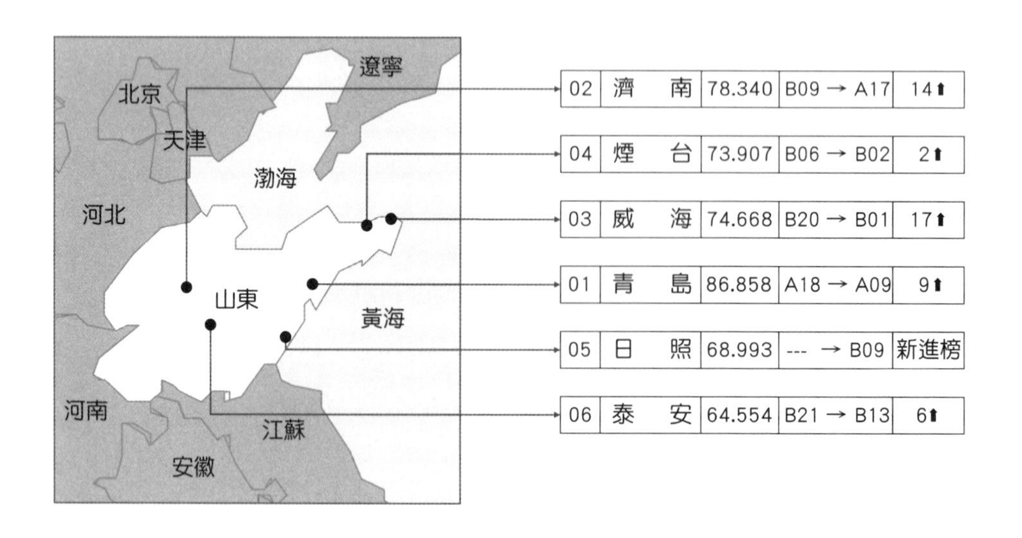

圖16-8　TEEMA 2010黃三角經濟區城市綜合實力排名

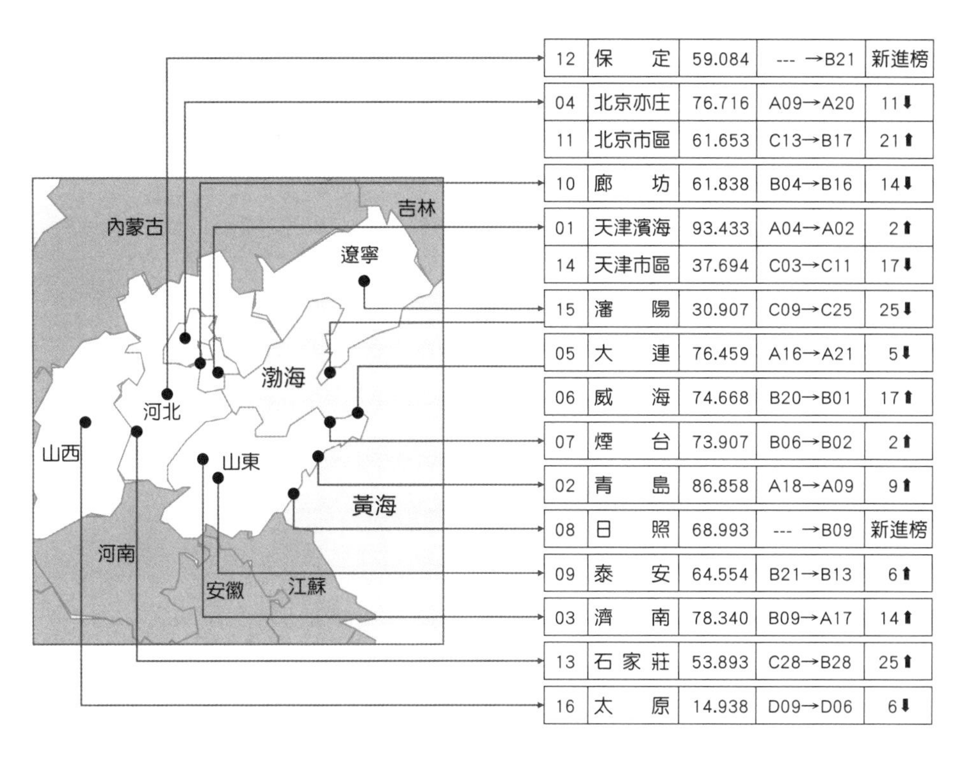

圖16-9　TEEMA 2010環渤海經濟帶城市綜合實力排名

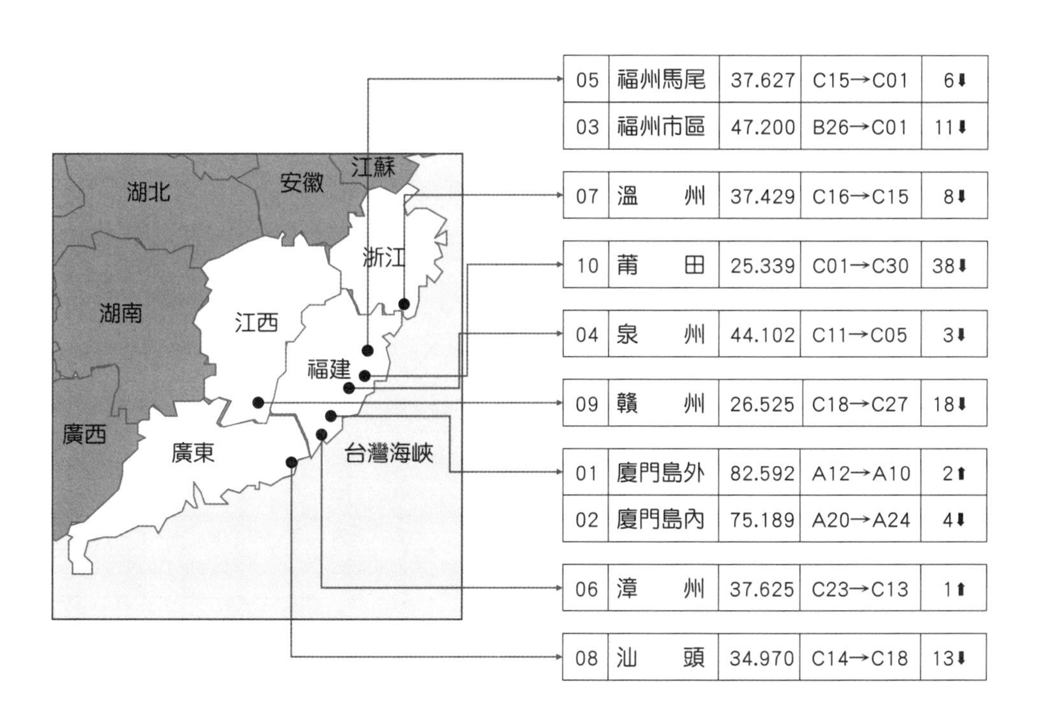

圖16-10　TEEMA 2010海西經濟帶城市綜合實力排名

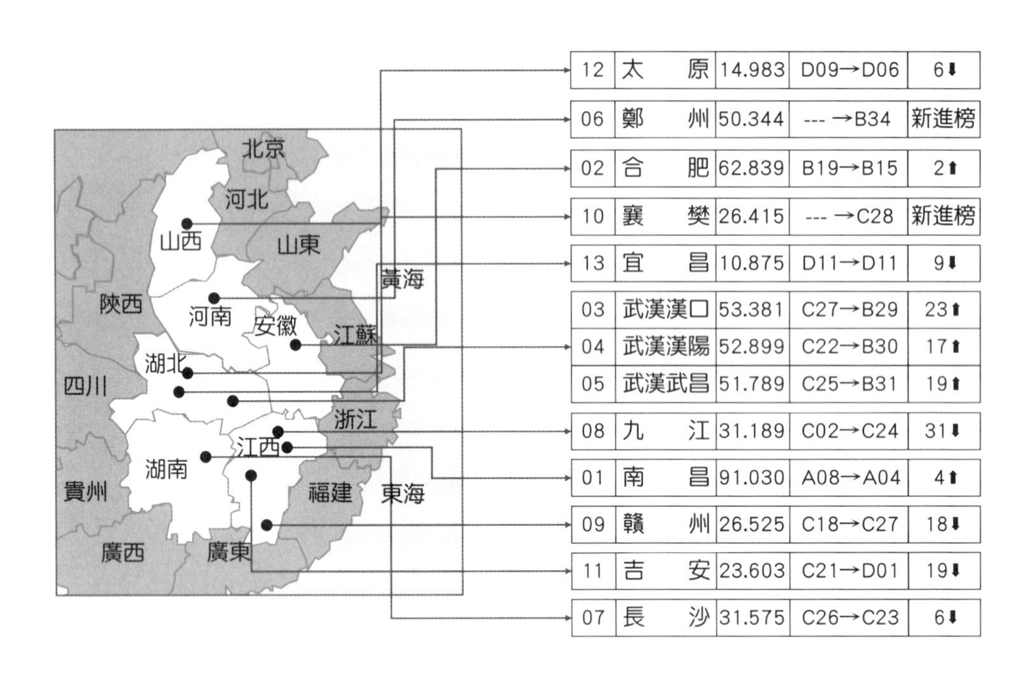

12	太　原	14.983	D09→D06	6⬇
06	鄭　州	50.344	--- →B34	新進榜
02	合　肥	62.839	B19→B15	2⬆
10	襄　樊	26.415	--- →C28	新進榜
13	宜　昌	10.875	D11→D11	9⬇
03	武漢漢口	53.381	C27→B29	23⬆
04	武漢漢陽	52.899	C22→B30	17⬆
05	武漢武昌	51.789	C25→B31	19⬆
08	九　江	31.189	C02→C24	31⬇
01	南　昌	91.030	A08→A04	4⬆
09	贛　州	26.525	C18→C27	18⬇
11	吉　安	23.603	C21→D01	19⬇
07	長　沙	31.575	C26→C23	6⬇

圖16-11　TEEMA 2010中部地區城市綜合實力排名

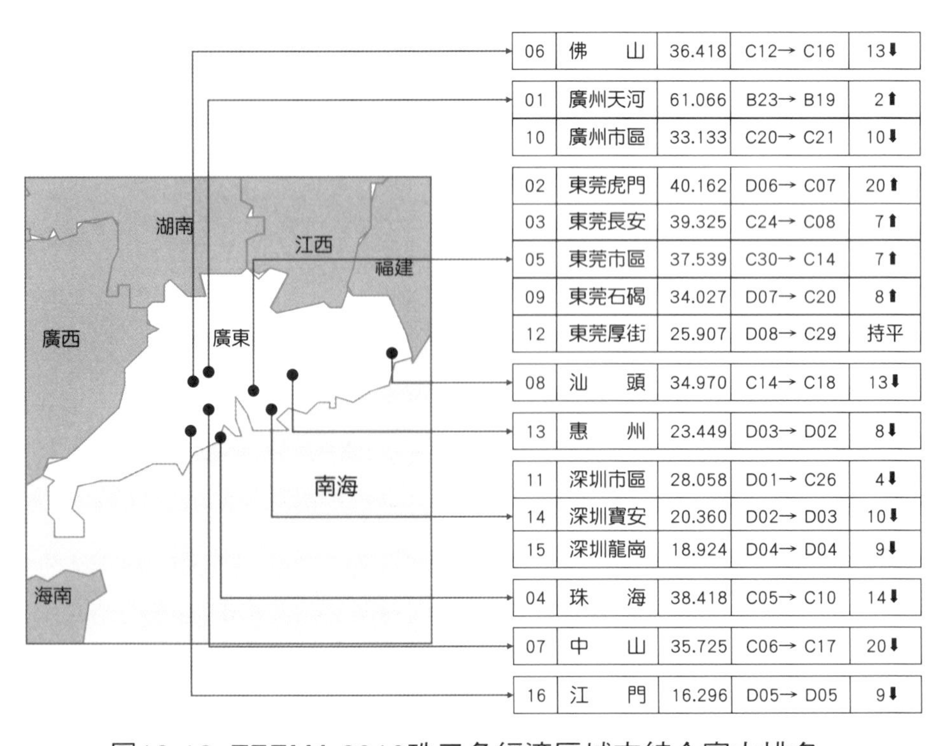

06	佛　山	36.418	C12→ C16	13⬇
01	廣州天河	61.066	B23→ B19	2⬆
10	廣州市區	33.133	C20→ C21	10⬇
02	東莞虎門	40.162	D06→ C07	20⬆
03	東莞長安	39.325	C24→ C08	7⬆
05	東莞市區	37.539	C30→ C14	7⬆
09	東莞石碣	34.027	D07→ C20	8⬆
12	東莞厚街	25.907	D08→ C29	持平
08	汕　頭	34.970	C14→ C18	13⬇
13	惠　州	23.449	D03→ D02	8⬇
11	深圳市區	28.058	D01→ C26	4⬇
14	深圳寶安	20.360	D02→ D03	10⬇
15	深圳龍崗	18.924	D04→ D04	9⬇
04	珠　海	38.418	C05→ C10	14⬇
07	中　山	35.725	C06→ C17	20⬇
16	江　門	16.296	D05→ D05	9⬇

圖16-12 TEEMA 2010珠三角經濟區城市綜合實力排名

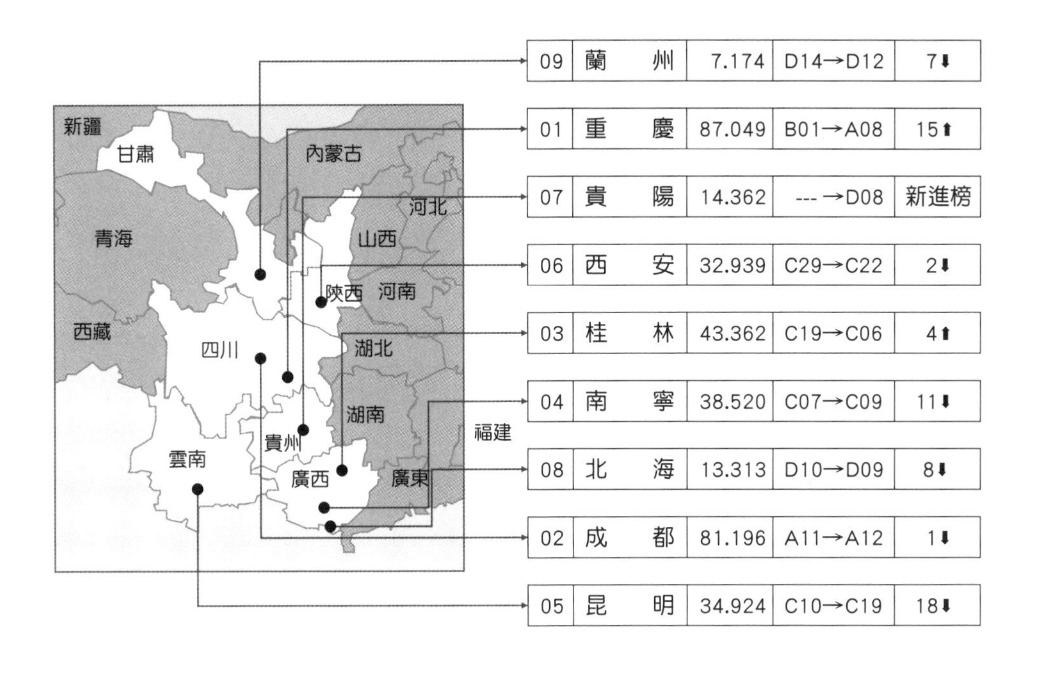

09	蘭　州	7.174	D14→D12	7⬇
01	重　慶	87.049	B01→A08	15⬆
07	貴　陽	14.362	--- →D08	新進榜
06	西　安	32.939	C29→C22	2⬇
03	桂　林	43.362	C19→C06	4⬆
04	南　寧	38.520	C07→C09	11⬇
08	北　海	13.313	D10→D09	8⬇
02	成　都	81.196	A11→A12	1⬇
05	昆　明	34.924	C10→C19	18⬇

圖16-13　TEEMA 2010西部地區城市綜合實力排名

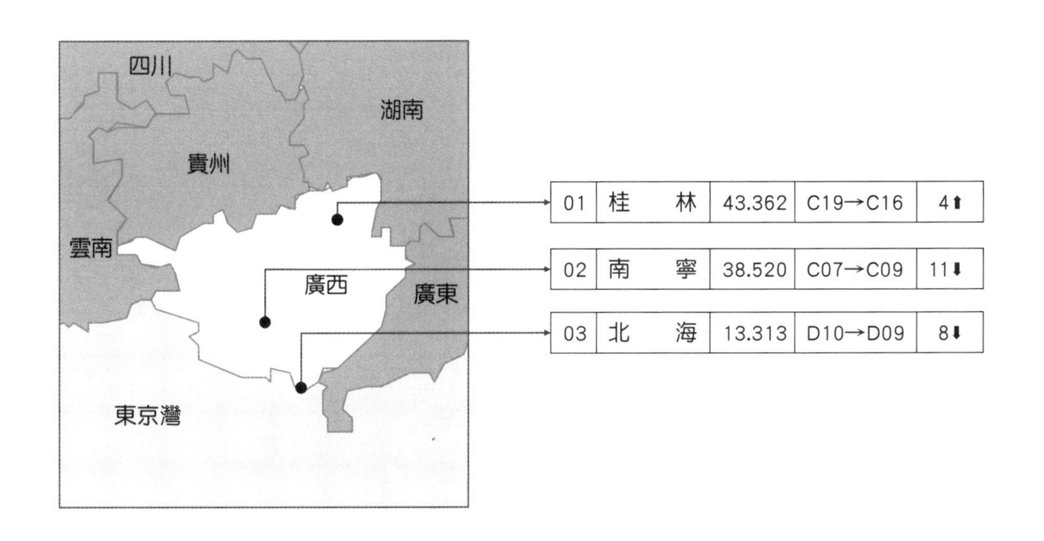

01	桂　林	43.362	C19→C16	4⬆
02	南　寧	38.520	C07→C09	11⬇
03	北　海	13.313	D10→D09	8⬇

圖16-14　TEEMA 2010泛北部灣城市綜合實力排名

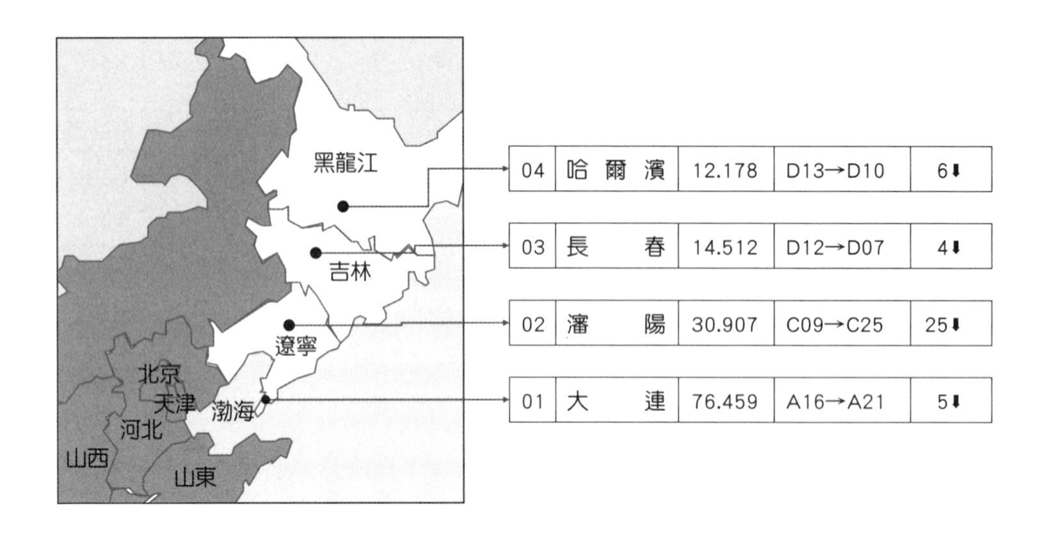

排名	城市	城市綜合實力	2009→2010	排名變化
04	哈 爾 濱	12.178	D13→D10	6⬇
03	長 春	14.512	D12→D07	4⬇
02	瀋 陽	30.907	C09→C25	25⬇
01	大 連	76.459	A16→A21	5⬇

圖16-15 TEEMA 2010東北地區城市綜合實力排名

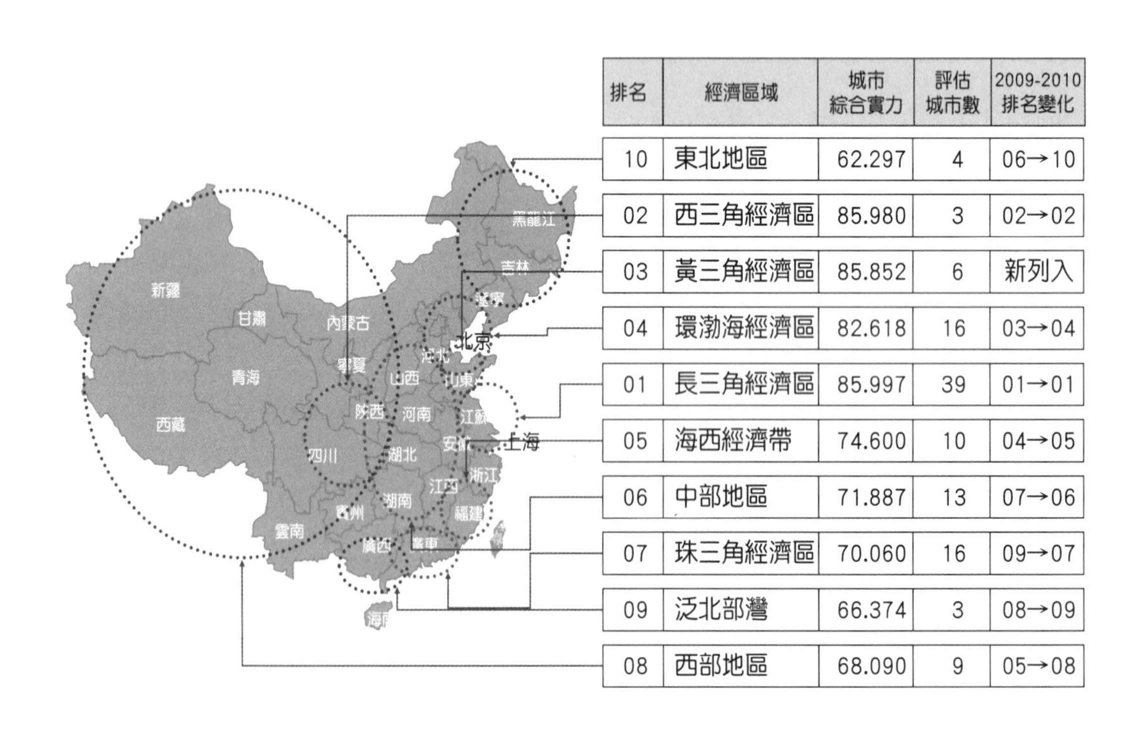

排名	經濟區域	城市綜合實力	評估城市數	2009-2010排名變化
10	東北地區	62.297	4	06→10
02	西三角經濟區	85.980	3	02→02
03	黃三角經濟區	85.852	6	新列入
04	環渤海經濟區	82.618	16	03→04
01	長三角經濟區	85.997	39	01→01
05	海西經濟帶	74.600	10	04→05
06	中部地區	71.887	13	07→06
07	珠三角經濟區	70.060	16	09→07
09	泛北部灣	66.374	3	08→09
08	西部地區	68.090	9	05→08

圖16-16 TEEMA 2010中國大陸十大經濟區區域綜合實力排名

六、2009～2010 TEEMA城市綜合實力排名上升幅度最優城市分析

2009～2010《TEEMA調查報告》針對100個列入評估調查城市之城市綜合實力上升幅度最多排名，如表16-7所示，名次上升最多之城市為石家莊，2009年名列「勉予推薦」（28名），攀升至「值得推薦」的【B】級城市（28名），一共提升25個名次；其次則為武漢漢口由2009年的「勉予推薦」（27名），進步到2010年「值得推薦」的【B】級城市（29名），總共提升23個名次；南京市區上升21個名次，排名上升幅度名列第三，由2009年名列「值得推薦」（14名），攀升至「極力推薦」的【A】級城市（15名），2009～2010城市綜合實力推薦排名上升前10名城市依序為：石家莊、武漢漢口、南京市區、北京市區、東莞虎門、武漢武昌、威海、蘇州吳江、武漢漢陽、上海市區與上海嘉定。此外，2010《TEEMA調查報告》城市綜合競爭實力排名上升前5名依據其「投資環境力」與「投資風險度」的評估指標變化顯著項目整理如表16-8所示，並針對2009～2010城市綜合實力排名上升前5名城市之分析如下：

1. 就「石家莊」排名上升的理由：2010《TEEMA調查報告》中，石家莊由2009年【C】級「勉予推薦」城市，攀升到2010年【B】級「值得推薦」城市，就評估指標變化而言，其投資環境力的「海、陸、空交通運輸」指標進步最多，上升1.245分，而投資風險度則以「政府干預台商企業經營運作」指標下降1.138分最多。石家莊隨著石太、京石、石武、石濟四條高鐵的建成，將縮短北京、鄭州、太原、武漢等城市的距離，城市的職能將轉嫁至石家莊，或使其成為北京的衛星城市，屆時，得利於交通便捷之優勢，未來將與北京發揮同城效應，形成經濟共同體，更可融入京津冀都市圈核心地帶。

2. 就「武漢漢口」排名上升的理由：2010《TEEMA調查報告》中，武漢漢口由2009年【C】級「勉予推薦」城市，攀升到2010年【B】級「值得推薦」城市，就評估指標變化而言，其投資環境力以「海、陸、空交通運輸」指標提高1.430分，分數提升最多，投資風險度以「地方稅賦政策變動」指標下降1.154分為最多。漢口自古以來便是武漢的商貿中心，京廣、武廣高鐵的通過，提升交通便利性，加大漢口轉乘效用，提升城市運輸功能，2010年3月21日中國大陸國務院批覆《武漢市城市總體規劃（2010～2020）》表示，依託「兩江交匯、三鎮鼎立」，完善漢口、武昌與漢陽等衛星城鎮發展，加速漢口的建設日漸茁壯，城市排名提升。

3. 就「南京市區」排名上升的理由：2010《TEEMA調查報告》中，南京市區由2009年【B】級「值得推薦」城市，攀升到2010年【A】級「極力推薦」城市，就評估指標變化而言，其投資環境力以「促使台商經營獲利」指標提高0.299分最多，而投資風險度則以「行政命令經常變動」指標下降0.325分最多。南京市與台灣於市場、技術、資源、產業基礎方面具有互補性，南京也把對台招商引資作為利用外資的重要環節，目前南京台商企業營運良好，且進入投資收益期，產出水準與獲利能力逐步上升，輔以當地政府支援，增強台商信心，促使投資理念更趨於長期。

4. 就「北京市區」排名上升的理由：2010《TEEMA調查報告》中，北京市區由2009年【C】級「勉予推薦」城市，攀升到2010年【B】級「值得推薦」城市，就評估指標變化而言，其投資環境力以「誠信與價值觀」指標上升1.151分為最多，投資風險度以「外匯嚴格管制及利潤匯出不易」下降1.019分為最多。北京2009年提出「建設世界城市」之想法，以「人文北京、科技北京、綠色北京」為未來發展方向，而由上述兩指標正顯示北京投資環境趨向良好，北京政府更期望與台灣合作發展文創產業、電子信息產業、都市型農業、精緻休閒旅遊業等新興產業，雙方合作達到「京台互補，互利雙贏」。

5. 就「東莞虎門」排名上升的理由：2010《TEEMA調查報告》中，東莞虎門由2009年【D】級「暫不推薦」城市，攀升到2010年【C】級「勉予推薦」城市，就評估指標變化而言，其投資環境力以「政府對台商投資承諾實現」指標的1.117分提高最多，投資風險度以「政府保護主義濃厚影響企業獲利」指標下降1.141分為最多。2009年東莞虎門、石碣、厚街均名列暫不推薦之城市，然而虎門身為亞洲最重要的成衣集散地，其具有一定的優勢，為於廣州與深圳中間的虎門，擁有便捷的海陸空交通運輸，2010年3月10日頒布《虎門鎮招商引資項目獎勵辦法》提供多項優惠政策吸引外資，以協助城市與產業之升級。

表16-7　2009～2010 TEEMA城市綜合實力推薦排名上升分析

排名	城　市	2010		2009		2009～2010
		排名	推薦等級	排名	推薦等級	排名等級差異
❶	石家莊	B28	值得推薦	C28	勉予推薦	⬆ 25（C→B）
❷	武漢漢口	B29	值得推薦	C27	勉予推薦	⬆ 23（C→B）
❸	南京市區	A15	極力推薦	B14	值得推薦	⬆ 21（B→A）
❹	北京市區	B17	值得推薦	C13	勉予推薦	⬆ 21（C→B）
❺	東莞虎門	C07	勉予推薦	D06	暫不推薦	⬆ 20（D→C）
❻	武漢武昌	B31	值得推薦	C25	勉予推薦	⬆ 19（C→B）
❼	威　海	B01	值得推薦	B20	值得推薦	⬆ 17（B→B）
❽	蘇州吳江	B06	值得推薦	B25	值得推薦	⬆ 17（B→B）
❾	武漢漢陽	B30	值得推薦	C22	勉予推薦	⬆ 17（C→B）
❿	上海市區	A16	極力推薦	B10	值得推薦	⬆ 16（B→A）
❿	上海嘉定	B26	值得推薦	C17	勉予推薦	⬆ 16（C→B）

七、2009～2010 TEEMA城市綜合實力排名下降幅度最大城市分析

2009～2010《TEEMA調查報告》針對100個列入評估調查城市之城市綜合實力下降幅度最多排名，如表16-9所示，名次下降最多之城市為莆田，2009年名列「勉予推薦」（01名），驟然下降至「勉予推薦」的【C】級城市（30名），總共跌落38個名次，其次則為九江由2009年的「勉予推薦」（02名），滑落至2010年「勉予推薦」【C】級城市（24名），下降31名次，瀋陽下跌25個名次，排名下降幅度最多第三城市，由2009年名列「勉予推薦」（09名），降至「勉予推薦」的【C】級城市（25名），2009～2010城市綜合實力推薦排名下降幅度前10城市依序為：莆田、九江、瀋陽、無錫宜興、常州、泰州、中山、昆明、贛州、天津市區、吉安。2010《TEEMA調查報告》城市綜合競爭實力排名下降前5名依據其「投資環境力」與「投資風險度」的評估指標變化顯著項目整理如表16-10所示，並針對2009～2010城市綜合實力排名下降前5名城市之分析如下：

1. 就「莆田」排名下降的理由：2010《TEEMA調查報告》，莆田由2009年【C】級「勉予推薦」城市第1名，跌落至2010年【C】級「勉予推薦」城市的30名，就評估指標變化而言，其投資環境力以「通訊設備、資訊設施、網路建設」指標的0.550分降低最多，投資風險度以「適任人才集員工招募不易」指標上升

表16-8 2009～2010 TEEMA城市推薦等級上升細項評估指標變化分析

城市	投資環境力細項評估指標	2010	2009	變化	投資風險度細項評估指標	2010	2009	變化
石家莊	海、路、空交通運輸	4.154	2.909	+1.245	政府干預台商企業經營運作	2.063	3.200	-1.138
	未來具有經濟發展潛力	3.875	2.867	+1.008	水電、燃氣、能源供應不穩定	2.000	3.000	-1.000
	促使台商經營獲利	3.688	2.733	+0.954	維持人際網絡成本過高	2.250	3.200	-0.950
	台商享受政府自主創新獎勵	4.125	3.200	+0.925	物流、運輸、通路狀況不易掌握	2.125	3.067	-0.942
	政府獎勵台商自創品牌措施	4.125	3.200	+0.925	配套廠商供應不穩定	1.875	2.733	-0.858
武漢漢口	海、路、空交通運輸	4.263	2.833	+1.430	地方稅賦政策變動	1.905	3.059	-1.154
	通訊設備、資訊設施、網路建設	3.905	2.824	+1.081	物流、運輸、通路狀況不易掌握	2.238	3.353	-1.115
	生態與地理環境符合企業發展	4.190	3.176	+1.014	行政命令經常變動	2.143	3.235	-1.092
	污水、廢棄物處理設施	3.762	2.882	+0.880	外匯嚴格管制及利潤匯出不易	2.095	3.118	-1.022
	醫療、衛生、保健設施的質與量	3.650	2.824	+0.826	政府干預台商企業經營運作	2.000	3.000	-1.000
南京市區	促使台商經營獲利	4.071	3.773	+0.299	行政命令經常變動	1.857	2.182	-0.325
	水電、燃氣、能源充沛	3.893	3.636	+0.256	勞資或經貿糾紛不易排解	1.929	2.227	-0.299
	金融體系完善且資金貸款取得便利	3.964	3.727	+0.237	政府保護主義濃厚影響企業獲利	2.000	2.273	-0.273
	污水、廢棄物處理設施	3.821	3.591	+0.231	員工抗議、抗爭事件	2.000	2.227	-0.227
	各級官員操守	4.000	3.773	+0.227	違反對台商合法取得土地使用權承諾	1.929	2.136	-0.208
北京市區	誠信與價值觀	4.120	2.969	+1.151	外匯嚴格管制及利潤匯出不易	1.917	2.935	-1.019
	解決糾紛的管道	4.080	3.063	+1.018	員工缺乏忠誠度造成人員流動率頻繁	1.800	2.813	-1.013
	政府與執法機構秉持公正的執法	3.920	2.969	+0.951	因經貿、稅務糾紛被羈押	1.880	2.688	-0.808
	取得土地價格	4.040	3.094	+0.946	適任人才及員工招募不易	1.920	2.719	-0.799
	未來總體發展及建設規劃	4.320	3.438	+0.883	維持人際網絡成本過高	2.080	2.813	-0.733
東莞虎門	政府對台商投資承諾實現	3.600	2.483	+1.117	政府保護主義濃厚影響企業獲利	2.100	3.241	-1.141
	各級官員操守	3.420	2.379	+1.041	地方稅賦政策變動	2.060	3.179	-1.119
	歡迎台商投資	3.918	2.966	+0.953	發生經貿糾紛	2.140	3.250	-1.110
	環境法規規定適切且合理	3.480	2.536	+0.944	由當地銀行體系籌措與取得資金	2.120	3.185	-1.065
	社會治安	3.320	2.379	+0.941	行政命令經常變動	2.120	3.179	-1.059

0.560分最多。莆田久為閩中政治、經濟、文化中心，更是媽祖文化的發祥地，為早期台商局的重點城市，然而，隨著沿海城市成本上揚，加上金融海嘯衝擊，外貿依賴度高的莆田受到影響較大，農民工缺工問題爆發，莆田的經商環境顯得艱困，更是排名下降的主因。

2. 就「九江」排名下降的理由：2010《TEEMA調查報告》，九江由2009年【C】級「勉予推薦」城市第2名，跌落至2010年【C】級「勉予推薦」城市的24名，九江市為長江沿岸城市之一，更是江西省近代工業的發展地區，隨著《中部崛起規劃》的發展，台商投資九江日增，2010年調查九江雖仍位居勉予推薦之行列，但九江排名呈現下降是不爭的事實，且就評估指標變化而言，其投資環境力以「政策穩定性與透明度」指標以及「各級官員操守」指標，分別下降0.439分與0.396最多，投資風險度以「員工抗議、抗爭事件」指標以及「因經貿、稅務糾紛被羈押」指標，分別上升0.345分與0.329分最多，顯示九江是於法制環境面仍須改善，台商方能安心投資。

3. 就「瀋陽」排名下降的理由：2010《TEEMA調查報告》，瀋陽由2009年【C】級「勉予推薦」城市第9名，跌落至2010年【C】級「勉予推薦」城市的25名，就評估指標變化而言，其投資環境力以「在當地之勞資關係」指標的0.126分降低最多，投資風險度以「員工缺乏忠誠度造成人員流動頻繁」指標上升0.420分最多。瀋陽為東北地區最大的中心城市，具有重要的經濟地位，然而東北市場過去未受台商重視，隨振興東北計畫實施以及經營困難，台商佈局逐漸朝向東北。然而就瀋陽的細項指標而言，多為勞資、社會等問題，顯示瀋陽固然有其重要的政經優勢，然而台商若要長期佈局，勞工問題仍為首要改善的部分。

4. 就「無錫宜興」排名下降的理由：2010《TEEMA調查報告》，無錫宜興由2009年【B】級「值得推薦」城市第5名，下降至2010年【B】級「值得推薦」城市的27名，就評估指標變化而言，其投資環境力以「適合商發展內貿、內銷市場」指標的0.480分降低最多，投資風險度以「水電、燃氣、能源供應不穩定」指標上升0.324分最多。宜興為長江三角洲重要的交通樞紐，雖宜興地方政府積極建設最佳人居城市，然而企業對於能源之供應的穩定性仍不滿意，且對於城市的內銷市場信心不夠，法治環境仍要改善，說明宜興由前三年【A】級「極力推薦」逐年下降的原因。

5. 就「常州」排名下降的理由：2010《TEEMA調查報告》，常州由2009年【B】級「值得推薦」城市第3名，跌落至2010年【B】級「值得推薦」城市的22名，就評估指標變化而言，其投資環境力以「工商管理、稅務機關」指標下降

0.322分最多，投資風險度以「物流、運輸、通路狀況不易掌握」指標上升0.585分最多。常州位處滬寧鐵路中心，經濟發達的新興城市，其中武進高新區更是江蘇省第一個低碳經濟示範區，然而台商於且「未來總體發展與建設規劃」評估指標下降0.310分，顯示台商對常州未來之發展仍處於觀察之狀態。

表16-9　2009～2010 TEEMA城市綜實力推薦排名下降分析

排名	城市	2010		2009		2009～2010
		排名	推薦等級	排名	推薦等級	排名等級差異
❶	莆田	C30	勉予推薦	C01	勉予推薦	⬇ 38（C→C）
❷	九江	C24	勉予推薦	C02	勉予推薦	⬇ 31（C→C）
❸	瀋陽	C25	勉予推薦	C09	勉予推薦	⬇ 25（C→C）
❹	無錫宜興	B27	值得推薦	B05	值得推薦	⬇ 24（C→C）
❺	常州	B22	值得推薦	B03	值得推薦	⬇ 21（C→C）
❻	泰州	B33	值得推薦	B15	值得推薦	⬇ 20（C→C）
❼	中山	C17	勉予推薦	C06	勉予推薦	⬇ 20（C→C）
❽	昆明	C19	勉予推薦	C10	勉予推薦	⬇ 18（C→C）
❾	贛州	C27	勉予推薦	C18	勉予推薦	⬇ 18（C→C）
❿	天津市區	C11	勉予推薦	C03	勉予推薦	⬇ 17（C→C）
❿	吉安	D01	暫不推薦	C21	勉予推薦	⬇ 19（D→C）

資料來源：本研究整理

表16-10　2009～2010 TEEMA城市推薦等級下降細項評估指標變化分析

城市	投資環境力細項評估指標	2010	2009	變化	投資風險度細項評估指標	2010	2009	變化
莆田	通訊設備、資訊設施、網路建設	3.450	4.000	-0.550	適任人才及員工招募不易	2.750	2.190	+0.560
	污水、廢棄物處理設施	3.350	3.857	-0.507	企業信用不佳欠債追索不易	2.700	2.143	+0.557
	水電、燃氣、能源充沛	3.400	3.905	-0.505	海關行政阻擾	2.700	2.143	+0.557
	適合台商發展內貿、內銷市場	3.200	3.667	-0.467	違反對台商合法取得土地使用權承諾	2.700	2.143	+0.557
	物流、倉儲、流通相關商業設施	3.350	3.762	-0.412	維持人際網絡成本過高	2.650	2.095	+0.555
九江	政策穩定性及透明度	3.294	3.733	-0.439	員工抗議、抗爭事件	2.412	2.067	+0.345
	各級官員操守	3.471	3.867	-0.396	因經貿、稅務糾紛被羈押	2.529	2.200	+0.329
	社會治安	3.706	4.067	-0.361	勞資或經貿糾紛不易排解	2.706	2.400	+0.306
	勞工、工安、消防、衛生檢查	3.588	3.933	-0.345	人身財產安全	2.353	2.067	+0.286
	政府對台商投資承諾實現	3.588	3.933	-0.345	地方稅賦政策變動	2.412	2.133	+0.278
瀋陽	在當地之勞資關係	3.227	3.353	-0.126	員工缺乏忠誠度造成人員流動率頻繁	2.773	2.353	+0.420
	基層勞動力供應	3.182	3.294	-0.112	勞資或經貿糾紛不易排解	2.318	1.941	+0.377
	社會治安	2.955	3.059	-0.104	人身財產安全	2.364	2.000	+0.364
	生活素質及文化水平	2.909	3.000	-0.091	員工抗議、抗爭事件	2.227	1.882	+0.345
	海關	3.091	3.176	-0.086	違反對台商合法取得土地使用權承諾	2.455	2.118	+0.337
無錫宜興	適合台商發展內貿、內銷市場	3.520	4.000	-0.480	水電、燃氣、能源供應不穩定	1.960	1.636	+0.324
	各級官員操守	3.560	3.955	-0.395	企業信用不佳欠債追索不易	2.120	1.818	+0.302
	台商智慧財產權保護	3.560	3.955	-0.395	由當地銀行體系籌措與取得資金	2.240	1.955	+0.285
	上、下游產業供應鏈	3.560	3.955	-0.395	優惠政策無法兌現	2.280	2.000	+0.280
	政府對台商投資承諾實現	3.520	3.909	-0.389	政府干預台商企業經營運作	2.120	1.864	+0.256
常州	工商管理、稅務機關	3.524	3.846	-0.322	物流、運輸、通路狀況不易掌握	2.200	1.615	+0.585
	勞工、工安、消防、衛生檢查	3.381	3.692	-0.311	配套廠商供應不穩定	2.150	1.840	+0.310
	未來總體發展及建設規劃	3.810	4.120	-0.310	以刑事方式處理經濟案件	2.048	1.769	+0.278
	台商智慧財產權保護	3.500	3.800	-0.300	機構無法有效執行司法及仲裁結果	2.095	1.846	+0.249
	解決糾紛的管道	3.476	3.769	-0.293	以不當方式要求台商回饋	2.095	1.846	+0.249

第17章 2010 TEEMA單項指標10佳城市排行

2010《TEEMA調查報告》除延續過去「兩力」、「兩度」以及最後「城市綜合投資實力」等五項排行之外，另外針對台商關切主題進行單項評估，而2010《TEEMA調查報告》較2009在單項指標上做微調的動作，首先是將：（1）最適宜服務業投資城市；（2）最適宜IT製造業投資；（3）台商享受自主創新獎勵三項指標刪除，其次是將「最適合從事內銷市場度」修改為「最適宜內銷內貿城市」，再者是增加：（1）政府支持台商轉型升級力度；（2）政府支持兩岸企業策略聯盟；（3）政府獎勵戰略性新興產業投資；（4）政府鼓勵節能、減排、降耗力度等四個單項指標，茲將2010《TEEMA調查報告》微調的16項單項指標羅列如下：

（1）當地政府行政透明度城市排行

（2）當地對台商投資承諾實現度城市排行

（3）當地政府解決台商經貿糾紛滿意度最優城市排行

（4）當地台商人身安全程度最優城市排行

（5）當地台商企業獲利程度最優城市排行

（6）當地金融環境自由化最優城市排行

（7）當地政府歡迎台商投資的熱情度排行

（8）最具誠信道德與價值觀的城市排行

（9）最適宜內銷內貿城市排行

（10）最重視自主創新城市排行

（11）當地政府對台商智慧財產權保護最優城市排行

（12）當地政府鼓勵台商自創品牌最優城市排行

（13）當地政府支持台商企業轉型升級力度最優城市排行

（14）當地政府支持兩岸企業策略聯盟最優城市排行

（15）當地政府獎勵戰略性新興產業最優城市排行

（16）當地政府鼓勵節能減排降耗力度最優城市排行

回顧2008、2009年與2010《TEEMA調查報告》單項指標10佳城市排名，蘇州排名首屈一指，蘇州工業區與蘇州昆山均名列前茅，特別是蘇州昆山的排名，呈現上升的狀況，2010年各單項指標排名穩坐前三名，且有八項指標獨占鰲頭，回顧近三年排名，蘇州昆山以穩定的步伐於各項指標排名節節上升，唯獨「適宜內銷內貿城市」之指標排行，雖然穩居前10佳之城市，但名次始終無法突破前五名，顯示台商認為昆山的整體消費力較為美中不足。

南昌於「當地政府歡迎台商投資」摘下冠軍，南昌市政府致力打造「成本最低、效率最高、信譽最好、回報最快」的四最城市服務台商，2005年為台商創建台商工業園，提供眾多優惠政策，2010年再度頒布降低職工社會保險繳費門檻、降低勞動力培訓成本、促進產業轉移對接等多項優惠，並打通廈門、深圳、寧波等出海口岸建成無水港，使得貨物公關的便利性提高，南昌於此指標獲得冠軍實至名歸。

值得一提是中國大陸最大加工出口城市東莞，過去曾為台商西進佈局之重點城市，隨著經濟快速發展與環境變遷，原料成本、勞工工資的上揚以及人民幣匯率的調升，台商的利潤相對削減，回顧過去調查排行，東莞城市排名每況愈下逐年遞減，2009年更是名列勉予推薦與暫不推薦之列，然而，2010《TEEMA調查報告》的「支持台商轉型升級力度」，東莞市區首度進榜且名列第四，為解決台商經營之困境，東莞頒布許多促進產業轉型升級政策，具體包含：「東莞市推進加工貿易轉型升級工作方案」等36個，協助實現加工貿易產品結構升級、企業結構升級、產業結構升級和市場結構升級，並提供10億人民幣作為轉型計劃融資資金，扶持具成長性、自主創新能力與轉型升級潛力的中小企業。

《TEEMA調查報告》自2006年開始公布單項指標排名以來，已成為台商關注的重點，因此，台商可根據自身產業特性與範疇，並在「內省自身優勢，外視環境情勢」後，可聞善《TEEMA調查報告》而用之，佈局屬意的中國大陸城市。2010《TEEMA調查報告》針對上述16項單項主題亦進行前10大城市排名，茲整理如表17所示。

表17　2010 TEEMA 中國大陸單項主題十大城市排名

單項主題排名			❶	❷	❸	❹	❺	❻	❼	❽	❾	❿
01	當地政府行政透明程度	城市	蘇州昆山	上海市區	天津濱海	南昌	南京江寧	杭州蕭山	重慶	蘇州工業區	揚州	南京市區
		評分	4.423	4.296	4.251	4.243	4.225	4.201	4.175	4.163	4.160	4.143
02	對台商投資承諾實現度	城市	蘇州昆山	南京江寧	天津濱海	杭州蕭山	南昌	上海閔行	蘇州工業區	濟南	青島	廈門島外
		評分	4.403	4.315	4.293	4.271	4.268	4.241	4.238	4.210	4.182	4.158
03	解決台商經貿糾紛程度	城市	蘇州昆山	上海閔行	杭州蕭山	南京江寧	天津濱海	青島	蘇州工業區	南昌	廈門島外	蘇州市區
		評分	4.349	4.246	4.227	4.215	4.211	4.196	4.179	4.169	4.152	4.102
04	當地台商人身安全程度	城市	蘇州昆山	上海閔行	杭州蕭山	青島	鎮江	無錫江陰	南昌	南京江寧	蘇州工業區	廈門島外
		評分	4.334	4.284	4.254	4.236	4.229	4.194	4.180	4.179	4.177	4.159
05	當地台商企業獲利程度	城市	蘇州昆山	南京江寧	杭州蕭山	蘇州工業區	廈門島外	南昌	天津濱海	上海閔行	上海市區	寧波市區
		評分	4.396	4.326	4.278	4.251	4.250	4.230	4.201	4.187	4.175	4.157
06	當地金融環境之自由化	城市	蘇州昆山	南京江寧	天津濱海	杭州蕭山	上海閔行	蘇州工業區	南昌	寧波市區	青島	上海市區
		評分	4.307	4.272	4.234	4.217	4.200	4.181	4.163	4.157	4.150	4.148
07	當地政府歡迎台商投資	城市	南昌	蘇州昆山	上海市區	南京江寧	天津濱海	淮安	杭州蕭山	徐州	成都	蘇州工業區
		評分	4.456	4.440	4.348	4.333	4.313	4.294	4.281	4.204	4.203	4.179
08	最具誠信道德與價值觀	城市	蘇州昆山	南京江寧	上海市區	天津濱海	南昌	上海閔行	蘇州工業區	青島	煙台	泰安
		評分	4.312	4.274	4.250	4.200	4.199	4.161	4.083	4.080	4.044	4.031

表17　2010 TEEMA 中國大陸單項主題十大城市排名（續）

單項主題排名			❶	❷	❸	❹	❺	❻	❼	❽	❾	❿
09	適宜內銷內貿城市	城市	上海市區	寧波市區	青島	杭州市區	無錫市區	廈門島內	成都	蘇州昆山	揚州	無錫江陰
		評分	4.431	4.416	4.279	4.246	4.232	4.222	4.201	4.190	4.187	4.186
10	最重視自主創新的城市	城市	南京江寧	蘇州昆山	天津濱海	南昌	上海閔行	蘇州工業區	寧波市區	杭州蕭山	杭州市區	北京亦莊
		評分	4.347	4.324	4.319	4.256	4.218	4.105	4.100	4.086	4.080	4.059
11	對台商智慧財產權保護	城市	南京江寧	蘇州昆山	上海市區	天津濱海	南昌	蘇州工業區	上海閔行	揚州	青島	廈門島外
		評分	4.276	4.245	4.243	4.232	4.219	4.119	4.111	4.111	4.052	4.044
12	政府鼓勵台商自創品牌	城市	蘇州昆山	杭州市區	南昌	南京江寧	天津濱海	上海市區	上海閔行	蘇州工業區	揚州	寧波市區
		評分	4.419	4.360	4.353	4.310	4.263	4.257	4.136	4.125	4.105	4.074
13	支持台商轉型升級力度	城市	上海閔行	蘇州昆山	南京市區	東莞市區	上海嘉定	廊坊	杭州市區	南昌	無錫江陰	嘉興嘉善
		評分	4.364	4.316	4.059	4.023	3.944	3.939	3.917	3.870	3.867	3.867
14	支持兩岸企業策略聯盟	城市	南京江寧	上海閔行	上海市區	南京市區	淮安	煙台	威海	無錫市區	蘇州昆山	日照
		評分	4.432	4.059	3.970	3.848	3.820	3.806	3.800	3.792	3.781	3.722
15	獎勵戰略性新興產業	城市	南京江寧	蘇州昆山	南昌	杭州市區	天津濱海	上海市區	上海閔行	石家莊	重慶	淮安
		評分	4.273	4.181	4.155	4.142	4.083	4.048	4.035	4.011	4.000	3.983
16	鼓勵節能減排降耗力度	城市	上海市區	蘇州昆山	南昌	上海閔行	南京江寧	天津濱海	揚州	杭州市區	蘇州工業區	寧波市區
		評分	4.513	4.162	4.094	4.075	4.051	4.038	4.028	4.013	3.982	3.982

第四篇

區域發展與新興產業展望

第18章　2010 TEEMA 中國大陸十大經濟區剖析　193
第19章　2010 TEEMA 中國大陸十大區域經濟發展力　214
第20章　2010 TEEMA 七大戰略性新興產業剖析　219
第21章　2010 TEEMA 新興產業與區域發展力排名　227
第22章　台商佈局中國大陸新法規環境啟示與借鑒　230

第18章 2010 TEEMA中國大陸十大經濟區剖析

2010《TEEMA調查報告》除了延續2000～2009年的城市綜合實力排名外，今年特選定十大經濟區進行「區域經濟發展力」排名，其主要目的為：（1）以區域進行發展力的評估，以利台商掌握中國大陸區域經濟的脈動；（2）結合「兩力兩度」評估模式所選出的城市，再結合TEEMA選出的五大戰略性新興產業以及區域發展力的整體考量，形成三維投資佈局模式，以契合台商正確之投資需求。有關區域經濟發展力之「兩力兩度」評估模式乃是指：（1）區域政策力；（2）區域環境力；（3）區域整合度；（4）區域永續度四項構面。其中區域政策力包括：中央支持力度、區域定位層級、城市間連結能力、國家級重要活動、政府行政效率等五項指標，而區域環境力包括：內需市場潛力、區位投資吸引力、基礎建設完備度、人力資本匹配度、區域國際化程度、區域治安良善度六項細項指標，而區域整合度包括：產業群聚整合度、區域資源共享度、技術人才完備度、生活素質均衡度、供應鏈整合度五項指標，而區域永續度包括：自主創新能力、科技研發實力、可持續發展度、環境保護度、資源聚集能力五項指標，有關2010《TEEMA調查報告》區域經濟發展力之「兩力兩度」評估構面與指標如圖18-1所示。

在經濟全球化迅速且深刻改變著世界經濟發展的背景下，區域經濟已然成為全球市場競爭中博弈的主角。Hoover and Giarratani曾於《區域經濟學導論》一書中明確指出：「區域經濟（Regional Economy）即在該區域範圍內的經濟行為具有高度共同性與關聯性，是經濟發展的內部因素與外部條件相互作用而產生的綜合體。而區域的規模可大至跨洲與跨國，也可就數個省的組合進行區域探討，甚至將範圍縮小至一個居住點」。區域經濟發展的特點即在高速的增長中，積極促進不同區域的協調發展以及大力進行經濟轉型，其中，區域經濟的協調發展指的並非區域發展的無差異化，而是明確各區域比較優勢的基礎上，尋求各區域的功能互補及互動，提升整體發展的新水準，但受限於各個區域經濟發展的自然條件、社會經濟條件及政策執行之不同，導致區域間發展不平衡、城鄉差距愈趨拉大、沿海城市與內陸城市發展差距擴大，為達到城鄉平衡發展之目的，促進區域經濟協調發展。

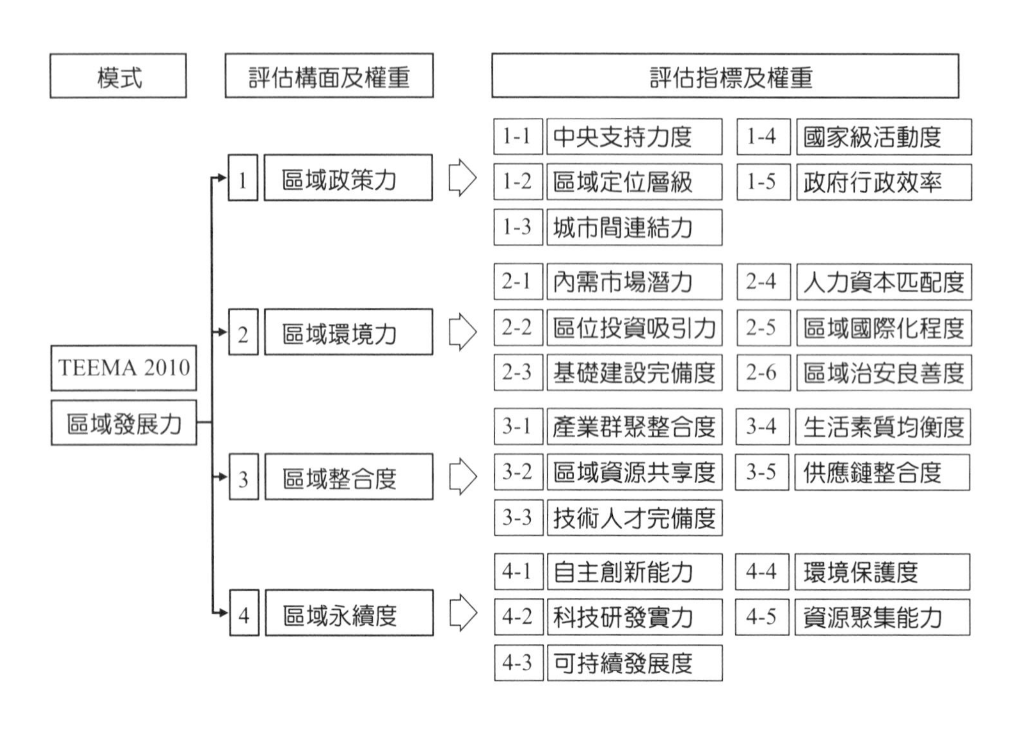

圖18-1　TEEMA區域發展力「兩力兩度」評估模式構面與衡量指標

一、中國大陸區域經濟發展源起

自1979年鄧小平先生提出改革開放政策以來，中國大陸即進入以城市化推動經濟增長的新階段，伴隨著豐富的勞動力稟賦使得中國大陸得以融入全球的分工體系之中，藉此讓經濟獲得提升；然而，受限於地區、人口、自然條件、經濟發展及政府政策等條件影響，各省區間之發展水平存在頗大差異，故中國大陸政府自2005年起即以一系列發展規劃遏制差異持續擴大。發展至今，可將其發展政策歸納於執行五項平衡，即平衡城鄉發展差距、平衡資源稟賦差異、平衡人口集聚不均、平衡地理區位差異以及平衡增長需求轉向，茲將上述五項平衡詳述如下：

❶源起一：平衡城鄉發展差距

中國大陸擁有960萬平方公里的土地，近13億的人口，幅員如此廣大，進而產生各區域間不平衡發展問題嚴重，據中國大陸農業部（2009）統計，2009年城鄉居民收入絕對差距由2008年的11,020元擴大到12,022元人民幣，收入比值由2008年的3.31：1擴大到3.33：1，且農村內部收入差距亦不斷在擴大中，據統計目前仍有4,007萬農村人口尚未脫貧。有鑑於地區間差異逐漸擴大，中國大陸政府陸續頒布一系列促進區域發展的戰略，從西部大開發、振興東北老工業基地到改革開放以後，逐漸形成的東部率先發展戰略，以構建形成國家區域發展的基本內容。對於重點地區的定位可著眼於兩大部分：（1）針對條件較好、經濟較發達的地區加快開放、開發；（2）針對條件較差、生活較為貧困的地區加快發展。

❷源起二：平衡資源稟賦差異

中國大陸國土幅員遼闊，除造就城鄉差距日漸擴大之外，亦造就自然資源嚴重的分配不均，以水資源為例，受時空分佈、地域廣闊及人為破壞等種種因素，產生中國大陸南方水多土地少、北方水少土地多之現象。為有效平衡資源分配不均之現象，中國大陸政府藉由推出區域經濟發展規劃，除了致力於發展各區域的特色經濟外，其重點更著重於發展利用各地區資源稟賦，如黃河三角洲、鄱陽湖等地因具備豐富生態資源，故中央政府為提高其核心競爭力及綜合實力，致力於將其建設成為全國生態文明與經濟社會發展協調統一，人與自然和諧相處的生態經濟示範區，促進該區域可持續發展，並於區域合作中發揮更大的作用。

❸源起三：平衡人口集聚不均

由於重化工產業使用機器比例比人力較高，其對勞動力吸納能力有限，加上城鎮化推進速度不快，勞動密集型製造業和服務業發展較慢，導致近年來東北和中西部地區就業機會增長相對緩慢，新增加的就業崗位嚴重不足，大量的農村剩餘勞動力不能實現就地轉化，不得不大量到東部地區就業，形成跨區域的大規模民工潮。據中國大陸農業部（2009）統計，2008年中國大陸非農就業人數比2000年增長32.9%，其中，東部地區為62.6%，東北地區為14.9%，中部地區為45.9%，西部地區則為53.7%，東北、中部和西部地區分別比東部地區低47.7、16.7和8.9%。因此，在推進實施一系列區域發展規劃如西部大開發、東北地區等老工業基地振興及中部崛起戰略等，必須高度重視發展勞動密集型產業，避免人口過度集中東部，達到全面實現充分就業的目標。

❹源起四：平衡地理區位差異

綜觀近年來中國大陸對於外資吸引狀況，不難發現東部地區在吸引外資方面處於絕對優勢地位，加上政府給予優惠政策，使得東部地區吸引力加劇；然而相較於東部地區，中西部投資環境較為低劣，且缺乏政府優惠政策的支持，故對外資吸引相對處於劣勢。據中國大陸發改委（2010）表示：「目前中國大陸東部地區外資集中，大體約占全國外資總額的87%」，由此可見，東部沿海地區為外資經濟進入的首選地區。此外市場經濟體制發展亦存在嚴重不平衡，東部沿海地區先行、先發優勢明顯，且逐漸與國際接軌；而中西部地區的後發劣勢使其市場發展受制於地理環境、產業發展等因素，以致於產業結構調整緩慢，產生東西部市場體制明顯失衡。

❺源起五：平衡增長需求轉向

依國際面向而言，歷經金融危機之後，全球經濟頓時失去平衡，外需對於中國大陸經濟已無法形成拉動作用，因此勢必尋求一股強而有力的力量以再度平衡未來世界經濟走勢，做為新興市場體的中國大陸，其發展更是令人注目。既然外需已無拉動作用，中國大陸遂將經濟轉為內需拉動，以尋求新的增長動力，而區域經濟也因此趁勢興起，發展各區域特色，形成不雷同、不互相爭奪之格局，合力拉動中國大陸經濟發展，此亦為中國大陸政府密集批准區域經濟發展方案的主要原因之一。中國大陸發改委（2010）表示：「區域發展規劃實施以後效果非常明顯，區域發展的協調性大大增強，但是也看到國家地域遼闊，自然條件、歷史基礎、經濟水準差距都很大」。由此可知，縮小地區差別、促進區域協調發展已然成為首要任務。

二、中國大陸十大經濟區兩力兩度探析

綜觀中國大陸的經濟發展歷程，不難發現區域經濟發展對於總體經濟成長的影響力，1979年鄧小平先生提出的改革開放政策，將資源集中於沿海一帶，透過開辦經濟特區吸引外資進駐、擴大投資機會、拓展出口貿易、解決財政缺口並增加當地的就業機會。自2005年6月21日，中國大陸國務院批准通過「上海浦東新區綜合配套改革試驗區」開始，陸續規劃不同區域經濟發展方案，截至2008年12月共有6個區域發展規劃獲批。而面對2008年以來的金融海嘯影響，中國大陸更積極推出一系列區域發展規劃方案來帶動整體經濟發展，其中，2009年中國大陸國務院批覆的區域發展規劃數量更遠超過過去四年的加總。截至2010年5月底止，中國大陸國務院共批覆多達14個區域發展規劃，包括珠江三角洲地區、福建省、江蘇沿海地區、關中－天水經濟區、遼寧沿海經濟帶、橫琴、中部地區、圖們江區域、黃河三角洲高效生態經濟區、鄱陽湖生態經濟區、海南國際旅遊島、皖江城市帶、柴達木地區及重慶兩江新區等區域規劃。這些區域規劃的編制實施，對於充分調動各級地方的積極性，進一步明確各規劃區域的功能定位和發展方向，引導各地區發揮優勢和合理分工，推動形成區域協調發展的新格局，具有

重要的策略意義。

此外，除上述區域發展規劃受各界關切外，隨著區域發展成效日趨顯著，十大重點經濟區如長三角、珠三角、環渤海、西三角、東北地區、西部地區、中部地區、泛北部灣、海西經濟帶以及黃三角等經濟區亦深受中國大陸政府重視並積極發展，以凸顯各經濟區之功能及重要性，故本研究茲根據2010《TEEMA調查報告》針對區域發展力之「兩力兩度」評估模式，即：（1）區域政策力；（2）區域環境力；（3）區域整合度；（4）區域永續度，對十大經濟區分析如下：

1. 長三角經濟區

根據《2009年長三角經濟運行分析報告》顯示：「2009年長三角地區生產總值為5.97兆人民幣，經濟總量佔全中國大陸比重達17.8%，GDP平均增速為11%」，由上可知長三角地區佔據絕對的龍頭優勢，輔以上海作為其核心城市，促使跨國資本大舉向長三角地區轉移，且隨著長三角一體化不斷深入，長三角經濟區的抗風險能力增強，未來必將成為中國大陸經濟發展的火車頭。

❶ **區域政策力**：自2005年由中國大陸國務院批覆《上海浦東新區綜合配套改革試驗區》起，2008及2009年接連通過《國務院關於進一步推進長江三角洲地區改革開放和經濟社會發展的指導意見》及《江蘇沿海地區發展規劃》，由此可知，長三角經濟區之戰略「發展地位日顯重要，政策的支持搭配核心城市上海市的經濟輻射能力，帶動週邊城市經濟發展，大大提升長三角經濟區的活躍程度。

❷ **區域環境力**：根據《2010～2015年長三角經濟區產業投資環境分析及前景預測報告》指出，長三角以其良好基礎設施、發達的科技教育和日趨完善的投資環境，成為外資專注的熱土。2008年上半年即創造全中國大陸26%的GDP，並吸引全中國大陸52%的實收外資，縱使受到金融風暴的襲擊，使得原先投資於長三角地區的勞動密集型中小企業選擇撤離，但卻帶給高端製造業以及服務業進駐的機會，由此可知，長三角地區的市場魅力對於外資企業而言依舊不減。

❸ **區域整合度**：依據中國大陸國務院（2010）批覆之《長江三角洲地區區域規劃》中明確指出，長江三角洲地區將形成以上海為核心的「一核九帶」的空間格局，即以上海為核心，配合沿滬寧和滬杭甬線、沿江、沿灣沿海、沿寧湖杭線、沿湖、沿東隴海線、延韻合、沿溫麗金衢線等為發展帶，此外更將25個核心城市劃分為核心區及輻射區，明確各城市的功能及定位，結合各城市的區位、自然資源及勞動力資源等比較優勢，除有效避免各城市間惡性競爭外，更可促進長三角全面發展。

❹ **區域永續度**：受限於資源以及環境約束，長三角地區主要以依靠外部資源

為主，加上整體加工工業密度較大，增大環境的承載壓力，對於長三角地區的技術自主創新自然產生一定阻力。然而隨著中國大陸市場經濟實力增強、對外開放程度較大及市場化程度較高等優勢，長三角地區仍具備一定實力打造「以應用為導向」的全國性自主創新中心和基地。

2. 珠三角經濟區

根據《2009年廣東國民經濟和社會發展統計公報》指出：「2009年珠三角地區實現生產總值3.2兆人民幣，人均GDP達6.73萬元人民幣，全區域人均GDP逼近一萬美元」，顯示珠三角地區正朝向打造具國際競爭力的世界級經濟體，推進產業結構調整，並將邁進現代化門檻。

❶ 區域政策力：2009年中國大陸國務院批覆之《珠江三角洲地區改革發展規劃綱要（2008～2020年）》中明確指出，國家首次將珠三角地區定位為全國重要的經濟中心，緊隨在後的即為「四年大發展」、「十年大跨越」等各項發展目標的頒布，此外，「第六屆泛珠三角合作與發展論壇暨經貿洽談會」之舉辦地點亦選址於珠三角地區，由上述政策頒布之緊密程度及重要活動之舉辦次數可知，珠三角經濟區不僅擁有中國大陸政府政策所支持，其發展前景更是備受矚目。

❷ 區域環境力：據廣東省統計局（2010）統計數據顯示，截至2009年底，廣東省地區外商直接投資金額達29.48億美元，較2008年增加365萬美元，且新批外商直接投資項目更達4,346個，加上2010年召開之廣東省政府常務會議審議通過，致力於建立珠三角地區交通、能源、水資源及信息等方面之基礎設施，由外資投資規劃及政府政策落實情況可知，珠三角經濟區之投資環境已日漸改善，進而帶動外商直接投資及支撐經濟社會發展。

❸ 區域整合度：據廣東省統計局（2010）統計數據顯示，廣東第三產業新簽外商直接投資項目達614個，增長9.3%，合同外資金額占全省比重更提升至56.1%，達20.56億美元，顯示以現代服務業為主體的第三產業，目前已在珠三角新一輪吸引外資中發揮明顯帶動作用，加上《珠江三角洲地區改革發展規劃綱要（2008～2020年）》中亦明確指出，珠三角地區未來產業發展方向將以現代服務業、先進製造業、高技術產業、優勢傳統產業及現代農業等五大領域為主，充分發揮該地區產業整合能力，逐步形成有利於資源要素有效配置和自由流動的體制環境。

❹ 區域永續度：根據《2009年廣東省海洋環境質量公報》顯示：「廣東省珠江流域以及珠江口海域汙染面積較2008年增加12.33%，並連續七年被列為『嚴重汙染區域』」。有鑑於此，無論是內資企業或外資企業，皆陸續推出環保

相關活動以提高珠三角經濟區之永續發展，如香港工業總會與恆生銀行推出之「恆生珠三角環保大獎」、「一廠、一年、一環保」等活動，以鼓勵於珠三角投資之企業積極提升環保表現。

3. 環渤海經濟區

根據《2009年環渤海地區地價動態監測報告》指出：「環渤海地區各監測城市之地區生產總值皆實現快速增長，漲幅最高之城市為錦州，達15.1%；而漲幅最低之城市為秦皇島，漲幅僅8.5%」，表示環渤海經濟區正處於經濟發展快速之階段，此外，目前中國大陸投資呈現「北上西進」之格局，應把握機遇使環渤海經濟區成為拉動中國大陸經濟發展的三大引擎之一。由此可知，環渤海經濟區於中國大陸區域經濟發展中的地位正日漸顯著。

❶ **區域政策力：**為帶動天津發展及推進京津冀及環渤海區域經濟振興，並促進東中西互動和全國經濟協調發展發揮更大的作用，中國大陸國務院於2008年批覆《天津濱海新區綜合配套改革試驗區》之規劃文件，加上北京2008年奧運會市場開發計劃於北京市啟動，藉此提升該區域人民之人均收入。綜上所述，環渤海經濟區不僅擁有政府政策支持，於該地區所舉辦之國家級重要活動更為此地區經濟帶來無限商機。

❷ **區域環境力：**環渤海經濟區為中國大陸聚集競爭力最高的經濟區，區域內各城市群的經濟優勢互補潛力無限，如北京為全中國大陸的鐵路樞紐，天津、大連及青島則為國際性現代化港口都市，加上基礎設施發達、人力資源充沛以及工業配套能力強等優勢，已然成為外資企業青睞的核心區域，近來更有越來越多的跨國企業將其生產基地建立於此地區，如摩托羅拉（Motorola）、三星（Samsung）及豐田汽車（Toyota）等知名跨國企業，皆在環渤海經濟區建立其生產基地。

❸ **區域整合度：**環渤海地區電子信息產業基礎雄厚，各種產業資源的高效整合和交匯更是其它地區所無法比擬的，區域內不僅擁有摩托羅拉、三星等知名跨國公司進駐，一些重大電子產業項目亦紛紛落戶於環渤海經濟區，如英特爾晶圓廠、中星微數字視頻監控芯片項目等，顯示出巨大的產業輻射效應正於環渤海地區快速興起。

❹ **區域永續度：**隨著環渤海區域經濟快速發展的同時，伴隨著石化、精細化工、造船、汽車、鋼鐵等臨港產業的大力發展，近岸海域的環境不斷地惡化，環境問題日益突出，已危及環渤海經濟的可持續發展，所幸環渤海各城市已意識到問題的嚴重性，並開始大力進行生態治理，如2001年10月由中國大陸國務院批

覆之《渤海碧海行動計劃》，即要求環渤海各省市進行環境保護等相關措施及規劃，目的即在於使主要汙染物得到有效削減，確實做到環境保護工作。

4. 西三角經濟區

據重慶市發改委（2009）統計調查顯示：「2008年西三角地區的GDP總量為2.15兆人民幣，分別占全中國大陸GDP的7.1%及西部地區GDP的36.9%，並預計2015年時，西三角的GDP總量有望達到5兆人民幣以上，並占西部地區比重達45%左右」，由此可知，西三角經濟區於全中國大陸經濟發展中，其地位之重要性。

❶ **區域政策力**：依據中國大陸政府規劃，西三角將是西南和西北兩個板塊結合形成一個統一的板塊，不僅有利於發揮西部大開發的整體效應及輻射作用，對中國大陸的西部大開發更具有重要的現實意義，此外，自2007年通過《成渝全國統籌城鄉綜合配套改革試驗區》規劃起，2009年亦通過《關中-天水經濟區發展規劃》，積極發展西三角經濟區，進而帶動整個大西部地區之經濟發展，並成為中國大陸區域經濟的第四個經濟增長級。

❷ **區域環境力**：隨著交通等基礎設施快速發展，核心城市西安、成都及重慶等三個西部特大城市聯合形成空中一小時經濟圈，為各城市提供暢通的合作管道；此外，優惠政策更成功吸引為數眾多的台商前往投資，如廣達、鴻海及英業達等代工大廠及知名跨國企業惠普（HP）皆紛紛前往重慶投資，由此可見，西三角經濟區之核心城市，無論在外資或台資企業的眼中，皆已成為台商未來投資的熱土。

❸ **區域整合度**：西三角經濟區科技實力雄厚，區域內擁有三大國家級高新技術產業開發區及十多所國家級科研基地等，且其支柱產業主要包括汽車摩托車、裝備製造、軟體產業等，不僅產業上下游關聯度極高、帶動力強，容易形成龐大的產業鏈，更可充分發揮取長補短、優勢互補及協調發展等作用，為西三角經濟區經濟發展及產業升級打下堅實基礎。

❹ **區域永續度**：相較於東部沿海地區經濟的快速發展，西部地區則相對的落後，西三角經濟區的適時發展則是將此些分散且落後的地區整合起來，有效發揮區域的輻射能力及自主創新能力；發展同時，環保意識亦在此地區漸受重視，例如《2009年重慶發展環保節能型汽車的探討》，即要求機動車通過環保身分證認證等，各省份積極發展環保產業發展規劃，目的皆於有效實現環保一體化之概念，並保持西三角地區之可持續發展。

5. 東北地區

2009年東北老工業基地經歷自2002年實施振興戰略以來第一次的極大考驗，即國際金融危機的波及，所幸有賴於區域結構及產業佈局的積極調整，2009年雖為經濟形勢異常嚴峻的一年，東北地區之經濟發展仍就表現良好，據中國大陸國家統計局（2010）統計數據顯示：「2009年東北三省的GDP總和為3.05兆人民幣，為實施振興戰略前的2.63倍」，可見東北地區正在全面振興的道路上，謀求新的跨越。

❶ **區域政策力**：2006年7月，遼寧、吉林、黑龍江等東北地區三大省市，共同簽訂《東北三省政府立法協作框架協議》，透過協作充分發揮政府立法的整體實力，並提高政府立法的工作質量及效率，2010年更發佈《關於建立東北三省行政執法違法案件查處協作機制的通知》，由此可見，政府的行政效率改善速度不僅加快，政策落實更是積極。

❷ **區域環境力**：據中國大陸國家統計局（2010）統計數據顯示，東北老工業基地實際使用外資增幅進一步提高，2009年實際使用外資金額為81.61億美元，同比增長22.83%，占全國實際使用外資總額的比重更上升至9.06%，此外超過千萬美元的投資項目亦大幅增加，如遼寧省超過千萬美元的投資項目達321個，增長34.3%，而黑龍江省則擁有55個大型投資項目，由此可知，東北三省地區對外資企業而言，仍擁有雄厚的投資吸引力。

❸ **區域整合度**：東北三省積極突出東北地方經濟和產業特色，大力推行經濟主題概念招商，利用外資帶動產業集群的發展，如黑龍江省即設立「哈大齊工業走廊、東部煤電化基地、沿邊開放經濟帶、大小興安嶺生態區」等四大引資功能區；吉林省則以長春汽車、吉林化工等城市產業特色引進外資；遼寧省則制定並實施全省「五點一線」、瀋陽「四大發展空間」等引資規劃，引發外商的投資熱情。外資注入引來70多家配套企業，並將其核心項目擴展成產業群，不僅提高產業整體競爭力，並促進東北地區的可持續發展。

❹ **區域永續度**：隨著東北地區經濟快速發展的同時，環保意識亦同步快速增長，例如舉辦「綠色使者行動」，其目的即在於提高青少年的環保意識；對企業而言，更引入環保新興產業，如LED節能環保及低碳產業等，其目的皆在於提升並維持東北地區人民之環保意識。

6. 西部地區

據中國大陸國家統計局（2010）統計數據顯示：「西部地區GDP年均增長率達11.42%，較全中國大陸平均水平高出近2%，且在2009年增長速度最快的省市前五名中，有4位即是西部地區的省市。以地區生產總值來看，2000至2008年西部地區生產總值16,655億元增加至58,257億元人民幣，年均增長11.7%」，由上述數據得知，東西部地區間城鄉居民收入的相對差距正在逐漸縮小當中。

❶ **區域政策力**：自2000年西部大開發正式開幕以來，政府積極給予西部地區各項支持政策，如積極打造成都成為中國大陸西部「三中心、兩樞紐、四基地」等，2009年通過《關中-天水經濟區發展規劃》、2010年通過《重慶兩江新區總體規劃》及《青海省柴達木循環經濟試驗區總體規劃》等，由上述政策可知，西部地區之戰略地位不僅節節升高，政府於西部地區的政策支持力度亦日漸增強。

❷ **區域環境力**：中國大陸國務院（2010）頒布相關文件，積極鼓勵外資向中西部地區轉移及增加投資，以重慶市而言，2009年實際利用外資金額為40.5億美元，居中西部21個省份之首；成都市2010年1至4月的實際利用外資7.4億美元，占西部地區40%之比重，且摩根大通、新光三越百貨、友達光電等多家跨國公司皆與成都簽訂合作項目，可見政府政策的支持成效已日漸顯著。

❸ **區域整合度**：2010年《西部十二省區市十三方簽署科技協議》簽約儀式於重慶市隆重舉行，協議目的包含實行科技資源開放和共享的優先與優惠機制，此外更著眼於幫助培訓重點實驗室骨幹人才，加快人才交流與科技成果轉化，藉此不僅加速產業之整合程度、完善技術人才供應，更可促進西部地區經濟發展達全面均衡；此外，西部地區亦積極打造電子產業基地，根據《數位時代雜誌》（2010）調查結果預測，西部地區將成為下個電子產業的落腳之處，2015年其電子產業產值將超過一兆元人民幣的規模，未來發展前景極為看好。

❹ **區域永續度**：對西部地區來說，承接產業轉移是為增強西部地區產業之實力及核心競爭力，而非實現一般意義的就業和企業代工。除此，西部地區地方政府更必須做好宏觀決策與引導，使其在承接轉移產業的過程中堅持走向環保及可持續發展之路，以避免在此過程中產生犧牲資源、環境之風險，同時亦必須兼顧當前發展與可持續發展的雙重要求，持續鞏固及加強生態建設，強化節約及有效利用資源。通過摸索經濟、生態、社會效益三者平衡的發展模式，西部地區得以在承接產業轉移過程中實現可持續發展的目標。

7. 中部地區

據中國大陸國家統計局（2010）調查結果顯示：「2009年全年社會固定資產投資金額為224,846億人民幣，其中東部地區投資95,653億元，增長23%；中部地區投資49,846億元，增長35.8%；西部地區投資49,662億元，增長38.1%；東北地區投資23,733億元，增長26.8%」，以增長幅度而言，中部地區僅次於西部地區，可見中部地區發展地位之重要性隨政策積極落實有增加之趨勢。

❶ **區域政策力**：綜觀中國大陸區域發展規劃歷程，中部地區頒布發展規劃數目居於各經濟區之首，自2007年批覆《武漢城市圈的全國資源節約型和環境友好型社會建設綜合配套改革試驗區》及《長株潭城市圈的全國資源節約型和環境友好型社會建設綜合配套改革試驗區》起，2009年接連通過《促進中部地區崛起規劃》、《鄱陽湖生態經濟區規劃》與《皖江城市帶承接產業轉移示範區規劃》，可見中部地區於整體區域發展中之重要地位，並藉此顯示出政府支持力度極為強烈。

❷ **區域環境力**：相較於東部沿海地區，中部地區交通、通訊及信息等基礎設施相對薄弱，然而政府的積極程度清晰可見，2009年即通過《促進中部地區崛起規劃》，致力於建立中部地區之基礎設施建設，此外，2010年4月更發佈《中國中部地區外商投資促進規劃》，為第一部國家級的區域性外商投資促進規劃，清楚說明中部地區在中國大陸不僅具有舉足輕重的地位，未來發展潛力更是備受矚目。

❸ **區域整合度**：受惠於本身資源稟賦的豐富程度，中部地區聚集石化、化工、石油等產業，充分發揮產業群聚的整合能力，此外，為完善人才供應的充沛程度，在2006年正式啟動中部地區人才開發一體化機制，建立人才信息、人才交流、人才培養以及人才開發等四大平台，充分發揮區域內資源及人才之共享機制，並致力於使中部地區成為中國大陸重要的技術創新與人才培養基地。

❹ **區域永續度**：隨著區域發展戰略實施的不斷深入，中部地區發展中存在的產業發展基礎不足、基礎設施支撐能力薄弱、城鄉公共服務能力不足、資源環境壓力不斷加大等問題逐一突顯，為推動中部地區經濟社會快速發展，於《促進中部地區崛起規劃》中明確指出，中部崛起的四大目標即為經濟發展水平顯著提高、經濟發展活力進一步增強、可持續發展能力明顯提升及和諧社會建設取得新進展，可見上述問題對於中部地區發展存在頗大制約能力，以致於政府極力正視該問題之解決，確保中部地區之可持續發展。

8. 泛北部灣經濟區

為迎接中國——東協自由區成立，中國大陸於2006年提出「泛北部灣區域經濟合作」，並扮演中國大陸-東協自由貿易區、珠三角與西部大開發的連結樞紐角色。據中國大陸國家統計局（2010）統計數據顯示，廣西2009年全區經濟成長率高達13.9%，較2008年的12.8%增溫，亦高於全中國大陸的平均經濟成長率8.7%。據此，北部灣儼然成為帶動廣西經濟成長的火車頭。

❶ **區域政策力**：根據中國大陸國務院（2008）批覆之《廣西北部灣經濟區規劃》指出，廣西未來10年經濟成長率皆可維持在10%，然而事實上，廣西的GDP成長率已自2005年起連續5年維持雙位數成長。除此，北部灣更是中國大陸

西南地區加強與東協及世界市場聯繫的重要門戶，不僅將中國大陸的勢力範圍從太平洋擴及至印度洋，對於中國大陸能源運輸安全亦存在莫大助益。此外，2009年更先後舉辦「攜手西南合作開發北部灣經濟區介紹會」、「走進北部灣-2009年海外華商合作開發廣西北部灣經濟區大型活動」等招商活動，藉此擴大廣西北部灣經濟區的知名度以及影響力。

❷ **區域環境力**：2009年，中國大陸招商引資工作取得歷史性突破，其中更以北部灣經濟區招商引資成為新亮點，據中國大陸國家統計局（2010）統計結果顯示，2009年北部灣經濟區四市共簽定國內合作項目1,229個，總投資金額達1,539億人民幣，實際利用外資金額達8億美元。此外，更將優化環境作為招商引資的重要保障，依託現有產業基礎，加強吸引外資投資，徹底發揮市場發展潛力。

❸ **區域整合度**：積極打造「14＋4」產業集群，優先重點發展14個千億元產業，包含食品、汽車、石化、電力、有色金屬等產業；4大新興產業則分別為新材料、新能源、節能與環保、海洋等新興產業，除有效整合北部灣區域豐富的資源，進行有效配置外，更可促使廣西北部灣經濟區達全面均衡發展。

❹ **區域永續度**：隨著中石油欽州千萬噸煉油項目、武鋼柳鋼千萬噸鋼鐵項目等發展項目逐一在北部灣扎根，「重化工＋大國企」之發展格局已然清晰可見。重大項目的引進開發，對一個地區經濟增長的帶動作用無庸置疑，然而伴隨而來的環境汙染及能源隱憂亦不容小覷，有鑑於此，北部灣經濟區於選擇發展重工業之際即要求企業從上到下徹底貫徹環保之概念，除此，當地政府亦積極頒布相關措施進行環境汙染之治理，以維持泛北部灣之可持續發展。

9. 海西經濟帶

在福建省政府積極推動以及中央政府的全力支持下，海西經濟帶已然成為一個全新的亮點，以生產總值而言，2008年海西特區佔全中國大陸17.3%，略遜於環渤海經濟區的20.96%，但高於長三角經濟區的14.9%；此外，2009年海西特區的GDP產值即達到2.06兆人民幣，年增率為12%，高於全中國大陸平均水準的3.6%；據中國大陸政府預估，海西特區2020年的GDP產值將上看4兆人民幣，被譽為中國大陸經濟成長的「新引擎」。

❶ **區域政策力**：在中央政府的支持下，具有對台特色並以福建為主體的海峽西岸經濟區建設構想迅速擺上了國家的決策層面，2005年「支持海峽西岸和其他商投資相對集中地區經濟發展」寫入《中國大陸中央關於制定國民經濟和社會發展第十一個五年規劃的建議》；2006年再寫入十六屆六中全會關於構建設會主義和諧社會的決定中；2007年又於十七大報告中予以重申，由此可見，海峽西岸經

濟區發展戰略地位之重要性已不容小覷。

❷ **區域環境力**：據福建省統計局（2010）統計數據顯示，截至2009年4月，福建省共吸引台資9,796項，合同利用台資金額達205億美元，實際到資147億美元，成為中國大陸利用台資最多的的省份之一。此外，廈門特區自1980年與香港正式通航起，對外貿易額已由1978年0.82億美元成長至2007年的397.8億美元，形成全方位、多層次且寬領域的開放體系，增強參與國際合作與競爭的新優勢。

❸ **區域整合度**：受限於歷史與戰略佈局的關係，福建省的基礎設施一直處於軍備狀態，大型投資遲遲不敢進駐，伴隨著海西經濟特區的積極發展，基礎設施之建立已出現日漸改善的趨勢。然而相較於長三角經濟區與珠三角經濟區之產業群聚效應已有相當規模，海西經濟特區之產業群聚仍需花費一段時間醞釀及努力。

❹ **區域永續度**：人口資源環境可持續發展為全面繁榮的海峽西岸經濟區之重要保證，海西經濟區實施人口資源環境可持續發展已有一定基礎，但仍舊面臨人口的持續增長、環境污染等較為嚴重之問題產生。探究海西經濟區未來的發展目標，主要可藉由控制人口數量、強化環境綜合整治、發展迴圈經濟、轉變經濟增長方式等措施，全面推進海峽西岸經濟區全面協調發展並維持可持續發展。

10. 黃三角經濟區

黃三角經濟區是繼長三角、珠三角之後，中國大陸最後一個沿海三角洲，在全中國大陸沿海經濟佈局中具備重要的戰略地位，2009年中國大陸國務院即針對此地區發展批覆《黃河三角洲高效生態經濟區發展規劃》，實施至今，黃三角區域主要經濟指標迅速增長，2009年該區域地區生產總值即達到4,756億人民幣，並預計2015年將達到9,300億人民幣，可見此地區未來發展潛力驚人。

❶ **區域政策力**：身為中國大陸最後一個待開發的大河三角洲，黃河三角洲多年來持續受到國內外廣泛的關注，不僅先後被列入「十五」計劃及「十一五」規劃之中，2009年更經由中國大陸國務院確定批覆《黃河三角洲高效生態經濟區發展規劃》，其開發定位要點即構建現代產業體系，建設高效生態經濟區，避免走上「先汙染後治理」的發展之路，可見中國大陸政府對其之重視程度頗高，政策支持力道強勁。

❷ **區域環境力**：相較於長三角經濟區與珠三角經濟區，黃河三角洲基礎設施建設相對滯後，尤以交通基礎設施滯後問題最為突出，此外，能源、水利、環保等基礎設施亦不夠完善，使得黃三角經濟區發展受到嚴重制約；加上黃三角利用外資與對外貿易之規模較小，經濟國際化程度較低，使當地政府不得不正視此問題嚴重性，並致力於尋求解決之道，以促進山東經濟快速發展。

❸ **區域整合度**：黃三角地區農業比重偏高，且以傳統農業為主，規模化水平不高，加上地方工業總量規模較小，以中小型工業企業為主，且多為高資源消耗、高污染密集產業等，使得產業鏈偏短，區域內產業關聯度不強，聚集效應不夠顯著，因此如何加強黃三角經濟區內產業聚集效應，帶動區域內經濟發展，成為地方及中央政府首務之急。

❹ **區域永續度**：為解決黃三角地區日趨嚴重的環境汙染問題，地方積極打造黃三角經濟區「一園三基地」之總體佈局與功能定位，其中，「一園」即建設黃河三角洲淄博低碳與迴圈經濟試驗示範園，「三基地」即建設節能環保與新材料產業基地、建設綠色無公害農產品產業基地及建設溫泉養生文化產業基地等，除解決環境問題之外，更配合政策發展，致力於發展黃三角高效生態經濟區。

除此之外，以下茲將2005年迄今，所有中國大陸國務院批覆的20個區域發展規劃彙整於TEEMA十大經濟區，如表18-1表所示。

三、中國大陸區域經濟發展五大趨勢

中國大陸政府自2005年起積極推動區域經濟規劃，期望區域規劃計畫性的建構國家經濟發展，近期所核准通過之規劃區皆為地方政府上呈國務院審議後公佈，不但可考量到地方區域的優勢，亦可體現國家未來策略發展，推進區域協調發展，促進經濟平穩成長，也改變過去經濟發展不平衡的狀態，西部與東北部也開始有計畫性的開發，經濟的版圖逐漸趨於完善，從中不難發現，其區域發展具備幾點趨勢：

趨勢一：由沿海地區往內陸地區轉移

隨著中國大陸國務院批覆之區域發展規劃增多，從《關於支援福建省加快建設海峽西岸經濟區的若干意見》、《江蘇沿海地區發展規劃》至《促進中部地區崛起規劃》、《青海省柴達木循環經濟試驗區總體規劃》等發展規劃，一步一步逐漸由東往西移，以平衡東西部經濟發展不平衡之現象。並且伴隨著區域發展戰略逐漸由東部往西部延伸，人才及資金亦漸漸西移，據中國大陸社會科學院（2010）發佈之《中國城市發展報告》指出：「隨著西部大開發和中部崛起戰略的實施，投資重點開始西移，使經濟發展和城市化增長重心出現由沿海往內地移動的趨勢」。

趨勢二：由廣泛區域至特定城市轉變

區域經濟的「圈」、「帶」、「區」如雨後春筍般在中國大陸版圖上紛紛出現，從武漢經濟圈、長株潭城市群、安徽沿江城市帶到江西昌九工業走廊，從成渝經濟圈到南寧貴陽昆明經濟區，區域發展範圍逐漸由大範圍區域發展到鎖定小範圍城市，以利統籌便利、發展完善，如長三角經濟區以長三角城市群為發展核心、環渤海經濟區即以京津冀、山東半島等地為發展核心等，發展成為以具備一定區位優勢的中小城市之區域發展格局，並將其培育成為具有一定輻射力以及帶動力的經濟增長級。

趨勢三：由製造產業往特色產業轉型

歷經金融危機後，中國大陸經濟發展由以往外需導向轉為內需市場、由製造大國逐漸轉向特色經濟發展，藉由中國大陸國務院批覆之區域發展規劃中便可見端倪，如海南島建設成為國際旅遊島，充分發揮旅遊特色；柴達木發展規劃則側重自身礦產儲量，發展循環經濟工業園等，由此可知，中國大陸政府除積極發展各區發展規劃外，亦側重該區域特色資源及定位。

趨勢四：由自成一體往地區分工轉變

隨著社會主義市場經濟體制的建立和全國統一市場的建設，中國大陸各地區原有「自成一體」的產業格局逐步被打破，而地區間產業分工的現象正日趨顯著，如先進製造業尤其是具有規模經濟特徵的製造業及知識密集的服務業在沿海地區得到更大的發展，而西部地區則以發展消耗少、汙染輕及環境友好的特色產業為主。

趨勢五：由富裕地區往貧窮地區轉移

綜觀中國大陸區域經濟發展至今，不難發現其發展規劃已逐漸西移之趨勢，依人均收入來看，區域發展規劃已從東部較為富裕的地區移往中西部貧窮的地區，探究其發展原因在於實現「共同富裕」之發展目標，不僅要維持原先富裕的地區持續富裕，更重要的是，幫助貧窮的地區擺脫貧窮與落後，以徹底達到平衡城鄉差距之目的。

四、中國大陸區域經濟發展與總體經濟成長

伴隨著大陸中央積極實施的一系列區域發展規劃，使得區域間經濟獲得明顯成長，據中國大陸國家統計局（2009）經濟數據顯示：「內蒙古、重慶、四川、等13個省市2009年全年GDP增長均超過10％，其中內蒙古更以17％的增速穩坐排行龍頭，而東部地區經濟增長速度雖較緩慢，但2009下半年亦逐步回暖」。中國大陸國家信息中心中經網首席經濟學家梁優彩（2009）表示，在金融海嘯的衝擊下，大陸中央持續推出刺激內需和消費的系列政策，給中西部地區經濟增長提供了堅實的基礎和未來發展的廣闊空間。茲針對中國大陸區域經濟成長之內外部增長動力分別詳述如下：

表18-1　十大重點經濟區與已批覆區域發展規劃一覽表

經濟區	城市	日期	區域發展規劃	支柱型產業	群聚
長三角	·上海市：上海市區、上海閔行、上海嘉定、上海松江、上海浦東 ·江蘇省：蘇州昆山、蘇州工業區、蘇州新區、蘇州市區、蘇州太倉、蘇州常熟、蘇州張家港、蘇州吳江、南京江寧、南京市區、無錫江陰、無錫市區、無錫宜興、常州、揚州、鎮江、南通、徐州、泰州、連雲港、淮安 ·浙江省：寧波市區、寧波北侖、寧波餘姚、寧波慈溪、寧波奉化、杭州市區、杭州蕭山、杭州餘杭、溫州、紹興、嘉興市區、嘉興嘉善 ·安徽省：合肥	2005/06/21	《上海浦東新區綜合配套改革試驗區》	·金融服務	·NB生產基地 ·半導體產業
		2009/06/10	《江蘇沿海地區發展規劃》	·港口產業 ·醫藥工業	
珠三角	·廣東省：惠州、深圳市區、深圳寶安、深圳龍崗、東莞市區、東莞厚街、東莞石碣、東莞虎門、東莞長安、廣州天河、廣州市區、中山、珠海、汕頭、佛山、江門	2009/01/08	《珠江三角洲地區改革發展規劃綱要（2008－2020年）》	·服務業 ·先進製造業 ·金融業	·電子加工 ·生產製造基地
		2009/08/14	《橫琴總體發展規劃》	·生產型服務 ·高端金融服務	
		2009/12/31	《關於推進海南國際旅遊島建設發展的若干意見》	·旅遊業 ·服務業	
環渤海	·北京市：北京市區、北京亦莊 ·天津市：天津市區、天津濱海 ·河北省：石家莊、廊坊、保定 ·山東省：濟南、青島、威海、煙台、泰安、日照 ·遼寧省：大連、瀋陽 ·山西省：太原	2008/03/19	《天津濱海新區綜合配套改革試驗區》	·金融服務	·手機 ·電子產業

表18-1　十大重點經濟區與已批覆區域發展規劃一覽表（續）

經濟區	城市	日期	區域發展規劃	支柱型產業	群聚
西三角	·重慶市：重慶 ·四川省：成都 ·陝西省：西安	2007/06/07	《成渝全國統籌城鄉綜合配套改革試驗區》	·重型機械製造	·電子製造業
東北地區	·遼寧省：大連、瀋陽 ·吉林省：長春 ·黑龍江：哈爾濱	2009/07/01	《遼寧沿海經濟帶發展規劃》	·裝備製造業 ·鋼鐵產業 ·石化產業 ·農產品加工業	·製藥基地
		2009/11/16	《中國大陸圖們江區域合作開發規劃綱要—以長吉圖為開發開放先導區》	·農業 ·金融產業 ·先進製造業	
西部地區	·重慶市：重慶 ·四川省：成都 ·陝西省：西安 ·雲南省：昆明 ·貴州省：貴陽 ·甘肅省：蘭州 ·廣西省：南寧、北海、桂林	2009/06/25	《關中-天水經濟區發展規劃》	·農產技術產業 ·先進製造業	·平板顯示器 ·營造產業
		2010/05/07	《重慶兩江新區總體規劃》	·汽摩產業	
		2010/03/15	《青海省柴達木循環經濟試驗區總體規劃》	·鹽湖化工產業 ·石油天然氣 ·金屬加工產業	
中部地區	·河南省：鄭州 ·湖北省：武漢漢陽、武漢武昌、武漢漢口、宜昌、襄樊 ·湖南省：長沙	2007/12/07	《武漢城市圈的全國資源節約型和環境友好型社會建設綜合配套改革試驗區》	·裝備製造業 ·現代物流業	·精密機械產業

表18-1　十大重點經濟區與已批覆區域發展規劃一覽表（續）

經濟區	城市	日期	區域發展規劃	支柱型產業	群聚
	·江西省：南昌、九江、贛州、吉安 ·安徽省：合肥 ·山西省：太原	2007/12/07	《長株潭城市圈的全國資源節約型和環境友好型社會建設綜合配套改革試驗區》	·生態工程	
		2009/09/23	《促進中部地區崛起規劃》	·工程機械產業 ·石化產業 ·製造業	
		2009/12/12	《鄱陽湖生態經濟區規劃》	·生態文化產業 ·太陽能材料	
		2010/01/12	《皖江城市帶承接產業轉移示範區規劃》	·先進製造業 ·服務業	
泛北部灣	·廣西省：南寧、北海、桂林	2008/02/21	《廣西北部灣經濟區》	·高新技術產業 ·旅遊業	·石化產業
海西經濟帶	·福建省：福州市區、福州馬尾、廈門島外、廈門島內、泉州、莆田、漳州 ·浙江省：溫州 ·江西省：贛州 ·廣東省：汕頭	2009/05/14	《關於支援福建省加快建設海峽西岸經濟區的若干意見》	·旅遊業 ·信息產業	·電子產業 ·機械產業
黃三角	·山東省：煙台、濟南、青島、威海、泰安、日照	2009/11/23	《黃河三角洲高效生態經濟區發展規劃》	·農產品加工業 ·生態環保產業 ·旅遊業	·重化工產業

資料來源：本研究整理

註【1】：《青海省柴達木循環經濟試驗區總體規劃》，其規劃範圍隸屬於西部地區，故將此《規劃》納入西部經濟區

【2】：《關於推進海南國際旅遊島建設發展的若干意見》，其規劃範圍鄰近珠三角地區，故將此《發展意見》納入珠三角經濟區

1. 內部增長

❶ 基礎設施固定投資：據中國大陸國家統計局（2010）表示，基礎設施建設等固定資產投資對經濟增長的拉動作用相當明顯。從政府「四萬億」的投資分配取向來看，以第一批的1,000億元投資為例，中西部省份大多分到三、四十億元，而東部上海僅拿到一億，此方面是由於中央希望實現基礎設施等公共服務的均等化，有意加大對中西部的基建投入；另一方面也是因為東部地區的基建空間相對飽和，中西部地區在軌道交通、城市管網等領域具備大規模投資的潛力，更能順應短期內擴大投資拉動經濟的政策導向。

❷ 產業群聚成長動力：伴隨中國大陸區域發展成效日趨顯著，跨區域合作的產業群聚亦油然而生，其主要是依靠該地區本身的政策執行，充分吸收外來資金、技術以及管理經驗，進而成為具自我發展、自我創新能力等產業集群，如紹興中國輕紡城起初即由1,600多家鄉鎮紡織廠家所依託而成，伴隨區域發展規劃的落實，進而帶動該地區輕紡工業之發展。由此可知，產業群聚的形成不僅可以促使該區域內的廠商互相學習，使彼此的知識及技術快速流動擴散，更可利用該區域經濟特色，獲取經濟成長動力。

2. 外部增長

❶ 吸引外資注入：從外商直接投資（FDI）的地區佈局來看，根據中國大陸國家統計局（2009）統計數據表示，2009年以來FDI仍主要集中於東部沿海地區，其實際利用外資金額達374億美元，而同期西部地區實際利用外資金額僅有27.5億美元，由此可見，西部地區利用外資水準還很低。伴隨著西部大開發、老工業基地、中部崛起等政策執行，發展至今，西部地區經濟社會發展速度明顯加快，人民生活水平不斷改善，2005年以來，由東部前往西部地區投資的企業增加10萬多家，投資總額超過7,000億人民幣，據統計2000年至2008年，西部地區生產總值已從16,655億元增加至58,257億元，至今已成為東部企業和外資企業投資貿易、產業轉移的主要落腳處。

❷ 鞏固對外開放：堅持互利共贏的開放戰略，提高對外開放水準。隨著一系列區域發展規劃緊密出台，中國大陸政府除要在已有開放成果的基礎上持續鞏固外，更要加快調整和完善對外經濟發展模式，提高對外貿易和利用外資品質及水準，有效應對服務業擴大開放面臨的新情況新問題，進而增強參與經濟全球化和維護國家經濟安全的能力，促進對外經濟工作邁上新台階。以優化進出口商品結構、引進先進技術與管理經驗為重點，加快轉變外貿增長方式，提高利用外資品質，持續實施「走出去」戰略。

五、外商佈局區域位移

中國大陸伴隨著區域發展規劃逐一落實，投資環境日漸改善，對於外資的吸引力更是在無形中逐漸加大，根據中國大陸統計年鑑數據顯示，中國大陸的外商直接投資來源地區主要為香港、美國、日本、台灣、新加坡、韓國、英國及德國等八個國家，其投資金額如表18-2所示。

表18-2　中國大陸實際利用外資一覽表

地　區	2005年		2006年		2007年		2008年		2009年		五年累計投資金額
	億美元	%	億美元	%	億美元	%	億美元	%	億美元	%	
香　港	179.49	29.75	202.33	32.11	277.03	37.05	410.36	44.41	539.93	59.97	1,609.14
日　本	65.30	10.82	45.98	7.30	35.89	4.80	36.52	3.95	41.17	4.57	224.86
韓　國	51.68	8.57	38.95	6.18	36.78	4.92	31.35	3.39	27.03	3.00	185.79
新加坡	22.04	3.65	22.60	3.59	31.85	4.26	44.35	4.80	38.86	4.32	159.70
美　國	30.61	5.07	28.65	4.55	26.16	3.50	29.44	3.19	35.76	3.97	150.62
台　灣	21.52	3.57	21.36	3.39	17.74	2.37	18.99	2.06	65.63	7.29	145.24
德　國	15.30	2.54	19.79	3.14	7.34	0.98	9.00	0.97	12.27	1.36	63.70
英　國	9.65	1.60	7.26	1.15	8.31	1.11	9.14	0.99	14.69	1.63	49.05

資料來源：《中國統計年鑑》（2005～2009）、本研究整理

註：為2005～2009年各年度各國對中國大陸之外商直接投資金額及其占總額比重

本研究茲將累計投資金額最高前六名國家和地區，針對其偏好投資地區及投資理由分別詳述如下：

❶ 香港：長久以來香港一直為中國大陸最大的外資來源，其直接投資主要集中於東部沿海地區，如廣東、福建等地，由於其地理位置接近港澳，與海外華僑具歷史淵源並且具有處理國際事務的經驗以及地方政府對於吸引外資的努力，因此使該地吸引最多的外資投資，其投資產業類型一般集中於勞動密集型產業，如傳統的輕工業、服務產業及玩具製造等，但近年來發現，對於資本、技術密集型產業的投資有增加的趨勢。

❷ 日本：累計投資金額排名次之的日本，由於東部沿海地區地理位置較為鄰近，且對於外商直接投資具備豐富優惠政策，故其直接投資主要集中於以上海為

龍頭的華東地區，在其投資產業類型上，日本已從利用中國大陸廉價的勞動力加工組裝戰略，轉變為以本田、豐田等日本汽車的生產製造戰略為主，投資目的亦由建立低成本生產基地轉向將中國大陸視為有力的消費市場，並將生產的產品類型由低附加價值轉為以高科技為生產重點。

❸ **韓國**：為對中國大陸直接投資增加最快的國家，2003年曾一度躍升為對中國大陸直接投資第三多的國家，然而近年來有逐漸趨緩的趨勢出現。韓商直接投資主要集中於地理位置較近、且工業基礎良好的環渤海地區，特別是山東、河北、遼寧、黑龍江等省市，占其對中國大陸直接投資總額的70%。在其投資產業類型上，明顯出現由傳統的勞動密集產業轉向重化、高科技產業的趨勢。

❹ **新加坡**：新加坡對中國大陸直接投資大致上保持平穩狀態，其對中國大陸的直接投資主要集中於金融體系較為發達以及交通較為便利的上海及江蘇等地區，其投資產業類型早期以產品加工、一般製造與房地產為主，但近年來隨著中國大陸經濟結構上的轉變，開始向基礎設施、航運、物流、服務貿易以及金融服務等方面發展，且其投資地域開始出現逐步由東部沿海地區延伸至東北地區之趨勢。

❺ **美國**：綜觀美國對中國大陸的直接投資歷程可知，其在1993年至2002年呈現逐年攀升的趨勢，而2003年起則出現下降之勢，唯2008年起始又恢復攀升之勢，其直接投資主要集中於以長江三角洲為核心的環渤海地區，主要是因環渤海地區以發展金融服務產業為緣由，因此將其直接投資集中於資訊通訊、機械、化工、電子、汽車以及金融貿易等高科技或服務產業。

❻ **台灣**：隨著中國大陸持續開放政策，台灣廠商陸續以個別規模較小的中小企業前往投資，並將其直接投資集中於位置鄰近、血緣文化相近的沿海地區，如依據2006至2010年TEEMA調查樣本回收數目可知，華東地區五年來皆維持40%以上的回卷數；其次則為華南地區，五年來亦皆維持20%以上的回卷數。而其投資重點則主要集中運用中國大陸廉價勞動力之勞力密集的出口製造產業，但在近年來的投資項目上，主要則以發展電子資訊產業為主，但第三產業成長很快。

伴隨著一系列區域發展規劃的執行獲得落實，中國大陸的投資環境獲得大幅改善，外國投資者對中國大陸市場開始具備較多信心，其外資投入速度亦逐漸加快，在各地政府積極引入外資的努力下，外資投入已對各區域發展引起輔助作用，對於中國大陸欲達到全面均衡發展之目標亦指日可待。

第19章 2010 TEEMA中國大陸十大區域經濟發展力

2010《TEEMA調查報告》為延續2000～2009十年來的兩力兩度評估模式，將中國大陸主要台商密集城市進行綜合實力的排行外，今年特別針對中國大陸主要十大區域經濟，形成TEEMA A10進行專家評估，2010《TEEMA調查報告》專家評估對象主要包括：（1）中國大陸台商會會長及重要經營幹部；（2）在中國大陸投資主要企業高管及負責人；（3）對中國大陸具有深入研究的學者專家，共計50人，經由結構式問卷調查，每位專家可針對其所熟知的經濟區填寫該經濟區的樣本評估，共計回收有效樣本156份，第一輪經過平均值計算出TEEMA A10排行，再經由德爾菲法（Delphi method）的方式，進行第二輪的匿名調查，並作初步微調，第二輪調查結果收斂如後續陳述之結論。

根據圖19-1可知，「中國大陸十大經濟區區域發展力排名」中，前五名依序為長三角、西三角、環渤海、黃三角、海西經濟帶；與城市綜合實力所歸納的區域經濟排行，即圖16-15比較可發現，「中國大陸十大經濟區區域綜合實力排名」中，前五名依序為長三角、西三角、黃三角、環渤海、海西經濟帶。在兩項排名的前五名當中，僅有黃三角與環渤海的排名有些微變化，由此可看出，就區域綜合實力而言，黃三角優於環渤海，但從專家觀點分析的區域發展力，則是環渤海優於黃三角。探究其原因為環渤海經濟區中的天津與北京是早期重點發展城市，加上環渤海經濟區已發展多年，其相關配套產業及基礎建設早已完備，另一方面，就專家觀點認為黃三角是最近才提出的經濟區域，而且黃三角經濟區僅涵蓋山東省，因此，在區域經濟發展力上，環渤海經濟區略優於黃三角經濟區。

此外，根據圖19-1顯示，「中國大陸十大經濟區區域發展力排名」中，前六至十名依序為泛北部灣、中部地區、珠三角、西部地區、東北地區；就區域發展力而言，泛北部灣在專家的評論是十大區域裡的第六名，泛北部灣涵蓋的三個城市為桂林、南寧與北海，「中國—東協自貿區」協議全面落實後，泛北部灣成為中國大陸與東協及世界市場聯繫的重要門戶，同時也帶來許多機遇。

❶ 區域政策力排名：由表19-1顯示，排名在前五名的經濟區域分別為：（1）長三角；（2）西三角；（3）黃三角；（4）環渤海；（5）海西經濟帶。

❷ 區域環境力排名：由表19-2顯示，排名在前五名的經濟區域分別為：（1）長三角；（2）環渤海；（3）西三角；（4）黃三角；（5）海西經濟帶。

❸ 區域整合度排名：由表19-3顯示，排名在前五名的經濟區域分別為：（1）長三角；（2）西三角；（3）環渤海；（4）黃三角；（5）海西經濟帶。

❹ 區域永續度排名：由表19-4顯示，排名在前五名的經濟區域分別為：（1）長三角；（2）西三角；（3）環渤海；（4）黃三角；（5）海西經濟帶。

表19-5則是經由區域政策力、區域環境力、區域整合度、區域永續度的「兩力兩度」評估模式，分別乘以權重，最終計算出「區域經濟發展力」評價，有關各評估構面的權重分別為：（1）區域政策力為35%；（2）區域環境力為30%；（3）區域整合度為20%；（4）區域永續度為15%，由表19-5可知，長三角排名第一，其次為西三角，而環渤海、黃三角、海西經濟帶則分別排名第三、第四、第五名。有關2010《TEEMA調查報告》針對中國大陸十大經濟區之區域經濟發展力細項評比如表19-5所示。

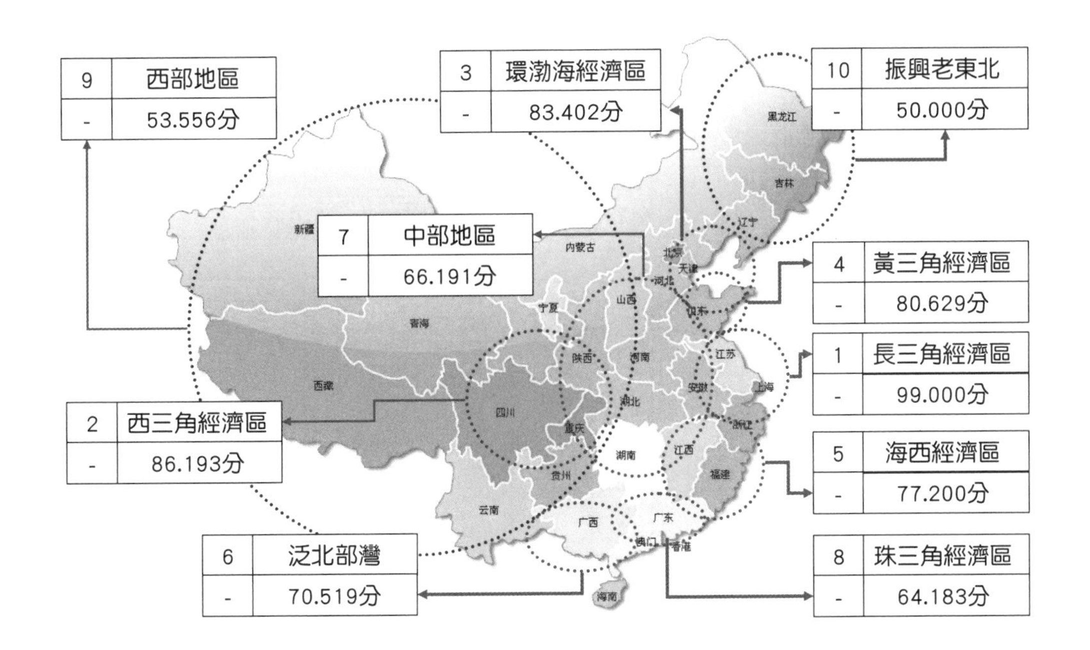

圖19-1　TEEMA 2010十大經濟區區域經濟發展力排名

表19-1　TEEMA 2010中國大陸十大經濟區區域政策力排名

排名	十大經濟區	政策支持力度	區域定位層級	城市間連結力	國家級活動度	政府行政效率	區域政策力	
							加權評分	百分位
01	長三角	4.326	4.326	4.000	3.930	3.814	4.095	99.000
02	西三角	4.091	3.818	3.727	3.636	3.182	3.723	89.584
03	黃三角	3.800	3.600	3.300	3.400	3.100	3.475	83.324
04	環渤海	3.571	3.643	3.000	3.571	3.357	3.454	82.783
05	海西經濟帶	3.500	3.375	3.125	3.000	3.125	3.250	77.638
06	泛北部灣	3.167	3.167	2.917	2.917	2.833	3.013	71.637
07	中部地區	3.250	2.583	2.333	2.417	2.333	2.663	62.793
08	珠三角	2.720	2.600	2.600	2.280	2.560	2.564	60.304
09	西部地區	2.692	2.462	2.154	2.000	1.846	2.269	52.855
10	東北地區	2.125	2.125	2.500	2.125	2.000	2.156	50.000

註：區域政策力＝【中央支持力度×30%】＋【區域定位層級×15%】＋【城市間連結力×15%】＋【國家級活動度×20%】＋【政府行政效率×20%】

表19-2　TEEMA 2010中國大陸十大經濟區區域環境力排名

排名	十大經濟區	內需市場潛力	區位投資吸引力	基礎建設完備度	人力資本匹配度	區域國際化程度	區域治安良善度	區域環境力	
								加權評分	百分位
01	長三角	4.256	3.977	3.953	3.907	4.209	4.093	4.091	99.000
02	環渤海	3.786	3.714	3.357	3.071	3.286	3.286	3.511	85.646
03	西三角	3.818	3.455	3.091	3.182	3.091	3.091	3.391	82.888
04	黃三角	3.300	3.100	3.400	3.600	3.400	3.000	3.270	80.104
05	海西經濟帶	3.375	3.125	3.125	3.125	3.250	3.000	3.194	78.349
06	中部地區	3.083	3.000	2.750	2.833	2.750	2.583	2.883	71.201
07	泛北部灣	3.000	2.917	2.917	2.917	2.583	2.667	2.871	70.914
08	珠三角	2.920	2.840	2.720	2.560	2.760	2.320	2.732	67.717
09	西部地區	2.308	1.923	1.769	1.923	2.000	2.154	2.058	52.192
10	東北地區	1.750	1.875	1.875	2.250	2.000	2.375	1.963	50.000

註：區域環境力＝【內需市場潛力×30%】＋【區位投資吸引力×20%】＋【基礎建設完備度×15%】＋【人力資本匹配度×10%】＋【區域國際化程度×10%】＋【區域治安良善度×15%】

表19-3　TEEMA 2010中國大陸十大經濟區區域整合度排名

排名	十大經濟區	產業群聚整合度	區域資源共享度	技術人才完備度	生活素質均衡度	供應鏈整合度	區域整合度	
							加權評分	百分位
01	長三角	4.279	4.000	3.884	3.977	3.977	4.044	99.000
02	西三角	3.636	3.636	3.091	3.273	3.364	3.445	84.735
03	環渤海	3.429	3.071	3.214	3.357	3.143	3.239	79.823
04	黃三角	3.500	3.000	3.000	3.300	3.200	3.210	79.126
05	海西經濟帶	3.125	3.000	2.625	3.125	3.250	3.044	75.165
06	泛北部灣	3.083	2.750	2.583	2.750	3.000	2.858	70.747
07	珠三角	3.000	2.520	2.280	2.280	2.640	2.592	64.402
08	中部地區	2.500	2.417	2.833	2.667	2.667	2.588	64.295
09	西部地區	2.308	2.385	2.077	1.846	2.000	2.162	54.146
10	東北地區	2.250	1.625	2.000	2.125	2.000	1.988	50.000

註：區域整合度＝【產業群聚整合度×25%】＋【區域資源共享度×25%】＋【技術人才完備度×15%】＋【生活素質均衡度×15%】＋【供應鏈整合度×20%】

表19-4　TEEMA 2010中國大陸十大經濟區區域永續度排名

排名	十大經濟區	自主創新能力	科技研發實力	可持續發展度	環境保護度	資源聚集能力	區域永續度	
							加權評分	百分位
01	長三角	3.977	4.000	4.047	4.000	4.093	4.024	99.000
02	西三角	3.455	3.273	3.636	3.364	3.636	3.495	86.835
03	環渤海	3.429	3.500	3.429	3.214	3.500	3.421	85.133
04	黃三角	3.300	3.300	3.000	2.900	2.900	3.085	77.396
05	海西經濟帶	3.375	2.625	2.875	3.125	3.125	3.050	76.591
06	泛北部灣	2.500	2.500	2.583	2.750	2.833	2.625	66.817
07	中部地區	2.667	2.417	2.667	2.583	2.667	2.617	66.625
08	珠三角	2.720	2.520	2.440	2.480	2.720	2.584	65.874
09	西部地區	2.077	2.000	2.154	2.462	2.385	2.204	57.131
10	東北地區	2.000	2.000	1.500	2.125	2.000	1.894	50.000

註：區域永續度＝【自主創新能力×25%】＋【科技研發實力×15%】＋【可持續發展度×25%】＋【環境保護度×15%】＋【資源聚集能力×20%】

表19-5　TEEMA 2010中國大陸十大經濟區區域發展力排名

排名	十大經濟區	❶區域政策力			❷區域環境力			❸區域整合度			❹區域永續度			區域發展力
		平均值	加權分數	排名	平均值	加權分數	排名	平均值	加權分數	排名	平均值	加權分數	排名	
01	長三角	4.095	99.000	01	4.091	99.000	01	4.044	99.000	01	4.024	99.000	01	99.000
02	西三角	3.723	89.584	02	3.391	82.888	03	3.445	84.735	02	3.495	86.835	02	86.193
03	環渤海	3.454	82.783	04	3.511	85.646	02	3.239	79.823	03	3.421	85.133	03	83.402
04	黃三角	3.475	83.324	03	3.270	80.104	04	3.210	79.126	04	3.085	77.396	04	80.629
05	海西經濟帶	3.250	77.638	05	3.194	78.349	05	3.044	75.165	05	3.050	76.591	05	77.200
06	泛北部灣	3.013	71.637	06	2.871	70.914	07	2.858	70.747	06	2.625	66.817	06	70.519
07	中部地區	2.663	62.793	07	2.883	71.201	06	2.588	64.295	08	2.617	66.625	07	66.191
08	珠三角	2.564	60.304	08	2.732	67.717	08	2.592	64.402	07	2.584	65.874	08	64.183
09	西部地區	2.269	52.855	09	2.058	52.192	09	2.162	54.146	09	2.204	57.131	09	53.556
10	東北地區	2.156	50.000	10	1.963	50.000	10	1.988	50.000	10	1.894	50.000	10	50.000

註：區域發展力＝【區域政策力×35%】＋【區域環境力×30%】＋【區域整合度×20%】＋【區域永續度×15%】

第20章 2010TEEMA七大戰略性新興產業剖析

2009年11月23日召開的首都科技界大會中，中國大陸總理溫家寶先生發表題為《讓科技引領中國可持續發展》的談話，其內容以科學技術為主軸，帶出七大戰略性新興產業的重要性，此後國家發改委便如火如荼的展開戰略新興產業方向之制定。每一戰略新興產業都有其發展目的與目標，新能源、新能源汽車與節能環保息息相關，除可推進本身經濟發展外，亦可走上綠色經濟的潮流；信息網絡產業則欲將中國大陸帶向智慧地球的方向努力，以科技便利人民；中國大陸部份基礎材料產量雖居世界前列，然而，高性能材料與核心部份仍須仰賴進口，故發展新材料產業為中國大陸前進世界強國的必經之路；生物醫藥攸關民生大計，在醫藥技術方面，欲創新藥物研發能力並力爭幹細胞研究領域的領先地位；高端裝備製造產業則將擴展中國大陸的高端科技製造技術地位。

一、七大戰略性新興產業發展緣起

綜觀中國大陸所欲積極發展之戰略性產業，可從中觀察出各產業皆具該產業之潮流前瞻地位、可持續發展特性與高科技、高技術的產業特徵，於是科學發展將成為引領未來戰略性產業發展最重要的牽動力。以下茲整理中國大陸發展七大戰略性新興產業之主因與入選條件及原則：

❶ **歷史的借鏡**：中國大陸總理溫家寶先生在2009年11月23日的首都科技界大會的談話中指出，中國大陸在近200年以來與全球的科技發展和工業革命的歷史擦肩而過表示遺憾，溫家寶先生表示：「由於眾所週知的原因，近代中國大陸屢次錯失科學革命的機遇，逐步從世界經濟科技強國的地位上淪落了」。回顧近代中國歷史，中國大陸共有四次發展科技的機會，但四次卻都錯失了，包括：（1）康乾盛世的閉關自守；（2）自強運動的改革失敗；（3）戰亂連連的國運不濟；（4）文革期間的科學戕害。有鑑於此，溫家寶先生指出：「前事不忘，

後事之師。中國大陸不能再與新科技革命失之交臂，必須密切關注和緊跟世界經濟科技發展的大趨勢，在新的科技革命中贏得主動、有所作為」。

❷ **產業結構的調整**：2008年中國大陸中央經濟工作會議定調2009年宏觀經濟政策為「保增長、擴內需、調結構」，而2010年中國大陸的宏觀經濟政策則有鑑於2009年中國大陸雖然達成「保8」之目標，但產業投資重複、產能過剩以及低值化成為日趨嚴重的問題。有鑑於此，使2010年中國大陸政府的工作重點轉變為「調結構、穩增長、促消費」，中國大陸政府開始思索重整產業結構，也讓「調節構」成為發展七大戰略性新興產業的主因。另外，此七大戰略性新興產業亦符合科學技術推動與產業規劃振興的具體優點，未來在產業政策的引導下，對高耗能、高排放的產業將有更嚴格的環保制度，迫使此類產業大部分或全部退出，並透過高新技術與現代服務業的發展，進而帶動產業結構的優化升級。中國大陸所關注的不僅是GDP的增長，更關心GDP的組成內涵與品質，促進傳統產業去產能化，推動更具競爭力的高新技術與創新型產業成為此政策的著力點。

2009年11月23日，中國大陸總理溫家寶先生於首都科技界大會上表示：「目前中國大陸經濟運行中最大的困難，就是外部需求急劇減少，且經過長時間也很難恢復到危機前的水準。在這種情況下，一部分產業就暴露出產能過剩的問題，其中部分產業沒有掌握核心和關鍵技術，面對這種情況，必須重視發展戰略性新興產業，同時要在最有基礎、最有條件的領域突破核心和關鍵技術進行發展」，其提出三大選擇戰略性產業的原則，分別為：（1）產品要有穩定並有發展前景的市場需求；（2）要有良好的經濟技術效益；（3）能帶動一批產業的興起。此外，溫家寶先生除提及新能源、節能環保、電動汽車、新材料、新醫藥、生物育種及資訊產業等七大戰略新興產業外，還談到空間、海洋和地球深部開發問題，認為其為人類遠遠沒有進行有效開發利用的巨大資源寶庫，未來將發展航空航太以有效利用空間與發展國家戰略；發展海洋工程以利海洋資源開發利用；地球深部資源探測方面尚不如世界一些礦業大國，未來將全力提高資源探勘開採水準與效益。

二、中國大陸七大戰略性新興產業探析

中國大陸透過全力發展戰略性新興產業來達調結構之目的，然而，戰略性新興產業之產業內容與範疇，最早由國務院總理溫家寶先生於2009年底提出的七大產業後，仍經過多次的修正：❶ 2009年11月3日的首都科技大會指出的七大戰略新興產業為新能源、新材料、節能環保、電動汽車、新醫藥、生物育種、資訊產業；❷ 2010年3月3日至14日的全國人大與全國政協會議中，國務院總理溫家寶

再度指出七大戰略性新興產業為新能源、新材料、節能環保、新能源汽車、生物醫藥、信息網絡與高端製造產業；❸ 2010年年初至6月為止，中國大陸國家發改委、科技部、財政部、工信部四部委聯合制定並頒佈《關於加快培育戰略性新興產業的決定》代擬稿，以尋求各界的意見，從中國政府網於4月6日刊載〈培育戰略性新興產業〉一文可知，在各界意見徵詢的過程中，產業領域曾修正為溫家寶先生所提及的七大領域再加上「航空航天」與「海洋工程」共九大領域。

在2010年6月份，中國大陸發改委副主任張曉強曾兩次提及戰略性新興產業的發展方向，第一次於2010年6月18日的中國生物產業大會，第二次為2010年6月26日的2010中國綠色工業論壇，兩次皆指出7個領域與發展重點分別為：（1）節能環保（高效節能、先進環保、迴圈利用）；（2）新一代信息技術（下一代通信網路、物聯網、三網融合、新型平板顯示、高性能積體電路和高端軟體）；（3）生物產業（生物醫藥、生物農業、生物製造）；（4）新能源（核能、太陽能、風能、生物質能）；（5）新能源汽車（插電式混合電動汽車、純電動汽車）；（6）高端設備製造業（航空航太、海洋工程裝備和高端智慧裝備）；（7）新材料（特種功能、高性能複合材料）等七大領域。然而，確定版本的戰略性新興產業仍有待2010年9月頒佈的規劃出台，因此，2010《TEEMA調查報告》以中國大陸全國人大與全國政協會議所提及的七大新興戰略產業為主要探討對象。

表20　中國大陸戰略新興產業領域變化一覽表

時　間	2009/11/03	2010/03/03-14	2010/04/06	2010/06/18	2010/06/26
場　合	首都 科技大會	全國人大與 全國政協會議	中國政府網	中國生物 產業大會	2010中國 綠色工業論壇
提出者	國務院總理 溫家寶	國務院總理 溫家寶	中國大陸 發改委	中國大陸發改委 副主任張曉強	中國大陸發改委 副主任張曉強
產　業 範　疇	❶新能源 ❷新材料 ❸節能環保 ❹電動汽車 ❺新醫藥 ❻生物育種 ❼資訊產業	❶新能源 ❷新材料 ❸節能環保 ❹新能源汽車 ❺生物醫藥 ❻信息網絡 ❼高端製造業	❶新能源 ❷節能環保 ❸新材料 ❹生物醫藥 ❺生物育種 ❻信息產業 ❼新能源汽車 ❽航空航天 ❾海洋工程	❶節能環保 ❷新一代信息技術 ❸生物產業 ❹高端裝備制造 ❺新能源 ❻新材料 ❼新能源汽車	❶節能環保 ❷新一代信息技術 ❸生物產業 ❹高端裝備制造 ❺新能源 ❻新材料 ❼新能源汽車

資料來源：本研究整理

中國大陸推動七大戰略性新興產業欲藉此調整國內產業結構，並同時帶動科技革新與獲得未來可持續發展動能。世界強國的新興產業發展重點各有不同，美國與歐盟強調在低碳經濟為主；英國加強發展高科技生物產業；日本側重於能源與環境產業；俄羅斯提出開發奈米和核能技術計畫，掃描中國大陸此七大產業，囊括各國所欲發展之新興產業，在國家財政資金強大支援與國家級政策執行力的推動下，其不僅蘊含長期投資潛力也增添了產業發展成功的可能性。以下茲整理七大戰略性新興產業之內涵與發展概況：

1. 新能源產業

中國大陸為全球第二大石油消費國，2009年進口石油約19,985萬噸，對外依存度高達51.3%，故發展新能源不僅是可持續發展的需要，對於維護能源安全與保護環境也具有戰略性的意義。美、英、德、法、日、澳、俄等世界強國也紛紛發佈相關新能源政策，由此可見，新能源革命與低碳經濟的綠色浪潮已席捲全球，是不容忽視的國家能源趨勢。自2006年中國大陸實施「可再生能源法」以來，新能源產業便開始快速發展。近年中國大陸政府用於新能源領域的投資，每年增幅都在20%以上，在2008年其對新能源企業的資金扶持規模已達38億元。

根據中國大陸國家能源局（2009）表示：「中國大陸將在2050年將可再生能源占能源總比重由目前的9%提高到40%左右，力爭主導能源之地位」，而《中國經濟分析與展望（2009～2010）》中則提及中國大陸發展新能源具有（1）資源豐富；（2）市場廣闊；（3）製造優勢等三大優勢。中國大陸總理溫家寶先生提及的新能源包含水電、核能、風電、太陽能發電、沼氣發電、地熱利用等。

2. 新材料產業

新材料是指是正在研發或功能良好的材料，其具有比傳統材料更為優異的功能或用途。而新材料與資訊、能源、醫療衛生、交通、建築等產業關係密切，應用領域非常廣泛，例如可帶動汽車產業、航空設備、通訊設備、家電業、IT產業、建築業、交通運輸等領域的技術進步。隨著資訊、生物、航空航太、核能技術等新興高科技產業的發展和傳統材料走向高技術化，都使得新材料產業蓬勃發展。根據2009年10月發表的《2009～2012年中國新材料產業投資分析及前景預測報告》指出，現今全球各種新材料市場規模每年已超過4,000多億元人民幣，預估中國大陸2010年新材料產值可望達到1,300億人民幣，而由新材料帶動而產生的新產品和新技術則是更大的市場。

近十年來，世界新材料產業的產值以每年約30%的速度增長，使得新材料產業成為21世紀初發展最快的高科技產業之一，因此，新材料產業作為國家戰略性產業則漸受到世界各國的重視，美、日、德等先進國家紛紛制定新材料產業完善的發展計劃。2008年中國大陸國家發改委決定在寧波市、大連市、洛陽市、金昌市、廣州市、寶雞市和連雲港市等七個城市發展新材料產業，因這些城市具有新材料產業的優勢和特色。中國大陸將於「十二五規劃」期間，新材料的發展方向與重點有六大方向，分別為：（1）現代化交通運輸：如高速鐵路、遠洋貨輪、輕量化汽車等；（2）高效清潔能源：如LED節能照明、風力發電、太陽能發電其能量儲存系統；（3）環境資源：如鎂、稀土等儲量豐富的特色戰略性資源材料；（4）民生產業：如新一代先進顯示材料，應用於民生與文化娛樂產業，另外還有生物醫用材料和醫療器械設備等；（5）智慧綠色製造：如用於建築的節能綠色建材等；（6）國防領域。

中國大陸總理溫家寶先生對於中國大陸發展新材料產業表示看法，中國大陸許多基礎原材料與工業產品的產量雖位居世界前列，但高性能材料、關鍵核心元件和重大裝備依舊高度依賴進口，有鑑於關鍵技術受制於人且中國大陸製造水準仍處國際產業鏈低端，為發展飛機、高速列車、電動車或是節能環保等重要工程與產業，皆面臨關鍵材料與技術問題。故須加快微電子、光電子材料元件、新型功能材料、高性能結構材料、奈米材料等材料製造技術發展，因此，中國大陸不願再做技術與關鍵核心元件的進口國，而積極發展科學技術研發，以取得新材料產業的主導地位。新材料產業與其他七大戰略性新興產業關係密不可分，且新材料常成為發展技術進步及產業升級的基礎動力，也能稱新材料產業為發展其他戰略新興產業的「發展基石」。因為許多戰略產業都需要關鍵技術瓶頸的突破，而新技術往往同時伴隨著新材料的誕生，因此新材料產業的發展可說與其他產業發展是相互促進與成長，未來新材料產業隨著中國大陸政府的發展規劃，再加上其他戰略新興產業的成長拉動，高速的產業成長並非難事。

3. 節能環保產業

中國大陸政府於2009年共投資約580億元人民幣，以支援十大重點節能工程、循環經濟、城鎮污水垃圾處理設施和污水管網、重點工業污染源治理等節能環保和生態環境重點工程建設。政策和財政的支持為節能環保產業帶來了發展機遇，中國大陸環保產業正以每年15%的速度增長。中國大陸發改委（2009）表示：「至2015年，中國大陸環保產業投資需求可達4,500億元人民幣，節能環保等新型產業面臨著前所未有的發展機遇」。

中國大陸全國工商聯（2010）指出：「節能環保包括污水、固廢處置、脫硫產業、LED照明、建築節能等」。中國大陸的七大戰略性新興產業中，節能環保產業涵蓋範圍甚廣，且與其他戰略性新興產業息息相關，從新能源中的太陽能、風力發電；電動汽車產業其發展與推廣訴求更是以節能環保為主軸，也正符合當前中國大陸的低碳政策；而信息產業中的物聯網也是為了效率與節能；因此，新材料產業亦包含節能環保材料，故節能環保訴求可說是未來各產業的發展需求與趨勢。2009年4月7日在中國大陸公佈新醫改實施方案後，以「基本藥物制度」為中心的各項配套措施正緊鑼密鼓地制定並相繼出爐，亦制定出基本藥物零售指導價格，此舉不僅大幅減輕民眾使用基本藥物的經濟負擔，更使混亂的藥物市場有了統一的規範，因此2009年可稱為中國大陸新醫改的「元年」。此外，中國大陸國務院也積極在各城市刻意培養醫藥產業，例如在北京、上海、哈爾濱、石家莊等中心城市興建新醫藥產業基地，並輔以生物醫藥為主導的新醫藥產業，將其列入各級政府的議事日程，使其能夠有效、積極的導入城市發展。

4. 生物醫藥產業

2009年4月7日在中國大陸公佈新醫改實施方案後，以「基本藥物制度」為中心的各項配套措施正緊鑼密鼓地制定並相繼出爐，亦制定出基本藥物零售指導價格，此舉不僅大幅減輕民眾使用基本藥物的經濟負擔，更使混亂的藥物市場有了統一的規範，因此2009年可稱為中國大陸新醫改的「元年」。此外，中國大陸國務院也積極在各城市刻意培養醫藥產業，例如在北京、上海、哈爾濱、石家莊等中心城市興建新醫藥產業基地，並輔以生物醫藥為主導的新醫藥產業，將其列入各級政府的議事日程，使其能夠有效、積極的導入城市發展。

在中國大陸致力發展醫藥產業的背景下，中國大陸醫藥企業管理協會於2009年9月公佈《中國大陸醫藥產業60年發展報告》，該報告顯示：「中國大陸成立60年來，全中國大陸醫藥工業總產值成長約113倍，遠高於美國同期的12.7倍和日本同期的6倍，並佔據世界第一的化學原料藥出口國和世界第一的製劑生產能力的地位」，在中國大陸持續關注該產業的利多下，未來醫藥產業勢必再掀起波瀾壯闊的健康醫療商機，據中國大陸總理溫家寶先生指出，新醫藥產業重點發展項目為新藥物研發、先進醫療設備、幹細胞研究、生技醫藥等。

5. 高端裝備製造產業

高端裝備製造將重點發展航空航太、海洋工程設備、高端智慧設備等高技術需求的產業，讓中國大陸從高端設備進口朝向高端科技設備製造發展。根據中國大陸總理溫家寶先生於首都科技大會中指出，空間、海洋和地球深部，是人類遠遠沒有進行有效開發利用的巨大資源寶庫，是關乎可持續發展和國家安全的戰略領域。

溫家寶先生表示未來在航天航太方面，將加強發展「載人航天計劃」和「嫦娥計劃」，進而有效且和平利用空間。在海洋工程方面，中國大陸是一個海洋大國，海洋資源開發和海洋產業發展前景可說是一個「藍色聚寶盆」，而國際上正興起海岸帶可持續發展研究，中國大陸也將加強此領域的研究。在地球深部資源探測方面，中國大陸目前已有固體礦產勘探開採的深度大部分皆小於500公尺，而世界一些礦業大國已經達到2,500公尺至4,000公尺。南非計劃開採的深度達到6,000公尺；澳大利亞在本世紀初率先提出「玻璃地球」計劃，也就是要使地下1,000公尺變得「透明」；加拿大則提出的類似計劃，目標為3,000公尺。

中國大陸人口眾多，導致人均資源短缺，另外資源勘探水平不高，開採利用率也比較低，這是制約未來經濟發展的突出矛盾。因此，中國大陸將千方百計提高資源勘探開採水平和效益，充分挖掘和利用各類資源。

6. 新能源汽車產業

新能源汽車主要發展方向為插電式混合動力汽車與純電動汽車兩種新能源汽車。根據中國大陸政府2010年3月發佈的《汽車產業調整和振興規劃》，其針對電動汽車提出至2011年需達到50萬輛產能的近期目標。中國大陸後續的新能源汽車產業化重要政策為新能源車補貼以及制定基礎設施規劃，以破除油價成本尚不足以吸引消費者放棄購買傳統汽車等瓶頸。另外，根據太平洋證券汽車分析師談際佳（2010）指出，按照《汽車產業調整和振興規劃》的目標，2012年新生產汽車中將有10%是節能與新能源汽車，而新能源汽車產值有望達到5,000億人民幣。

2009年8月19日，麥肯錫公司（McKinsey & Company）公佈之《中國蓄勢待發：電動汽車的機遇》表示：「在電動汽車等新能源汽車領域，各國處於相同起跑線，中國大陸有成本和市場優勢，有潛力和有可能在全球電動汽車市場取得領先地位」。中國大陸從2001年的「十五規劃」到2006年「十一五規劃」，對新能源汽車的投入從8億人民幣增長到50億人民幣。再者，配合中國大陸「十城千輛」計畫，將通過連續3年對10個以上有條件的大城市，進行千輛新能源汽車的試驗，並形成新能源汽車供應設施的規模市場，預計2010年1萬輛，2013年達3萬輛的各式巴士、計程車、郵政、公務電動車。此外，根據野村綜合研究所（Nomura Research Institute；NRI）的研究報告指出中國大陸2008年電動汽車產量約為9,000千輛，未來在中國大陸政府政策的推引下，預計未來將呈現大幅成長的趨勢，且預估2015年產量將可達53萬輛，2020年更將突破300萬輛。

7. 信息網絡產業

信息網絡產業包含了新一代通訊網路、物聯網、三網融合、高性能積體電路、高端軟體等領域，其中以物聯網與三網融合最受矚目。物聯網（Internet of Things；IOT）被稱為繼電腦、互聯網之後，世界信息產業的第三次浪潮，在物聯網的世界中物物相連，任何物體都可以作連結以便利人類的生活。物聯網的用途極為廣泛，遍及環境保護、智能交通、政府行政、公共安全、平安家居、智能消防、工業監測、個人健康、老人護理等多個領域，前景十分看好。而物聯網具有四大發展趨勢，分別為細分市場遞進發展；標準體系漸進成熟；通用性平台將會出現；技術與人的行為模式結合促進商業模式創新。中國大陸總書記胡錦濤先生早在十七大報告中就提出，發展現代產業體系，要大力推進信息化與工業化融合，物聯網就是現代信息網絡技術與傳統商品市場的一種創造性融合。以物聯網為基礎，以傳感器為接觸單元，把信息化的觸角深入到社會和經濟各個領域就是中國大陸政府所大力推動的。據物聯網應用高峰論壇分析，物聯網產業未來3至5年間，市場規模可達3,000億人民幣。

根據權威諮詢機構Forrester（2010）預測：「到2020年物聯網業務將是目前手機通信業務的30倍，成為一個數萬億級的巨無霸產業」。以中國大陸高速公路為例，根據中國大陸交通部估計2020年的高速公路投資將達2.6萬億元人民幣，如果借助物聯網把道路利用率提高10%，產生的經濟效益相當可觀。而物聯網還有許多的應用範圍，其產業規模遠大於移動通訊產業。另外，促進物聯網發展有三大關鍵：（1）制定統一的發展戰略和產業促進政策；（2）構建開放架構的物聯網標準體系；（3）重視物聯網在中國大陸製造與發展綠色低碳經濟的戰略性應用。

除物聯網外，中國大陸總理溫家寶先生亦於2010年1月13日主持國務院常務會議時，指出加速推進電信網、廣播電視網、互聯網的三網融合，目的是為了實現三網互聯互通、資源分享，提供多種服務促進資訊和文化產業發展，並提高國民經濟和社會資訊化水平，滿足民眾日益多樣的生產、生活服務需求，進而刺激消費。會議中並提出未來推動三網融合的階段性目標，（1）2010至2013年：重點開展廣電和電信業務雙向進入試點，探索形成保障三網融合規範有序開展的政策體系和體制機制；（2）2013至2015年：總結推廣試點經驗，全面實現三網融合發展，普及應用融合業務，形成適度競爭的網路產業格局，基本建立適應三網融合的體制機制和職責清晰、協調順暢、決策科學、管理高效的新型監管體系。

此外，更訂定出推動三網融合的五大工作重點：（1）按照先易後難、試點先行的原則，選擇有條件的地區開展雙向進入試點，符合條件的廣播電視企業可經營增值電信業務和部分基礎電信業務、互聯網業務；（2）加強網路建設改造，全面推進有線電視網路數位化和雙向化升級改造、整合有線電視網路、加快電信寬帶網路建設；（3）加快產業發展，創新產業形態，推動移動多媒體廣播電視、手機電視、數位電視寬帶上網等業務的應用；（4）強化網路管理，健全管理體系，保障網路資訊安全和文化安全；（5）加強政策扶持，制定相關產業政策，支援三網融合共性技術、關鍵技術、基礎技術和關鍵軟硬體的研發和產業化。

第21章 2010 TEEMA新興產業與區域發展力排名

2010《TEEMA調查報告》除了新增十大區域經濟發展力排名，更以2010年中國大陸所提出的「七大戰略性新興產業」作為年度研究主題，為配合TEEMA會員廠商產業之屬性，因此，2010《TEEMA調查報告》特選定新能源、新材料、電動汽車、節能環保與信息產業等五大戰略性新興產業，與區域經濟發展力進行分析，經系統性分析得到最佳投資區位排名，作為台商投資佈局之參考。

一、中國大陸相關研究探討戰略性新興產業適宜投資地點

1. **新能源產業**：2009年12月6日，「2009中國新能源產業經濟發展年會」於北京舉辦，公佈「最具投資價值的中國新能源產業城市」排名，成都、保定、呼和浩特、銀川、濟寧、揚州、德州、酒泉、深圳、黃石、蚌埠、杭州、樂山、洛陽、邢臺等15個城市被推薦為2009最具投資價值的中國新能源產業城市。2009年12月3日，成都市通過《成都市新能源產業發展規劃（2009—2012）》，加強政策引導扶持，預計至2012年，成都市新能源產業產值將達到550億元，位居西部第一。

2. **新材料產業**：根據中國大陸發改委（2008）公佈之《國民經濟和社會發展第十一個五年規劃綱要》和《高技術產業發展「十一五」規劃》，為促進高新技術產業群聚，輻射帶動區域經濟發展，在新材料產業發展上，選擇具有優勢與特色的寧波、大連、洛陽、金昌、廣州、寶雞和連雲港等七個城市，作為發展電子資訊材料、航空航太材料、新能源材料、環保節能材料等為重點基地。

3. **電動汽車產業**：2010年中國大陸財政部、科技部、工信部、發改委等四部委發佈「開展私人購買新能源汽車補貼試點」，在新能源電力汽車產業鏈上，最關鍵的環節和最明顯的受益者當屬充電站與充電樁建設。四部委聯合公佈上海、

深圳、長春、杭州、合肥這五試點城市力促充電站建設，其中，深圳、上海推動最為迅速，深圳從2010年6月1日起正式實施《深圳市節能與新能源汽車示範推廣試點實施方案》，除對個人、社會團體和企業購買新能源汽車在中央財政補貼的基礎上再給予補貼外，對配套基礎設施也給予補貼。

4. 節能環保產業：2009年由《中國經濟週刊》評選「節能減排最佳城市」，由於當前全球人口不斷增長與環境持續惡化、資源迅速枯竭及生態環境承載能力減弱的矛盾，在許多國家和地區日益凸顯，實現可持續發展是全人類共同面臨的嚴峻挑戰和緊迫任務，改變全球變暖已成為世界各國都無法迴避的責任。人類社會的可持續發展與節能減排息息相關；低碳經濟是未來社會經濟發展的重要動力；遏制氣候變暖，是全人類共同的使命。有關2009年中國節能減排二十佳城市分別為：保定、北京、懷化、呼倫貝爾、淮南、河源、洛陽、蘭州、柳州、南京、內江、青島、欽州、三亞、廈門、西雙版納、銀川、宜春、張家界、鄭州。

5. 新興信息產業：中國大陸訂定信息產業為戰略性新興產業，其中最重要的是三網融合，2010年7月1日，經中國大陸國務院批准第一批三網融合試點城市正式啟動，這些城市分別為：北京、大連、哈爾濱、上海、南京、杭州、廈門、青島、武漢、深圳、綿陽以及長株潭城市群等12個城市。

二、2010 TEEMA調查報告戰略性新興產業適宜投資經濟區域

有關2010 TEEMA五大戰略性新興產業與前五大區域經濟發展力排名如表21所示。

❶ 新能源產業：前五大經濟區域發展力排名，依序為：（1）珠三角；（2）長三角；（3）黃三角；（4）環渤海；（5）西部地區。

❷ 新材料產業：前五大經濟區域發展力排名，依序為：（1）西三角；（2）長三角；（3）黃三角；（4）環渤海；（5）海西經濟帶區。

❸ 電動汽車產業：前五大經濟區域發展力排名，依序為：（1）黃三角；（2）長三角；（3）環渤海；（4）西三角；（5）海西經濟帶區。

❹ 節能環保產業：前五大經濟區域發展力排名，依序為：（1）西三角；（2）西部地區；（3）長三角；（4）環渤海；（5）黃三角。

❺ 信息產業：前五大經濟區域發展力排名，依序為：（1）長三角；（2）黃三角；（3）環渤海；（4）西三角；（5）海西經濟帶區。

表21　2010 TEEMA 新興產業前五大區域經濟綜合實力排名

產業	排名	城　市	❶ 區域政策力	❷ 區域環境力	❸ 區域整合度	❹ 區域永續度	區域發展力
❶ 新能源產業	01	珠三角	80.237	91.804	99.000	77.327	90.056
	02	長三角	90.527	79.274	84.568	84.412	83.320
	03	黃三角	73.580	79.572	80.384	81.096	79.145
	04	環渤海	85.305	73.170	83.309	69.160	77.431
	05	西部地區	69.434	63.870	74.591	63.192	67.819
❷ 新材料產業	01	西三角	98.903	99.000	87.500	99.000	95.535
	02	長三角	90.527	86.814	90.355	87.770	88.577
	03	黃三角	73.580	87.606	88.399	89.879	86.081
	04	環渤海	85.305	77.079	78.925	83.476	79.826
	05	海西經濟帶	64.772	75.984	79.767	77.323	75.638
❸ 電動汽車產業	01	黃三角	73.580	89.571	87.540	99.000	87.977
	02	長三角	90.527	83.399	88.110	91.194	87.051
	03	環渤海	85.305	83.082	83.520	90.001	84.585
	04	西三角	98.903	64.445	88.410	88.007	80.337
	05	海西經濟帶	64.772	75.096	84.374	80.174	77.092
❹ 節能保產業	01	西三角	98.903	73.635	99.000	99.000	88.839
	02	西部地區	69.434	73.635	99.000	99.000	84.419
	03	長三角	90.527	82.811	75.730	80.398	81.482
	04	環渤海	85.305	75.918	76.920	71.193	76.918
	05	黃三角	73.580	77.029	76.672	72.141	75.671
❺ 信息業	01	長三角	90.527	80.926	86.009	89.385	85.160
	02	黃三角	73.580	80.599	87.578	90.155	83.073
	03	環渤海	85.305	76.305	79.514	86.550	80.155
	04	西三角	98.903	69.072	76.984	86.534	78.539
	05	海西經濟帶	64.772	74.972	81.041	83.013	76.469

第22章 台商佈局中國大陸新法規環境啟示與借鑒

專文一：台商如何在中國大陸打民事官司？

一、前言

近年來台商在中國大陸投資經貿糾紛日益增加，特別以勞動糾紛、合同糾紛、買賣糾紛、土地廠房糾紛、債務糾紛、關務糾紛、稅務糾紛、知識產權糾紛、商標糾紛、貿易糾紛、醫療保健糾紛、合營糾紛等為主要糾紛類型，而其中有關勞動糾紛、合同糾紛、買賣糾紛、土地廠房糾紛、債務糾紛、知識產權糾紛、商標糾紛、貿易糾紛、合營糾紛等類型往往可能會涉及民事紛爭，由此可見，台商於中國大陸因民事糾紛涉訟之機會亦隨之提高，台商實應對於在中國大陸打民事官司之程序及應注意之事項有所認識與瞭解，俾利保障台商自身之權益。

至於在中國大陸打民事官司必須注意相關的法律規定，例如：保全程序、管轄法院、立案程序、證據之規定等等，無一不涉及中國大陸《民事訴訟法》的相關規定；過去有些台商在程序中發生錯誤，導致影響自身權益。瞭解相關法律的規定，才能確保自身權益。筆者藉本文介紹台商打民事官司應注意的基本問題。

二、運用訴前財產保全，防止脫產

打民事官司，有些是為了要求債務人清償債務，而有些債務人為了逃債，還會脫產。所以，債權人在起訴之前，可先進行「訴前財產保全」。中國大陸《民事訴訟法》中規定「財產保全」，目的是有確保債權人之訴訟獲得勝訴判決，其結果得以實現，而債務人不得脫產。

如果於起訴之前，就提出申請的財產保全，稱之為「訴前財產保全」。利害關係人因情況緊急，不立即申請財產保全將會使其合法權益受到難以彌補的損害，可以在起訴前向人民法院申請採取財產保全措施（參見中國大陸《民事訴訟法》第3條第1款）。

申請訴前財產保全措施，必須提供「擔保」，倘不提供擔保的，人民法院則駁回其申請（參見中國大陸《民事訴訟法》第93條第1款後段）。然而，如何定其擔保數額呢？依照中國大陸最高人民法院《關於適用〈民事訴訟法〉若干問題的意見》規定：人民法院依照《民事訴訟法》規定，在採取「訴前財產保全」和「訴訟財產保全」時，責令申請人提供擔保的，提供擔保的數額應相當於請求保全的數額。而進行「訴前財產保全」時，仍應注意以下四點：

1. 申請人申請「訴前財產保全」，在人民法院採取保全措施後「十五日」內，要向管轄人民法院提起訴訟；倘不起訴的，則人民法院將解除該財產保全（參見中國大陸《民事訴訟法》第93條第3款）；

2. 財產保全仍有範圍的限制，其限於請求的範圍，或者與本案有關的財物（參見中國大陸《民事訴訟法》第94條第1款）。例如：不動產、動產（如車輛、船舶、貨品、機具、）專利權、註冊商標權、銀行存款等。

3. 被申請人面對訴前財產保全，倘被申訴人已提供擔保的，可要求人民法院解除財產保全（參見中國大陸《民事訴訟法》第95條）。

4. 申請人申請訴前財產保全務必謹慎，切勿濫用。因為如申請有錯誤時，申請人依法應當賠償被申請人因財產保全所遭受的損失（參見中國大陸《民事訴訟法》第96條）。

三、認識民事訴訟之立案

其次，提起民事訴訟，涉及「形式要件」及「實質要件」；前者原則上，必須提出「書面」的民事起訴狀；至於後者，即起訴要符合下列條件：

1. 原告是與本案有直接利害關係的公民、法人和其他組織；

2. 有明確的被告；

3. 有具體的訴訟請求和事實、理由；

4. 屬於人民法院受理民事訴訟的範圍和受訴人民法院管轄（參見中國大陸《民事訴訟法》第108條）。

中國大陸《民事訴訟法》中訂有「立案程序」，此即法院對於當事人提起訴訟依法進行審查的程序；其主要目的是在訴訟主體適合的情形下，法院依法審查，使訴訟結果更具有可預測性，藉以充分保障當事人訴訟權利之行使。中國大陸人民法院對於民事起訴進行立案審查，可能作出以下三種不同的處理結果：

1. **決定立案受理**：人民法院對符合《民事訴訟法》第108條的起訴，必須受理（參見中國大陸《民事訴訟法》第111條前段）。案件一經「立案」受理，即發生法律效果；受訴法院因「立案」，而取得對案件的審判權；並應依法定程序對該案件進行審判，且當事人不得再以同一訴訟向其他法院起訴（註1）。

2. **不予受理**：如認為不符合立案受理條件的，即由人民法院作出不予受理的裁定。不予受理者，例如：（1）糾紛屬於行政訴訟受案範圍的，對其起訴，人民法院應當不予受理；（2）依照法律規定，在「一定期限」內不得起訴的案件，在不得起訴的期限內起訴的，不予受理；（3）判決不准離婚或調解和好的離婚案件，判決、調解維持收養關係的案件，沒有新情況、新理由，原告在「六個月」內又起訴的，不予受理；（4）原告的主體不適合，不具備訴訟權利能力，與本爭議沒有直接利害關係，對其起訴，人民法院不予受理；（5）起訴沒有具體的訴訟請求和事實，沒有請求法院保護的具體內容和方式，沒有爭議事實的陳述和起訴佐證的，對其起訴，人民法院不予受理。（6）其他不予受理情形，尚可參考大陸最高人民法院《關於人民法院立案工作的暫行規定》。

3. **退回更改或補充資料等**：如起訴經人民法院審查，認為其符合中國大陸《民事訴訟法》第108條所規定的起訴條件，但其他手續仍有欠缺，可將「起訴狀」退回更改或要求「原告」補充相關資料。

中國大陸台商對於民事起訴除有上述其本認識，尚應注意的是「立案的審查期限」，依規定，人民法院於收到「起訴狀」或「口頭起訴」，經審查，認為符合起訴條件的，應當於「七日」內立案，並通知當事人；認為不符合起訴條件的，應當在「七日」內裁定「不予受理」（參見中國大陸《民事訴訟法》第112條）。

四、確定管轄法院

當事人打民事官司時，一定要注意「管轄法院」。中國大陸《民事訴訟法》第二章規定「管轄」，中國大陸台商對於管轄應注意「級別管轄」、「地域管轄」及「合意管轄」的規定。

首就「級別管轄」而言，中國大陸採「四級二審制」，由於職能分工的不同，受理第一審案件的範圍及權限，也有不同。四級法院分別為「最高人民法院」、「高級人民法院」、「中級人民法院」及「基層人民法院」，現分述之如下：

1. **基層人民法院**：管轄第一審民事案件，但《民事訴訟法》另有規定的除外（參見大陸《民事訴訟法》第18條）；

2. **中級人民法院**：管轄下列第一審民事案件：（1）重大涉外案件（註2）；（2）在本轄區有重大影響的案件；（3）「最高人民法院」確定由「中級人民法院」管轄的案件（註3）（參見中國大陸《民事訴訟法》第19條）。

3. **高級人民法院**：管轄在本轄區有重大影響的第一審民事案件（參見中國大陸《民事訴訟法》第20條）。

4. **最高人民法院**：管轄下列第一審民事案件：（1）在全國有重大影響的案件；（2）認為應當由最高人民法院審理的案件（參見中國大陸《民事訴訟法》第21條）。

其次就「地域管轄」而言，是指同級人民法院之間就受理第一審民事案件的權限及分工。此又可分「一般地域管轄」及「特殊地域管轄」，以下分述之：

1. **一般地域管轄**：對「公民」提起的民事訴訟，由「被告住所地」人民法院管轄；被告住所地與「經常居住地」（註4）不一致的，由「經常居住地人民法院」管轄。對「法人或者其他組織」提起的民事訴訟，由「被告住所地」人民法院管轄（參見中國大陸《民事訴訟法》第22條）；此即「以原就被原則」；但一般地域管轄也有例外情形（參見中國大陸《民事訴訟法》第23條）。

2. **特殊地域管轄**：又稱「特別地域管轄」，乃指以訴訟標的所在地或者引起「民事法律關係」發生、變更或消滅之法律事實的所在地為標準，而確定的管轄。中國大陸《民事訴訟法》於第24條至第33條中規定。例如：因「合同」糾紛提起的訴訟，由「被告住所地」或「合同履行地」的人民法院管轄（參見中國大陸《民事訴訟法》第24條）。「合意管轄」也屬於「特殊地域管轄」的一種，另分述於後。

3. **合意管轄**：又稱為「協議管轄」，乃指雙方當事人在糾紛發生之前或之後，以「合意」方式約定解決當事人間糾紛的管轄法院。依中國大陸《民事訴訟法》第25條規定：合同雙方當事人可以在「書面合同」中協議選擇「被告住所地」、「合同履行地」、「合同簽訂地」、「原告住所地」、「標的物所在地」的人民法院管轄；但不得違反中國大陸《民事訴訟法》對「級別管轄」和「專屬管轄」（註5）的規定。

五、打官司也要衡量證據

打民事官司須注意「證據規則」，其乃指證據收集、證據運用和證據判斷的法律準則。由於民事訴訟，主要有兩個基本問題，即：（1）認定事實；（2）適用法律。法官認定事實，主要就是靠「證據」，故事實的認定，離不開證據，

「證據」在民事訴訟的重要地位也不言可喻。於民事訴訟進行中，證據的三個環節，為「舉證」、「質證」和「認證」，現分述之如下：（1）舉證：即當事人提交證據；（2）質證：即在法官的主持下由當事人對證據進行對質和辯論（參見中國大陸《民事訴訟法》第66條）；（3）認證：即法官審查判斷證據的真偽和證明力。大陸台商於打民事官司，對於證據除應有上述的基本認識，還應認識以下三點：

1. 證據可分以下七種（參見中國大陸《民事訴訟法》第63條）

❶ **書證**：如合同書、票據、提單、書信、函件、收據、等文件。書證應提交「原件」，提交原件有困難的，可以提交照片、副本、節錄本；如提交「外文書證」，須附有「中文譯本」（參見中國大陸《民事訴訟法》第６８條）。

❷ **物證**：物證原則上應當提交「原物」。

❸ **視聽資料**：法院面對視聽資料，必須先辨別真偽，並結合本案的其他證據，審查確定能否作為認定事實的根據（參見中國大陸《民事訴訟法》第69條）。

❹ **證人證言**：證人應當出庭，如確有困難不能出庭的，必須經人民法院許可，才可以提交「書面證言」代替，（參見中國大陸《民事訴訟法》第70條）。

❺ **當事人的陳述**：人民法院對當事人的陳述，會結合案件的其他證據，審查確定能否作為認定事實的根據（參見中國大陸《民事訴訟法》第71條）。

❻ **鑑定結論**：「專門性問題」要進行鑑定，須交由「法定鑑定部門」；如未有法定部門時，須由人民法院所指定的鑑定部門鑑定（參見中國大陸《民事訴訟法》第72條）。

❼ **勘驗筆錄**：勘驗「物證」或者「現場」，勘驗人必須出示「人民法院的證件」，並邀請當地基層組織或者當事人所在單位派人參加；又勘驗人應當將「勘驗情況和結果」製作「勘驗筆錄」，由勘驗人、當事人和被邀參加人簽名或者蓋章（參見基大陸《民事訴訟法》第73條）。

2. 辨明舉證責任：舉證責任即是證明責任的分配，當事人對自己提出的主張，有責任提供證據（參見基大陸《民事訴訟法》第64條第1款）；舉證的過程還要注意大陸最高人民法院於2002年4月1日起施行的《關於民事訴訟法證據的若干規定》所規定的舉證時限的制度。

3. 注意「非法證據」的排除：中國大陸最高人民法院《關於民事訴訟法證據的若干規定》第68條規定：以侵害他人合法權益或者違反法律禁止性規定的方法取得的證據，不能作為認定案件事實的依據。考量當事人提供的證據是否屬於「以侵害他人合法權益」方法取得而應予排除，應當引入「利益權衡」的方法，即如果當事人取證手段嚴重侵犯他人合法權益，則應絕對禁止；反之，如取證人取證手段違法並不嚴重，其打算保護的利益遠超過其所損害的利益的，則對此類證據仍應採信，藉此兼顧「實體公平」與「程序正當」的平衡（註6）。

六、認識中國大陸法院可能做出的裁判

再者，打民事官司起訴之後，台商要瞭解中國大陸法院的裁判情形，現分述之如下：

1. **裁定不予受理**：中國大陸《民事訴訟法》訂有「立案程序」，提起民事訴訟，如果不符合立案標準，人民法院可將之以不符合「起訴條件」為由，將該起訴案件，裁定不予受理（參見大陸《民事訴訟法》第112條）。原告如對該「裁定」不服的，可以依法提起「上訴」；上訴應遵守「上訴期間」，必須於「裁定書」送達之日起「十日」內向「上一級人民法院」提起「上訴」（參見中國大陸《民事訴訟法》第147條第2款）。

2. **裁定駁回起訴**：人民法院對於已經立案受理的民事起訴案件，於審理過程中，發現原告所提的起訴，不符合法定的「起訴條件」，人民法院以「裁定」駁回起訴，此即人民法院對原告起訴以拒絕的司法行為（參見大陸《民事訴訟法》第140條第1款第(三)項）。又原告如對該「裁定」不服的，也可以在「裁定書」送達之日起「十日」內，向「上一級人民法院」提起「上訴」（參見中國大陸《民事訴訟法》第147條第2款）。

3. **判決駁回訴訟請求**：人民法院對已立案的起訴案件，經審理，依照實體法的規定，認為當事人的請求無正當理由，或無法律依據，則以「判決」駁回原告的訴訟請求，此一判決即是法院拒絕原告訴求的司法行為。原告如不服人民法院的第一審判決，有權在「判決書」送達之日起「十五日」內，向「上一級人民法院」提起上訴（參見中國大陸《民事訴訟法》第147條第1款）。

4. **判決原告全部或部分勝訴**：人民法院對已立案的起訴案件，經審理，依照實體法的規定，認為原告的請求全部或部分有正當理由，即做出判決原告全部或部分勝訴。不服該判決的當事人，有權在「判決書」送達之日起「十五日」內，向「上一級人民法院」提起「上訴」。

七、對確定而不利於己的判決，可依法申請再審

中國大陸台商如已遭判決確定，但認該判決有錯誤，依中國大陸《民事訴訟法》的規定，可以申請再審，現說明如下：

1. **申請再審的法定要件及程式**：按中國大陸《民事訴訟法》第一百七十八條規定：「當事人對已經發生法律效力的判決……，認為有錯誤的，可以向原審人民法院或者上一級人民法院申請再審，但不停止判決、裁定的執行」。中國大陸台商如欲依上述規定，申請再審，應向人民法院提交「再審申請書」，載明當事人的基本情況、申請再審的事實與理由，原第一、第二審判決書、有新的證據證明原裁判認定的事實確有錯誤為由申請再審的，應當同時附有「證據目錄」、「證人名單」和主要證據複印件或者照片（參見中國大陸〈最高人民法院《關於規範人民法院再審立案的若干意見》（試行）〉第五條）。當事人提出再審，如符合下述情形之一者，人民法院即應當裁定再審，人民法院也將裁定中止原判決的執行（參見中國大陸《民事訴訟法》第一百八十三條）：（1）有新的證據，足以推翻原判決、裁定的；（2）原判決、裁定認定事實的主要證據不足的；（3）原判決、裁定適有法律確有錯誤的；（4）人民法院違反法定程序，可能影響案件正確判決、裁定的；（5）審判人員在審理該案件時有「貪污受賄」、徇私舞弊，枉法裁判行為的（參見中國大陸《民事訴訟法》第一百七十九條）。

2. **申請再審的限制及其他注意事項**：由前述說明，再審的申請必須具備一定法定要件，而且要以「書面」為之，向人民法院提出「再審申請書」。同時當事人應特別注意大陸《民事訴訟法》第一百八十二條規定：「當事人申請再審，應當在判決、裁定發生法律效力後『二年』內提出。」。又人民法院審理再審案件，應當組成「合議庭」為之（參見大陸《民事訴訟法》第一百八十四條第二項）。綜上所述，台商在中國大陸的法院打民事官司，一定要瞭解當地的法律及相關程序，不要在未進入「實體」，而於「程序」上就被打敗了。打民事官司涉及法律專業，不瞭解時，一定要請專家協助，才不會遭致不利的法律後果！

註1：參見吳慶寶主編：商事裁判標準規範，頁554，2006年1月第1版，人民法院出版社出版發行。

註2：指爭議標的數額大，或者案情複雜，或者居住在「國外」的當事人人數眾多的涉外案件。

註3：大陸最高人民法院目前確定由「中級人民法院」管轄的案件，有：「商事、海事案件」、「專利糾紛案件」、「訴訟主體為省、自治區、直轄市以上單位的商事案件」、「重大之涉及港澳台的民事案件」。

註4：「經常居住地」是指公民離開住所地至起訴時，已連續居住「一年」以上的地方，但「公民住院就醫的地方」除外。

註5：「專屬管轄」是指對某些特定類型之案件；法律強行規定僅能由某特定的人民法院行使管轄權；例如：因「不動產糾紛」所提起的民事訴訟，專由「不動產所在地人民法院」管轄（參見大陸《民事訴訟法》第34條第（一）項）。

註6：吳慶寶主編：前揭書，頁653，2006年1月第1版，人民法院出版社出版發行。

（此專文一內容由永然聯合法律事務所所長李永然律師撰寫，並獲其慨然同意，為本報告增色。）

專文二：「缺工」、「罷工」及「高工資」經營環境下的因應對策

2010年台商除了面臨缺工、罷工及提高最低工資標準的壓力外，中國大陸還將積極推動通企業實行集體合同制度，全面推行工資集體協商，通過工資集體協商制度，加強員工在工資水準確定上的話語權。中華全國總工會希望透過推動工資集體協商、提高工人集體議價能力，促進勞動者通過制度面實現合理訴求及解決勞資爭議，並在一定程度上希望緩解中國出現的一系列罷工問題。2010年即將頒佈的由勞動和社會保障部起草的《工資條例》，也對集體協商做出一些規定。

另外，備受關注的《社會保險法》將在2010年頒布，按照人大的計畫，8月份不頒布，就10月份頒布。其中，台商要特別關注上下班途中遭遇機動車事故到底算不算工傷，另外，社會保險法由人大立法後，法律位階遠高於《社會保險條例》，屆時企業與各地方政府談判投保人數的作法可能受到衝擊。

近年來，中國大陸政府將「建立企業職工工資正常增長機制和支付保障機制」寫入黨的十七大報告，《深入推進集體合同制度實施彩虹計畫》的推動，再到「體面勞動」觀念的提出，建立科學的工資分配制度、改變利潤成長，工資不漲的局面，使工資綜合考慮物價上漲等多種因素，實現工資與單位企業的成長與效益同步，體現勞動價值及職工權益，利潤分享將是未來台商無法迴避的問題。

江蘇省昆山市總工會、人力資源和社會保障局等8個部門和單位近日率先頒佈在企業中推進「體面勞動」，提出通過3年至5年的努力，全面落實推動實現體面勞動的各項政策措施。體面勞動離不開合理報酬，還包括改善職工的工作環境條件，保障職工的合理報酬、休息休閒權利，滿足職工的精神文化生活需求，提供職工個性化的成長空間等。未來員工在企業工作體不體面將是另一個衡量台商好壞的指標。

一、2010年調漲工資年

2010年1月23日，江蘇省第一個調漲最低工資標準，從而帶動了中國大陸大部分省市跟漲「加薪潮」。截至7月10日，中國大陸共有18個省份及三個直轄市上調了最低工資標準。自7月1日開始上調工資的河南、深圳、陝西、安徽、海南等省，上調幅度除深圳外，其餘各省均在20%以上。安徽的上調幅度為25.9%、雲南為22%、湖南為27.8%、河南為23%等。其中，海南一類地區的上調幅度為31.7%，位列中國大陸全國之首。2010年上調或計畫上調最低工資標準的省區市將有27個。

最低工資標準是指勞動者在法定工作時間或依法簽訂的勞動合同約定的工作時間內提供了正常勞動的前提下，用人單位依法應支付的最低勞動報酬。最低工資標準一般採取月最低工資標準和小時最低工資標準兩種形式，月最低工資標準適用於全日制就業勞動者，小時最低工資標準適用於非全日制就業勞動者。根據《最低工資規定》，最低工資標準每兩年至少要調整一次。但各地上一次最低工資標準的調整大多在兩年前即國際金融危機之前。此次調高最低工資標準的幅度頗大。

2006年12月全國總工會曾要求，3年之內各地最低工資標準應達到當地社會平均工資的40%以上。以北京市為例，2009年北京職工的月平均工資為3726元，最低工資僅為800元。以海南省為例，2009年全省職工平均月工資為2077.8元，一類地區最低工資僅為630元，今年7月1日提高三成多後也只有830元。中國大陸各地頻頻提高最低工資標準呼應中國大陸中央高層多次提出的「讓勞動者體面勞動」的要求。

表22-1為2010年最低工資標準中國大陸全國城市排名前10名。表22-2為截至2010年7月10日中國大陸調整最低工資標準的省及城市。

表22-1　2010年最低工資標準大陸全國城市排名前10名

排名	城市	最低工資	實施日期
1	上海	1120	2010年04月
2	深圳	1100	2010年07月
3	杭州	1100	2010年04月
4	寧波	1100	2010年04月
5	廣州	1100	2010年05月
6	溫州	1100	2010年04月
7	嘉興	980	2010年04月
8	紹興	980	2010年04月
9	金華	980	2010年04月
10	湖州	980	2010年04月

表22-2　截至7月10日大陸調整最低工資標準的省及城市

實施日期	地區	月最低工資標準（元／月）非全日制	小時最低工資標準（元／時）非全日制
2010年04月	上海	1120	9.0
2010年07月	深圳	1100	9.8
2010年04月	浙江	800 ～ 1100	6.5 ～ 9.0
2010年05月	廣東	660 ～ 1030	6.4 ～ 9.9
2010年07月	北京	960	11.0
2010年02月	江蘇	670 ～ 960	5.4 ～ 7.2
2010年04月	天津	920	7.8
2010年05月	山東	600 ～ 920	6.5 ～ 9.6
2010年07月	遼寧	650 ～ 900	6.0 ～ 8.5
2010年03月	福建	600 ～ 900	6.5 ～ 9.6
2010年05月	湖北	600 ～ 900	6.5 ～ 9.0
2010年04月	山西	640 ～ 850	7.0 ～ 9.3
2010年07月	湖南	600 ～ 850	6.0 ～ 8.5
2010年07月	海南	680 ～ 830	5.9 ～ 7.2
2010年07月	雲南	630 ～ 830	6.0 ～ 8.0
2010年05月	吉林	680 ～ 820	5.2 ～ 6.3
2010年07月	河南	600 ～ 800	6.8 ～ 9.0
2010年07月	陝西	580 ～ 760	-
2010年07月	安徽	500 ～ 720	-
2010年07月	江西	500 ～ 720	4.7 ～ 6.8
2010年05月	寧夏	605 ～ 710	6.8 ～ 7.2
2010年07月	大連市	900	-

二、工資上漲對企業成本增加影響實例說明

富士康加薪對勢必對企業增加成本。但成本到底增加多少呢？除了基本工資增加之外，加班費及社保費也會連帶增加。以富士康對深圳廠區員工薪資進行調整為例，作業員由原來的900元／月調升到1200元／月；作業員起薪高於900元／月者，上調幅度不得低於30%；線長、組長在現有薪資標準基礎上調升30%以上。原來員工一個月底薪900元，需加110個小時的加班工資，員工一個月才能拿到1860元左右，現在底薪調漲至1200元，員工只需加班80個小時，就可拿到一樣的工資。

假設富士康普工作業員占全體員工的比例為80%。則富士康在深圳的40萬員工中，普工約有32萬人，原來普工作業員每月900元人民幣，目前每月加薪300

元人民幣，則富士康每月需增加支出9600萬元人民幣。在富士康內地其他工廠約有40萬人的普工作業員也在其工資基礎上上漲30%，若平均按每月加薪250元人民幣計算，佔80%的普工作業員約有32萬人，每月需多支付8000萬元人民幣。

除了基本工資增加之外，社保費和加班費也相應增加，普工作業員的社保費原來由企業每月交146.8元，現在每月要交177元，多交30元，32萬人需多支出960萬元人民幣，富士康在內陸的廠區32萬人，社保費繳納基數雖然比深圳低，但社保費估算每月也將超過800萬元人民幣。對於加班費，週一到週五晚上加班原來每小時7.7元，現在漲到10.2元，休假日加班由原來10.3元／小時，上漲至13.7元／小時。以平均每個工人每月80小時的加班時間計算，假設週一到週五晚上加班與休假日加班各占40小時，則平時的加班費比以前要多支出100元人民幣，休假日的加班費要比以前多支出136元人民幣，每個工人每月比調整前要多支出236元人民幣加班費。若以深圳廠區32萬工人計算，每月多支出7552萬元成本支出，內地廠區雖然工資基數比深圳少，但成本增加幅度估算每月也將超過6000萬元人民幣。

上述各項成本增加，深圳和深圳以外的廠區新增成本，基本工資每月多增1.76億元，社保費和加班費每月多增1.53億元，總計增加3.29億元，一年多增39.48億元。以員工加薪兩成計算，可能造成鴻海精密每季獲利減少9%到11%，而加薪三成後，則會使鴻海精密每季獲利至少減少14%～16%。

三、缺工對台商的影響分析及對策

企業缺工產生的原因，主要有以下十項：（1）計劃生育一胎化的影響初步顯現，民工來源減少；（2）服務業用人需求增加，民工轉到服務業；（3）大陸扶持三農的政策，農民收入增加，不願外出打工；（4）內地積極招商以及工廠由沿海轉到內地，吸引部分民工；（5）1980年後出生的獨生子女，欠缺刻苦耐勞，待不住工廠刻板的管理；（6）重視孩子教育，推遲就業時間；（7）勞動合同法實施後，勞工意識高漲，員工動不動就跳槽；（8）各種夜生活拉走了工廠員工；（9）工資水準低，物價又上漲，打工存不了錢，無法寄錢回去；（10）企業挖角，民工無序流動。

缺工問題不僅僅出現在廣東，目前缺工已是全大陸性的問題，包括：中西部的江西、湖南、四川、河南等傳統勞務輸出大省以及農業大省山東的勞動力市場都出現了一個怪圈：一方面，數以百萬計的富餘勞動力不惜遠離故土，輾轉於異鄉尋找工作機會；另一方面，各省的用人單位紛紛感到無工可用。

民工一向被認為是廉價勞動力並近乎無限供給。這種廉價勞動力近乎無限供給的錯覺，決定了企業對民工的態度。然而，時過境遷，由於近年實施勞動合同法及來對農業政策的傾斜，現在企業普遍面臨的問題是招不到足夠的勞動力。

企業缺工，實際上企業也有難言之隱：如果提高工資吸引工人的話，企業就提高了成本，而目前國外訂單大幅下滑，國外客戶不可能提高單價，國內同行更是競相以低價向客戶搶單，造成企業若調漲工資，企業將失去競爭力，接不到單，若不提高工資的話，又找不到工人的惡性循環。

自從勞動合同法實施後，員工的就業觀念及工作價值觀大幅改變，抗爭、罷工及高流動率成為常態。特別是法律對員工隨意離職視為員工的權利，對企業好不容易培養起來的技術工，員工說走就走，企業對員工毫無約束力，即使有約束，員工採取不告而別，企業仍是無解。因此造成許多企業都不願意培養員工，為他人做嫁，寧可採取挖角，造成可用的技術人才愈來愈少。

這種令勞資雙方兩難的處境，急需得到妥善的解決，以營造和諧的勞資關係，提高企業競爭力，以利企業可持續發展，達到勞資雙贏。解決企業缺工問題，既要針對一般原因提出應急措施，更要針對深層原因提出預防對策，從政府和企業兩個層面謀求應對策略，以期解開「缺工死結」，化解各種矛盾，重塑企業文化，再造經濟活力。解決企業缺工的對策與思路有以下的四點建議：

1. 以優惠政策鼓勵企業自辦技術職業教育培訓體系：由政府撥出民工免費培訓專項基金給用工企業，每培訓一名民工給予企業一定的獎勵，用補助來推動企業培訓技術員工的風氣及意願，降低企業的挖角。並且規定接受企業培訓的員工至少應服務一定的期限。否則員工另外需賠償企業的培訓損失，如此一來，企業不僅能從政府獲得技術培訓的資金補助，而且也不用擔心培訓員工立即跳槽，讓企業吃下定心丸，能夠創造一個良性的用工循環。

2. 政府出錢，由企業、協會或培訓機構培訓企業所需的人才：技工荒已經成為一個長期存在的問題，從珠三角到長三角不斷凸顯出來。產業升級相對勞動者的素質要求提高了，因此談企業升級之前，最該升級的是人才升級、就業升級。政府應與用工企業多聯繫，透過企業、協會或工業區提出要求、勞動部門下計畫，企業、協會或工業區組織生源，組織培訓、縣市區各部門監督、財政部門拿錢。培養「適銷對路」的技術工人，使培訓與市場需求相貼近。

3. 推動當地城市用工制度的創新，以政策引導及解決缺工問題：農村勞動力進城務工取決於城市中的預期收入乘上城市就業概率減去外出的成本後為正值。可以從企業和政府兩方面著手，提高進城務工者的預期收入。地方政府，應取消和杜絕各項對農民工的歧視性政策和管理行為，給進城務工者以平等的市民待遇，例如：戶籍、子女入學、醫療、保障等方面與城市居民一視同仁，甚至在社會保險方面給予外地務工一定的社保補貼。讓外地工到城市打工感覺實質收入提高，而且地位提高，更受當地尊重。

此外，若要打贏民工爭奪戰，贏得民工的心，可以制定不同技能工的吸引及留人政策。例如：針對普工在該城市工作滿三年可以有什麼樣的優惠；工作滿五年可以有什麼樣的優惠；針對技職工在該城市工作滿三年可以有什麼樣的優惠；工作滿五年可以有什麼樣的優惠；針對研發人員從在該城市工作滿三年可以有什麼樣的優惠；工作滿五年可以有什麼樣的優惠。

四、台商因應缺工及高工資的十二種策略

企業因應缺工及高工資，可以朝三大方向，合計十二種措施來因應：（1）精簡人力的策略，此一策略有四項具體的措施；（2）由薪資著手的策略，此一策略有四項具體的措施；（3）用工模式改變的策略，此一策略有四項具體的措施。

用工模式改變的策略	由薪資著手的策略	精簡人力的策略
針對非核心業務外包	實施勞動定額制，降低加	實施人力盤點，精簡人力
部分人員改為勞務派遣	薪資結構重新規劃，配合	用更少的人，做更多的
部分人員實施不定時工時	各部門降低加班費	採取自動化、半自動化、
實施年薪制以降低加班費	減少勞動爭議的經濟補償	推動流程合理化，改進作

圖22-1　因應缺工及高工資的十二種策略

五、由管理面著手降低「缺工」、「罷工」及「高工資」的影響

「馬斯婁需求理論」用在解決「缺工」、「罷工」及「高工資」有很大的幫助。目前台商在中國大陸已有十多年，加上網路的催化作用，中國大陸員工已從「生理需求」發展到「心理需求」、「社會認同」及「自我實現」，因此，企業應掌握員工在不同階段的需求，擬定相應的管理策略，才能有效解決「缺工」、「罷工」及「高工資」的影響。

當一家企業設法提高工資，其他企業會跟著提高，最後還是扯平回到原點，

企業還是沒有佔到優勢，最後還是一樣面臨缺工及罷工問題。雖然工資很重要，但畢竟錢不是萬能的，因此企業必須在工資之外找到可以讓員工感動的，讓員工有向心力，有認同感，願意留下來一起打拼。面對「缺工」、「罷工」及「高工資」，台商的根本解決之道，在於從管理面進行改善，回歸到管理基本面，而且重點是要讓員工感動，以下提供幾點建議供台商參考：

1. **以「績效」代替「加班」**：用績效的方式讓員工可以拿到合理的工資，而不是靠加班才讓員工拿到合理的工資。對企業可以減少加班的水電成本，對員工可以增加休閒時間，還能促進內需。目前富士康提高作業員的工資到1,200元人民幣，對經過考核合格的作業員，可以拿到2,000元，而且在8小時工時制內，就是屬於用績效的方式讓員工拿到心合理的工資。

2. **管理模式要「與時俱進」**：台商的管理模式要「與時俱進」，過去的管理模式可能是對的，因為以前的員工任勞任怨、刻苦耐勞。但用以前的管理模式來管理80後／90後，就不適合。因為80後／90後的年輕人，受網路快速傳播及遊戲軟體的影響，其生活價值觀已完全不同於年長一代的人。他們賺錢是為了享受生活，不是為了責任養家活口。因此台商必須認真研究80後／90後的工作態度、價值觀、需求，做好溝通，擬定相應且符合他們的管理方式，否則最後還是面臨員工流動，企業還是缺工。

3. **讓親情感動員工的心**：企業每年以補貼的方式或提供名額，給有小孩的員工，安排「留守小孩」（指小孩與老人留在老家，父母親一年與小孩見一次）到工廠與家人團聚，並安排免費旅遊，相信對員工向心力及認同感有很大的幫助，對員工流動率有很大的改善。

4. **對不同工齡的員工提供相應的配套福利**：員工流動率最高的是在進廠半年之內，企業可以制定服務滿半年的員工提供配套福利，讓員工自由選擇，最好花樣多一點，員工就是喜歡花樣、搞活動、抽獎活動、旅遊活動、文康活動、非常男女活動，對於降低員工流動率有很大的助益。滿一年的員工讓他有晉升、提薪、與大老闆共進燭光晚餐的機會，讓員工感受到尊敬、尊嚴。滿一年以上的員工，在制度及福利上要讓員工感覺到待在公司有未來、有希望、有機會、有公平，他才會不想走。滿三年以上的員工有機會到中國大陸國內遊、國外遊、台灣旅遊。以上都是一些對員工有吸引力的各項福利措施。

（此專文二內容由華信統領企業管理諮詢顧問有限公司袁明仁總經理撰寫，並獲其慨然同意，為本報告增色。）

第五篇

TEEMA 調查報告新評析

第23章　2010 TEEMA 調查報告結論彙總　245

第24章　2010 TEEMA 調查報告趨勢觀察　250

第25章　2010 TEEMA 調查報告兩岸建言　254

第23章 2010 TEEMA 調查報告結論彙總

2010《TEEMA調查報告》延續過去十年的成果，以「兩力」、「兩度」模式為核心，兩力指「城市競爭力」與「投資環境力」，兩度則是指「投資風險度」與「台商推薦度」。在研究方法、問卷與抽樣設計等方面，本研究盡量維持與前十年之研究相同，以使研究成果有共同的比較基礎。2010《TEEMA調查報告》之主要研究結論陳述如下：

結論一：「樣本基本資料」內涵架構

2010《TEEMA調查報告》列入評估的城市有100個，總計有效回卷數為2,618份，有關2,618份有效回卷數的樣本結構，包括：（1）產業類別；（2）經貿糾紛類型；（3）投資區位；（4）企業未來佈局規劃，茲將上述這四項樣本結構排行彙整如表23-1所示。

表23-1 2010 TEEMA調查樣本基本特性重點剖析

樣本產業別		經貿糾紛類型		投資區位	企業未來佈局規劃
❶電子電器	❻精密器械	❶勞動糾紛	❻稅務糾紛	❶經濟開發區	❶擴大對大陸投資生產
❷機械製造	❼化學製品	❷土地廠房	❼關務糾紛	❷一般市區	❷台灣母公司繼續生產營運
❸金屬材料	❽紡織纖維	❸合同糾紛	❽知識產權	❸高新技術區	❸台灣關閉廠房僅保留業務
❹塑膠製品	❾貿易服務	❹債務糾務	❾貿易糾紛	❹經濟特區	❹結束在台灣業務
❺食品飲料	❿房產開發	❺買賣糾紛	❿醫療保健	❺保稅區	❺希望回台投資

結論二：「台商未來佈局城市」之評估結果

表23-2為2010《TEEMA調查報告》針對在中國大陸投資的台商未來佈局城市進行調查，分為四類型：（1）整體台商未來佈局；（2）高科技產業台商佈局；（3）傳統產業台商佈局；（4）服務產業台商佈局。就整體台商未來佈局城市前三名分別為：（1）昆山；（2）上海；（3）成都；就高科技產業台商佈局城市前三名分別為：（1）蘇州；（2）昆山；（3）寧波；就傳統產業台商佈局前三名城市為：（1）昆山；（2）蘇州；（3）杭州；就服務產業台商佈局前三名城市依序為：（1）上海；（2）成都；（3）蘇州。

表23-2　2010 台商企業未來佈局城市排行

排名	未來佈局城市排行	台商未來佈局城市依產業別排行		
	整體產業	❶高科技產業	❷傳統產業	❸服務產業
01	昆　山	蘇　州	昆　山	上　海
02	上　海	昆　山	蘇　州	成　都
03	成　都	寧　波	杭　州	蘇　州
04	北　京	上　海	武　漢	杭　州
05	蘇　州	北　京	無　錫	北　京
06	杭　州	廈　門	天　津	廣　州
07	廈　門	南　京	上　海	青　島
08	南　京	深　圳	重　慶	昆　山
09	越　南	天　津	濟　南	寧　波
10	重　慶	重　慶	廈　門	廈　門

結論三：兩力兩度評估構面「評價最佳前十名」分析

2010《TEEMA調查報告》將兩力兩度及城市綜合實力評價最佳前十名彙整如表23-3所示。其中，城市競爭力是以2010回卷數超過15份之城市且是地級市、省會、副省級城市、直轄市共計有66個進行總體競爭力分析，而投資環境力、投資風險度、台商推薦度與綜合城市實力，則是以列入評估的100個調查城市作為排名依據。由表23-3顯示，在投資環境力、投資風險度、台商推薦度與城市綜合實力中，蘇州昆山、南昌、南京江寧、天津濱海、蘇州工業區五個城市均位列前十名，顯示台商皆給予高度優異評價。而上海閔行在台商推薦度未列入前十佳之列，其於三項皆列入評價前十佳排名，重慶則是投資風險度未列入前十佳之列，其於三項皆列入評價前十佳排名。

表23-3　2010 TEEMA調查評價最佳前十排名

排名	❶城市競爭力	❷投資環境力	❸投資風險度	❹台商推薦度	城市綜合實力
01	天津市	蘇州昆山	蘇州昆山	蘇州昆山	蘇州昆山
02	北京市	上海市區	上海閔行	南　昌	天津濱海
03	廣　州	南　昌	天津濱海	重　慶	南京江寧
04	上海市	南京江寧	南京江寧	無錫江陰	南　昌
05	杭　州	天津濱海	杭州蕭山	蘇州工業區	上海閔行
06	武　漢	重　慶	青　島	南京江寧	蘇州工業區
07	瀋　陽	上海閔行	南　昌	成　都	杭州蕭山
08	蘇　州	寧波市區	蘇州工業區	寧波市區	重　慶
09	重慶市	揚　州	廈門島外	揚　州	青　島
10	深　圳	蘇州工業區	蘇州市區	天津濱海	廈門島外

結論四：兩力兩度評估構面「評價最差前十名」分析

表23-4為2010《TEEMA調查報告》根據兩力兩度構面評價最差前十排名，而在投資環境力、投資風險度、台商推薦度與城市綜合實力中，蘭州、哈爾濱、長春、太原、宜昌、深圳龍崗、深圳寶安、貴陽等八個城市均列入評價前十差排名，而江門除投資環境力未列入評價最差前十排名，其於三項均列入評價最差前十排名。

表23-4　2010 TEEMA調查評價最差前十排名

排名	❶城市競爭力	❷投資環境力	❸投資風險度	❹台商推薦度	城市綜合實力
01	北　海	蘭　州	蘭　州	蘭　州	蘭　州
02	莆　田	哈爾濱	哈爾濱	哈爾濱	宜　昌
03	吉　安	長　春	宜　昌	長　春	哈爾濱
04	汕　頭	太　原	長　春	宜　昌	北　海
05	九　江	宜　昌	深圳龍崗	太　原	貴　陽
06	日　照	深圳龍崗	北　海	貴　陽	長　春
07	襄　樊	深圳寶安	貴　陽	江　門	太　原
08	桂　林	貴　陽	深圳寶安	深圳龍崗	江　門
09	漳　州	瀋　陽	太　原	北　海	深圳龍崗
10	連雲港	北　海	江　門	深圳寶安	深圳寶安

結論五：「綜合城市競爭力推薦等級」分析

2010《TEEMA調查報告》秉持TEEMA「兩力」、「兩度」的評估模式，依次級資料評估而得的「城市競爭力」以及依初級調查資料統計分析而得到的「投資環境力」、「投資風險度」以及「台商推薦度」，最終得到「城市綜合實力」的評價，2010年中國大陸列入評比的100個城市劃分為：「極力推薦」、「值得推薦」、「勉予推薦」以及「暫不推薦」四等級，2010年列入「極力推薦」的有24個城市；「值得推薦」的有34個城市；「勉予推薦」等級的有30個城市，而2010年列入「暫不推薦」的城市共計有12個城市，詳見表23-5所示。

表23-5　2010 TEEMA中國大陸城市綜合實力推薦等級彙整表

推薦等級	TEEMA 2010調查100城市			
【A】 極力推薦	蘇州昆山、 上海閔行、 青島、 無錫江陰、 濟南、 大連、	天津濱海、 蘇州工業區、 廈門島外、 寧波市區、 揚州、 蘇州新區、	南京江寧、 杭州蕭山、 蘇州市區、 南京市區、 寧波北侖、 杭州市區、	南昌、 重慶、 成都、 上海市區、 北京亦庄、 廈門島內。
【B】 值得推薦	威海、 無錫市區、 日照、 泰安、 北京市區、 保定、 嘉興市區、 武漢漢口、 泰州、	煙台、 蘇州吳江、 上海浦東、 寧波慈溪、 連雲港、 常州、 上海嘉定、 武漢漢陽、 鄭州。	徐州、 鎮江、 蘇州太倉、 合肥、 廣州天河、 上海松江、 無錫宜興、 武漢武昌、	淮安、 南通、 蘇州張家港、 廊坊、 寧波奉化、 杭州餘杭、 石家莊、 嘉興嘉善、
【C】 勉予推薦	福州市區、 泉州、 南寧、 漳州、 中山、 廣州市區、 瀋陽、 東莞厚街、	寧波餘姚、 桂林、 珠海、 東莞市區、 汕頭、 西安、 深圳市區、 莆田。	紹興、 東莞虎門、 天津市區、 溫州、 昆明、 長沙、 贛州、	蘇州常熟、 東莞長安、 福州馬尾、 佛山、 東莞石碣、 九江、 襄樊、
【D】 暫不推薦	吉安、 江門、 北海、	惠州、 太原、 哈爾濱、	深圳寶安、 長春、 宜昌、	深圳龍崗、 貴陽、 蘭州。

結論六：「十大經濟區排名」分析

2010《TEEMA調查報告》除根據2000～2009年「兩力兩度」評估模式，將中國大陸主要台商密集城市進行城市綜合實力的排行外，今年特別針對中國大陸主要十大經濟區域進行排名，評估方式有二：（1）將列入2010《TEEMA調查報告》評估的100城市歸納而得「十大經濟區域城市綜合實力排名」；（2）形成TEEMA A10進行專家評估，最終得到「中國大陸十大經濟區區域發展力排名」。有關2010《TEEMA調查報告》「十大經濟區域城市綜合實力排名」與「中國大陸十大經濟區區域發展力排名」如表23-6所示。

表23-6　2010 TEEMA中國大陸十大經濟區排名

依城市綜合實力之十大經濟區域排行		依區域發展力之十大經濟區域排行	
排名	經濟區域	排名	經濟區域
01	長 三 角	01	長 三 角
02	西 三 角	02	西 三 角
03	黃 三 角	03	環 渤 海
04	環 渤 海	04	黃 三 角
05	海西經濟帶	05	海西經濟帶
06	中部地區	06	泛北部灣
07	珠 三 角	07	中部地區
08	西部地區	08	珠 三 角
09	泛北部灣	09	西部地區
10	東北地區	10	東北地區

第24章 2010 TEEMA 調查報告趨勢觀察

2010《TEEMA調查報告》除延續2000至2009年進行城市綜合實力排名外，今年特別新增「區域經濟發展力」評估，以利台商掌握中國大陸區域經濟的脈動，TEEMA Next 10選出下列十個經濟區域並進行排名，該十大經濟區分別為：（1）長三角；（2）珠三角；（3）環渤海；（4）西三角；（5）東北地區；（6）西部地區；（7）中部地區；（8）泛北部灣；（9）海西經濟帶；（10）黃三角，2010《TEEMA調查報告》稱之為TEEMA Area 10，經由專家問卷評估而得十大區域經濟發展力排名，以作為未來台商企業佈局或轉移生產基地之投資參鑒。此外，2010年中國大陸宏觀經濟政策為「穩增長、調結構、促消費」，中國大陸政府思索優化產業結構，特選定七大戰略性新興產業作為未來發展之重點，而電電公會為配合TEEMA會員廠商產業之屬性，選定新能源、新材料、電動汽車、節能環保與信息產業等五大戰略性新興產業，經由系統性分析得到最佳投資區位排名，以提供台商投資佈局之參考，節省台商嘗試錯誤成本。依2010《TEEMA調查報告》總體分析之結論，歸納為「四個首次」、「四個再度」等八項調查趨勢，茲分述如下：

趨勢一：「黃三角」區域經濟發展力首次受到台商肯定與關注

在2009《TEEMA調查報告》研究九個經濟區域基礎上，2010《TEEMA調查報告》首次將「黃三角經濟區」納入經濟區域評估對象之一，成為2010年《TEEMA調查報告》之十大經濟區域發展力調查主軸。中國大陸長三角經濟區、天津濱海新區、東北老工業基地皆陸續進入大陸國家發展戰略層次，而山東省卻遲遲未跟進其總體發展腳步，有鑑於區域經濟發展之總體性及避免失去該地區之發展優勢，黃三角地區先後列入「十五」計劃及「十一五」規劃綱要之中，其戰略地位日顯重要。另外，中國大陸國務院於2009年11月23日批覆《黃河三角洲高效生態經濟區發展規劃》，考量其區位條件優越、自然資源豐富、生態系統獨特等良好條件，發展前景備受矚目，而將黃三角地區發展提升至國家發展戰略層次，集中開發其土地管理體制、生態及水利等重大基礎設施建設，有鑑於此，黃三角經濟區於中國大陸區域經濟發展中地位之重要性已日漸提升。2010《TEEMA調查報告》研究調查的「黃三角經濟區」包括：青島、濟南、威海、煙台、日照與泰安等六個城市，且六個城市皆落於「極力推薦」與「值得推薦」等級。整體而言，「黃三角經濟區」首次列入調查報告便躍至十大經濟區排名第三名，其中，「投資環境力」與「投資風險度」構面雙雙位列十大經濟區之首，而「台商推薦度」亦獲得第二名，僅次於「西三角經濟區」。

趨勢二：「無錫江陰」首次成為TEEMA報告連續十年位居「極力推薦」城市

《TEEMA調查報告》自2000年到2010年，這11年的排名結果顯示，僅有無錫江陰連續從2001至2010這十年均列入【A】級之「極力推薦」等級的城市，分別為：【A06】、【A02】、【A03】、【A06】、【A05】、【A05】、【A04】、【A05】、【A10】、【A13】，從2000～2010這11年的《TEEMA調查報告》共計有110個城市列入評估之中，而僅有無錫江陰是連續十年都在極力推薦的城市，而連續九年列入極力推薦城市有揚州；連續八年的有大連、成都；連續七年有五個城市，分別為：蘇州昆山、天津濱海、南昌、上海閔杭、杭州蕭山；連續六年的有蘇州工業園、蘇州新區、蘇州市區、寧波北侖等四個城市。

趨勢三：「重慶市」首次進入城市綜合實力「極力推薦」等級

依據2009與2010年兩年度之《TEEMA調查報告》研究結果顯示，重慶市由值得推薦城市上升至極力推薦城市，排名上升了15名（B01→A08），此外，在2010《TEEMA調查報告》台商未來佈局城市排名，重慶亦首次進入前十排名。近來受限於沿海地區之工資上調壓力及勞動力短缺等問題影響，促使台商思考轉向西部城市尋求更多投資轉型發展機會。中國大陸政府亦對於中西部開發計劃動作積極，諸如：以重慶聯合西部重點城市之「西三角」經濟區發展計劃，加快西部電子產業發展等，根據東莞市台商協會執行常務副會長謝慶源（2010）表示：「隨著沿海地區土地、勞動力等生產要素價格不斷上漲，台商開始將眼光瞄向內陸地區二、三線城市，於該地區建廠或佈點內銷通路，例如2009年鴻海科技集團（Foxconn）在重慶投資10億美元建立產業基地，英業達集團（Inventec）亦於2009年12月底進駐重慶，建立其在中國大陸的第二生產基地」。此外，重慶市政府積極提倡「唱紅打黑」政策，「紅」指追求紅色GDP，「黑」指打擊黑勢力，致力為企業創造良好的投資環境，亦獲得許多台商高度肯定。

趨勢四：「東莞市區」首次進入單項指標排行前十名之城市

2010《TEEMA調查報告》的16項單項指標排名中，東莞市區首次在「支持台商轉型升級力度」指標上名列第五，為解決台商經營之困境，東莞頒布許多政策協助台商企業轉型升級，諸如：「東莞市推進加工貿易轉型升級工作方案」等36項政策，協助實現加工貿易企業產品結構升級、企業結構升級、產業結構升級和市場結構升級，此外，亦推出「六個十億元」扶持計畫，提供10億人民幣作為轉型計劃融資資金，扶持具成長性、自主創新能力與轉型升級潛力的中小企業，以協助台資企業渡過後金融危機。

趨勢五：「長三角、西三角、環渤海」再度成為最受台商關注經濟區

2010年列入《TEEMA調查報告》的極力推薦等級的城市有24個，其中，位於長三角經濟區域有14個城市，占58.33%，西三角則有重慶（A08）及成都（A12）兩個城市位列極力推薦城市，而以華北跟遼寧沿海為核心的環渤海經濟區則有5個城市列入極力推薦等級，占20.83%。此外，根據2010《TEEMA調查報告》十大經濟區之「區域經濟發展力」排名顯示，長三角、西三角、環渤海分別位列前三位。然而，根據2010《TEEMA調查報告》依城市綜合實力之十大經濟區域排行而言，長三角名列第一、西三角名列第二、環渤海則排名第四，相較於珠三角、泛北部灣、海西經濟帶等經濟區域而言，長三角、西三角、環渤海仍較受台商關注。

趨勢六：「蘇州昆山」再度名列城市綜合實力排行首位

2009～2010《TEEMA調查報告》，蘇州昆山皆名列城市綜合實力第一位，回顧2008至2009年，雖然金融海嘯襲擊全球，但昆山市政府「親商、安商、富商」服務理念下，頒布《關於推進台資企業轉型升級的若干政策》或設立「昆山市台資企業轉型升級引導基金」等相關因應措施，使台商企業獲得幫助，減少衝擊並快速的渡過危機，政府行政效率皆獲得台商一致的好評，此外，2010《TEEMA調查報告》的16大單項指標排名，蘇州昆山均列入前十排名，其中，更有八項單項指標名列第一、六項指標名列第二。

趨勢七：「越南」再度成為台商未來佈局的十大重點地區

根據2010《TEEMA調查報告》分析，越南連續三年入選「廠商未來佈局城市」前十名，2008年為第五名、2009年為第六名、2010年則為第九名，此外，2010年列入台商未來考慮佈局的東亞及東南亞國家，計有印度（0.70%）、泰國（0.15%）、新加坡（0.15%）、馬來西亞（0.10%）、印尼（0.05%），此顯示台商對東協國家依舊青睞。過去隨著台灣經濟起飛帶動生產成本上揚，台灣投資環境出現變化，1987年台灣政府放寬外匯管制，開啟台商海外佈局投資之門。1989年台灣政府頒布《加強五大新興地區經貿拓展計劃》鼓勵台商前往東南亞投資，「南向政策」促使台商開始大量湧入東南亞，然而，東南亞各國家文化多元，區域內種族、宗教與文化差異甚大，時值中國大陸為推動改革開放政策，以沿海為基地建立經濟特區，並以多項優惠政策招商引資，擁有充沛且廉價生產要素的中國大陸，在同文同種的優勢之下，成為台商的投資新寵，西進效應迅速擴散，而「三來一補」則是主要的生產模式。隨著時間的推移，中國大陸廉價優勢已不復存在，回顧2008、2009與2010《TEMMA調查報告》顯示，投資環境力的中「經營環境」構面，整體呈現下滑趨勢，其中的「當地基層勞力供應充裕程度」、「當地的專業及技術人才供應充裕程度」、「經營成本、廠房與相關設施成本合理程度」指標表現皆不理想，土地取得不易、缺工狀況日顯嚴重，勞資糾紛頻傳，面對日趨艱辛的經營環境，台商投資動向出現變化，從紡織業者聚陽實業已逐步將生產線從中國大陸移往東南亞；仁寶集團再度啟動越南生產計劃等案例可看出，正在調結構的中國大陸，將產生一批新轉移趨勢，部分移往內陸，部分轉至東協各國。

趨勢八：台商「鮭魚回流」意願之比例再度呈現上升趨勢

由2010《TEEMA調查報告》顯示，目前在中國大陸投資的台商企業，「希望回台投資」比例2006年為1.97%，2007年為1.83%，2008年驟升至9.88%，2009年下降至5.80%，但2010年又上升至6.57%，2008年中國大陸勞工成本不斷上升，加之企業所得稅法、勞動合同法及出口退稅等政策頒布衝擊台商企業，使得許多台商思考回台投資。然而，面對2010年中國大陸產業結構調整，加上罷工潮、基本工資上調使得經營成本提高，台商面臨轉型升級壓力，除就地轉型升級之外，亦思考「北拓」、「西進」、「南向」等投資區位的轉移，然而，隨著兩岸經貿互動頻繁、簽訂經濟合作架構協議（ECFA），越來越多台商有回台投資的意願。此外，根據2010《TEEMA調查報告》顯示「希望回台融資上市」的比例亦有1.41%，如何讓台商將全球的利潤回流台灣深耕佈局，實為台灣政府必須重視之課題。

第25章 2010 TEEMA 調查報告兩岸建言

2010《TEEMA調查報告》針對列入調查評估的100個城市，在「城市競爭力」、「投資環境力」、「投資風險度」、「台商推薦度」、「城市綜合實力」與「城市綜合實力推薦等級」等六項綜合排行之後，特別針對在中國大陸投資的台商、兩岸政府當局提出2010《TEEMA調查報告》的建言，以反應台商心聲並表達《TEEMA調查報告》的評言。

一、2010《TEEMA調查報告》對台商之建言

根據2010《TEEMA調查報告》所做的調查及分析結果，對於佈局中國大陸之台商提出「五預應」的建言，希冀對於台商前往中國大陸投資時有所助益。茲將五項建言分述如下：

建言一：預應中國大陸「十二五規劃」以掌握機會佔有率之先機

面對著中國大陸「十一五規劃」即將結束，各項重點發展策略也紛紛進入最後階段，由於「十二五規劃」的制定及未來發展方向已趨向明朗化。面對2010年的關鍵性之轉折年，未來五年將聚焦於如何「因應世界性金融危機」、「調整內部經濟結構」和「進一步改善民生」等三要點。在邁入新階段的此刻，中國大陸加快許多重要領域和關鍵環節的改革，並於「十二五規劃」中提出多項關鍵性策略目標，包括城鎮化、擴大內需、中高端產業之產業轉型升級與綠色發展等重點，其引發的商機都是台商不可忽略的部分。此外，中國大陸也著重於價格體系、壟斷行業、金融體系、財政體制、政府職能、社會保障、規劃體制等重點領域及關鍵環節之改革，並致力於解決整體經濟失衡問題。「十二五規劃」所涉及層面廣泛且內容複雜，各部分環節之間相互聯繫及制約，是一項綜觀而系統性的任務，台商面對此一未來五年之發展規劃，應把握其政策發展之關鍵優勢，例如面對結構的調整而帶動「七大戰略性新興產業」的崛起，此為台商不可錯失之良

機；另外，提高整體自主創新能力以及致力積極建設和諧社會也為十二五關注之重點，由於中國大陸政府未來將加強科學研究的深化以及教育程度的提高，各地地方財政必須對於科學技術、人才等投入大量資源，台商未來在中國大陸投資環境的選擇上，即可把握這些有利的佈局情勢及契機。

建言二：預應「調結構、擴內需、促消費」發展主軸以掌握內需市場脈動

根據2010《TEEMA調查報告》內容分析指出，中國大陸以「穩增長、調結構、促消費」三大主軸作為2010年經濟發展基調，其主要任務為加大經濟結構調整力度並著重推進城鎮化與促消費，以提高經濟發展質量及效益。基於此背景之下，中國大陸知名經濟學家吳敬璉（2010）表示：「經濟發展透過從製造業轉向服務業及高新技術產業，來調整產業結構」，目前，中國大陸服務業規模為台灣六倍，但中國大陸的服務業尚處於萌發期，其發展的質量較台灣落後，台商可把握兩岸服務業的互補契機，轉往內需市場發展，以搶得先占卡位優勢（First Mover Advantage）。另一方面，中國大陸欲透過上調最低工資標準以調整收入分配結構並完成調結構目的，由此可見的是薪資成本將日漸高漲，若《工資條例》發布後，台商將被迫依「消費者物價指數」（CPI）以及工資集體協商制度調整，人事成本與員工管理也將進入較高的風險管理領域，台商應盡早做好預應措施並重新調整現有的經營管理模式，以因應未來更大的挑戰。此外，2010年中國大陸仍持續執行下鄉促消費政策，雖然農村居民所得仍明顯低於城鎮居民，但7.3億的農民收入穩定成長亦是不可忽視的新消費力量。

建言三：預應中國大陸「十年貿易倍增計劃」以掌握共同拓銷國際市場商機

根據2010《TEEMA調查報告》對於經濟成長三大驅動力之探討，2010年4月18日，中國大陸商務部在廣交會上舉行全國轉變外貿發展方式報告會上發布《後危機時代中國外貿發展戰略》，設定2030年要實現貿易強國的目標並提出「十年貿易倍增計劃」，即在2020年商品貿易和服務貿易的總貿易額將達到5.3兆美元，其中，貨物貿易進出口總額將達到4.3兆美元左右，服務貿易進出口總額將達到1兆美元左右，另外，期望在貿易模式、產品品質、標準、品牌國際化、技術、貨幣等方面達到國際領先水準。為達成目標，中國大陸必須要擁有若干世界級跨國公司與品牌，並取得技術、環保、氣候等標準制定的主導權及戰略性資源產品的定價權。有鑑於此，建議台商可以朝兩個方向預應中國大陸的貿易新政策：（1）產品精緻化：配合中國大陸提高輸出產值的政策，抓住高品質產品的相對優勢，把握貿易倍增政策帶來的出口機會；（2）產業轉型升級：配合中國大陸關於經濟結構調整的政策，可朝服務貿易轉型，並打造世界級品牌，再利用中國大陸低成本優勢、政府政策優惠與台商自身科技、品牌實力，將產品推向國際市場。

建言四：預應「後富士康事件」衝擊效應以掌握人力資本發展趨勢

根據2010《TEEMA調查報告》調查結果顯示，「投資風險度排名10大劣勢」指標的「當地勞資或經貿糾紛不易排解的風險」指標由2009年的第13名上升至2010年的第6名，顯示中國大陸勞資或經貿糾紛不易排解的情況有增加之情勢，另外，「當地發生員工抗議、抗爭事件頻繁的風險」指標由2009年的第12名上升至2010年的第8名，更加證明中國大陸勞動環境的急劇變化，大幅增加台商經營壓力。富士康兩度加薪，工資漲幅逾倍，所引發之罷工效應使生產線停擺、加薪效應也大幅墊高台商的人事成本，對於多以勞動密集產業為主的台商而言，勢必嚴重侵蝕原本微薄的毛利，中國大陸「世界工廠」的時代邁入歷史，再者，有鑑於一胎化下，促成中國大陸經濟發展的人口優勢將不再存在，而新一代的勞工對於勞動環境的敏感度較高，顯示中國大陸勞動結構產生巨變。故建議台商應提早預應後富士康事件效應，調整過去慣用的人力資源管理方式，除了隨時觀察、瞭解勞工的情緒及舉動外，應建構危機處理機制，提早防範未然。另外，台商應加速轉型升級，降低對廉價勞動力的依賴程度，進而提高企業競爭力。

建言五：預應「人民幣升值」與「通貨膨脹」雙壓力以掌握企業合理利潤

根據2010《TEEMA調查報告》調查結果顯示，投資風險度之「當地外匯嚴格管制及利潤匯出不易的風險」指標在30細項指標中排位第17，而該項指標在2006至2010年平均排名亦落在第25名，中國大陸在雙率上的控管一向嚴格，尤其是對人民幣的價值更是嚴加看管，然而，在西方入超國紛紛呼籲人民幣升值情況下，2010年6月19日中國人民銀行宣布：「將結束緊盯美元匯制，恢復人民幣兌一籃子貨幣的彈性浮動」，政令宣布兩天後，2010年6月21日人民幣升至6.8110兌一美元，創下自2008年9月以來的最高水準，面對中國大陸未來將逐步升值情況下，2009諾貝爾獎得主Williamson在2010年6月21日由經濟日報舉辦的「全球景氣與經濟金融治理」中表示：「在人民幣升值下，生產線密切連結的台灣有可能也會為了防止貿易逆差而跟進升值」，在人民幣升值成為未來趨勢下，亞幣有可能全面攀升，對於以傳統產業作為範疇或進行出口貿易的台商，勢必將面對原物料上漲以及出口成本升高的局面，因此，過去現金為王的策略，必須改為擁物自重思維。此外，中國大陸在市場游資過於氾濫情況下，已造成2010年5月消費者物價指數（CPI）已超過3％的門檻，在未來中國大陸將出現兩種可能面對通膨危機的情形：（1）中國大陸實行宏觀緊縮調控，將使景氣增長速度放緩，佈局內需為主的台商將面臨消費下滑的局面；（2）中國大陸通膨危機越演越烈，台商將面臨工人要求加薪，以支付持續攀升的物價。中國大陸在人民幣與通貨膨脹紛紛漲高之際，台商必須預應未來墊高成本後的競爭態勢，以期在變化瞬息的時代持續保有競爭優勢。

二、2010《TEEMA調查報告》對台灣當局之建言

依2010《TEEMA調查報告》總體分析之結論，對台灣當局提出五項建言，歸納為「五建立」，茲分述如下：

建言一：建立專責機構協助台商企業佈局中國大陸內需市場

根據2010《TEEMA調查報告》研究結果顯示，「投資環境力指標下降前10排名」的「當地的市場未來發展潛力優異程度」與「環境適合台商發展內貿、內銷市場的程度」位居於2009至2010年評分下降前十名之中，推敲其原因為在中國大陸為降低對出口的長期依賴情況，而推出許多擴大內需的相關政策，又在人民幣升值對於出口型廠商存在相當大的壓力，台商勢必要著眼中國大陸內需市場的龐大商機，但對於以出口代工為主要業務的台商而言，在缺乏通路及品牌的優勢下，開拓中國大陸內需市場必定備感艱辛，有鑑於此，建請政府建立專責機構協助佈局中國大陸內需市場，協助台商打開中國大陸內銷市場的大門，如2010年東莞台協會成立的「大麥客」賣場，首要目的在於聚集台商並打開內銷市場行銷通路；另外，2010年4月22日，由台北世界貿易中心與東莞市政府合辦的「2010東莞台灣名品展覽會」，亦協助台灣產品打入中國大陸內需市場。相信在政府有系統的協助下，台商將更有機會搶佔中國大陸內需市場大餅。

建言二：建立台商回流篩選及輔導機制協助有序轉型升級

2006年台灣經濟部為引導及協助台商回國投資而推動「加強協助台商回國投資措施暨細部計劃」，並且成立「經濟部促進台商回國投資專案小組」負責統籌整合政府各部會之行政資源，然而當時中國大陸在生產要素上均較台灣佔優勢，因此台灣政府雖有美意，但成效有限。然而，在中國大陸富士康墜樓事件後，中國大陸掀起一陣加薪潮，在生產要素成本不斷攀升之際，許多台商興起鮭魚返鄉的念頭。根據2010《TEEMA調查報告》企業經營現況中100人以下的企業規模佔34.31%，101～500人以下的企業規模佔33.74%，顯示台商在中國大陸佈局還是以中小企業為主，為吸引台商中小企業歸來，經濟部中小企業處整合現有輔導資源並訂定「中小企業回巢輔導機制」，在此機制下，整合財務融通、經營管理、生產技術、研究發展、資訊管理、工業安全、污染防治、國內行銷、國際行銷、互助合作、品質提升與創業育成等12項輔導體系資源，藉此輔導回台投資

的中小企業解決經營管理問題。然而，在中國大陸在進行產業升級、汰弱留強之餘，台灣政府所吸引回籠的，也應是未來有潛力、有持續力並符合未來國際競爭力的特定產業予以補助，而非全盤皆收，如此才可針對有潛力產業，給予適切的資源協助，以達資源有效利用。

建言三：建立戰略性新興產業輔導專責機構協助台商系統佈局

兩岸產業交流趨於頻繁，台灣政府所推動的「兩岸搭橋專案」為台灣產業經濟帶來一道曙光，至2010年6月為止兩岸搭建的產業平台已有初步成果，其合作產業與中國大陸七大戰略新興產業具有高度相關，如資通訊、LED、太陽能、電動汽車、綠色能源到中草藥、生技題材等都包含在七大戰略新興產業之中，從中可發現中國大陸所推動之七大戰略新興產業對台灣各相關領域產業的商機。然而，根據2010《TEEMA調查報告》顯示，七大戰略性新興產業尚有許多相關子產業亦具有商機，有待政府協助藉此契機共創兩岸產業發展榮景，再者，中國大陸「十二五規劃」中所提及的加快經濟增長方式、產業結構的優化，皆顯示出中國大陸政府「調結構」的決心，在國家戰略層次龐大的資源投入與強勁的政策執行力等有利產業發展因素下，未來七大戰略新興產業皆深具發展前景，因此建請政府建立戰略新興產業合作專責機構，以鎖定七大戰略性新興產業的各項子產業，以免錯失兩岸七大戰略性新興產業合作發展契機。

建言四：建立台商投資權益輔導專責機構以確保企業可持續發展

根據2010《TEEMA調查報告》調查結果顯示，「投資風險度排名10大劣勢指標」的「員工缺乏忠誠度造成人員流動率頻繁的風險」指標由2009年的第5名上升至2010年的第2名，顯示員工流動率對台商的影響日趨增加。中國大陸80、90年代出生的新一代勞動人口，因為經濟條件已改善，加上學歷普遍提高，對於工作的態度有別以往的「只求溫飽」，而是講求發展與未來性。另外，中國大陸社會科學研究院與勞動經濟研究所蔡昉所長（2010）指出：「中國大陸一般的勞動年齡人口在2010年至2015年將處於高峰，隨後勞動年齡人口比例將不斷下降」，說明過去台商依賴中國大陸的人口紅利將逐漸消失。故在缺工的前提下，短期而言，台商雖然可以透過提高工資來吸引勞工，但就長期而言，轉型升級方為台商最根本的解決方式。然而，台商多以中小企業為主，自主轉型升級想必有一定的困難度，故建請台灣政府可與產業公會及中國大陸各地的台商協會合作，建立專職台商轉型升級輔導平台與機制，以加速台商完成轉型升級，降低富士康事件重演的可能性。

建言五：建立兩岸戰略性對話機制以推動兩岸經貿合作交流

2009年11月新加坡舉行亞太經濟合作論壇（APEC）領袖峰會，美國總統Obama出席並前往北京進行訪問。Obama總統訪問北京是「中美」雙方加強對話、增進互信、擴大合作的重要機遇；回顧以往，「中美」之間已經建立起六十多個對話協商機制，彼此戰略對話也從無到有，更為雙方加強對話及合作提供重要平台，此種模式之對話機制有利於加強雙方的瞭解以及促進合作，更能加強雙方在解決全球金融危機、地區安全、綠色節能發展、氣候變化等方面進行進一步的合作。根據2010《TEEMA調查報告》針對投資環境力的調查中顯示，經營環境整體排名由2009年第5名下降至2010年之第6名，且法治環境於2006至2010年之總排名敬陪末座，可以發現台商面對中國大陸在經營環境及法治環境上的困境，以往台商在兩岸的協商管道上經常面對求助無門或資訊不夠完整之困難，因此台灣政府也可遵循「中美戰略與經濟對話」模式建立兩岸對話機制以協助台商，不管是在投資權益、佈局策略之選擇、政策制度上可以擁有多元溝通之對話平台，也可提供產業協調的管道，推開此扇機會之窗，藉此對台商形成一股保護機制，未來亦將更助於推動兩岸互動及長遠的穩定發展。

三、2010《TEEMA調查報告》對中國大陸當局之建言

依2010《TEEMA調查報告》總體分析之結論，對中國大陸政府提出五項建言，歸納為「五加強」，茲分述如下：

建言一：加強法制環境建設完備度以落實保障台商投資權益

根據2010《TEEMA調查報告》研究結果顯示，「法制環境」與「社會環境」在「投資環境力」的七個構面中，同列第四名，但得分仍低於整體的平均值，就細項評估指標而言，「當地的各級官員操守的清廉程度」名列第32，相較於2009年的46名略升。根據國際透明組織（Transparency International）所發表的全球貪腐印象指數（Corruption Perceptions Index；CPI）評比報告，2009年中國大陸排名79名，較2008年72名略降，顯示中國大陸積極改善官員操守的問題，但仍有改善空間。然而，在細項指標中的「當地政府積極查處偽劣仿冒商品」位居48個評估指標的第46名，「當地政府對台商智慧財產權保護」的程度則排名第39。由此可知，品牌仿冒問題在中國大陸層出不窮，台商權益也因此受損，如永和豆漿、85度C、真鍋咖啡皆為可借鏡之案例。有鑑於此，第五次江陳會談兩岸已簽署《兩岸智慧財產權保護合作協議》，除建立起溝通管道與機制，更期望透過法令的完善以保障台商商標之權益。

建言二：加強產業結構調整過程中對台商權益維護的意識

2010年中國大陸的經濟發展主基調為「穩增長、調結構、促消費」，其中，調結構是唯一延續2009年的發展主軸。企業的轉型升級是在中國大陸執行調結構過程中，一種很重要的蛻變途徑。根據2010《TEEMA調查報告》研究結果顯示，投資環境力之創新環境構面的「當地政府協助台商轉型升級積極程度」為2010年新增指標，其位居48個評估指標中第45名，由此可見，台商在當地的轉型升級活動缺乏當地政府重視，中國大陸在對台商的創新支持方面仍有加強空間。2008年調結構為轉型成長之關鍵年，根據東莞台商協會會長葉春榮（2008）表示：「2008年初，中國大陸推出勞工、稅務、環保等七大新政，台商若不及時升級、轉型，就會像烈日下的露珠般被蒸發和淘汰」；昆山台商協會會長孫德聰（2010）亦表示：「金融風暴造成國際市場萎縮，對廣大依賴國際市場為生的台資企業造成重創，應以深化轉型升級，提升發展思路為生存之道」。然而，在調結構過程中，所造成更加嚴峻的土地與勞力成本上升，對代工導向的傳統製造業更是雪上加霜。因此，建請中國大陸政府進行產業保優汰劣時，應針對弱勢台商給予支持與協助，以共創雙贏局面。

建言三：加強勞資糾紛過程對台商應有權益的重視

根據2010《TEEMA調查報告》結果指出，投資風險度在「排名10大劣勢指標」中的「當地發生勞資或經貿糾紛不易排解的風險」指標，較2009年的第13名上升至第6名，且「當地發生員工抗議、抗爭事件頻繁的風險」亦由第12名上升至第8名，由此可知中國大陸罷工事件、勞資糾紛問題有日漸嚴重的趨勢。此外，2010年首次列入「政府對內資與台資企業不公平待遇」之指標即為「排名10大劣勢指標」中的第一名，此現象反映出台資企業在中國大陸受到不平等待遇之情形甚為嚴重。有鑑於此，建議中國大陸政府在處理台內外資權益時，能夠站在客觀的中立立場，特別是各省頻傳的罷工事件、勞資糾紛或愈演愈烈的加薪事件等，能夠更加重視台資企業之權益平衡問題，藉此提高台資企業的投資信心。

建言四：加強兩岸產業搭橋與企業合作以產生供應鏈互補之效應

中國大陸七大戰略新興產業多為高新技術需求產業，這些產業正是中國大陸所缺乏但欲極力發展的部份。根據2010《TEEMA調查報告》針對中國大陸七大戰略新興產業現況分析顯示，中國大陸在科學研發創新等高新技術較為落後，此與台灣六大戰略新興產業相對應廠商在供應鏈上具有互補性，因此若能將兩岸產業與政府政策對接，兩岸產業可藉由兩岸政府做為媒介，必能產生供應鏈互補之效應。對於兩岸產業與政策對接，不僅是單方面台灣政府努力推動即可達成，還有賴中國大陸中央政府乃至地方政府從上到下、從點到面的政策支持與實際行動，才能促使兩岸在七大戰略新興產業產生供應鏈互補效應。

建言五：加強兩岸金融業合作進程以解決台商融資之需求

根據2010《TEMMA調查報告》研究結果顯示，投資環境力中的「金融體系完善的程度且貸款取得便利程度」指標，是48個評估指標中的第38名；而「當地的資金匯兌及利潤匯出便利程度」指標則名列第25名，顯示台商於中國大陸的資金融通並不便利。台商資金來源有四管道：（1）外資銀行；（2）台資銀行（OBU）；（3）中國大陸銀行；（4）地下金融，其中外資銀行審查標準較高，OBU透過該銀行，海外分支機構與中國大陸銀行及其海外分支機構進行金融業務往來，但審查標準日趨嚴苛。中國大陸銀行則導因於資產認證之問題，地下金融則存有風險之問題，種種的狀況均顯示台商資金取得有問題，有鑑於此，兩岸金融監理合作備忘錄（MOU）已於2010年1月16日生效，而《兩岸金融三法》更於2010年3月16日頒布施行，內容為要是增訂兩岸銀行業互設分支機構及參股投資的管理規定，並放寬國際金融業務分行辦理大陸台商授信業務的機制，期望透過銀行的限制放寬，並增加營業據點以服務台商。

四、2010《TEEMA調查報告》對兩岸政府之建言

根據2010《TEEMA調查報告》總體分析之結論，對兩岸政府提出五項建言，歸納為「五共同」，茲分述如下：

建言一：兩岸共同打造以「Chaiwan」為品牌概念的國際產品形象

「品牌」是一種無聲的呢喃，當你看到它時，你會無意識的思索起它的價值與品質，它就像靈魂一般，在你潛意識裡操控著你的主意識，而「國家品牌」也是一種意識，它象徵著這個國家給人的觀感，說起「日本」，讓人聯想到它的品牌公式便為良好品質與高的產品價值；談起「德國」，讓人連結到它的精工與傳統手藝；講起「英國」，讓人思索起它的創意與時尚，在1996年提出國家品牌六邊型（Nation Brands Hexagon；NBH）概念的原創者Anholt（2009）認為：「懂得品牌策略的國家，才會瞭解國家人才、專長和資產所在，然後善用這些優勢，再向世界展示」，在全球化世界裡，國家品牌重要性已超越政治及地理上意涵，一個國家在自己人民及他國人民之間，建立了什麼品牌形象，就等於在商品上化上了價值，而現今的兩岸在國家品牌上屬於各自努力的階段，台灣建立「品牌台灣」（Branding Taiwan）的推動方針，而中國大陸正進行一系列的產業創新，品牌打造計劃，然而，兩岸若可共同推動Chaiwan這個品牌逐鹿天下，從廣度來看，可以連結兩岸各自核心能耐於打造品牌之上；從高度來看，可以提升Chaiwan品牌於環球競爭中的

層級，希冀未來歷史在詮釋Chaiwan品牌時，將以高品質、高品味、高品格與高工藝、高精藝、高創藝，的「三品」、「三藝」傳然而遺世。

建言二：兩岸共同推動卓越自創品牌企業進入全球一百大品牌之列

自2000年起，國際品牌鑑價之權威Interbrand與《美國商業週刊》進行全球100大品牌調查，每年所公布之全球百大品牌價值排行，已成為各國及企業參考與引述品牌價值之經典依據。觀察2009年全球百大品牌調查發現，其中亞洲企業只佔9家，均為日本及韓國所佔據，然而兩岸三地之品牌皆全軍覆沒。根據2010《TEEMA調查報告》針對投資環境力的調查中顯示，「創新環境」整體排名為七大構面中的最後一位，可以發現中國大陸在自主創新、自創品牌及創新獎勵等方面仍然有很大的努力空間，因此建請兩岸政府必須更進一步加強各產業於品牌創新能力之培育，以及提高對於自創品牌的重視程度。企業品牌之價值提升與國家形象、企業品牌知名度及產品創新價值息息相關，由於台灣企業過去有許多在產品創新方面的傑出表現，這對驅動企業品牌知名度具有加分效果，有鑑於此兩岸政府可以共同合作並且協助企業發展國際品牌進入全球百大企業，目標兩岸20間企業進入百大品牌排行榜，進而提升國家及兩岸企業品牌競爭力以及國際地位。

建言三：兩岸共同鼓勵自主創新企業進入全球一百大創新之列

2009年9月18日，品牌諮詢公司Interbrand公布「2009全球百大品牌」，其中美國籍企業共有51個上榜，第二名的國家為德國，共有11個企業上榜，而中國大陸與台灣並無任何一家企業羅列榜上；此外，2010年4月17日，《商業週刊》依據波士頓諮詢公司每年對全球各大企業高管進行的調查，評選出「2010年全球最具創新力企業50強」，在此排行上蘋果雖連續第6年蟬聯冠軍，但在前25名中，美國企業首次成為少數，而亞洲則多達15家企業上榜，遠超過2006年的5家企業，其中，中國大陸發展最為迅速，比亞迪、海爾、聯想、中國移動，各以第8名、第28名、第30名、第44名、均順利擠進前50名，而台灣宏達電則以47名羅列其中，顯示亞洲勢力已全面崛起，在此良機下，兩岸應合力於技術搜索能力、研究開發能力以及各種技術知識，並根據社會經濟發展的客觀條件，有意識地促進科學知識的生產，進而從中創造財富從而實現價值增值的能力，而兩岸政府共同選取未來前景看好的企業，扶持其進入世界企業100大，這將也是連結兩岸自主創新的最佳橋梁。

建言四：兩岸共同打造戰略性新興產業基地實現華人科技矽谷之宏景

根據2010《TEEMA調查報告》中的兩岸產業合作暨商機分析顯示，在發展戰略性新興產業上兩岸各有產業優勢互補，如台灣在物聯網上的RFID、高端晶片、條碼測試、終端產品較中國大陸廠商優異，而中國大陸廠商則在二維條碼、感應傳輸等等領域領先台灣，又如台灣於風力發電產業在關鍵零組件的製造品質具優勢，且具有豐富的國際合作的經驗，而中國大陸則擁有完整的製造供應體系和龐大的內需市場。七大戰略性新興產業的優勢互補不僅如此，在七大戰略新興產業中尚有許多合作空間，而此七大戰略性新興產業也正符合世界產業發展潮流，可謂為全世界趨勢性產業。因此，兩岸可藉由彼此在各產業的優勢互補性，共同打造出戰略性新興產業的矽谷，創造出資源有效利用、產業集聚等效果。台灣過去亦有發展新竹科學園區的成功經驗，順利將台灣電子相關產業推向世界舞台，若藉台灣成功經驗與兩岸產業互補性，在兩岸政府的主導下有規劃、有系統以建立世界級的產業發展園區，在世界列強極力發展的戰略產業中佔有一席之地。

建言五：兩岸共同發展大中華軟實力以文化創意感動全世界

根據2010《TEEMA調查報告》研究結果顯示，與軟實力相關的投資環境力之創新環境構面的三個新增指標皆列入「投資環境力排名10大劣勢指標」中，包括：「政府鼓勵兩岸企業共同開拓國際市場程度」、「當地政府鼓勵兩岸企業共同研發程度」與「當地政府協助台商轉型升級積極程度」指標，可見中國大陸在創新支持方面仍有缺口。然而，創新是軟實力重要的展現，也是未來經濟發展趨勢很重要的因素。1990年哈佛大學教授Joseph Nye提出軟實力（Soft Power）概念：「國家透過文化、價值觀等柔性力量，創造出比軍事、政治更可觀的實力」。台灣的軟實力在2010年最大盛事的上海世博會上隨處可見，外貿協會董事長王志剛（2010）表示：「上海世博絕對是台灣軟實力的最佳展現舞台，無論是台灣館還是台北案例館，都向世人展現台灣的創意與文化」，意謂著台灣的軟實力在上海世博會上發揮地淋漓盡致。另外，2004年聯合國教科文組織提出全球創意城市網絡，各城市符合「七大組別」之個別審核標準便可提出申請，七大組別包括：（1）設計之都；（2）媒體藝術之都；（3）手工業和民間藝術之；（4）文學之都；（5）音樂之都；（6）電影之都；（7）美食之都等，其中，深圳於2008年11月與上海於2010年2月分別通過「設計之都」的申請，另外，成都於2010年3月正式成為聯合國教科文組織批准的全球創意城市網路第20名會員，並獲得聯合國教科文組織授與的「美食之都」稱號，亦可看出中國大陸的軟實力獲得國際性的認同。法國經濟學者Bonnard曾說：「要審視一個國家實力，可從三個方面審視，經濟資本、社會資本及文化資本」，在2008年金融海嘯爆發後，世界局勢丕變，過去的金融夢幻王國一夕崩解後，世界經濟版圖進入「再結構」階段，文化資本等軟實力更突顯其重要地位。有鑑於此，同為漢文化的中國大陸與台灣，應利用彼此的優勢，攜手發展軟實力以感動全世界。

第六篇

中國大陸城市評比新資訊

第26章　2010 中國大陸城市綜合實力評估彙總表　265
第27章　2010 TEEMA 調查報告參考文獻　291

第26章 2010中國大陸城市綜合實力評估彙總表

城市名稱	1 蘇州昆山	綜合指標	2010年	96.523分	綜合排名	A01/01	極力推薦		
			2009年	97.012分		A01/01	極力推薦		
競爭力(15%)	項目	基礎條件	財政條件	投資條件	經濟條件	就業條件	加權平均		
	分數	72.513	59.385	95.692	87.200	86.872	83.110		
	排名	20	34	4	2	7	8		
環境力(40%)	項目	地理環境	基建環境	社會環境	法制環境	經濟環境	經營環境	創新環境	加權平均
	分數	4.510	4.426	4.420	4.386	4.381	4.335	3.982	4.337
	排名	1	1	2	2	2	3	6	1
風險度(30%)	項目	社會風險	法制風險	經濟風險	經營風險	加權平均			
	分數	1.741	1.599	1.718	1.759	1.705			
	排名	1	1	1	2	1			
推薦度(15%)	2010年	加權平均	4.495	2009年	加權平均	4.512			
		排名	1		排名	1			

城市名稱	2 天津濱海	綜合指標	2010年	93.433分	綜合排名	A02/02	極力推薦		
			2009年	91.379分		A04/04	極力推薦		
競爭力(15%)	項目	基礎條件	財政條件	投資條件	經濟條件	就業條件	加權平均		
	分數	90.154	95.692	96.923	92.861	90.154	92.870		
	排名	7	4	2	1	6	1		
環境力(40%)	項目	地理環境	基建環境	社會環境	法制環境	經濟環境	經營環境	創新環境	加權平均
	分數	4.309	4.344	4.234	4.218	4.221	4.258	3.829	4.190
	排名	5	3	5	5	7	5	18	5
風險度(30%)	項目	社會風險	法制風險	經濟風險	經營風險	加權平均			
	分數	1.886	1.746	1.783	1.768	1.779			
	排名	12	4	5	3	3			
推薦度(15%)	2010年	加權平均	4.265	2009年	加權平均	4.272			
		排名	10		排名	15			

城市名稱	3 南京江寧	綜合指標	2010年	93.097分	綜合排名	A03/03	極力推薦		
			2009年	93.412分		A02/02	極力推薦		
競爭力(15%)	項目	基礎條件	財政條件	投資條件	經濟條件	就業條件	加權平均		
	分數	82.359	84.615	84.615	77.600	81.538	81.440		
	排名	13	14	13	14	11	13		
環境力(40%)	項目	地理環境	基建環境	社會環境	法制環境	經濟環境	經營環境	創新環境	加權平均
	分數	4.241	4.286	4.262	4.224	4.347	4.259	3.965	4.221
	排名	7	6	4	4	3	4	7	4
風險度(30%)	項目	社會風險	法制風險	經濟風險	經營風險	加權平均			
	分數	1.789	1.803	1.762	1.773	1.779			
	排名	5	8	4	4	4			
推薦度(15%)	2010年	加權平均	4.330	2009年	加權平均	4.320			
		排名	6		排名	11			

城市名稱	4 南昌	綜合指標	2010年	91.030分	綜合排名	A04/04	極力推薦		
			2009年	88.892分		A08/08	極力推薦		
競爭力(15%)	項目	基礎條件	財政條件	投資條件	經濟條件	就業條件	加權平均		
	分數	59.385	52.000	66.154	62.831	54.462	60.050		
	排名	33	40	28	31	44	33		
環境力(40%)	項目	地理環境	基建環境	社會環境	法制環境	經濟環境	經營環境	創新環境	加權平均
	分數	4.382	4.261	4.318	4.256	4.299	4.343	3.985	4.254
	排名	2	7	3	3	4	2	4	3
風險度(30%)	項目	社會風險	法制風險	經濟風險	經營風險	加權平均			
	分數	1.794	1.842	1.864	1.745	1.810			
	排名	6	10	10	1	7			
推薦度(15%)	2010年	加權平均	4.512	2009年	加權平均	4.475			
		排名	2		排名	3			

城市名稱	5 上海閔行	綜合指標	2010年	91.015分	綜合排名	A05/05	極力推薦		
			2009年	91.043分		A06/06	極力推薦		
競爭力(15%)	項目	基礎條件	財政條件	投資條件	經濟條件	就業條件	加權平均		
	分數	95.897	100.000	100.000	68.738	96.308	89.060		
	排名	2	1	1	24	3	4		
環境力(40%)	項目	地理環境	基建環境	社會環境	法制環境	經濟環境	經營環境	創新環境	加權平均
	分數	4.036	4.140	4.103	4.121	4.143	4.098	3.923	4.083
	排名	21	14	8	9	11	9	8	7
風險度(30%)	項目	社會風險	法制風險	經濟風險	經營風險	加權平均			
	分數	1.762	1.746	1.759	1.789	1.766			
	排名	3	3	3	5	2			
推薦度(15%)	2010年	加權平均	4.208	2009年	加權平均	4.251			
		排名	14		排名	18			

城市名稱	6 蘇州工業區	綜合指標	2010年	90.172分	綜合排名	A06/06	極力推薦		
			2009年	92.972分		A03/03	極力推薦		
競爭力(15%)	項目	基礎條件	財政條件	投資條件	經濟條件	就業條件	加權平均		
	分數	72.513	59.385	95.692	87.200	86.872	83.110		
	排名	20	34	4	2	7	8		
環境力(40%)	項目	地理環境	基建環境	社會環境	法制環境	經濟環境	經營環境	創新環境	加權平均
	分數	4.087	4.167	4.100	4.121	4.167	4.051	3.823	4.072
	排名	18	10	9	10	10	12	20	10
風險度(30%)	項目	社會風險	法制風險	經濟風險	經營風險	加權平均			
	分數	1.825	1.792	1.799	1.869	1.825			
	排名	8	7	7	8	8			
推薦度(15%)	2010年	加權平均	4.410	2009年	加權平均	4.363			
		排名	5		排名	8			

城市名稱	7 杭州蕭山	綜合指標	2010年	88.642分	綜合排名	A07/07	極力推薦		
			2009年	90.078分		A07/07	極力推薦		
競爭力(15%)	項目	基礎條件	財政條件	投資條件	經濟條件	就業條件	加權平均		
	分數	82.769	90.769	87.692	79.815	92.615	85.640		
	排名	12	7	9	12	5	5		
環境力(40%)	項目	地理環境	基建環境	社會環境	法制環境	經濟環境	經營環境	創新環境	加權平均
	分數	4.285	4.292	4.117	4.128	4.257	3.964	3.592	4.073
	排名	6	5	6	7	5	17	45	11
風險度(30%)	項目	社會風險	法制風險	經濟風險	經營風險	加權平均			
	分數	1.833	1.697	1.720	1.979	1.816			
	排名	9	2	2	12	5			
推薦度(15%)	2010年	加權平均	4.213	2009年	加權平均	4.343			
		排名	15		排名	9			

城市名稱	8 重慶	綜合指標	2010年	87.049分	綜合排名	A08/08	極力推薦
			2009年	73.295分		B01/23	值得推薦

競爭力(15%)	基礎條件	財政條件	投資條件	經濟條件	就業條件	加權平均
分數	95.487	95.077	92.000	77.108	63.487	82.830
排名	3	5	7	15	30	9

環境力(40%)	地理環境	基建環境	社會環境	法制環境	經濟環境	經營環境	創新環境	加權平均
分數	4.149	4.155	4.095	4.142	4.172	4.106	3.832	4.092
排名	11	12	10	6	9	8	17	6

風險度(30%)	社會風險	法制風險	經濟風險	經營風險	加權平均
分數	1.921	1.960	2.038	2.018	2.000
排名	14	27	24	20	19

推薦度(15%)	2010年	加權平均	4.468	2009年	加權平均	4.372
		排名	3		排名	7

城市名稱	9 青島	綜合指標	2010年	86.858分	綜合排名	A09/09	極力推薦
			2009年	82.976分		A18/18	極力推薦

競爭力(15%)	基礎條件	財政條件	投資條件	經濟條件	就業條件	加權平均
分數	79.487	85.231	85.231	81.046	76.615	81.100
排名	16	13	12	10	15	14

環境力(40%)	地理環境	基建環境	社會環境	法制環境	經濟環境	經營環境	創新環境	加權平均
分數	4.117	4.112	4.063	4.109	4.068	4.075	3.619	4.021
排名	15	16	14	11	14	10	41	12

風險度(30%)	社會風險	法制風險	經濟風險	經營風險	加權平均
分數	1.760	1.805	1.798	1.811	1.801
排名	2	9	6	6	6

推薦度(15%)	2010年	加權平均	4.240	2009年	加權平均	4.231
		排名	11		排名	20

城市名稱	10 廈門島外	綜合指標	2010年	82.592分	綜合排名	A10/10	極力推薦
			2009年	85.031分		A12/12	極力推薦

競爭力(15%)	基礎條件	財政條件	投資條件	經濟條件	就業條件	加權平均
分數	41.333	76.000	67.385	54.708	82.359	62.230
排名	51	19	27	38	9	31

環境力(40%)	地理環境	基建環境	社會環境	法制環境	經濟環境	經營環境	創新環境	加權平均
分數	4.168	4.059	3.964	3.967	4.113	3.982	3.750	3.988
排名	10	20	26	18	13	15	25	13

風險度(30%)	社會風險	法制風險	經濟風險	經營風險	加權平均
分數	1.774	1.771	1.842	1.872	1.828
排名	4	6	9	9	9

推薦度(15%)	2010年	加權平均	4.197	2009年	加權平均	4.441
		排名	18		排名	5

城市名稱	11 蘇州市區	綜合指標	2010年	82.392分	綜合排名	A11/11	極力推薦
			2009年	84.450分		A14/14	極力推薦

競爭力(15%)	基礎條件	財政條件	投資條件	經濟條件	就業條件	加權平均
分數	72.513	59.385	95.692	87.200	86.872	83.110
排名	20	34	4	2	7	8

環境力(40%)	地理環境	基建環境	社會環境	法制環境	經濟環境	經營環境	創新環境	加權平均
分數	4.188	4.165	4.056	3.954	4.052	3.926	3.531	3.956
排名	9	11	15	23	15	22	52	16

風險度(30%)	社會風險	法制風險	經濟風險	經營風險	加權平均
分數	1.823	1.750	1.835	2.005	1.872
排名	7	5	8	15	10

推薦度(15%)	2010年	加權平均	4.097	2009年	加權平均	4.208
		排名	27		排名	22

城市名稱	12 成都	綜合指標	2010年	81.196分	綜合排名	A12/12	極力推薦		
			2009年	85.476分		A11/11	極力推薦		
競爭力(15%)	項目	基礎條件	財政條件	投資條件	經濟條件	就業條件	加權平均		
	分數	94.256	90.154	86.462	71.200	74.974	81.510		
	排名	4	9	10	21	17	12		
環境力(40%)	項目	地理環境	基建環境	社會環境	法制環境	經濟環境	經營環境	創新環境	加權平均
	分數	4.022	3.975	3.964	3.956	3.944	3.950	3.671	3.920
	排名	23	27	25	21	26	19	32	22
風險度(30%)	項目	社會風險	法制風險	經濟風險	經營風險	加權平均			
	分數	1.932	1.952	1.981	1.992	1.972			
	排名	15	26	16	14	14			
推薦度(15%)	2010年	加權平均	4.275	2009年	加權平均	4.465			
		排名	7		排名	4			

城市名稱	13 無錫江陰	綜合指標	2010年	80.965分	綜合排名	A13/13	極力推薦		
			2009年	85.971分		A10/10	極力推薦		
競爭力(15%)	項目	基礎條件	財政條件	投資條件	經濟條件	就業條件	加權平均		
	分數	56.513	85.846	84.615	82.277	66.359	74.770		
	排名	34	11	13	9	26	18		
環境力(40%)	項目	地理環境	基建環境	社會環境	法制環境	經濟環境	經營環境	創新環境	加權平均
	分數	3.991	4.047	4.043	3.902	4.021	3.892	3.827	3.945
	排名	26	21	16	31	19	29	19	21
風險度(30%)	項目	社會風險	法制風險	經濟風險	經營風險	加權平均			
	分數	1.883	1.919	1.988	2.029	1.975			
	排名	11	18	17	24	15			
推薦度(15%)	2010年	加權平均	4.430	2009年	加權平均	4.476			
		排名	4		排名	2			

城市名稱	14 寧波市區	綜合指標	2010年	80.275分	綜合排名	A14/14	極力推薦		
			2009年	83.937分		A15/15	極力推薦		
競爭力(15%)	項目	基礎條件	財政條件	投資條件	經濟條件	就業條件	加權平均		
	分數	67.179	90.769	77.846	73.662	84.820	77.140		
	排名	27	7	17	18	8	15		
環境力(40%)	項目	地理環境	基建環境	社會環境	法制環境	經濟環境	經營環境	創新環境	加權平均
	分數	4.375	4.305	4.108	4.084	4.223	4.073	3.725	4.103
	排名	3	4	7	12	6	11	28	8
風險度(30%)	項目	社會風險	法制風險	經濟風險	經營風險	加權平均			
	分數	2.194	2.031	2.018	2.142	2.082			
	排名	43	37	21	46	37			
推薦度(15%)	2010年	加權平均	4.288	2009年	加權平均	4.289			
		排名	8		排名	12			

城市名稱	15 南京市區	綜合指標	2010年	79.561分	綜合排名	A15/15	極力推薦		
			2009年	63.511分		B14/36	值得推薦		
競爭力(15%)	項目	基礎條件	財政條件	投資條件	經濟條件	就業條件	加權平均		
	分數	82.359	84.615	84.615	77.600	81.538	81.440		
	排名	13	14	13	14	11	13		
環境力(40%)	項目	地理環境	基建環境	社會環境	法制環境	經濟環境	經營環境	創新環境	加權平均
	分數	3.786	3.942	3.950	4.041	4.012	3.942	3.906	3.957
	排名	49	32	27	13	22	21	9	15
風險度(30%)	項目	社會風險	法制風險	經濟風險	經營風險	加權平均			
	分數	1.940	1.946	2.015	1.920	1.957			
	排名	16	23	20	10	13			
推薦度(15%)	2010年	加權平均	4.086	2009年	加權平均	3.900			
		排名	39		排名	44			

城市名稱	16 上海市區		綜合指標	2010年	79.253分	綜合排名	A16/16	極力推薦
				2009年	65.946分		B10/32	值得推薦
競爭力(15%)	項目	基礎條件	財政條件	投資條件	經濟條件	就業條件	加權平均	
	分數	95.897	100.000	100.000	68.738	96.308	89.060	
	排名	2	1	1	24	3	4	
環境力(40%)	項目	地理環境	基建環境	社會環境	法制環境	經濟環境	經營環境	創新環境	加權平均
	分數	4.116	4.420	4.487	4.488	4.449	4.391	4.327	4.400
	排名	16	2	1	1	1	1	1	2
風險度(30%)	項目	社會風險	法制風險	經濟風險	經營風險	加權平均		
	分數	2.087	2.163	2.082	2.109	2.112		
	排名	31	56	34	38	41		
推薦度(15%)	2010年	加權平均	3.877	2009年	加權平均	4.262		
		排名	49		排名	16		

城市名稱	17 濟南		綜合指標	2010年	78.340分	綜合排名	A17/17	極力推薦
				2009年	66.894分		B09/31	值得推薦
競爭力(15%)	項目	基礎條件	財政條件	投資條件	經濟條件	就業條件	加權平均	
	分數	79.077	71.077	61.231	72.431	81.949	73.290	
	排名	17	23	31	19	10	19	
環境力(40%)	項目	地理環境	基建環境	社會環境	法制環境	經濟環境	經營環境	創新環境	加權平均
	分數	3.640	3.950	3.848	3.972	3.987	4.155	3.752	3.921
	排名	64	31	40	17	23	6	24	27
風險度(30%)	項目	社會風險	法制風險	經濟風險	經營風險	加權平均		
	分數	2.040	1.865	1.874	1.984	1.927		
	排名	25	11	11	13	12		
推薦度(15%)	2010年	加權平均	4.092	2009年	加權平均	4.100		
		排名	34		排名	29		

城市名稱	18 揚州		綜合指標	2010年	78.179分	綜合排名	A18/18	極力推薦
				2009年	83.037分		A17/17	極力推薦
競爭力(15%)	項目	基礎條件	財政條件	投資條件	經濟條件	就業條件	加權平均	
	分數	46.667	50.154	65.538	57.662	45.846	53.920	
	排名	43	41	29	34	48	40	
環境力(40%)	項目	地理環境	基建環境	社會環境	法制環境	經濟環境	經營環境	創新環境	加權平均
	分數	4.125	4.079	4.033	4.125	4.181	4.141	3.833	4.078
	排名	14	18	19	8	8	7	16	9
風險度(30%)	項目	社會風險	法制風險	經濟風險	經營風險	加權平均		
	分數	2.014	2.010	2.048	2.080	2.046		
	排名	22	33	26	34	26		
推薦度(15%)	2010年	加權平均	4.283	2009年	加權平均	4.326		
		排名	9		排名	10		

城市名稱	19 寧波北侖		綜合指標	2010年	77.563分	綜合排名	A19/19	極力推薦
				2009年	91.199分		A05/05	極力推薦
競爭力(15%)	項目	基礎條件	財政條件	投資條件	經濟條件	就業條件	加權平均	
	分數	67.179	90.769	77.846	73.662	84.820	77.140	
	排名	27	7	17	18	8	15	
環境力(40%)	項目	地理環境	基建環境	社會環境	法制環境	經濟環境	經營環境	創新環境	加權平均
	分數	4.095	3.952	3.767	3.946	3.958	3.964	3.792	3.925
	排名	17	30	45	25	25	16	21	23
風險度(30%)	項目	社會風險	法制風險	經濟風險	經營風險	加權平均		
	分數	2.125	1.943	1.964	2.044	2.003		
	排名	36	22	15	28	20		
推薦度(15%)	2010年	加權平均	4.150	2009年	加權平均	4.382		
		排名	17		排名	6		

城市名稱	20 北京亦庄		綜合指標	2010年	76.716分	綜合排名	A20/20	極力推薦	
				2009年	86.858分		A09/09	極力推薦	
競爭力(15%)	項目	基礎條件	財政條件	投資條件	經濟條件	就業條件	加權平均		
	分數	97.128	98.769	96.923	80.554	97.949	92.440		
	排名	1	2	2	11	1	2		
環境力(40%)	項目	地理環境	基建環境	社會環境	法制環境	經濟環境	經營環境	創新環境	加權平均
	分數	3.987	4.043	3.992	3.944	4.019	4.048	3.592	3.937
	排名	27	22	21	26	21	13	44	25
風險度(30%)	項目	社會風險	法制風險	經濟風險	經營風險	加權平均			
	分數	2.103	2.067	2.044	2.011	2.044			
	排名	33	44	25	17	23			
推薦度(15%)	2010年	加權平均	4.058	2009年	加權平均	4.204			
		排名	38		排名	23			

城市名稱	21 大連		綜合指標	2010年	76.459分	綜合排名	A21/21	極力推薦	
				2009年	83.184分		A16/16	極力推薦	
競爭力(15%)	項目	基礎條件	財政條件	投資條件	經濟條件	就業條件	加權平均		
	分數	69.231	87.077	92.615	85.723	74.154	81.620		
	排名	24	10	6	6	18	11		
環境力(40%)	項目	地理環境	基建環境	社會環境	法制環境	經濟環境	經營環境	創新環境	加權平均
	分數	4.127	4.006	3.924	3.956	4.137	4.012	3.676	3.968
	排名	13	24	29	22	12	14	31	14
風險度(30%)	項目	社會風險	法制風險	經濟風險	經營風險	加權平均			
	分數	2.048	1.899	2.061	2.056	2.017			
	排名	27	15	30	31	22			
推薦度(15%)	2010年	加權平均	3.971	2009年	加權平均	4.197			
		排名	44		排名	24			

城市名稱	22 蘇州新區		綜合指標	2010年	75.530分	綜合排名	A22/22	極力推薦	
				2009年	77.623分		A19/19	極力推薦	
競爭力(15%)	項目	基礎條件	財政條件	投資條件	經濟條件	就業條件	加權平均		
	分數	72.513	59.385	95.692	87.200	86.872	83.110		
	排名	20	34	4	2	7	8		
環境力(40%)	項目	地理環境	基建環境	社會環境	法制環境	經濟環境	經營環境	創新環境	加權平均
	分數	3.938	4.004	3.857	3.779	3.859	3.797	3.692	3.827
	排名	35	25	38	41	37	36	29	35
風險度(30%)	項目	社會風險	法制風險	經濟風險	經營風險	加權平均			
	分數	2.043	1.900	2.027	2.019	1.994			
	排名	26	16	22	21	17			
推薦度(15%)	2010年	加權平均	4.228	2009年	加權平均	4.257			
		排名	12		排名	17			

城市名稱	23 杭州市區		綜合指標	2010年	75.425分	綜合排名	A23/23	極力推薦	
				2009年	84.456分		A13/13	極力推薦	
競爭力(15%)	項目	基礎條件	財政條件	投資條件	經濟條件	就業條件	加權平均		
	分數	82.769	90.769	87.692	79.815	92.615	85.640		
	排名	12	7	9	12	5	5		
環境力(40%)	項目	地理環境	基建環境	社會環境	法制環境	經濟環境	經營環境	創新環境	加權平均
	分數	3.947	4.225	3.856	3.840	4.033	3.840	3.906	3.930
	排名	31	8	39	38	18	33	10	28
風險度(30%)	項目	社會風險	法制風險	經濟風險	經營風險	加權平均			
	分數	2.240	1.934	2.154	2.013	2.058			
	排名	53	19	51	18	29			
推薦度(15%)	2010年	加權平均	4.164	2009年	加權平均	4.220			
		排名	21		排名	21			

城市名稱	24 廈門島內	綜合指標	2010年	75.189分	綜合排名	A24/24	極力推薦
			2009年	75.735分		A20/20	極力推薦

競爭力 (15%)	項目	基礎條件	財政條件	投資條件	經濟條件	就業條件	加權平均
	分數	41.333	76.000	67.385	54.708	82.359	62.230
	排名	51	19	27	38	9	31

環境力 (40%)	項目	地理環境	基建環境	社會環境	法制環境	經濟環境	經營環境	創新環境	加權平均
	分數	4.138	4.151	4.034	3.947	4.034	3.892	3.600	3.948
	排名	12	13	18	24	17	27	42	18

風險度 (30%)	項目	社會風險	法制風險	經濟風險	經營風險	加權平均
	分數	1.920	1.940	2.051	2.055	2.011
	排名	13	21	28	29	21

推薦度 (15%)	2010年	加權平均	4.192	2009年	加權平均	4.234
		排名	20		排名	19

城市名稱	25 威海	綜合指標	2010年	74.668分	綜合排名	B01/25	值得推薦
			2009年	57.888分		B20/42	值得推薦

競爭力 (15%)	項目	基礎條件	財政條件	投資條件	經濟條件	就業條件	加權平均
	分數	37.641	46.462	48.923	59.138	51.590	50.020
	排名	55	45	43	32	46	43

環境力 (40%)	項目	地理環境	基建環境	社會環境	法制環境	經濟環境	經營環境	創新環境	加權平均
	分數	4.021	3.961	3.813	3.918	3.823	3.867	3.888	3.896
	排名	24	28	43	27	40	30	11	29

風險度 (30%)	項目	社會風險	法制風險	經濟風險	經營風險	加權平均
	分數	1.854	1.883	1.884	1.859	1.872
	排名	10	12	12	7	11

推薦度 (15%)	2010年	加權平均	4.094	2009年	加權平均	4.038
		排名	36		排名	35

城市名稱	26 煙台	綜合指標	2010年	73.907分	綜合排名	B02/26	值得推薦
			2009年	70.762分		B06/28	值得推薦

競爭力 (15%)	項目	基礎條件	財政條件	投資條件	經濟條件	就業條件	加權平均
	分數	68.410	66.154	71.692	74.892	61.026	69.310
	排名	25	27	24	17	33	24

環境力 (40%)	項目	地理環境	基建環境	社會環境	法制環境	經濟環境	經營環境	創新環境	加權平均
	分數	4.059	3.883	4.082	3.842	4.020	3.904	4.012	3.953
	排名	19	38	11	37	20	24	3	17

風險度 (30%)	項目	社會風險	法制風險	經濟風險	經營風險	加權平均
	分數	2.275	1.993	2.059	2.010	2.047
	排名	61	30	29	16	24

推薦度 (15%)	2010年	加權平均	4.060	2009年	加權平均	4.144
		排名	40		排名	27

城市名稱	27 徐州	綜合指標	2010年	72.474分	綜合排名	B03/27	值得推薦
			2009年	63.561分		B13/35	值得推薦

競爭力 (15%)	項目	基礎條件	財政條件	投資條件	經濟條件	就業條件	加權平均
	分數	71.692	61.231	56.308	42.646	46.256	53.770
	排名	22	33	36	54	47	41

環境力 (40%)	項目	地理環境	基建環境	社會環境	法制環境	經濟環境	經營環境	創新環境	加權平均
	分數	3.855	3.786	3.915	3.997	3.885	3.962	3.685	3.884
	排名	43	47	31	15	36	18	30	30

風險度 (30%)	項目	社會風險	法制風險	經濟風險	經營風險	加權平均
	分數	2.077	1.889	1.945	2.032	1.975
	排名	30	13	14	26	16

推薦度 (15%)	2010年	加權平均	4.092	2009年	加權平均	4.026
		排名	30		排名	36

城市名稱	28 淮安	綜合指標	2010年	72.474分	綜合排名	B04/28	值得推薦		
			2009年	68.495分		B08/30	值得推薦		
競爭力(15%)	項目	基礎條件	財政條件	投資條件	經濟條件	就業條件	加權平均		
	分數	46.256	40.923	44.615	39.200	39.282	41.880		
	排名	44	49	46	56	52	51		
環境力(40%)	項目	地理環境	基建環境	社會環境	法制環境	經濟環境	經營環境	創新環境	加權平均
	分數	3.941	3.730	3.888	4.021	3.971	3.914	3.982	3.941
	排名	34	54	34	14	24	23	5	19
風險度(30%)	項目	社會風險	法制風險	經濟風險	經營風險	加權平均			
	分數	2.157	1.992	2.000	1.978	2.006			
	排名	40	29	19	11	18			
推薦度(15%)	2010年	加權平均	4.091	2009年	加權平均	4.085			
		排名	29		排名	30			

城市名稱	29 無錫市區	綜合指標	2010年	72.320分	綜合排名	B05/29	值得推薦		
			2009年	75.582分		A21/21	極力推薦		
競爭力(15%)	項目	基礎條件	財政條件	投資條件	經濟條件	就業條件	加權平均		
	分數	56.513	85.846	84.615	82.277	66.359	74.770		
	排名	34	11	13	9	26	18		
環境力(40%)	項目	地理環境	基建環境	社會環境	法制環境	經濟環境	經營環境	創新環境	加權平均
	分數	3.960	4.032	4.000	3.855	4.051	3.947	3.766	3.928
	排名	29	23	20	36	16	20	23	24
風險度(30%)	項目	社會風險	法制風險	經濟風險	經營風險	加權平均			
	分數	2.173	2.125	2.090	2.022	2.083			
	排名	42	50	36	22	36			
推薦度(15%)	2010年	加權平均	4.100	2009年	加權平均	4.166			
		排名	28		排名	25			

城市名稱	30 蘇州吳江	綜合指標	2010年	71.705分	綜合排名	B06/30	值得推薦		
			2009年	53.796分		B25/47	值得推薦		
競爭力(15%)	項目	基礎條件	財政條件	投資條件	經濟條件	就業條件	加權平均		
	分數	72.513	59.385	95.692	87.200	86.872	83.110		
	排名	20	34	4	2	7	8		
環境力(40%)	項目	地理環境	基建環境	社會環境	法制環境	經濟環境	經營環境	創新環境	加權平均
	分數	4.026	3.923	4.039	3.906	3.899	3.791	3.745	3.891
	排名	22	35	17	30	35	37	27	31
風險度(30%)	項目	社會風險	法制風險	經濟風險	經營風險	加權平均			
	分數	2.131	2.044	2.064	2.075	2.070			
	排名	38	39	32	33	35			
推薦度(15%)	2010年	加權平均	4.091	2009年	加權平均	3.760			
		排名	35		排名	52			

城市名稱	31 鎮江	綜合指標	2010年	71.129分	綜合排名	B07/31	值得推薦		
			2009年	75.139分		A22/22	值得推薦		
競爭力(15%)	項目	基礎條件	財政條件	投資條件	經濟條件	就業條件	加權平均		
	分數	36.821	36.000	53.231	54.954	56.923	49.480		
	排名	57	55	39	37	40	44		
環境力(40%)	項目	地理環境	基建環境	社會環境	法制環境	經濟環境	經營環境	創新環境	加權平均
	分數	4.226	4.064	4.067	3.961	3.910	3.739	3.626	3.917
	排名	8	19	13	20	33	39	39	26
風險度(30%)	項目	社會風險	法制風險	經濟風險	經營風險	加權平均			
	分數	1.944	1.948	2.113	2.028	2.025			
	排名	17	24	41	23	25			
推薦度(15%)	2010年	加權平均	4.150	2009年	加權平均	4.286			
		排名	23		排名	13			

城市名稱	32 南通	綜合指標	2010年	70.523分	綜合排名	B08/32	值得推薦
			2009年	61.514分		B16/38	值得推薦

競爭力(15%)	項目	基礎條件	財政條件	投資條件	經濟條件	就業條件	加權平均
	分數	66.769	63.692	79.692	65.538	55.282	66.380
	排名	28	31	16	29	43	25

環境力(40%)	項目	地理環境	基建環境	社會環境	法制環境	經濟環境	經營環境	創新環境	加權平均
	分數	4.000	3.918	3.968	3.775	3.940	3.865	3.656	3.851
	排名	25	36	24	42	27	31	37	32

風險度(30%)	項目	社會風險	法制風險	經濟風險	經營風險	加權平均
	分數	2.053	1.975	2.029	2.117	2.048
	排名	28	28	23	39	27

推薦度(15%)	2010年	加權平均	4.191	2009年	加權平均	4.013
		排名	16		排名	37

城市名稱	33 日照	綜合指標	2010年	68.993分	綜合排名	B09/33	值得推薦
			2009年	—		—	—

競爭力(15%)	項目	基礎條件	財政條件	投資條件	經濟條件	就業條件	加權平均
	分數	26.154	23.692	39.077	44.615	33.128	35.430
	排名	64	64	50	51	60	61

環境力(40%)	項目	地理環境	基建環境	社會環境	法制環境	經濟環境	經營環境	創新環境	加權平均
	分數	4.356	4.125	3.893	3.918	3.856	3.900	3.840	3.956
	排名	04	15	32	28	38	25	14	20

風險度(30%)	項目	社會風險	法制風險	經濟風險	經營風險	加權平均
	分數	1.956	1.892	2.200	2.039	2.042
	排名	18	14	57	27	30

推薦度(15%)	2010年	加權平均	4.153	2009年	加權平均	—
		排名	19		排名	—

城市名稱	34 上海浦東	綜合指標	2010年	68.970分	綜合排名	B10/34	值得推薦
			2009年	65.790分		B11/33	值得推薦

競爭力(15%)	項目	基礎條件	財政條件	投資條件	經濟條件	就業條件	加權平均
	分數	95.897	100.000	100.000	68.738	96.308	89.060
	排名	2	1	1	24	3	04

環境力(40%)	項目	地理環境	基建環境	社會環境	法制環境	經濟環境	經營環境	創新環境	加權平均
	分數	4.038	4.188	3.891	3.888	3.923	3.892	3.384	3.863
	排名	20	9	33	33	32	28	75	34

風險度(30%)	項目	社會風險	法制風險	經濟風險	經營風險	加權平均
	分數	2.032	2.018	2.136	2.086	2.078
	排名	23	35	45	36	38

推薦度(15%)	2010年	加權平均	4.031	2009年	加權平均	4.121
		排名	43		排名	28

城市名稱	35 蘇州太倉	綜合指標	2010年	68.259分	綜合排名	B11/35	值得推薦
			2009年	60.456分		B18/40	值得推薦

競爭力(15%)	項目	基礎條件	財政條件	投資條件	經濟條件	就業條件	加權平均
	分數	72.513	59.385	95.692	87.200	86.872	83.110
	排名	20	34	4	2	7	8

環境力(40%)	項目	地理環境	基建環境	社會環境	法制環境	經濟環境	經營環境	創新環境	加權平均
	分數	3.893	3.825	3.878	3.868	3.940	3.860	3.661	3.846
	排名	40	43	36	35	27	32	34	33

風險度(30%)	項目	社會風險	法制風險	經濟風險	經營風險	加權平均
	分數	2.122	2.109	2.124	2.097	2.111
	排名	35	48	42	37	42

推薦度(15%)	2010年	加權平均	4.104	2009年	加權平均	3.821
		排名	26		排名	49

城市名稱	36 蘇州張家港	綜合指標	2010年	65.588分	綜合排名	B12/36	值得推薦
			2009年	73.287分		B02/24	值得推薦

競爭力 (15%)	項目	基礎條件	財政條件	投資條件	經濟條件	就業條件	加權平均
	分數	72.513	59.385	95.692	87.200	86.872	83.110
	排名	20	34	4	2	7	8

環境力 (40%)	項目	地理環境	基建環境	社會環境	法制環境	經濟環境	經營環境	創新環境	加權平均
	分數	3.826	3.957	3.757	3.890	3.935	3.734	3.600	3.817
	排名	46	29	47	32	31	40	42	38

風險度 (30%)	項目	社會風險	法制風險	經濟風險	經營風險	加權平均
	分數	2.246	2.054	2.143	2.156	2.136
	排名	56	42	47	49	48

推薦度 (15%)	2010年	加權平均	4.107	2009年	加權平均	4.050
		排名	24		排名	34

城市名稱	37 泰安	綜合指標	2010年	64.554分	綜合排名	B13/37	值得推薦
			2009年	57.571分		B21/43	值得推薦

競爭力 (15%)	項目	基礎條件	財政條件	投資條件	經濟條件	就業條件	加權平均
	分數	53.231	41.538	37.231	52.246	42.154	46.350
	排名	37	47	53	42	49	48

環境力 (40%)	項目	地理環境	基建環境	社會環境	法制環境	經濟環境	經營環境	創新環境	加權平均
	分數	3.979	3.720	4.075	3.981	3.708	3.695	3.588	3.821
	排名	28	56	12	16	53	47	47	36

風險度 (30%)	項目	社會風險	法制風險	經濟風險	經營風險	加權平均
	分數	2.104	2.086	1.990	2.125	2.073
	排名	34	45	18	40	32

推薦度 (15%)	2010年	加權平均	4.106	2009年	加權平均	3.869
		排名	25		排名	47

城市名稱	38 寧波慈溪	綜合指標	2010年	63.235分	綜合排名	B14/38	值得推薦
			2009年	56.499分		B22/44	值得推薦

競爭力 (15%)	項目	基礎條件	財政條件	投資條件	經濟條件	就業條件	加權平均
	分數	67.179	90.769	77.846	73.662	84.820	77.140
	排名	27	7	17	18	8	15

環境力 (40%)	項目	地理環境	基建環境	社會環境	法制環境	經濟環境	經營環境	創新環境	加權平均
	分數	3.571	3.875	3.495	3.751	3.937	3.625	3.476	3.688
	排名	72	39	65	46	29	53	62	49

風險度 (30%)	項目	社會風險	法制風險	經濟風險	經營風險	加權平均
	分數	2.127	1.917	2.048	2.147	2.058
	排名	37	17	26	47	31

推薦度 (15%)	2010年	加權平均	4.101	2009年	加權平均	4.003
		排名	32		排名	39

城市名稱	39 合肥	綜合指標	2010年	62.839分	綜合排名	B15/39	值得推薦
			2009年	59.907分		B19/41	值得推薦

競爭力 (15%)	項目	基礎條件	財政條件	投資條件	經濟條件	就業條件	加權平均
	分數	63.077	74.769	70.462	65.785	55.692	65.060
	排名	29	20	26	28	41	27

環境力 (40%)	項目	地理環境	基建環境	社會環境	法制環境	經濟環境	經營環境	創新環境	加權平均
	分數	3.908	3.742	3.845	3.916	3.655	3.822	3.776	3.817
	排名	39	52	41	29	60	34	22	40

風險度 (30%)	項目	社會風險	法制風險	經濟風險	經營風險	加權平均
	分數	2.227	2.035	2.079	2.224	2.133
	排名	51	38	33	55	43

推薦度 (15%)	2010年	加權平均	4.055	2009年	加權平均	3.997
		排名	37		排名	40

城市名稱	40 廊坊	綜合指標	2010年	61.838分	綜合排名	B16/40	值得推薦
			2009年	71.230分		B04/26	值得推薦

競爭力(15%)	項目	基礎條件	財政條件	投資條件	經濟條件	就業條件	加權平均
	分數	43.795	37.231	45.846	37.477	40.103	40.910
	排名	49	53	44	60	51	52

環境力(40%)	項目	地理環境	基建環境	社會環境	法制環境	經濟環境	經營環境	創新環境	加權平均
	分數	3.927	3.942	3.484	3.816	3.798	3.711	4.032	3.820
	排名	38	33	67	39	45	43	02	37

風險度(30%)	項目	社會風險	法制風險	經濟風險	經營風險	加權平均
	分數	2.368	1.934	2.128	2.127	2.103
	排名	71	20	43	42	40

推薦度(15%)	2010年	加權平均	4.168	2009年	加權平均	4.284
		排名	22		排名	14

城市名稱	41 北京市區	綜合指標	2010年	61.653分	綜合排名	B17/41	值得推薦
			2009年	39.111分		C13/62	勉予推薦

競爭力(15%)	項目	基礎條件	財政條件	投資條件	經濟條件	就業條件	加權平均
	分數	97.128	98.769	96.923	80.554	97.949	92.440
	排名	1	2	2	11	1	2

環境力(40%)	項目	地理環境	基建環境	社會環境	法制環境	經濟環境	經營環境	創新環境	加權平均
	分數	3.680	3.814	3.920	3.658	3.700	3.558	3.144	3.616
	排名	60	45	30	50	54	59	92	55

風險度(30%)	項目	社會風險	法制風險	經濟風險	經營風險	加權平均
	分數	2.000	2.165	2.101	2.016	2.077
	排名	20	57	39	19	34

推薦度(15%)	2010年	加權平均	4.036	2009年	加權平均	3.537
		排名	42		排名	67

城市名稱	42 連雲港	綜合指標	2010年	61.532分	綜合排名	B18/42	值得推薦
			2009年	69.284分		B07/29	值得推薦

競爭力(15%)	項目	基礎條件	財政條件	投資條件	經濟條件	就業條件	加權平均
	分數	38.872	37.846	50.769	32.062	36.000	38.530
	排名	53	52	42	65	56	57

環境力(40%)	項目	地理環境	基建環境	社會環境	法制環境	經濟環境	經營環境	創新環境	加權平均
	分數	3.942	3.761	3.878	3.963	3.768	3.710	3.565	3.805
	排名	33	49	35	19	47	44	50	39

風險度(30%)	項目	社會風險	法制風險	經濟風險	經營風險	加權平均
	分數	2.261	1.951	1.907	2.127	2.030
	排名	59	25	13	41	28

推薦度(15%)	2010年	加權平均	3.952	2009年	加權平均	4.012
		排名	45		排名	38

城市名稱	43 廣州天河	綜合指標	2010年	61.066分	綜合排名	B19/43	值得推薦
			2009年	54.481分		B23/45	值得推薦

競爭力(15%)	項目	基礎條件	財政條件	投資條件	經濟條件	就業條件	加權平均
	分數	93.026	93.846	89.538	87.200	95.897	91.240
	排名	5	6	8	3	4	3

環境力(40%)	項目	地理環境	基建環境	社會環境	法制環境	經濟環境	經營環境	創新環境	加權平均
	分數	3.858	3.843	3.598	3.719	3.826	3.714	3.875	3.772
	排名	42	42	59	47	39	42	12	42

風險度(30%)	項目	社會風險	法制風險	經濟風險	經營風險	加權平均
	分數	2.431	2.218	2.095	2.153	2.180
	排名	76	64	38	48	52

推薦度(15%)	2010年	加權平均	3.879	2009年	加權平均	3.712
		排名	50		排名	57

城市名稱	44 寧波奉化	綜合指標	2010年	60.057分	綜合排名	B20/44	值得推薦
			2009年	65.118分		B12/34	值得推薦

競爭力(15%)	基礎條件	財政條件	投資條件	經濟條件	就業條件	加權平均
分數	67.179	90.769	77.846	73.662	84.820	77.140
排名	27	7	17	18	8	15

環境力(40%)	地理環境	基建環境	社會環境	法制環境	經濟環境	經營環境	創新環境	加權平均
分數	3.783	3.848	3.870	3.779	3.818	3.696	3.426	3.736
排名	50	41	37	40	41	46	68	44

風險度(30%)	社會風險	法制風險	經濟風險	經營風險	加權平均
分數	2.076	2.011	2.138	2.312	2.161
排名	29	34	46	68	51

推薦度(15%)	2010年		2009年	
加權平均		4.092		4.147
排名		31		26

城市名稱	45 保定	綜合指標	2010年	59.084分	綜合排名	B21/45	值得推薦
			2009年	—		—	—

競爭力(15%)	基礎條件	財政條件	投資條件	經濟條件	就業條件	加權平均
分數	77.436	48.308	45.846	44.862	36.410	50.230
排名	19	42	44	50	55	42

環境力(40%)	地理環境	基建環境	社會環境	法制環境	經濟環境	經營環境	創新環境	加權平均
分數	3.800	3.940	3.973	3.877	3.611	3.900	3.587	3.805
排名	47	34	23	34	64	25	48	41

風險度(30%)	社會風險	法制風險	經濟風險	經營風險	加權平均
分數	2.378	2.051	2.152	2.128	2.141
排名	72	41	50	43	49

推薦度(15%)	2010年		2009年	
加權平均		4.093		—
排名		33		—

城市名稱	46 常州	綜合指標	2010年	58.795分	綜合排名	B22/46	值得推薦
			2009年	71.970分		B03/25	值得推薦

競爭力(15%)	基礎條件	財政條件	投資條件	經濟條件	就業條件	加權平均
分數	46.256	66.154	73.538	66.031	58.564	62.100
排名	44	28	20	27	37	32

環境力(40%)	地理環境	基建環境	社會環境	法制環境	經濟環境	經營環境	創新環境	加權平均
分數	3.952	3.887	3.924	3.642	3.937	3.701	3.354	3.736
排名	30	37	28	52	30	45	79	43

風險度(30%)	社會風險	法制風險	經濟風險	經營風險	加權平均
分數	2.159	2.006	2.178	2.055	2.090
排名	41	32	53	30	39

推薦度(15%)	2010年		2009年	
加權平均		3.880		4.078
排名		48		31

城市名稱	47 上海松江	綜合指標	2010年	57.913分	綜合排名	B23/47	值得推薦
			2009年	44.400分		C08/57	勉予推薦

競爭力(15%)	基礎條件	財政條件	投資條件	經濟條件	就業條件	加權平均
分數	95.897	100.000	100.000	68.738	96.308	89.060
排名	02	01	01	24	03	04

環境力(40%)	地理環境	基建環境	社會環境	法制環境	經濟環境	經營環境	創新環境	加權平均
分數	3.467	3.990	3.730	3.762	3.901	3.719	3.530	3.732
排名	81	26	49	45	34	41	53	45

風險度(30%)	社會風險	法制風險	經濟風險	經營風險	加權平均
分數	2.000	2.050	2.281	2.279	2.194
排名	20	40	67	64	59

推薦度(15%)	2010年		2009年	
加權平均		3.920		3.788
排名		47		50

城市名稱	48 杭州餘杭	綜合指標	2010年	57.232分	綜合排名	B24/48	值得推薦
			2009年	—		—	—

競爭力(15%)	基礎條件	財政條件	投資條件	經濟條件	就業條件	加權平均
分數	82.769	90.769	87.692	79.815	92.615	85.640
排名	12	07	09	12	05	05

環境力(40%)	地理環境	基建環境	社會環境	法制環境	經濟環境	經營環境	創新環境	加權平均
分數	3.759	4.097	3.709	3.665	3.759	3.542	3.467	3.688
排名	53	17	52	49	48	61	64	48

風險度(30%)	社會風險	法制風險	經濟風險	經營風險	加權平均
分數	2.222	2.098	2.208	2.074	2.135
排名	49	47	59	32	45

推薦度(15%)					
2010年	加權平均	3.806	2009年	加權平均	—
	排名	61		排名	—

城市名稱	49 嘉興市區	綜合指標	2010年	56.491分	綜合排名	B25/49	值得推薦
			2009年	60.680分		B17/39	值得推薦

競爭力(15%)	基礎條件	財政條件	投資條件	經濟條件	就業條件	加權平均
分數	37.231	53.846	63.692	54.708	71.692	56.320
排名	56	39	30	38	20	36

環境力(40%)	地理環境	基建環境	社會環境	法制環境	經濟環境	經營環境	創新環境	加權平均
分數	3.850	3.854	3.979	3.764	3.817	3.640	3.401	3.738
排名	44	40	22	44	42	52	71	46

風險度(30%)	社會風險	法制風險	經濟風險	經營風險	加權平均
分數	2.039	2.004	2.128	2.259	2.134
排名	24	31	44	59	44

推薦度(15%)					
2010年	加權平均	3.937	2009年	加權平均	3.958
	排名	46		排名	42

城市名稱	50 上海嘉定	綜合指標	2010年	55.219分	綜合排名	B26/50	值得推薦
			2009年	35.975分		C17/66	勉予推薦

競爭力(15%)	基礎條件	財政條件	投資條件	經濟條件	就業條件	加權平均
分數	95.897	100.000	100.000	68.738	96.308	89.060
排名	2	1	1	24	3	4

環境力(40%)	地理環境	基建環境	社會環境	法制環境	經濟環境	經營環境	創新環境	加權平均
分數	3.710	3.761	3.609	3.355	3.746	3.576	3.657	3.593
排名	55	50	56	82	50	58	36	57

風險度(30%)	社會風險	法制風險	經濟風險	經營風險	加權平均
分數	2.145	2.130	2.093	2.168	2.134
排名	39	51	37	51	46

推薦度(15%)					
2010年	加權平均	3.883	2009年	加權平均	3.567
	排名	52		排名	65

城市名稱	51 無錫宜興	綜合指標	2010年	54.874分	綜合排名	B27/51	值得推薦
			2009年	71.200分		B05/27	值得推薦

競爭力(15%)	基礎條件	財政條件	投資條件	經濟條件	就業條件	加權平均
分數	56.513	85.846	84.615	82.277	66.359	74.770
排名	34	11	13	9	26	18

環境力(40%)	地理環境	基建環境	社會環境	法制環境	經濟環境	經營環境	創新環境	加權平均
分數	3.947	3.770	3.608	3.603	3.727	3.605	3.432	3.648
排名	32	48	57	58	51	54	67	52

風險度(30%)	社會風險	法制風險	經濟風險	經營風險	加權平均
分數	1.960	2.135	2.086	2.030	2.066
排名	19	53	35	25	33

推薦度(15%)					
2010年	加權平均	3.583	2009年	加權平均	3.968
	排名	86		排名	41

城市名稱	52 石家莊	綜合指標	2010年	53.893分	綜合排名	B28/52	值得推薦	
			2009年	26.801分		C28/77	勉予推薦	
競爭力(15%)	項目	基礎條件	財政條件	投資條件	經濟條件	就業條件	加權平均	
	分數	85.641	58.154	56.923	58.400	52.000	62.250	
	排名	10	35	35	33	45	30	
環境力(40%)	項目	地理環境	基建環境	社會環境	法制環境	經濟環境	經營環境	創新環境	加權平均
	分數	3.771	3.816	3.375	3.519	3.750	3.648	3.838	3.661
	排名	51	44	78	68	49	50	15	50
風險度(30%)	項目	社會風險	法制風險	經濟風險	經營風險	加權平均		
	分數	2.396	2.234	2.250	2.156	2.228		
	排名	74	68	63	50	63		
推薦度(15%)	2010年	加權平均	4.188	2009年	加權平均	3.560		
		排名	13		排名	66		

城市名稱	53 武漢漢口	綜合指標	2010年	53.381分	綜合排名	B29/53	值得推薦	
			2009年	27.264分		C27/76	勉予推薦	
競爭力(15%)	項目	基礎條件	財政條件	投資條件	經濟條件	就業條件	加權平均	
	分數	93.026	83.385	86.462	84.492	78.256	85.230	
	排名	5	15	10	8	13	6	
環境力(40%)	項目	地理環境	基建環境	社會環境	法制環境	經濟環境	經營環境	創新環境	加權平均
	分數	3.937	3.790	3.489	3.516	3.476	3.417	3.657	3.583
	排名	36	46	66	70	80	80	35	62
風險度(30%)	項目	社會風險	法制風險	經濟風險	經營風險	加權平均		
	分數	2.333	2.060	2.184	2.223	2.181		
	排名	69	43	54	54	55		
推薦度(15%)	2010年	加權平均	4.048	2009年	加權平均	3.224		
		排名	41		排名	78		

城市名稱	54 武漢漢陽	綜合指標	2010年	52.899分	綜合排名	B30/54	值得推薦	
			2009年	32.579分		C22/71	勉予推薦	
競爭力(15%)	項目	基礎條件	財政條件	投資條件	經濟條件	就業條件	加權平均	
	分數	93.026	83.385	86.462	84.492	78.256	85.230	
	排名	5	15	10	8	13	06	
環境力(40%)	項目	地理環境	基建環境	社會環境	法制環境	經濟環境	經營環境	創新環境	加權平均
	分數	3.517	3.613	3.310	3.615	3.817	3.800	3.590	3.629
	排名	78	69	82	55	43	35	46	53
風險度(30%)	項目	社會風險	法制風險	經濟風險	經營風險	加權平均		
	分數	2.233	2.219	2.200	2.138	2.186		
	排名	52	65	57	45	58		
推薦度(15%)	2010年	加權平均	3.855	2009年	加權平均	3.267		
		排名	59		排名	74		

城市名稱	55 武漢武昌	綜合指標	2010年	51.789分	綜合排名	B31/55	值得推薦	
			2009年	29.174分		C25/74	勉予推薦	
競爭力(15%)	項目	基礎條件	財政條件	投資條件	經濟條件	就業條件	加權平均	
	分數	93.026	83.385	86.462	84.492	78.256	85.230	
	排名	5	15	10	8	13	06	
環境力(40%)	項目	地理環境	基建環境	社會環境	法制環境	經濟環境	經營環境	創新環境	加權平均
	分數	3.667	3.549	3.430	3.542	3.700	3.644	3.620	3.595
	排名	62	75	74	63	54	51	40	58
風險度(30%)	項目	社會風險	法制風險	經濟風險	經營風險	加權平均		
	分數	2.217	2.256	2.064	2.271	2.200		
	排名	47	72	31	63	57		
推薦度(15%)	2010年	加權平均	3.830	2009年	加權平均	3.165		
		排名	54		排名	79		

城市名稱	56 嘉興嘉善	綜合指標	2010年	51.298分	綜合排名	B32/56	值得推薦
			2009年	—		—	—

競爭力(15%)	項目	基礎條件	財政條件	投資條件	經濟條件	就業條件	加權平均	
	分數	37.231	53.846	63.692	54.708	71.692	56.320	
	排名	56	39	30	38	20	36	
環境力(40%)	項目	地理環境	基建環境	社會環境	法制環境	經濟環境	經營環境	創新環境	加權平均
	分數	3.833	3.689	3.670	3.535	3.770	3.676	3.569	3.655
	排名	45	59	53	64	46	48	49	51
風險度(30%)	項目	社會風險	法制風險	經濟風險	經營風險	加權平均			
	分數	2.222	2.131	2.109	2.178	2.150			
	排名	49	52	40	52	50			

推薦度(15%)	2010年	加權平均	3.853	2009年	加權平均	—
		排名	58		排名	—

城市名稱	57 泰州	綜合指標	2010年	51.196分	綜合排名	B33/57	值得推薦
			2009年	62.966分		B15/37	值得推薦

競爭力(15%)	項目	基礎條件	財政條件	投資條件	經濟條件	就業條件	加權平均	
	分數	48.308	48.308	55.077	50.769	37.231	48.180	
	排名	42	42	37	43	53	45	
環境力(40%)	項目	地理環境	基建環境	社會環境	法制環境	經濟環境	經營環境	創新環境	加權平均
	分數	3.650	3.706	3.760	3.769	3.817	3.744	3.530	3.717
	排名	63	57	46	43	43	38	53	47
風險度(30%)	項目	社會風險	法制風險	經濟風險	經營風險	加權平均			
	分數	2.217	2.113	2.171	2.233	2.183			
	排名	47	49	52	56	53			

推薦度(15%)	2010年	加權平均	3.855	2009年	加權平均	4.057
		排名	57		排名	33

城市名稱	58 鄭州	綜合指標	2010年	50.344分	綜合排名	B34/58	值得推薦
			2009年	—		—	—

競爭力(15%)	項目	基礎條件	財政條件	投資條件	經濟條件	就業條件	加權平均	
	分數	85.231	80.308	72.308	67.508	63.077	72.410	
	排名	11	16	23	25	31	20	
環境力(40%)	項目	地理環境	基建環境	社會環境	法制環境	經濟環境	經營環境	創新環境	加權平均
	分數	3.632	3.645	3.504	3.632	3.588	3.480	3.747	3.608
	排名	65	64	64	54	68	71	26	56
風險度(30%)	項目	社會風險	法制風險	經濟風險	經營風險	加權平均			
	分數	2.246	2.171	2.246	2.132	2.187			
	排名	55	58	61	44	56			

推薦度(15%)	2010年	加權平均	3.853	2009年	加權平均	—
		排名	56		排名	—

城市名稱	59 福州市區	綜合指標	2010年	47.200分	綜合排名	C01/59	勉予推薦
			2009年	52.921分		B26/48	值得推薦

競爭力(15%)	項目	基礎條件	財政條件	投資條件	經濟條件	就業條件	加權平均	
	分數	70.051	63.692	60.615	64.062	67.179	65.160	
	排名	23	31	32	30	24	26	
環境力(40%)	項目	地理環境	基建環境	社會環境	法制環境	經濟環境	經營環境	創新環境	加權平均
	分數	3.770	3.685	3.822	3.520	3.519	3.418	3.510	3.575
	排名	52	61	42	67	76	79	57	68
風險度(30%)	項目	社會風險	法制風險	經濟風險	經營風險	加權平均			
	分數	2.214	2.136	2.197	2.085	2.144			
	排名	46	54	55	35	47			

推薦度(15%)	2010年	加權平均	3.724	2009年	加權平均	3.726
		排名	70		排名	55

城市名稱	60 寧波餘姚	綜合指標	2010年	45.787分	綜合排名	C02/60	勉予推薦
			2009年	45.745分		C04/53	勉予推薦

競爭力(15%)	項目	基礎條件	財政條件	投資條件	經濟條件	就業條件	加權平均
	分數	67.179	90.769	77.846	73.662	84.820	77.140
	排名	27	07	17	18	8	15

環境力(40%)	項目	地理環境	基建環境	社會環境	法制環境	經濟環境	經營環境	創新環境	加權平均
	分數	3.348	3.637	3.478	3.615	3.671	3.478	3.670	3.573
	排名	85	67	68	56	57	72	33	59

風險度(30%)	項目	社會風險	法制風險	經濟風險	經營風險	加權平均
	分數	2.246	2.087	2.255	2.413	2.267
	排名	56	46	65	77	64

推薦度(15%)	2010年	加權平均	3.713	2009年	加權平均	3.645
		排名	68		排名	60

城市名稱	61 紹興	綜合指標	2010年	44.869分	綜合排名	C03/61	勉予推薦
			2009年	51.909分		B27/49	值得推薦

競爭力(15%)	項目	基礎條件	財政條件	投資條件	經濟條件	就業條件	加權平均
	分數	46.256	56.308	52.615	57.662	81.538	59.010
	排名	44	37	40	34	12	35

環境力(40%)	項目	地理環境	基建環境	社會環境	法制環境	經濟環境	經營環境	創新環境	加權平均
	分數	3.719	3.640	3.421	3.530	3.631	3.584	3.544	3.574
	排名	54	65	75	65	63	56	51	61

風險度(30%)	項目	社會風險	法制風險	經濟風險	經營風險	加權平均
	分數	2.439	2.154	2.218	2.186	2.213
	排名	78	55	60	53	62

推薦度(15%)	2010年	加權平均	3.783	2009年	加權平均	3.886
		排名	64		排名	46

城市名稱	62 蘇州常熟	綜合指標	2010年	44.406分	綜合排名	C04/62	勉予推薦
			2009年	54.430分		B24/46	值得推薦

競爭力(15%)	項目	基礎條件	財政條件	投資條件	經濟條件	就業條件	加權平均
	分數	72.513	59.385	95.692	87.200	86.872	83.110
	排名	20	34	04	02	07	08

環境力(40%)	項目	地理環境	基建環境	社會環境	法制環境	經濟環境	經營環境	創新環境	加權平均
	分數	3.580	3.556	3.730	3.569	3.587	3.418	3.408	3.541
	排名	71	74	48	60	69	78	69	71

風險度(30%)	項目	社會風險	法制風險	經濟風險	經營風險	加權平均
	分數	2.261	2.212	2.248	2.349	2.276
	排名	59	62	62	72	67

推薦度(15%)	2010年	加權平均	3.809	2009年	加權平均	3.891
		排名	62		排名	45

城市名稱	63 泉州	綜合指標	2010年	44.102分	綜合排名	C05/63	勉予推薦
			2009年	42.962分		C11/60	勉予推薦

競爭力(15%)	項目	基礎條件	財政條件	投資條件	經濟條件	就業條件	加權平均
	分數	60.615	58.154	60.615	69.969	66.769	64.410
	排名	32	36	32	22	25	29

環境力(40%)	項目	地理環境	基建環境	社會環境	法制環境	經濟環境	經營環境	創新環境	加權平均
	分數	3.613	3.640	3.628	3.552	3.709	3.425	3.494	3.571
	排名	69	66	55	62	52	76	60	65

風險度(30%)	項目	社會風險	法制風險	經濟風險	經營風險	加權平均
	分數	2.297	2.210	2.343	2.268	2.279
	排名	64	61	69	62	65

推薦度(15%)	2010年	加權平均	3.846	2009年	加權平均	3.618
		排名	53		排名	63

城市名稱	64 桂林	綜合指標	2010年	43.362分	綜合排名	C06/64	勉予推薦
			2009年	34.195分		C19/68	勉予推薦

競爭力(15%)	基礎條件	財政條件	投資條件	經濟條件	就業條件	加權平均
分數	54.462	36.615	31.692	35.015	33.128	38.020
排名	36	54	58	63	60	59

環境力(40%)	地理環境	基建環境	社會環境	法制環境	經濟環境	經營環境	創新環境	加權平均
分數	3.706	3.684	3.471	3.638	3.588	3.456	3.435	3.567
排名	56	62	69	53	67	75	65	66

風險度(30%)	社會風險	法制風險	經濟風險	經營風險	加權平均
分數	2.255	2.022	2.151	2.294	2.179
排名	58	36	49	66	54

推薦度(15%)	2010年 加權平均	2010年 排名	2009年 加權平均	2009年 排名
	3.835	55	3.719	56

城市名稱	65 東莞虎門	綜合指標	2010年	40.162分	綜合排名	C07/65	勉予推薦
			2009年	17.779分		D06/85	暫不推薦

競爭力(15%)	基礎條件	財政條件	投資條件	經濟條件	就業條件	加權平均
分數	40.103	72.308	73.538	77.108	57.744	64.640
排名	52	22	20	15	38	28

環境力(40%)	地理環境	基建環境	社會環境	法制環境	經濟環境	經營環境	創新環境	加權平均
分數	3.623	3.613	3.415	3.475	3.473	3.354	3.529	3.487
排名	67	70	76	75	82	82	55	75

風險度(30%)	社會風險	法制風險	經濟風險	經營風險	加權平均
分數	2.309	2.185	2.149	2.260	2.213
排名	67	60	48	60	60

推薦度(15%)	2010年 加權平均	2010年 排名	2009年 加權平均	2009年 排名
	3.703	71	2.916	87

城市名稱	66 東莞長安	綜合指標	2010年	39.325分	綜合排名	C08/66	勉予推薦
			2009年	29.690分		C24/73	勉予推薦

競爭力(15%)	基礎條件	財政條件	投資條件	經濟條件	就業條件	加權平均
分數	40.103	72.308	73.538	77.108	57.744	64.640
排名	52	22	20	15	38	28

環境力(40%)	地理環境	基建環境	社會環境	法制環境	經濟環境	經營環境	創新環境	加權平均
分數	3.702	3.741	3.464	3.492	3.665	3.540	3.643	3.591
排名	58	53	70	74	58	62	38	59

風險度(30%)	社會風險	法制風險	經濟風險	經營風險	加權平均
分數	2.500	2.304	2.403	2.313	2.356
排名	83	73	75	69	76

推薦度(15%)	2010年 加權平均	2010年 排名	2009年 加權平均	2009年 排名
	3.604	83	3.302	73

城市名稱	67 南寧	綜合指標	2010年	38.520分	綜合排名	C09/67	勉予推薦
			2009年	44.756分		C07/56	勉予推薦

競爭力(15%)	基礎條件	財政條件	投資條件	經濟條件	就業條件	加權平均
分數	72.103	65.538	36.000	53.231	56.923	55.530
排名	21	30	55	40	39	37

環境力(40%)	地理環境	基建環境	社會環境	法制環境	經濟環境	經營環境	創新環境	加權平均
分數	3.679	3.575	3.720	3.645	3.589	3.531	3.347	3.579
排名	61	73	50	51	66	63	80	64

風險度(30%)	社會風險	法制風險	經濟風險	經營風險	加權平均
分數	2.289	2.396	2.392	2.358	2.371
排名	63	77	74	73	77

推薦度(15%)	2010年 加權平均	2010年 排名	2009年 加權平均	2009年 排名
	3.740	69	3.863	48

城市名稱	68 珠海	綜合指標	2010年	38.418分	綜合排名	C10/68	勉予推薦	
			2009年	45.547分		C05/54	勉予推薦	
競爭力(15%)	項目	基礎條件	財政條件	投資條件	經濟條件	就業條件	加權平均	
	分數	33.128	41.538	42.154	46.092	70.872	47.210	
	排名	61	47	47	47	21	46	
環境力(40%)	項目	地理環境	基建環境	社會環境	法制環境	經濟環境	經營環境	創新環境	加權平均
	分數	3.798	3.666	3.576	3.497	3.557	3.504	3.276	3.529
	排名	48	63	61	72	72	68	87	72
風險度(30%)	項目	社會風險	法制風險	經濟風險	經營風險	加權平均		
	分數	2.202	2.223	2.303	2.279	2.265		
	排名	44	67	68	65	66		
推薦度(15%)	2010年	加權平均	3.806	2009年	加權平均	3.740		
		排名	60		排名	53		

城市名稱	69 天津市區	綜合指標	2010年	37.694分	綜合排名	C11/69	勉予推薦	
			2009年	46.178分		C03/52	勉予推薦	
競爭力(15%)	項目	基礎條件	財政條件	投資條件	經濟條件	就業條件	加權平均	
	分數	90.154	95.692	96.923	92.861	90.154	92.870	
	排名	7	4	2	1	6	1	
環境力(40%)	項目	地理環境	基建環境	社會環境	法制環境	經濟環境	經營環境	創新環境	加權平均
	分數	3.321	3.452	3.462	3.323	3.378	3.268	3.279	3.343
	排名	87	82	71	83	85	87	86	86
風險度(30%)	項目	社會風險	法制風險	經濟風險	經營風險	加權平均		
	分數	2.205	2.221	2.365	2.442	2.340		
	排名	45	66	72	78	71		
推薦度(15%)	2010年	加權平均	3.804	2009年	加權平均	3.763		
		排名	63		排名	51		

城市名稱	70 福州馬尾	綜合指標	2010年	37.627分	綜合排名	C12/70	勉予推薦	
			2009年	36.201分		C15/64	勉予推薦	
競爭力(15%)	項目	基礎條件	財政條件	投資條件	經濟條件	就業條件	加權平均	
	分數	70.051	63.692	60.615	64.062	67.179	65.160	
	排名	23	31	32	30	24	26	
環境力(40%)	項目	地理環境	基建環境	社會環境	法制環境	經濟環境	經營環境	創新環境	加權平均
	分數	3.565	3.524	3.607	3.493	3.558	3.528	3.403	3.516
	排名	74	77	58	73	71	64	70	73
風險度(30%)	項目	社會風險	法制風險	經濟風險	經營風險	加權平均		
	分數	2.303	2.239	2.370	2.307	2.308		
	排名	66	70	73	67	70		
推薦度(15%)	2010年	加權平均	3.677	2009年	加權平均	3.404		
		排名	73		排名	70		

城市名稱	71 漳州	綜合指標	2010年	37.625分	綜合排名	C13/71	勉予推薦	
			2009年	31.023分		C23/72	勉予推薦	
競爭力(15%)	項目	基礎條件	財政條件	投資條件	經濟條件	就業條件	加權平均	
	分數	38.462	30.462	36.000	43.385	37.231	38.400	
	排名	54	58	55	53	53	58	
環境力(40%)	項目	地理環境	基建環境	社會環境	法制環境	經濟環境	經營環境	創新環境	加權平均
	分數	3.615	3.517	3.592	3.593	3.654	3.589	3.279	3.549
	排名	68	78	60	59	61	55	85	69
風險度(30%)	項目	社會風險	法制風險	經濟風險	經營風險	加權平均		
	分數	2.321	2.237	2.363	2.239	2.284		
	排名	68	69	71	58	68		
推薦度(15%)	2010年	加權平均	3.760	2009年	加權平均	3.475		
		排名	65		排名	69		

城市名稱	72 東莞市區	綜合指標	2010年	37.539分	綜合排名	C14/72	勉予推薦
			2009年	26.091分		C30/79	勉予推薦

競爭力(15%)	項目	基礎條件	財政條件	投資條件	經濟條件	就業條件	加權平均
	分數	40.103	72.308	73.538	77.108	57.744	64.640
	排名	52	22	20	15	38	28

環境力(40%)	項目	地理環境	基建環境	社會環境	法制環境	經濟環境	經營環境	創新環境	加權平均
	分數	3.681	3.721	3.366	3.565	3.649	3.511	3.861	3.621
	排名	59	55	79	61	62	67	13	54

風險度(30%)	項目	社會風險	法制風險	經濟風險	經營風險	加權平均
	分數	2.671	2.492	2.619	2.625	2.595
	排名	89	82	89	85	87

推薦度(15%)	2010年	加權平均	3.625	2009年	加權平均	3.260
		排名	78		排名	77

城市名稱	73 溫州	綜合指標	2010年	37.429分	綜合排名	C15/73	勉予推薦
			2009年	35.999分		C16/65	勉予推薦

競爭力(15%)	項目	基礎條件	財政條件	投資條件	經濟條件	就業條件	加權平均
	分數	68.410	68.615	38.462	56.923	69.641	59.240
	排名	25	25	51	36	22	34

環境力(40%)	項目	地理環境	基建環境	社會環境	法制環境	經濟環境	經營環境	創新環境	加權平均
	分數	3.630	3.537	3.778	3.678	3.657	3.491	3.144	3.558
	排名	66	76	44	48	59	70	91	67

風險度(30%)	項目	社會風險	法制風險	經濟風險	經營風險	加權平均
	分數	2.098	2.522	2.277	2.413	2.368
	排名	32	83	66	76	72

推薦度(15%)	2010年	加權平均	3.486	2009年	加權平均	3.263
		排名	88		排名	76

城市名稱	74 佛山	綜合指標	2010年	36.418分	綜合排名	C16/74	勉予推薦
			2009年	40.072分		C12/61	勉予推薦

競爭力(15%)	項目	基礎條件	財政條件	投資條件	經濟條件	就業條件	加權平均
	分數	45.026	78.462	70.462	86.462	65.949	70.070
	排名	47	17	25	05	27	22

環境力(40%)	項目	地理環境	基建環境	社會環境	法制環境	經濟環境	經營環境	創新環境	加權平均
	分數	3.551	3.594	3.352	3.411	3.529	3.511	3.357	3.462
	排名	75	71	80	79	75	66	78	80

風險度(30%)	項目	社會風險	法制風險	經濟風險	經營風險	加權平均
	分數	2.333	2.212	2.255	2.339	2.281
	排名	70	62	64	70	69

推薦度(15%)	2010年	加權平均	3.609	2009年	加權平均	3.496
		排名	79		排名	68

城市名稱	75 中山	綜合指標	2010年	35.725分	綜合排名	C17/75	勉予推薦
			2009年	44.960分		C06/55	勉予推薦

競爭力(15%)	項目	基礎條件	財政條件	投資條件	經濟條件	就業條件	加權平均
	分數	27.385	40.923	41.538	52.492	60.615	45.750
	排名	63	49	48	41	34	50

環境力(40%)	項目	地理環境	基建環境	社會環境	法制環境	經濟環境	經營環境	創新環境	加權平均
	分數	3.860	3.758	3.568	3.517	3.572	3.544	3.435	3.581
	排名	41	51	62	69	70	60	66	63

風險度(30%)	項目	社會風險	法制風險	經濟風險	經營風險	加權平均
	分數	2.484	2.242	2.350	2.405	2.356
	排名	80	71	70	75	75

推薦度(15%)	2010年	加權平均	3.581	2009年	加權平均	3.652
		排名	85		排名	59

城市名稱	76 汕頭	綜合指標	2010年	34.970分	綜合排名	C18/76	勉予推薦
			2009年	38.097分		C14/63	勉予推薦

競爭力(15%)	基礎條件	財政條件	投資條件	經濟條件	就業條件	加權平均
分數	34.359	28.000	25.539	38.708	33.538	33.100
排名	60	61	63	59	59	63

環境力(40%)	地理環境	基建環境	社會環境	法制環境	經濟環境	經營環境	創新環境	加權平均
分數	3.549	3.414	3.518	3.498	3.593	3.408	3.389	3.481
排名	76	84	63	71	65	81	74	76

風險度(30%)	社會風險	法制風險	經濟風險	經營風險	加權平均
分數	2.280	2.176	2.197	2.236	2.214
排名	62	59	56	57	61

推薦度(15%)	2010年 加權平均	2010年 排名	2009年 加權平均	2009年 排名
	3.698	75	3.620	62

城市名稱	77 昆明	綜合指標	2010年	34.924分	綜合排名	C19/77	勉予推薦
			2009年	43.601分		C10/59	勉予推薦

競爭力(15%)	基礎條件	財政條件	投資條件	經濟條件	就業條件	加權平均
分數	52.821	71.077	55.077	48.800	59.385	55.200
排名	39	23	37	45	36	39

環境力(40%)	地理環境	基建環境	社會環境	法制環境	經濟環境	經營環境	創新環境	加權平均
分數	3.704	3.685	3.447	3.308	3.500	3.419	3.389	3.457
排名	57	60	73	84	78	77	73	77

風險度(30%)	社會風險	法制風險	經濟風險	經營風險	加權平均
分數	2.426	2.313	2.500	2.265	2.364
排名	75	74	80	61	73

推薦度(15%)	2010年 加權平均	2010年 排名	2009年 加權平均	2009年 排名
	3.782	66	3.680	58

城市名稱	78 東莞石碣	綜合指標	2010年	34.027分	綜合排名	C20/78	勉予推薦
			2009年	16.826分		D07/86	暫不推薦

競爭力(15%)	基礎條件	財政條件	投資條件	經濟條件	就業條件	加權平均
分數	40.103	72.308	73.538	77.108	57.744	64.640
排名	52	22	20	15	38	28

環境力(40%)	地理環境	基建環境	社會環境	法制環境	經濟環境	經營環境	創新環境	加權平均
分數	3.583	3.583	3.217	3.402	3.351	3.495	3.519	3.444
排名	70	72	86	80	88	69	56	79

風險度(30%)	社會風險	法制風險	經濟風險	經營風險	加權平均
分數	2.243	2.346	2.421	2.346	2.358
排名	54	75	76	71	74

推薦度(15%)	2010年 加權平均	2010年 排名	2009年 加權平均	2009年 排名
	3.600	81	2.866	89

城市名稱	79 廣州市區	綜合指標	2010年	33.133分	綜合排名	C21/79	勉予推薦
			2009年	33.984分		C20/69	勉予推薦

競爭力(15%)	基礎條件	財政條件	投資條件	經濟條件	就業條件	加權平均
分數	93.026	93.846	89.538	87.200	95.897	91.240
排名	05	06	08	03	04	03

環境力(40%)	地理環境	基建環境	社會環境	法制環境	經濟環境	經營環境	創新環境	加權平均
分數	3.462	3.628	3.264	3.442	3.555	3.472	3.475	3.471
排名	82	68	84	78	74	74	63	78

風險度(30%)	社會風險	法制風險	經濟風險	經營風險	加權平均
分數	2.611	2.573	2.577	2.646	2.604
排名	88	85	84	86	85

推薦度(15%)	2010年 加權平均	2010年 排名	2009年 加權平均	2009年 排名
	3.503	89	3.122	80

城市名稱	80 西安	綜合指標	2010年	32.939分	綜合排名	C22/80	勉予推薦		
			2009年	26.578分		C29/78	勉予推薦		
競爭力(15%)	項目	基礎條件	財政條件	投資條件	經濟條件	就業條件	加權平均		
	分數	88.513	67.385	73.538	68.985	77.846	75.410		
	排名	09	26	20	23	14	17		
環境力(40%)	項目	地理環境	基建環境	社會環境	法制環境	經濟環境	經營環境	創新環境	加權平均
	分數	3.533	3.361	3.453	3.395	3.556	3.475	3.373	3.444
	排名	77	85	72	81	73	73	77	84
風險度(30%)	項目	社會風險	法制風險	經濟風險	經營風險	加權平均			
	分數	2.600	2.625	2.518	2.539	2.560			
	排名	87	88	82	81	83			
推薦度(15%)	2010年	加權平均	3.767	2009年	加權平均	3.360			
		排名	67		排名	72			

城市名稱	81 長沙	綜合指標	2010年	31.575分	綜合排名	C23/81	勉予推薦		
			2009年	29.029分		C26/75	勉予推薦		
競爭力(15%)	項目	基礎條件	財政條件	投資條件	經濟條件	就業條件	加權平均		
	分數	79.077	76.615	76.615	78.585	68.821	76.140		
	排名	18	18	18	13	23	16		
環境力(40%)	項目	地理環境	基建環境	社會環境	法制環境	經濟環境	經營環境	創新環境	加權平均
	分數	3.375	3.355	3.200	3.442	3.479	3.344	3.488	3.400
	排名	84	86	88	77	79	83	61	85
風險度(30%)	項目	社會風險	法制風險	經濟風險	經營風險	加權平均			
	分數	2.542	2.383	2.473	2.552	2.485			
	排名	85	76	78	82	80			
推薦度(15%)	2010年	加權平均	3.569	2009年	加權平均	3.400			
		排名	87		排名	71			

城市名稱	82 九江	綜合指標	2010年	31.189分	綜合排名	C24/82	勉予推薦		
			2009年	46.555分		C02/51	勉予推薦		
競爭力(15%)	項目	基礎條件	財政條件	投資條件	經濟條件	就業條件	加權平均		
	分數	44.615	30.462	35.385	31.323	25.744	33.590		
	排名	48	58	57	66	64	62		
環境力(40%)	項目	地理環境	基建環境	社會環境	法制環境	經濟環境	經營環境	創新環境	加權平均
	分數	3.490	3.504	3.635	3.611	3.696	3.522	3.341	3.550
	排名	79	79	54	57	56	65	81	70
風險度(30%)	項目	社會風險	法制風險	經濟風險	經營風險	加權平均			
	分數	2.490	2.404	2.513	2.377	2.436			
	排名	81	78	81	74	78			
推薦度(15%)	2010年	加權平均	3.588	2009年	加權平均	3.740			
		排名	80		排名	54			

城市名稱	83 瀋陽	綜合指標	2010年	30.907分	綜合排名	C25/83	勉予推薦		
			2009年	43.825分		C09/58	勉予推薦		
競爭力(15%)	項目	基礎條件	財政條件	投資條件	經濟條件	就業條件	加權平均		
	分數	82.359	85.846	95.077	85.231	75.385	84.720		
	排名	13	11	5	7	16	07		
環境力(40%)	項目	地理環境	基建環境	社會環境	法制環境	經濟環境	經營環境	創新環境	加權平均
	分數	3.303	3.284	3.000	3.119	3.424	3.244	3.100	3.204
	排名	89	89	93	91	83	90	93	92
風險度(30%)	項目	社會風險	法制風險	經濟風險	經營風險	加權平均			
	分數	2.303	2.460	2.578	2.652	2.547			
	排名	65	80	85	87	82			
推薦度(15%)	2010年	加權平均	3.914	2009年	加權平均	4.076			
		排名	51		排名	32			

城市名稱	84 深圳市區	綜合指標	2010年	28.058分	綜合排名	C26/84	勉予推薦
			2009年	24.362分		D01/80	暫不推薦

競爭力(15%)	基礎條件	財政條件	投資條件	經濟條件	就業條件	加權平均
分數	53.231	96.923	82.154	86.708	96.718	82.130
排名	37	3	15	4	2	10

環境力(40%)	地理環境	基建環境	社會環境	法制環境	經濟環境	經營環境	創新環境	加權平均
分數	3.342	3.427	3.241	3.201	3.256	3.315	3.267	3.277
排名	86	83	85	86	91	85	88	88

風險度(30%)	社會風險	法制風險	經濟風險	經營風險	加權平均
分數	2.752	2.580	2.597	2.691	2.641
排名	90	86	87	88	89

推薦度(15%)	2010年 加權平均	2010年 排名	2009年 加權平均	2009年 排名
	3.682	74	2.990	83

城市名稱	85 贛州	綜合指標	2010年	26.525分	綜合排名	C27/85	勉予推薦
			2009年	35.078分		C18/67	勉予推薦

競爭力(15%)	基礎條件	財政條件	投資條件	經濟條件	就業條件	加權平均
分數	61.846	44.000	37.231	33.785	29.436	40.240
排名	30	46	54	64	62	54

環境力(40%)	地理環境	基建環境	社會環境	法制環境	經濟環境	經營環境	創新環境	加權平均
分數	3.933	3.696	3.292	3.195	3.474	3.260	3.375	3.407
排名	37	58	83	87	81	89	76	82

風險度(30%)	社會風險	法制風險	經濟風險	經營風險	加權平均
分數	2.436	2.615	2.593	2.611	2.589
排名	77	87	86	84	84

推薦度(15%)	2010年 加權平均	2010年 排名	2009年 加權平均	2009年 排名
	3.658	76	3.592	64

城市名稱	86 襄樊	綜合指標	2010年	26.415分	綜合排名	C28/86	勉予推薦
			2009年	—		—	—

競爭力(15%)	基礎條件	財政條件	投資條件	經濟條件	就業條件	加權平均
分數	50.769	26.154	26.769	44.862	26.564	36.890
排名	41	63	62	49	63	60

環境力(40%)	地理環境	基建環境	社會環境	法制環境	經濟環境	經營環境	創新環境	加權平均
分數	3.569	3.492	3.718	3.525	3.363	3.581	3.306	3.496
排名	73	80	51	66	86	57	83	74

風險度(30%)	社會風險	法制風險	經濟風險	經營風險	加權平均
分數	2.451	2.684	2.807	2.821	2.745
排名	79	91	91	92	90

推薦度(15%)	2010年 加權平均	2010年 排名	2009年 加權平均	2009年 排名
	3.612	77	—	—

城市名稱	87 東莞厚街	綜合指標	2010年	25.907分	綜合排名	C28/86	勉予推薦
			2009年	15.282分		D08/87	暫不推薦

競爭力(15%)	基礎條件	財政條件	投資條件	經濟條件	就業條件	加權平均
分數	40.103	72.308	73.538	77.108	57.744	64.640
排名	52	22	20	15	38	28

環境力(40%)	地理環境	基建環境	社會環境	法制環境	經濟環境	經營環境	創新環境	加權平均
分數	3.126	3.246	3.034	3.021	3.356	3.263	3.317	3.186
排名	93	90	91	92	87	88	82	89

風險度(30%)	社會風險	法制風險	經濟風險	經營風險	加權平均
分數	2.494	2.461	2.475	2.480	2.475
排名	82	81	79	79	81

推薦度(15%)	2010年 加權平均	2010年 排名	2009年 加權平均	2009年 排名
	3.590	82	2.799	91

城市名稱	88 莆田	綜合指標	2010年	25.339分	綜合排名	C30/88	勉予推薦
			2009年	48.631分		C01/50	勉予推薦

競爭力(15%)	項目	基礎條件	財政條件	投資條件	經濟條件	就業條件	加權平均
	分數	25.744	21.231	23.077	39.200	33.949	30.440
	排名	65	65	65	56	58	65

環境力(40%)	項目	地理環境	基建環境	社會環境	法制環境	經濟環境	經營環境	創新環境	加權平均
	分數	3.483	3.456	3.410	3.460	3.517	3.325	3.500	3.451
	排名	80	81	77	76	77	84	59	81

風險度(30%)	項目	社會風險	法制風險	經濟風險	經營風險	加權平均
	分數	2.517	2.569	2.550	2.700	2.604
	排名	84	84	83	89	86

推薦度(15%)	2010年	加權平均	3.694	2009年	加權平均	3.942
		排名	72		排名	43

城市名稱	89 吉安	綜合指標	2010年	23.603分	綜合排名	D01/89	暫不推薦
			2009年	33.374分		C21/70	勉予推薦

競爭力(15%)	項目	基礎條件	財政條件	投資條件	經濟條件	就業條件	加權平均
	分數	36.410	28.000	31.077	36.246	21.641	31.500
	排名	58	61	60	62	66	64

環境力(40%)	項目	地理環境	基建環境	社會環境	法制環境	經濟環境	經營環境	創新環境	加權平均
	分數	3.263	3.209	3.179	3.269	3.395	3.656	3.505	3.366
	排名	90	93	89	85	84	49	58	83

風險度(30%)	項目	社會風險	法制風險	經濟風險	經營風險	加權平均
	分數	2.544	2.649	2.602	2.594	2.605
	排名	86	89	88	83	88

推薦度(15%)	2010年	加權平均	3.579	2009年	加權平均	3.644
		排名	84		排名	61

城市名稱	90 惠州	綜合指標	2010年	23.449分	綜合排名	D02/90	暫不推薦
			2009年	22.163分		D03/82	暫不推薦

競爭力(15%)	項目	基礎條件	財政條件	投資條件	經濟條件	就業條件	加權平均
	分數	28.205	40.308	52.000	45.846	64.308	46.690
	排名	62	51	41	48	29	47

環境力(40%)	項目	地理環境	基建環境	社會環境	法制環境	經濟環境	經營環境	創新環境	加權平均
	分數	3.312	3.227	3.216	3.168	3.333	3.274	3.389	3.267
	排名	88	91	87	88	89	86	72	87

風險度(30%)	項目	社會風險	法制風險	經濟風險	經營風險	加權平均
	分數	2.383	2.437	2.461	2.538	2.474
	排名	73	79	77	80	79

推薦度(15%)	2010年	加權平均	3.378	2009年	加權平均	3.263
		排名	90		排名	75

城市名稱	91 深圳寶安	綜合指標	2010年	20.360分	綜合排名	D03/91	暫不推薦
			2009年	22.608分		D02/81	暫不推薦

競爭力(15%)	項目	基礎條件	財政條件	投資條件	經濟條件	就業條件	加權平均
	分數	53.231	96.923	82.154	86.708	96.718	82.130
	排名	37	03	15	04	02	10

環境力(40%)	項目	地理環境	基建環境	社會環境	法制環境	經濟環境	經營環境	創新環境	加權平均
	分數	3.081	3.329	2.819	2.901	3.024	3.003	2.834	2.977
	排名	94	87	96	95	94	94	98	94

風險度(30%)	項目	社會風險	法制風險	經濟風險	經營風險	加權平均
	分數	2.926	2.823	2.882	2.862	2.864
	排名	93	93	93	93	93

推薦度(15%)	2010年	加權平均	3.200	2009年	加權平均	2.951
		排名	91		排名	84

城市名稱	92 深圳龍崗		綜合指標	2010年	18.924分	綜合排名	D04/92	暫不推薦
				2009年	18.557分		D04/83	暫不推薦
競爭力(15%)	項目	基礎條件	財政條件	投資條件	經濟條件	就業條件	加權平均	
	分數	53.231	96.923	82.154	86.708	96.718	82.130	
	排名	37	03	15	04	02	10	
環境力(40%)	項目	地理環境	基建環境	社會環境	法制環境	經濟環境	經營環境	創新環境	加權平均
	分數	2.943	3.305	2.600	2.782	3.161	3.032	2.871	2.940
	排名	96	88	97	97	92	93	96	95
風險度(30%)	項目	社會風險	法制風險	經濟風險	經營風險	加權平均		
	分數	3.083	2.942	3.168	2.940	3.023		
	排名	96	96	96	96	96		
推薦度(15%)	2010年	加權平均	3.075	2009年	加權平均	2.907		
		排名	93		排名	88		

城市名稱	93 江門		綜合指標	2010年	16.296分	綜合排名	D05/93	暫不推薦
				2009年	17.989分		D05/84	暫不推薦
競爭力(15%)	項目	基礎條件	財政條件	投資條件	經濟條件	就業條件	加權平均	
	分數	34.359	33.538	40.923	44.615	41.333	40.060	
	排名	59	56	49	51	50	55	
環境力(40%)	項目	地理環境	基建環境	社會環境	法制環境	經濟環境	經營環境	創新環境	加權平均
	分數	3.453	3.213	3.344	3.145	3.140	3.120	3.168	3.201
	排名	83	92	81	90	93	91	90	90
風險度(30%)	項目	社會風險	法制風險	經濟風險	經營風險	加權平均		
	分數	2.787	2.662	2.629	2.763	2.700		
	排名	91	90	90	91	91		
推薦度(15%)	2010年	加權平均	3.065	2009年	加權平均	2.947		
		排名	94		排名	85		

城市名稱	94 太原		綜合指標	2010年	14.983分	綜合排名	D06/94	暫不推薦
				2009年	15.256分		D09/88	暫不推薦
競爭力(15%)	項目	基礎條件	財政條件	投資條件	經濟條件	就業條件	加權平均	
	分數	61.436	54.462	38.462	50.031	74.154	55.270	
	排名	31	38	51	44	18	38	
環境力(40%)	項目	地理環境	基建環境	社會環境	法制環境	經濟環境	經營環境	創新環境	加權平均
	分數	3.000	2.866	2.825	2.876	3.021	2.813	2.900	2.898
	排名	95	97	95	96	95	97	95	97
風險度(30%)	項目	社會風險	法制風險	經濟風險	經營風險	加權平均		
	分數	3.042	2.742	3.071	2.755	2.875		
	排名	95	92	95	90	92		
推薦度(15%)	2010年	加權平均	2.919	2009年	加權平均	2.932		
		排名	96		排名	86		

城市名稱	95 長春		綜合指標	2010年	14.512分	綜合排名	D07/95	暫不推薦
				2009年	14.169分		D12/91	暫不推薦
競爭力(15%)	項目	基礎條件	財政條件	投資條件	經濟條件	就業條件	加權平均	
	分數	81.128	66.154	76.615	72.431	59.795	71.850	
	排名	15	28	18	19	35	21	
環境力(40%)	項目	地理環境	基建環境	社會環境	法制環境	經濟環境	經營環境	創新環境	加權平均
	分數	2.667	2.698	2.547	2.621	2.700	2.558	2.840	2.661
	排名	99	98	98	98	98	98	97	98
風險度(30%)	項目	社會風險	法制風險	經濟風險	經營風險	加權平均		
	分數	3.022	3.233	3.267	3.178	3.203		
	排名	94	98	97	97	97		
推薦度(15%)	2010年	加權平均	2.753	2009年	加權平均	2.826		
		排名	98		排名	90		

城市名稱	96 貴陽	綜合指標	2010年	14.362分	綜合排名	D08/96	暫不推薦
			2009年	—		—	—

競爭力 (15%)	項目	基礎條件	財政條件	投資條件	經濟條件	就業條件	加權平均
	分數	54.872	47.692	31.077	38.954	62.667	46.180
	排名	35	44	60	58	32	49

環境力 (40%)	項目	地理環境	基建環境	社會環境	法制環境	經濟環境	經營環境	創新環境	加權平均
	分數	3.250	3.089	2.833	2.986	2.972	2.953	3.250	3.040
	排名	91	95	94	93	97	95	89	93

風險度 (30%)	項目	社會風險	法制風險	經濟風險	經營風險	加權平均
	分數	2.875	2.841	2.810	2.912	2.860
	排名	92	94	92	94	94

推薦度 (15%)	2010年	加權平均	2.980	2009年	加權平均	—
		排名	95		排名	—

城市名稱	97 北海	綜合指標	2010年	13.313分	綜合排名	D09/97	暫不推薦
			2009年	15.092分		D10/89	暫不推薦

競爭力 (15%)	項目	基礎條件	財政條件	投資條件	經濟條件	就業條件	加權平均
	分數	22.051	20.000	20.615	39.446	24.103	27.190
	排名	66	66	66	55	65	66

環境力 (40%)	項目	地理環境	基建環境	社會環境	法制環境	經濟環境	經營環境	創新環境	加權平均
	分數	3.196	3.193	3.082	3.149	3.284	3.118	3.306	3.191
	排名	92	94	90	89	90	92	84	91

風險度 (30%)	項目	社會風險	法制風險	經濟風險	經營風險	加權平均
	分數	3.118	2.846	2.958	2.936	2.938
	排名	97	95	94	95	95

推薦度 (15%)	2010年	加權平均	3.159	2009年	加權平均	2.993
		排名	92		排名	82

城市名稱	98 哈爾濱	綜合指標	2010年	12.178分	綜合排名	D10/98	暫不推薦
			2009年	11.147分		D13/92	暫不推薦

競爭力 (15%)	項目	基礎條件	財政條件	投資條件	經濟條件	就業條件	加權平均
	分數	88.923	72.923	56.923	67.262	65.949	69.830
	排名	08	21	34	26	27	23

環境力 (40%)	項目	地理環境	基建環境	社會環境	法制環境	經濟環境	經營環境	創新環境	加權平均
	分數	2.759	2.463	2.444	2.504	2.315	2.494	2.760	2.528
	排名	97	99	99	99	99	99	99	99

風險度 (30%)	項目	社會風險	法制風險	經濟風險	經營風險	加權平均
	分數	3.583	3.531	3.688	3.550	3.590
	排名	99	99	100	99	99

推薦度 (15%)	2010年	加權平均	2.350	2009年	加權平均	2.481
		排名	99		排名	92

城市名稱	99 宜昌	綜合指標	2010年	10.875分	綜合排名	D11/99	暫不推薦
			2009年	14.299分		D11/90	暫不推薦

競爭力 (15%)	項目	基礎條件	財政條件	投資條件	經濟條件	就業條件	加權平均
	分數	42.564	31.692	31.077	46.831	34.359	38.820
	排名	50	57	59	46	57	56

環境力 (40%)	項目	地理環境	基建環境	社會環境	法制環境	經濟環境	經營環境	創新環境	加權平均
	分數	2.759	2.917	3.033	2.974	3.009	2.903	2.933	2.941
	排名	98	96	92	94	96	96	94	96

風險度 (30%)	項目	社會風險	法制風險	經濟風險	經營風險	加權平均
	分數	3.370	3.167	3.389	3.218	3.272
	排名	98	97	98	98	98

推薦度 (15%)	2010年	加權平均	2.852	2009年	加權平均	3.000
		排名	97		排名	81

城市名稱	100 蘭州	綜合指標	2010年	7.174分	綜合排名	D12/100	暫不推薦
			2009年	7.519分		D14/93	暫不推薦

競爭力(15%)	項目	基礎條件	財政條件	投資條件	經濟條件	就業條件	加權平均
	分數	52.410	30.462	24.923	37.477	55.692	40.890
	排名	40	60	64	60	41	53

環境力(40%)	項目	地理環境	基建環境	社會環境	法制環境	經濟環境	經營環境	創新環境	加權平均
	分數	2.222	2.262	2.378	2.244	2.120	2.167	2.622	2.283
	排名	100	100	100	100	100	100	100	100

風險度(30%)	項目	社會風險	法制風險	經濟風險	經營風險	加權平均
	分數	3.778	3.583	3.675	3.671	3.661
	排名	100	100	99	100	100

推薦度(15%)	2010年	加權平均	2.344	2009年	加權平均	2.333
		排名	100		排名	93

第27章 2010 TEEMA 調查報告參考文獻

一、中文年鑑、年報、研究報告

1. 中國社會科學院（2009），**2009年中國城市競爭力藍皮書**，社會科學文獻出版社。
2. 台灣區電機電子工業同業公會（2002），**2002年中國大陸地區投資環境與風險調查**，商周編輯顧問股份有限公司。
3. 台灣區電機電子工業同業公會（2003），**當商機遇上風險：2003年中國大陸地區投資環境與風險調查**，商周編輯顧問股份有限公司。
4. 台灣區電機電子工業同業公會（2004），**兩力兩度見商機：2004年中國大陸地區投資環境與風險調查**，商周編輯顧問股份有限公司。
5. 台灣區電機電子工業同業公會（2005），**內銷內貿領商機：2005年中國大陸地區投資環境與風險調查**，商周編輯顧問股份有限公司。
6. 台灣區電機電子工業同業公會（2006），**自主創新興商機：2006年中國大陸地區投資環境與風險調查**，商周編輯顧問股份有限公司。
7. 台灣區電機電子工業同業公會（2007），**自創品牌贏商機：2007年中國大陸地區投資環境與風險調查**，商周編輯顧問股份有限公司。
8. 台灣區電機電子工業同業公會（2008），**蛻變升級謀商機：2008年中國大陸地區投資環境與風險調查**，商周編輯顧問股份有限公司。
9. 台灣區電機電子工業同業公會（2009），**兩岸合贏創商機：2009年中國大陸地區投資環境與風險調查**，商周編輯顧問股份有限公司。
10. 倪鵬飛（2009），**中國城市競爭力報告No.7：城市：中國跨向全球中**，北京：社會科學文獻出版社。
11. 倪鵬飛（2009），**城市競爭力藍皮書：中國城市競爭力報告No.7**，社會科學文獻出版社。
12. 張幼文、黃仁偉（2005），**2005中國國際地位報告**，人民出版社。
13. 連玉明、武建忠（2005），**中國國力報告2005**，中國時代經濟出版社。
14. 連玉明主編（2004），**2004中國城市報告**，中國時代經濟出版社。
15. 連玉明主編（2005），**中國城市年度報告2005**，中國時代經濟出版社。
16. 郭練生、胡樹華（2004），**中部區域創新發展戰略研究報告**，經濟管理出版社。
17. 陳佳貴主編（2008），**2009年中國經濟形勢分析與預測**，北京：社會科學文獻出版社。
18. 陳廣漢、周運源、葉嘉安、薛鳳璇（2003），**提升大珠江三角洲國際競爭力研究**，中山大學出版社。
19. 景體華主編（2005），**2004～2005年：中國區域經濟發展報告**，社會科學文獻出版社。
20. 萬斌主編（2005），**2005年：中國長三角區域發展報告**，社會科學文獻出版社。
21. 顧朝林（2001），**經濟全球化與中國城市發展：跨世紀中國城市發展戰略研究**，台灣商務印書館。

二、中文出版刊物、專著、雜誌

1. Agtmael v. A.（2007），***The Emerging Markets Century*：*How a New Breed of World Class Companies is Overtaking the World***，蔣永軍譯，**世界是新的：新興市場崛起與爭鋒的世紀**，東方出版社。
2. Ben Simpfendorfer（2010），***The New Silk Road*：*How a Rising Arab World is Turning Away from the West and Rediscovering China***，蔡宏明譯，**新絲路：阿拉伯與中國攜手引領世界經濟**，梅霖文化。
3. David S.（2007），***The Dragon and the Elephant*：*China, India and the New World Order***，羅耀宗譯，**中國龍與印度象：改變新世界經濟的十大威脅**，台北市：知識流。
4. Engardio P.（2007），***Chindia*：*How China and India Are Revolutionizing Global Business***，李芳齡譯，**Chindia：中國與印度顛覆全球經濟的關鍵**，台北市：麥格羅希爾。
5. Edgar M. H. & F. Giarratani（1990），***An Introduction to Regional Economics***，王翼龍譯，**區域經濟學導論**，上海遠東出版社。
6. Fernandez J. A. and Laurie A.（2006），***China CEO*：*Voices of Experience from 20 International Business Leader***，洪慧芳譯，**中國CEO：20位外商執行長談中國市場**，台北市：財訊。
7. Harney A.（2008），***The China Price*：*the true cost of Chinese competitive advantage***，洪懿妍譯，**低價中國：中國競爭優勢的真實代價**，台北市：天下雜誌。
8. Hutton W.（2009），***The writing on the wall*：*China and the west in 21st century***，林添貴譯，**惡兆：中國經濟降溫之後**，台北市：遠流。
9. Jonathan R. W.（2003），***Capitalist China*：*strategies for a revolutionized economy***，齊思賢譯，**麥肯錫中國投資報告**，時報文化出版企業股份有限公司。
10. Leonard M.（2008），***What does China think?***，林雨蒨譯，**中國怎麼想**，台北市：行人出版。
11. Meredith R.（2007），***The elephant and the dragon: the rise of India and China and what it means for all of us***，藍美貞、高仁君譯，**龍與象——中國／印度崛起的全球衝擊**，台北市：遠流。
12. Mahbubani K.（2008），***The New Asian Hemisphere: The Irresistible Shift of Global Power to the East***，羅耀宗譯，**亞半球大國崛起：亞洲強權再起的衝擊與挑戰**，天下

雜誌出版。
13. Naisbitt J. and D. Naisbitt (2009)，***China's Megatrends*：*The 8 Pillars of a New Society***，魏平譯，**中國大趨勢：八大支柱撐起經濟強權**，天下文化。
14. Panitchpakdi S. and M. L. Clifford（2002），**中國入世：你不知道的風險與危機**，天下雜誌。
15. Peter J. Williamson&曾鳴（2008），**龍行天下：中國製造未來十年新格局**，大都會文化事業有限公司。
16. Rhonda Byrne（2007），***The Secret***，謝明憲譯，**秘密**，方智出版社。
17. Shirk S. L.（2008），***China*：*fragile superpower***，溫洽溢譯，**脆弱的強權：在中國崛起的背後**，台北市：遠流。
18. Ted C. Fishman （2005），***China Inc.*：*how the rise of the next superpower challenges America and the world***；胡瑋珊譯，**中國企業無限公司**，時報文化出版企業股份有限公司。
19. Trippon J.（2009），***Becoming Your Own China Stock Guru*：*The Ultimate Investor's Guide to Profiting from China's Economic Boom***，高宇平譯，**投資新中國——錢進中國，掌握投資獲利新契機**，梅霖文化。
20. Williamson P. J.（2008），***Dragons at Your Door***，**龍行天下：中國製造未來十年新格局**，大都會文化事業有限公司。
21. 工商時報（2009），**中國策：經濟亂流中的財富主流**，工商財經數位。
22. 中國社會科學院經濟研究院（2006），**「十五」計劃回顧與「十一五」規劃展望**，北京；中國市場出版社。
23. 中國產業地圖編委會（2005），**長江三角洲產業地圖**，復旦大學出版社。
24. 尹傳高（2006），**中國企業戰略路線圖**，北京：東方出版社。
25. 文現深（2006），**福建「海峽西岸經濟區」——「用經濟臍帶牽引台灣」**，天下雜誌出版。
26. 毛蘊詩（2005），**跨國公司在華投資策略**，中國財政經濟出版社。
27. 毛蘊詩、李敏、袁靜（2005），**跨國公司在華經營策略**，中國財政經濟出版社。
28. 毛蘊詩、蔣敦福、曾國軍（2005），**跨國公司在華撤資：行為、過程、動因與案例**，中國財政經濟出版社。
29. 王介良等作（2005），**中國貿易經營環境與管理實務**，台北市進出口商業同業公會。
30. 王信賢等（2008），**經濟全球化與台商大陸投資：策略、佈局與比較**，印刻出版。
31. 王夢奎（2005），**中國長期發展的重要問題**，北京：中國發展出版社。
32. 向駿主編（2006），**2050中國第一？權力轉移理論下的美中臺關係之迷思**，博陽文化事業有限公司。
33. 朱炎（2006），**台商在中國：中國旅日經濟學者的觀察報告**，蕭志強譯，台北市：財訊出版社。
34. 朱榮林（2008），**沉舟側畔：紀念改革開放三十年**，學林出版社。
35. 何清漣（2010），**中國的陷阱**，星島國際。

36. 別蓮蒂、黃國峰（2009），**贏在中國：南僑在中國豐碩的12年**，知識流。
37. 吳松弟主編（2006），**中國百年經濟拼圖——港口城市及其腹地與中國現代化**，山東畫報出版社。
38. 吳思主編（2009），**轉折：親歷中國改革開放**，新華出版社。
39. 吳霽虹　桑德森（2006），**下一步：中國企業的全球化路徑**，中信出版社。
40. 宋鎮照（2010），**變動中的中國、台灣與東南亞之新三角關係：政治vs.經濟、發展vs.安全、區域化vs.全球化之策略思維**，海峽學術出版社。
41. 和訊網（2008），**華爾街困局與中國經濟**，中國人民大學出版社。
42. 林祖嘉（2008），**重回經濟高點：兩岸經貿與台灣未來**，高寶國際出版。
43. 林毅夫（2009），**解讀中國經濟**，時報出版。
44. 金珍鎬（2008），**台日韓商大陸投資策略與佈局：跨國比較與效應**，印刻出版。
45. 金哲松（2008），**中國對外貿易增長與經濟發展：改革開放三十周年回顧與展望**，中國人民大學出版社。
46. 金耀基（2004），**中國的「現代轉向」**，***Oxford University Press***。金文學（2006），**東亞三國志：中、日、韓文化比較體驗記**，中信出版社。
47. 胡金盛（2009），**牛市中國——百年難得的投資大機會**，高寶。
48. 苗潤生（2006），**中國地區綜合經濟實力評價方法研究**，北京：中國人民大學出版社。
49. 浦軍（2005），**中國企業對外投資效益評價體系：理論與方法**，北京：中國經濟出版社。
50. 袁志剛主編（2009），**全球金融風暴與中國經濟**，上海人民出版社。
51. 袁明仁（2005），**開拓大陸內銷市場工具書及操作實務**，華信統領企業管理諮詢顧問有限公司。
52. 財訊出版社編著（2006），***IT*零組件關鍵報告**，財訊出版社股份有限公司。
53. 財訊出版社編著（2006），**中國飆股**，財訊出版社股份有限公司。
54. 財訊出版社編著（2006），**太陽鍊金術：透視全球太陽光電產業**，財訊出版社股份有限公司。
55. 馬丁沃夫（2006），**中國處於十字路口——「獨裁政體VS.市場經濟」**，商業周刊出版。
56. **張志楷（2009），*China Factors*：*Political Perspectives and Economic Interactions***，林宗憲譯，**中國因素：大中華圈的機會與挑戰**，台北市：博雅書局。
57. 莫建備（2005），**大整合‧大突破——長江三角洲區域協調發展研究**，上海人民出版社。
58. 連玉明主編（2006），**中國政府創新案例**，中國時代經濟出版社。
59. 野村總合研究所編（2009），黃瓊仙譯，**錢進中國，掌握未來**，台北市：日月文化。
60. 陳桂明（2005），**持續發展的動力——東莞工業產業升級之路**，廣州，廣東人民出版社。
61. 陳德昇主編（2005），**經濟全球化與台商大陸投資：策略、佈局與比較**，晶典文化事業出版社。

62. 陳德昇主編（2008），**台日韓商大陸投資策略與佈局：跨國比較與效應**，台北縣中和：印刻出版。
63. 喬政輝（2010），**贏在中國李開復生意經**，文經閣出版社（創智代理）。
64. 新華社新聞信息中心、五洲傳播出版社編（2005），**圖說中國**，北京：五洲傳播出版社。
65. 萬瑞君（2009），**哇靠！這就是中國：新中國經濟貴族**，聚財資訊。
66. 葉正綱（2005），**從南華經略中國**，台北市進出口商業同業公會。
67. 劉元黃（2005），**中國商戰策略**，台北市：海洋文化。
68. 劉元煌（2006），**贏在中國**，海洋文化。
69. 劉志彪（2006），**長三角托起的中國制造**，中國人民大學出版社。
70. 劉志彪（2008），**服務業驅動長三角**，中國人民大學出版社。
71. 劉哲綸整理（2006），**「中國正踏上日本舊路」**，商業周刊出版。
72. 劉震濤（2008），深化、活化兩岸經濟關係為兩岸和平發展增添新動力，**中國區域經濟發展與台商未來研討會**，4月24日，國策研究院、台灣產經建研社。
73. 蔡劍（2008），**從中國價格到中國價值**，寶鼎出版。
74. 聶華林編（2009），**中國區域經濟格局與發展戰略**，中國社會科學出版社。

三、英文出版刊物、研究報告

1. Asian Development Bank（2009），***Asia Economic Monitor 2009***。
2. Asian Development Bank（2010），***Asian Development Outlook 2010***。
3. BusinessWeek（2009），***The World's 50 Most Innovative Companies***。
4. Economist Intelligence Unit（2009），***2009 Country by Country***。
5. Economist Intelligence Unit（2010），***Global Outlook***。
6. Ernst & Young（2010），***European Attractiveness Survey 2010***。
7. FORTUNE（2008），***Best Cities for Business Study***。
8. FORTUNE（2008），***FORTUNE 500***。
9. Global Insight（2010），***World Overview***。
10. International Monetary Fund（2010），***World Economic Outlook***。
11. Organisation for Economic Co-operation and Development（2010），***OECD Economic Outlook***。
12. The Heritage Foundation（2009），***2008 Index of Economic Freedom***。
13. The International Monetary Fund（2010），***World Economic Outlook***。
14. The World Bank（2010），***China Quarterly Update***。
15. The World Bank（2009），***Global Development Finance 2009：Charting a Global Recovery***。
16. The World Bank（2010），***Global Economic Prospects 2010***。
17. The World Bank（2009），***The Doing Business***。
18. UBS（2009），***Asia Outlook second half 2009：Asia emerges stronger***。
19. United Nations（2010），***World Economic Situation and Prospects***。
20. World Brand Lab（2008），***The Asia's 500 Most Influential Brands***。

新興產業覓商機：中國大陸地區投資環境與風險
調查. 2010 / 臺灣區電機電子工業同業公會作.
-- 初版. -- 臺北市：商周編輯顧問, 2010.08
面； 公分

ISBN 978-986-7877-29-1（平裝）

1. 投資環境 2.經濟地理 3.中國

552.2 99014403

新興產業覓商機
——2010中國大陸地區投資環境與風險調查

總 編 輯 孫碧卿 王學呈
作　　者 台灣區電機電子工業同業公會
理 事 長 焦佑鈞
副理事長 鄭富雄 歐正明
秘 書 長 陳文義
副秘書長 羅懷家
地　　址 台北市內湖區民權東路六段109號6樓
電　　話 (02) 8792-6666
傳　　真 (02) 8792-6137
文字編輯 阮大宏 蔡松慧 田美雲 姚柏舟 林怡伶 葉玉琪
羅德禎 詹于瑤
美術編輯 蔡榮仁
出　　版 商周編輯顧問股份有限公司
地　　址 台北市中山區民生東路二段141號4樓
電　　話 (02) 2505-6789 分機 5507
傳　　真 (02) 2507-6773
劃　　撥 台灣區電機電子工業同業公會（帳號：50000105）
商周編輯顧問股份有限公司（帳號：18963067）
總 經 銷 農學股份有限公司
印　　刷 漾格科技股份有限公司

出版日期2010年8月初版1刷
定價600元